चाहमानकालीन सामाजिक संरचना

चाहमानकालीन सामाजिक संरचना

एम.पी. सिंह

रीडर, इतिहास संस्कृति एवं पुरातत्व विभाग

डॉ. राममनोहर लोहिया अवध विश्वविद्यालय, फैजाबाद

अनामिका पब्लिशर्स एंड डिस्ट्रीब्यूटर्स (प्रा.) लि.
4697/3, 21ए, अंसारी रोड, दरियागंज, नई दिल्ली 110 002
दूरभाष : 23281655, 23270239 फैक्स : 011-27868035
E-mail : anamikapublishers@yahoo.co.in

प्रथम संस्करण : 2010

आई.एस.बी.एन. 978-81-7975-290-6

भारत में मुद्रित

अनामिका पब्लिशर्स एंड डिस्ट्रीब्यूटर्स (प्रा.) लि., 4697/3, 21ए, अंसारी रोड, दरियागंज, नई दिल्ली 110 02 द्वारा प्रकाशित। शिवानी कम्प्यूटर्स शाहदरा, दिल्ली 110 093 द्वारा शब्दांकित, नागरी प्रिंटर्स, दिल्ली में मुद्रित।

अनुक्रम

पुरोवाक्

चाहमान वंश प्रतिहारों के सामंतरूप में वासुदेव (551 ई.) से अभ्युदित होता है। सामंतराज को पृथ्वीराजविजय ने अनेक सामंतों का स्वामी माना है। सामंतराज का उत्तराधिकारी नरदेव है और उसे बिज़ोलिया अभिलेख में "पूर्णतल्ल" माना गया है। तत्पश्चात् जयराज अथवा प्रथम जयराज सिंहासनासीन हुआ। ऐसा माना गया है कि उसने अजमेर का किला एवं नगर बसाया। इसी क्रम में विग्रहराज, चंद्रराज प्रथम तथा गोपेंद्रराज के दो पुत्रों ने सिंहासन का पद ग्रहण किया। गोपेंद्रराज के बाद दुर्लभराज प्रथम उत्तर भारतीय राजनीति में यशस्वी राजा हुआ। पृथ्वीराजविजय के अनुसार उसने अपनी तलवार को गंगा और समुद्र में स्नान कराया तथा गौड़ देश को अपने आधिपत्य में किया। राधनपुर अभिलेख के आधार पर स्पष्ट है कि वत्सराज ने खेल-खेल में गौड़राज की लक्ष्मी को अपने अधीन कर लिया और शरद ऋतु की चंद्रमा की तरह गौड़राज का विनाश कर दिया।[1]

पृथ्वीराजविजय से ज्ञात होता है कि चाहमान वंश के प्रथम शासक वासुदेव की राजधानी "साभर" के निकट अनंत देश में थी। यह भी उल्लेखनीय है कि पुष्कर क्षेत्र में उनका उद्भव स्थल था। इसका समर्थन हम्मीर महाकाव्य और सुर्जनचरित्र जैसे बहुमूल्य ग्रंथों से होता है। कतिपय साक्ष्यों में चाहमान राजा सामंत का संबंध अनंत नामक देश एवं अहिच्छत्र नामक राजधानी से बताया गया है। कहीं-कहीं उनके शासित क्षेत्र का जांगल देश नाम मिलता है। यदि विशद्धानंद पाठक की बात मानी जाए तो चाहमान मूलतः शाकंभरी क्षेत्र में उदित हुए और उनकी प्रारंभिक राजधानी अहिच्छत्रपुर थी; वहां से पुष्कर क्षेत्र बढ़ते हुए अजमेर नगर से शासन करने लगे और वहां से उत्तर-पूर्व की ओर बढ़कर दिल्ली सहित गंगा-यमुना की घाटी के ऊपरी भागों पर आधिपत्य स्थापित कर लिया।

चाहमान वंश ने भारतीय सामाजिक संरचना और धार्मिक चिंतना में अभिनव दृष्टि का संचार किया। इन राजाओं में अर्णोराज, विग्रहराज चतुर्थ, अपर गांगेय एवं पृथ्वीराज तृतीय आदि प्रमुख हैं। यहां उल्लेखनीय है कि विग्रहराज चतुर्थ के दरबारी कवि सोमदेव ने अत्यंत

---

1. पाठक, विशद्धानंद : *उत्तर भारत का राजनीतिक इतिहास*, पृ. 436।

महत्वपूर्ण ग्रंथ 'ललित विग्रहराज' नाटक का प्रणयन किया जिसमें सामाजिक धरातल पर भारतीय संस्कृति में वैदिक धारा के साथ नूतन धारा का बीजारोपण करते हुए उनका पल्लवन किया। यही नहीं विग्रहराज चतुर्थ ने अजमेर में विद्यालय का भी निर्माण कराया जिसकी प्रशंसा कर्नल टाड एवं एलेक्जेंडर कनिंघम ने की है।[2]

विग्रहराज स्वयं विद्वान एवं विद्वानों का संरक्षक था जिसका प्रमाण है 'हरकेलि' नामक नाटक की संरचना। इससे इतिहास धारा में सामाजिक एवं धार्मिक परिवर्तन का आरंभ स्वतः परिलक्षित होता है। ऐसा उल्लेख प्रासंगिक होगा कि पृथ्वीराज तृतीय के दरबार में विद्वानों का समूह एकत्रित होता था। इसी श्रृंखला में चंदवरदाई, जयानक, जनार्दन एवं विद्यापति ने समाज एवं धर्म में नवीन जागृति पैदा कर भारतीय एकता, अखंडता एवं समभाव को संरक्षित किया। चाहमान राजाओं ने मुस्लिम सत्ता को रोकने का अनवरत प्रयास किया और यह वह हेतु है कि उनके समय में मुस्लिम भारत में अपना शासन स्थापित नहीं कर सके।

चाहमान राजाओं ने भारत में भारतीय संस्कृति को अक्षुण्ण बनाए रखने का प्रयास वीरता एवं सांस्कृतिक समन्वय के आधार पर किया। उन्होंने भारतीय समाज को उत्कर्ष की दिशा में ले जाने के लिए मनोयोग से कार्य किया। अर्णोराज ने कृषि व्यवस्था को सुदृढ़ करने के लिए "आनासागर" नामक झील का निर्माण कराया और वीसलदेव ने भी अजमेर में "वीसलसर" का निर्माण कराया जो सिंचाई व्यवस्था के लिए प्रयोग किया गया। यह महत्वपूर्ण तथ्य है कि धार्मिक प्रवृत्ति के लोगों द्वारा भी चाहमान काल में अनेक तालाबों एवं जलाशयों के निर्माण के साक्ष्य हैं। चाहमान राजाओं ने सिंचाई व्यवस्था के लिए कूपों की खुदाई करवाई तथा नदियों से छोटी-छोटी कुल्याएं निकालकर भारतीय कृषि व्यवस्था को विकसित करने की दिशा में सराहनीय कार्य किया गया।

चाहमान शासक धर्मसहिष्णु थे और इसी कारण वे देवालयों के निर्माण में रुचि रखते थे। वे शैव धर्मावलंबी होते हुए भी सभी धर्मों के प्रति समभाव रखते थे। मेरी मान्यता है कि सभी लोगों ने राजा की प्रेरणा से मंदिरों के निर्माण में योगदान दिया जिससे मंदिरों में भजन-कीर्तन-साधना-उपासना से भारतीय संस्कृति की रक्षा हुई तथा सामाजिक संरचना में बिखराव की भावना समाप्त होकर धर्म की मूलभूत प्रेरणा के अनुसार समाज का निर्माण हुआ। जैन ग्रंथों के आधार पर दशरथ शर्मा ने मत व्यक्त किया है कि पृथ्वीराज तृतीय ने रणथंभौर के जैन मंदिरों के शिखर पर कनक कलशों का निर्माण कराया। पृथ्वीराजविजय से ज्ञात होता है कि सोमनाथ मंदिर में "अन्नसूत्र" की स्थापना करवाई। यही नहीं मंदिरों के निर्माण में ब्रह्मा, विष्णु एवं लक्ष्मी आदि देव एवं देवियों की मूर्तियों की स्थापना हुई।

भारतीय समाज एवं धर्म की धारा में चाहमान वंश का उत्कृष्ट योगदान है। तत्कालीन बदलते भारत में चाहमान वंश भारतीय इतिहास का ऐसा चरम शिखर है जिससे समाज एवं

---

2. कर्नल टाड : *एनल्स एंड एंटीक्विटीज ऑफ राजस्थान*, पृ. 609; द्रष्टव्य : भारतीय पुरातात्विक सर्वेक्षण, वार्षिक रिपोर्ट, पृ. 263।

धर्म की रक्षा हुई। चाहे आर्थिक क्षेत्र की बात हो या कृषि, चाहे धार्मिक संरचना की बात हो या समाज को सुनियोजित करने की, चाहे मंदिरों के निर्माण की बात हो या उनके माध्यम से समाज में समरसता की भावना स्थापित करने की, समस्त दृष्टियों से हमेशा-हमेशा चाहमान वंश अग्रगण्य पंक्ति में है।

इतिहास के गंभीर विचारक डॉ. महेश प्रताप सिंह ने प्राथमिक एवं द्वितीयक साक्ष्यों के आधार पर अपना मौलिक निरूपण ग्रंथ में प्रस्तुत किया है, जो इतिहासजगत् में नवीनतम योगदान है, ऐसा योगदान जो समग्र भारतीय इतिहास को समझने के लिए अतुलनीय है। इस ग्रंथ से समाज के विविध पहलुओं पर नवीनतम शोध का प्रकाशन हो रहा है। इससे शोध का नया आयाम प्रस्फुटित होगा। वस्तुतः चाहमान काल में ऋग्वैदिक काल से चली आ रही सामाजिक संरचना में एक तरफ नया परिवर्तन तथा देश, काल एवं स्थिति के आधार पर संशोधन हुआ। समाज निरंतर गतिशील रहता है और गतिशीलता का सम्यक् प्रभाव इस युग में परिलक्षित होता है।

प्रो. विजय कुमार पांडेय

भूमिका

पूर्व मध्यकालीन भारतीय इतिहास में राजस्थान के चाहमान राजवंश का महत्वपूर्ण योगदान है। वस्तुतः तत्कालीन राजस्थान के सांस्कृतिक जीवन को पल्लवित और पुष्पित करने में इस वंश के शासकों ने अथक प्रयास किया तथा अपने राज्य में शांति स्थापित करने के निमित्त समय-समय पर विदेशी शक्तियों से लोहा भी लिया तथा उनके आक्रमणों को रोककर अपने राज्य में सुख और शांति बनाए रखने का यथाशक्य प्रयास किया। इस प्रकार वे इस युग के राजनीतिक प्रतिनिधि के साथ-साथ समाज एवं धर्म के संरक्षक भी थे। वैसे, उनके राजनीतिक इतिहास पर अनेक ग्रंथ लिखे गए हैं, किंतु तत्कालीन सांस्कृतिक क्षेत्र में उनके द्वारा किए गए कार्यों का स्वतंत्र रूप से विश्लेषण नहीं किया गया है। तत्संबंधी जो कुछ भी लिखा गया है, वह अत्यल्प और संक्षिप्त है। अतः इस कमी को ध्यान में रखकर प्रस्तुत ग्रंथ में चाहमान शासकों के सांस्कृतिक क्रिया-कलापों को केंद्र बनाकर लेखन का प्रयास किया गया है।

चाहमान शासकों के इतिहास से संबंधित विगत वर्षों में अनेक ग्रंथ लिखे गए हैं। इस दिशा में कर्नल टाड ने *एनल्स एंड एंटीक्विटीज ऑफ राजस्थान* (1877) लिखा, लेकिन इसका कार्यक्षेत्र संपूर्ण राजपूताने से संबद्ध है। ऐसा प्रतीत होता है कि लेखक ने राजनीतिक स्थिति पर ही अधिक ध्यान दिया है, किंतु इस दिशा में किया गया यह प्रथम और सराहनीय कार्य है। इसके बाद गौरीशंकर हीराचंद्र ओझा ने राजस्थान पर अनेक पुस्तकों का प्रकाशन किया, जिनमें 1928 में *मध्यकालीन भारतीय संस्कृति*, इलाहाबाद से; 1928 में ही *उदयपुर का इतिहास*, भाग-1, अजमेर से; 1938 ई. में *जोधपुर का इतिहास*, अजमेर से; 1939 में अजमेर से ही *बीकानेर का इतिहास* प्रकाशित हुआ। इन ग्रंथों के अतिरिक्त ओझा कृति *निबंध संग्रह*, उदयपुर, साहित्य संस्थान से 1954 में प्रकाशित हुआ, लेकिन ओझा जी का भी कार्यक्षेत्र संपूर्ण राजपूताने के राजनीतिक इतिहास से ही संबद्ध है, इसलिए चाहमानों (चौहानों) का विस्तृत अध्ययन संभव नहीं हो पाया है। रमेशचंद्र मजूमदार के संपादकत्व में सन् 1954-55 ई. में विद्या भवन, बंबई से प्रकाशित *द एज ऑफ इंपीरियल कन्नौज* और *द स्ट्रगल फॉर एंपायर* नामक पुस्तकें भी प्रकाशित हुईं, जिनमें पहली बार राजनीतिक स्थिति के साथ-साथ सामाजिक और सांस्कृतिक स्थिति का भी विश्लेषण किया गया है।

सन् 1959 में दशरथ शर्मा द्वारा लिखित पुस्तक *अर्ली चौहान डायनेस्टिज* प्रकाशित हुई। चौहान शासकों के इतिहास पर प्रकाश डालने की दिशा में लिखा गया यह एक प्रामाणिक ग्रंथ है। इसमें चौहान वंश के राजनीतिक इतिहास के साथ-साथ लेखक ने उस समय के सामाजिक, धार्मिक और आर्थिक जीवन पर भी प्रकाश डाला है। सन् 1966 ई. में दशरथ शर्मा का दूसरा महत्वपूर्ण ग्रंथ *राजस्थान थ्रू द एजेज,* जि. 1, राजस्थान स्टेट आर्काइव्स, बीकानेर से प्रकाशित हुआ। प्राचीन काल से लेकर मध्ययुग तक के राजस्थान में शासन करने वाले शासकों की विस्तृत जानकारी देने वाला यह एक प्रामाणिक ग्रंथ है। प्रस्तुत ग्रंथ के द्वितीय अध्याय में लेखक ने 701 ई. से 1200 ई. के बीच राजस्थान की सामाजिक, धार्मिक एवं आर्थिक स्थिति पर प्रकाश डाला है, किंतु इसको लिखने में लेखक ने राजस्थानी स्रोतों का ही अधिक से अधिक उपयोग किया है। विभिन्न क्षेत्रों में लिखे गए तत्कालीन अन्य स्रोतों का तुलनात्मक अध्ययन नहीं किया है। फिर भी ग्रंथ को लिखने में इससे काफी सहायता मिलती है। उनकी तीसरी महत्वपूर्ण कृति *चौहान सम्राट पृथ्वीराज तृतीय और उनका युग* है, जो 1972 में राजस्थान हिंदी ग्रंथ अकादमी द्वारा प्रकाशित हुई है। इसमें डॉ. शर्मा ने पृथ्वीराज तृतीय से संबंधित इतिहास का विस्तृत विवेचन किया है।

1964 ई. में डॉ. रामवृक्ष सिंह कृत *हिस्ट्री ऑफ चाहमान* नामक शोधग्रंथ प्रकाशित हुआ। डॉ. गोपीनाथ शर्मा की *राजस्थान स्टडीज* नामक कृति में राजस्थान के सामाजिक, आर्थिक एवं सांस्कृतिक इतिहास को समाहित किया गया है। इसमें राजनीतिक उथल-पुथल, राज्य विस्तार, आर्थिक व धार्मिक प्रगति का विवरण है। कवि श्यामलदास का *वीर विनोद* 1943, पंडित विश्वेश्वरनाथ रेऊ का *भारत के प्राचीन राजवंश,* भाग-1, जोधपुर, 1921, जगदीश गहलौत का *राजपूताने का इतिहास,* भाग-2, जोधपुर, 1960, सुखवीर सिंह गहलौत का *राजस्थान का संक्षिप्त इतिहास,* हिंदी साहित्य मंदिर, जोधपुर, 1969 आदि ने चौहानों पर केवल छिटपुट शोध-लेख समय-समय पर प्रस्तुत किये। इनमें क्रमबद्धता और एकसूत्रता का अभाव है। इन लेखकों की कृतियों में घटनाओं का समावेश कुछ इस प्रकार हुआ है कि इतिहास के विद्यार्थियों के मन में अनेक प्रश्न और जिज्ञासाएं उठती हैं। ऐसे ही प्रश्नों को ध्यान में रखकर महाराज कुमार डॉ. रघुवर सिंह ने *पूर्व आधुनिक राजस्थान* और डॉ. कानूनगो ने *लैक्चर्स ऑन राजपूत हिस्ट्री* नामक पुस्तकें प्रकाशित कीं। डॉ. पारसनाथ सिंह कृत *पृथ्वीराज चौहान और उनका काल* (1982) प्रकाशित शोधग्रंथ चौहानों के राजनीतिक क्रिया-कलापों पर अधिक जोर देता है।

उपर्युक्त ग्रंथों के अतिरिक्त पूर्व मध्यकालीन समाज एवं धर्म से संबंधित अनेक विशिष्ट ग्रंथों की रचना विद्वानों द्वारा समय-समय पर की गई, जिनमें रमेशचंद्र मजूमदार लिखित *लेटर हिंदू सिविलाइजेशन* (1880 ई.), सी.वी. वैद्य कृत *हिस्ट्री ऑफ मेडिवल हिंदू इंडिया, 750-1000 ई.* (1924 ई.), वृजेंद्रनाथ शर्मा द्वारा लिखित *सोशल एंड कल्चरल हिस्ट्री ऑफ नार्दन इंडिया, 1000-1200 ई.* (1932 ई.), भक्त प्रसाद मजूमदार द्वारा लिखित *सोशियो इकोनॉमिक हिस्ट्री ऑफ नॉर्दर्न इंडिया, 1030-1194 ई.* (1960 ई.), वासुदेव उपाध्याय द्वारा

लिखित *सोशियो रिलिजियस कंडीशन ऑफ नॉर्थ इंडिया, 600-1200 ई.* (1964 ई.), बृजनाग्रायण शर्मा द्वारा लिखित *सोशल लाइफ इन नॉर्दर्न इंडिया, 600-1000 ई.* (1966 ई.), जयशंकर मिश्र द्वारा लिखित *ग्यारहवीं सदी का भारत* (1968), वी.एन.एस. यादव द्वारा लिखित *सोसायटी एंड कल्चर इन नॉर्दर्न इंडिया इन दि ट्वेल्थ सेंचुरी* (1975 ई.), के.पी. साहू द्वारा लिखित *सम आस्पेक्ट्स ऑफ नॉर्थ इंडियन सोशल लाइफ, 1000-1526 ई.* (1973 ई.), के.ए. निजामी द्वारा लिखित *पोलिटिक्स एंड सोसायटी ड्यूरिंग अर्ली मेडिवल पीरियड,* जि. 1 (1974 ई.), आर.एस. शर्मा की संक्षिप्त पुस्तिका *पूर्व मध्यकालीन भारत में सामाजिक परिवर्तन, 500-1200 ई.* (1975 ई.), जयशंकर मिश्र द्वारा लिखित *प्राचीन भारत का सामाजिक इतिहास* (1974 ई.), एम.पी. सिंह द्वारा लिखित *सोशल लाइफ इन ऐंशियेंट इंडिया, 800-1000 ई.* (1981 ई.), रोमिला थापर द्वारा लिखित *भारत का इतिहास* (1975 ई.) आदि विशेष रूप से उल्लेखनीय हैं, किंतु इन सभी ग्रंथों में चाहमानकालीन समाज एवं धर्म के विभिन्न पक्षों पर विस्तृत चर्चा नहीं हो सकी है। ये सभी ग्रंथ 7वीं सदी से 12वीं सदी के भारतीय समाज के विभिन्न पक्षों पर प्रकाश डालते हैं। लेखक ने अपने ग्रंथ को लिखने में उन सभी ग्रंथों का भरपूर उपयोग करते हुए नया चिंतन देने का प्रयास किया है।

चाहमानकालीन समाज और धर्म को वर्णित करते समय तत्कालीन अन्य भारतीय राजवंशों के काल के समाज एवं धर्म को तुलनात्मक दृष्टि से प्रस्तुत किया गया है, जिससे तत्कालीन भारत का सामाजिक और धार्मिक जीवन समग्र रूप से अभिव्यंजित हो सके।

चाहमानकालीन समाज एवं धर्म को उद्घाटित करने वाले स्रोतों में साहित्यिक ग्रंथों का विशेष महत्व है। इस युग के ग्रंथ प्रचुर मात्रा में मिलते हैं, जिनमें हिंदी साहित्य, जैन साहित्य, संस्कृत साहित्य, बौद्ध साहित्य के साथ-साथ मुस्लिम साहित्य से भी इस विवेच्य युग का इतिहास लिखने में मदद मिलती है। मुस्लिम इतिहासकारों की रचनाएं समकालीन होने के कारण महत्वपूर्ण हैं।

चाहमानकालीन मूल ग्रंथों में जयानक कृत *पृथ्वीराजविजय* ऐतिहासिक दृष्टि से महत्वपूर्ण ग्रंथ है। यह पृथ्वीराज चौहान का दरबारी कवि था। उसके ग्रंथ से तत्कालीन सामाजिक और सांस्कृतिक स्थिति की जानकारी प्राप्त होती है। हम्मीर महाकाव्य (जयचंद सूरि) पंद्रहवीं शताब्दी के आरंभ का ग्रंथ है, परंतु इसके रचयिता को चाहमान वंश की प्रचुर ऐतिहासिक सामग्री प्राप्त थी। ऐतिहासिक दृष्टि से इस काव्य का महत्व है। चंद्रशेखर विरचित सुर्जनचरित अकबर के समय की कृति है। इसके अतिरिक्त *पृथ्वीराज रासो, नरपति नाल्ह, बीसलदेव रासो* आदि महत्वपूर्ण ग्रंथ हैं, जिनसे तत्कालीन दशा का चित्रण मिलता है।

जैन साहित्य से काफी सहायता मिली है। ऐसे ग्रंथों में पुरातन, *प्रबंध संग्रह, प्रबंध चिंतामणि, प्रबंध कोश* आदि मुख्य हैं। इन ग्रंथों में राजाओं का जीवन-चरित्र, उनकी धार्मिकता, उनके रहन-सहन तथा क्रिया-कलापों के साथ-साथ रचनात्मक कार्यों का विवरण मिलता है। इनके अतिरिक्त *कथासरित्सागर, कुमारपाल चरित, कुवलयमाला, द्वयाश्रयमहाकाव्य* आदि भी इस युग का चित्रण करते हैं।

इस काल के संस्कृत ग्रंथों में काव्य तथा धार्मिक निबंध ग्रंथ विशेष महत्वपूर्ण हैं। इनमें सामाजिक, धार्मिक तथा आर्थिक दशा का विशेष परिचय मिलता है। इस प्रकार के ग्रंथों में *कृत्यकल्पतरु, कृत्यरत्नाकर, कीर्तिकौमुदी, मानसोल्लास, मिताक्षरा टीका, शारंगधरपद्धति, संस्काररत्नमाला, स्मृतिचंद्रिका, स्कंदपुराण, भविष्यपुराण, चौहानकुलकल्पद्रुम* आदि मुख्य हैं। इनके अतिरिक्त कतिपय ऐसे ग्रंथ भी हैं, जिनसे तत्कालीन समाज एवं धर्म के विषय में ज्ञान प्राप्त होता है। अतः उनका आवश्यकता के अनुसार उपयोग किया गया है।

विदेशी लेखकों में इब्नखुर्दाज्बा, सुलेमान अलमसूदी, अलबीरूनी, अवुजैद, अलगेर्दीजी, अलइद्रीसी, मुहम्मद ऊफी आदि के विवरणों को प्रस्तुत ग्रंथ में यथास्थान ग्रहीत किया गया है। इसके अलावा चीनी यात्री ह्वेनसांग तथा इत्सिंग के विवरण भी प्रस्तुत ग्रंथ में सहायक हैं।

विवेच्य युग के लिए शिलालेख भी प्रमुख साधन हैं। ये शिलालेख प्राकृत, संस्कृत और स्थानीय भाषाओं में प्राप्त होते हैं। चाहमान राजाओं के शिलालेख एपिग्राफिक इंडिका, इंडियन ऐंटीक्वेरी, जर्नल ऑफ एशियाटिक सोसायटी ऑफ बंगाल, एनल्स ऑफ भंडारकर ओरियंटल रिसर्च इंस्टीच्यूट, जेड.एम.जी., डॉ. भंडारकर कृत *इंस्क्रिप्शंस ऑफ नॉर्दर्न* इंडिया, पी.सी. नाहर कृत *जैन इंस्क्रिप्शंस,* मुनि जिनविजय कृत प्राचीन जैन लेख-संग्रह, भावनगर अभिलेख, *कार्पस इंस्क्रिप्शंस इंडिकेरम,* जि. 4, *आर्कियोलॉजिकल सर्वे ऑफ इंडिया, आर्कियोलॉजिकल सर्वे ऑफ इंडिया (वेस्टर्न सर्किल),* गोपनीथ शर्मा द्वारा संपादित *राजस्थान के इतिहास के स्रोत* तथा *राजपूताना म्यूजियम रिपोर्ट* आदि में उपलब्ध होते हैं। इनके अतिरिक्त विभिन्न शोधपत्र, पत्रिकाओं में प्रकाशित अपने विषय से संबंधित लेखों का भी उपयोग किया है।

स्मारक तथा सिक्कों से भी प्रस्तुत ग्रंथ पर प्रकाश पड़ता है। हालांकि भवन, मंदिर, मूर्तियां आदि मुसलमानों द्वारा ध्वस्त कर दी गई थीं, फिर भी जो अवशेष हैं, वे तत्कालीन ज्ञान के साधन के निमित्त महत्वपूर्ण हैं। चाहमान राजाओं के सिक्कों में सोने-चांदी तथा तांबे के सिक्कों की भरमार है।

प्रस्तुत ग्रंथ को विषयगत सामग्री के आधार पर आठ अध्यायों में विभक्त किया गया है।

पहले अध्याय के अंतर्गत समाज एवं धर्म के उत्थान में चाहमान शासकों के योगदान का विवेचन किया गया है। उन शासकों ने भारतीय समाज पर होने वाले विदेशी आक्रमण को रोकने का यथाशक्य प्रयास किया तथा भारतीय समाज को सुरक्षा प्रदान की। इस संबंध में चाहमानकालीन ग्रंथ और अभिलेख महत्वपूर्ण साक्ष्य प्रदान करते हैं और यह प्रमाणित करते हैं कि तत्कालीन सामाजिक व्यवस्था और धार्मिक जीवन को चाहमान शासकों ने अपने योगदान से अभिसिंचित किया।

दूसरे अध्याय में हिंदू सामाजिक संरचना का विश्लेषण किया गया है, जिसमें वर्ण-जाति और उपजातियों के आधार, तत्वों और आयाम का उल्लेख किया गया है। चारों वर्णों की प्रतिष्ठा पूर्ववत् थी, किंतु उनमें संगठन की दुर्बलता आ गई थी। कायस्थ जाति का स्वतंत्र

रूप से उल्लेख चाहमानकालीन स्रोतों में हुआ है। अनेक अंत्यज जातियों का भी संदर्भ प्राप्त होता है, जो इस बात का प्रमाण है कि अस्पृश्य जातियां हिंदू समाज का अंग थीं, जो समाज के निम्न कार्यों से जुड़ी थीं।

तीसरे अध्याय में हिंदू वैवाहिक जीवन और परिवार का विवेचन किया गया है। हिंदू विवाह के विभिन्न प्रकार प्रचलित थे। अंतर्जातीय विवाह के यदा-कदा उदाहरण भी मिलते हैं। विवाह-विच्छेद का भी एकाध उदाहरण मिलता है। बाल विवाह के भी साक्ष्य मिलते हैं तथा विधवा विवाह आदि की समीक्षा की गई है। परिवार के अंतर्गत माता-पिता, पति-पत्नी, पुत्र-पुत्री और भाई-बहन आदि सम्मिलित थे। अध्ययन से विदित होता है कि परिवार अब प्राचीन युग की तरह बहुत बड़ा (संयुक्त परिवार) नहीं रह गया था। उसमें संकुचन की भावना प्रबल हो उठी थी तथा बड़े परिवार प्रायः विघटित होते जा रहे थे।

चौथे अध्याय में स्त्रियों की स्थिति का विवेचन किया गया है, जिसमें उसकी अवस्था, महत्ता, संपत्ति में अधिकार आदि पर विचार किया गया है। पारिवारिक जीवन के अंतर्गत स्त्री कन्या, पत्नी तथा माता के रूप में समादृत थी। समाज में ऐसी भी स्त्रियां थीं, जिन्हें गणिका और देवदासी का जीवन बिताना पड़ता था। स्त्रियों के लिए पर्दा प्रथा तथा सती प्रथा का प्रचार उस युग में विशेष रूप से दिखाई देता है, जो रूढ़ रूप में समाज में प्रचलित थीं।

पांचवें अध्याय में चाहमानयुगीन खान-पान, वस्त्राभूषण एवं मनोरंजन का विश्लेषण किया गया है, जिसमें सामिष-निरामिष भोजन, भोजन-विधि, विविध पेय, तांबूल आदि का वर्णन है। स्त्री-पुरुष दोनों विभिन्न प्रकार के वस्त्र और आभूषण धारण करते थे। मनोरंजन के साधनों में कुश्ती, आखेट, जुआ, उद्यान यात्रा, जलक्रीड़ा तथा विभिन्न प्रकार के पशुओं से युद्ध प्रचलित थे। इसके अलावा अनेक प्रकार की ललित कलाओं में भाग लेकर मनोरंजन किया जाता था।

छठे अध्याय में चाहमानकालीन धार्मिक जीवन का वर्णन किया गया है। इसके अंतर्गत ब्राह्मण धर्म, नव वैष्णव संप्रदाय, शैव संप्रदाय, जैन तथा बौद्ध संप्रदायों का विवेचन किया गया है। पंचायत पूजा इसी युग की धार्मिक मान्यताओं का मुख्य आधार ज्ञात होता है। विभिन्न मंदिरों में जाकर देवी-देवताओं का पूजन किया जाता था। समाज में प्रचलित हिंदू त्यौहारों का भी वर्णन किया गया है।

सातवें अध्याय के अंतर्गत चाहमानकालीन आर्थिक जीवन पर विचार किया गया है, जिसमें कृषि, पशुपालन एवं उद्योग-धंधों के साथ-साथ वाणिज्य एवं व्यापार की विस्तृत चर्चा की गई है। उस युग के अधिकांश लोग कृषि और पशुपालन पर निर्भर करते थे। अनेक प्रकार के उद्योग-धंधे प्रचलित थे। व्यापार के लिए वस्तुएं परिवहन मार्गों से दूर-दूर से लाई जाती थीं। इस युग में सामंतशाही या जागीरदारी प्रथा एक प्रमुख विशेषता थी, इसका भी विवेचन किया गया है।

शिक्षा, साहित्य एवं कला का विवेचन आठवें अध्याय में किया गया है। इसमें शिक्षा का प्रारंभ, आयु, विभिन्न भारतीय विषय तथा तत्कालीन केंद्रों पर प्रकाश डाला गया है। इस

काल के संस्कृत साहित्य, जैन साहित्य तथा बौद्ध साहित्य का भी वर्णन किया गया है। साथ ही स्थापत्य कला, मूर्तिकला, संगीतकला आदि का विवेचन किया गया है।

अंत में संपूर्ण ग्रंथ का सर्वेक्षण प्रस्तुत किया गया है तथा यह दर्शित किया गया है कि चाहमान साम्राज्य के अधीन रहने वाला समाज अपनी प्राचीन परंपराओं और संस्कारों से जुड़ा हुआ था, किंतु उस काल में होने वाले विदेशी आक्रमणों के प्रभाव से अछूता नहीं था।

प्रस्तुत ग्रंथ के लेखन में मुझे अनेक गुरुजनों एवं विद्वानों से समय-समय पर महत्वपूर्ण सहायता मिली, एतदर्थ मैं उन सभी का हृदय से आभारी हूं। सर्वप्रथम मैं पूज्य गुरुवर प्रो. जयशंकर मिश्र (अवकाश प्राप्त), इतिहास विभाग, काशी हिंदू विश्वविद्यालय के प्रति हार्दिक कृतज्ञता ज्ञापित करता हूं जिन्होंने निरंतर मेरा मार्गदर्शन एवं उत्साहवर्धन किया। आदरणीय प्रोफेसर विजय कुमार पांडेय, अध्यक्ष, इतिहास, संस्कृति एवं पुरातत्व विभाग एवं पूर्व अधिष्ठाता कला संकाय, डॉ. रा.म.लो. अवध विश्वविद्यालय के प्रति हार्दिक कृतज्ञता ज्ञापित करता हूं जिनकी प्रेरणा ने ही यह कार्य सुगम बनाया। इस ग्रंथ का 'पुरोवाक्' भी लिखकर मुझे कृतार्थ किया।

प्रातःस्मरणीय मातेश्वरी अभिलाखी देवी एवं परम पूज्य स्व. जैसराज सिंह के प्रति कृतज्ञता ज्ञापित करने हेतु मेरे पास शब्द नहीं हैं जिनके आशीर्वाद ने मुझे इस योग्य बनाया। अपनी पत्नी शशी सिंह के प्रति आभार व्यक्त करना एक औपचारिकता ही है जिन्होंने हमारे पुत्र एवं पुत्रियों के साथ इस बौद्धिक यज्ञ के संपादन में अन्य रूप से भरपूर सहयोग प्रदान किया।

अंत में उन समस्त इतिहासकार एवं विद्वान लेखकों के प्रति अत्यंत आभारी हूं जिनके लेखन का सहयोग इस ग्रंथ में लिया गया है, साथ ही अनामिका पब्लिशर्स, नई दिल्ली के श्री पंकज शर्मा का भी मैं आभार प्रकट करता हूं जिन्होंने ग्रंथ को उत्साहपूर्वक प्रकाशित कर मुझे अनुग्रहीत किया।

महेश प्रताप सिंह

1. चाहमान राजाओं का सामाजिक एवं धार्मिक योगदान

पूर्व मध्ययुगीन समाज एवं धर्म के उत्थान में अनेक भारतीय राजवंशों का योगदान दिखाई देता है। इस दिशा में चाहमान शासकों का योगदान उल्लेखनीय है। उनके अग्नि कुलोत्पन्न सिद्धांत से भी यही भान होता है। भारतीय राजाओं के आदर्शों तथा धर्मशास्त्रों में वर्णित प्रतिमानों एवं मूल्यों के अनुरूप चाहमान राजा भी संचरणशील रहे। इस शृंखला में अवधेय है कि चाहमान राजा अपने राज्य को बाह्य और आंतरिक बाधाओं से सुरक्षित रखते हुए जनता के हित और कल्याण के लिए सदा प्रयत्नशील रहे हैं।

भारतीय धर्मशास्त्रों में प्राचीनकाल से ही राजपद को देवतुल्य माना जाता है। प्रजा का धर्मानुसार संचरण करना तथा प्रजा का पालन एवं रक्षा ये दो प्रमुख कर्तव्य राजा के माने गए हैं। महाभारत के शांति पर्व में राजा का यही आदर्श उल्लिखित है[1] कौटिल्य ने अर्थशास्त्र में आदर्श राजा के इसी रूप पर प्रकाश डालते हुए कहा है कि प्रजा का सुख ही राजा का सुख है। प्रजा का दुःख ही राजा का दुःख है।[2] धर्मशास्त्रकारों का यही मत है कि राजा प्रजा का सेवक है, उसका कर्तव्य प्रजा की रक्षा करना है।[3] राजाओं को प्रदत्त की गई सभी उपाधियों पर ध्यान देने से यही स्पष्ट होता है कि उनके सभी सर्वनाम प्रजा रक्षण से ही अभिभूत रहते थे। कहना होगा कि सभी राजाओं का प्रारंभिक उद्देश्य प्रजा का कल्याण करना होता था।

मेधातिथि ने अत्याचारी राजा के विरोध और उसके मनमानेपन को नियंत्रित करने का जनाधिकार स्वीकार करते हुए भी उसके क्रोध से बचने की चेतावनी दी है कि उनके अपरिमित अधिकार को स्वीकार किया है। वह कहता है कि जो राजा का विरोध करता है और उसके प्रतिकूल आचरण करता है, वह निश्चय ही नष्ट हो जाता है।[4] किंतु इसके साथ-साथ हमारे विधानशास्त्रियों ने यह भी व्यवस्था दी कि अपने कर्तव्यों से च्युतु और प्रजा की सुरक्षा और सुव्यवस्था करने में असमर्थ राजा को पागल कुत्ते की भांति मार डालना चाहिए और उसकी अवज्ञा करनी चाहिए।[5] इसी कारण हमारे प्राचीन राजनीतिज्ञों ने राजा को नियंत्रित किया है। उन्हें नैतिकता एवं आचार संहिता में इतना आबद्ध कर दिया है कि वे उस परिधि से बाहर निकल नहीं सकते थे। उदाहरण के लिए कौटिल्य को ही लिया जा सकता है; उसने राजा के दैनिक एवं रात्रिक जीवन को इतने कर्तव्यपूर्ण नियमों से बांध दिया कि उससे अलग हटकर

राजा को सोचने तक का मौका नहीं मिलता। उसने इसीलिए तो राज्य के प्रधान को केवल राजा ही नहीं कहा है, अपितु राजर्षि की संज्ञा दी है। यहां इस शब्द से राजा की आध्यात्मिकता का स्पष्ट दिग्दर्शन होता है।[6]

राजा का जीवन शास्त्र और शस्त्र दोनों प्रकार की विधाओं मे अनुप्राणित होता था। अस्त्र-शस्त्र की शिक्षा के अतिरिक्त उसे व्यावहारिक एवं नीतिगत शिक्षा का भी ज्ञान कराया जाता था। प्राचीनकाल में गुरुकुल की शिक्षा में राजकुमारों को आन्वीक्षिकी, त्रयी, वार्ता, दंडनीति, धार्मिकता एवं नैतिकता आदि की शिक्षा दी जाती थी।[7] चाहमान शासकों में कई शासक ऐसे थे जो साहित्य के क्षेत्र में अग्रणी थे जिनमें चतुर्थ विग्रहराज का नाम सर्वोपरि है। इस शासक को जयानक भट्ट ने 'कविबांधव' को उपाधि प्रदान की है।

शाकंभरी के चाहमान नरेश भी उपर्युक्त आदर्शों और कर्तव्यों के मूर्तिमान प्रतीक थे, जिन्होंने जनकल्याण को मूलाधार मानकर अपने राज्य के सामाजिक और धार्मिक जीवन के उत्थान में अभूतपूर्व योगदान प्रदान किया है।

यह वह युग था, जब विदेशी आक्रमण में तेजी आने लगी थी तथा भारतीय संस्कृति विदेशी अनाचारों से त्रस्त होकर अधर में पड़ने लग गई थी। ऐसे कठिन परीक्षाकाल में चाहमान नरेशों ने अपने शौर्य एवं नैतिक बल से भारतीय संस्कृति को अक्षुण्ण बनाए रखने में यथेष्ट सफलता प्राप्त की। वस्तुतः चाहमान राजा पश्चिमोत्तर भारत पर होने वाले तुर्क आक्रमणकारियों को भारतीय संस्कृति का सबसे बड़ा शत्रु समझते थे। अजयराज से लेकर पृथ्वीराज तृतीय तक सभी चाहमान शासकों ने तुरुष्कों से अपने देश और समाज की रक्षा की। *पृथ्वीराज विजय* में अजयराज की गजनमातंगों (गजनीम्लेच्छों) पर विजय प्राप्त करने का श्रेय दिया गया है।[8] प्रबंधकोश में भी उल्लिखित है कि उसने सुल्तानशहाबुद्दीन को परास्त किया।[9] लेकिन इसकी पुष्टि अन्य स्रोतों से नहीं होती है। ऐसा प्रतीत होता है कि अजयराज म्लेच्छों से अपनी सीमाओं की सुरक्षा करने में सफल रहा होगा। अर्णोराज के समय में एक बार भी विदेशी आक्रमणकारियों का चाहमान राज्य पर आक्रमण भी हुआ लेकिन उसने इसका सफलतापूर्वक प्रतिवाद किया तथा अपने देश और समाज की सुरक्षा की।[10]

दिल्ली शिवालिक अभिलेख से ज्ञात होता है कि विग्रहराज चतुर्थ ने म्लेच्छों को बार-बार पराजित किया और आर्यावर्त देश को सचमुच आर्यों के निवास के उपयुक्त बना दिया।[11] वह अपने वंशजों से भी इसी प्रकार की विजयों को करने की आकांक्षा रखता था। उसके अधिकारी ने भी उसकी आकांक्षाओं की पूर्ति हेतु बहुत हद तक प्रयास किए हैं। ललितविग्रहराज[12] नाटक में भी विग्रहराज द्वारा मुसलमानों की पराजय का वर्णन मिलता है। मुसलमानों को पराजित कर आर्यावर्त को यथार्थ रूप में आर्यावर्त बनाने की उनकी नीति पृथ्वीराज तृतीय के जीवन में भी विशेष स्थान रखती है। शिवालिक अभिलेख[13] को पढ़ते ही यह स्पष्ट हो जाता है कि पृथ्वीराज तृतीय ने उसके एक-एक वाक्य को हृदयंगम किया था इससे ज्ञात होता है चाहमान शासकों ने मुसलमान आक्रमणों को आर्यधर्म और संस्कृति के विरुद्ध हिंदुत्व की जड़ पर प्रहार करने वाली एक समस्या के रूप में देखा था।

चाहमान राजाओं ने तत्कालीन समाज और धर्म के उत्थान में अथक प्रयास किया। उनके समकालीन ग्रंथों तथा अभिलेखों में इसके प्रणाम मिलते हैं। चाहमान नरेश अपने पूर्ववर्ती हिंदू राजाओं की तरह केवल प्रजापति ही नहीं थे, बल्कि वर्णाश्रम धर्म के रक्षक एवं सभी जातियों को समान दृष्टि से देखते थे। वास्तव में इस समय समाज में वर्णाश्रम व्यवस्था विद्यमान थी। इसकी पुष्टि ग्यारहवीं सदी के लेखक अलबीरूनी के कथन से होता है, जिसमें उन्होंने चार वर्णों (ब्राह्मण, क्षत्रिय, वैश्य और शूद्र) का उल्लेख किया है।[14] एतद्‌युगीन अनेक मुसलमान लेखकों के कथन से ज्ञात होता है कि ब्राह्मणों की जिस श्रेष्ठता का प्रतिपादन पूर्वकाल में धर्मशास्त्रों में किया गया था, इस युग के राजाओं द्वारा उसे तद्‌वत स्वीकार किया जाता था। अलबीरूनी के अनुसार ब्राह्मण[15] सबसे ऊंचे वर्ण के माने जाते हैं। उसके अनुसार हिंदू धर्म ग्रंथ कहते हैं कि वे ब्रह्मा के सिर से उत्पन्न हुए हैं। शरीर का सबसे ऊंचा अंग सिर है, इसलिए ब्राह्मण सभी जातियों में श्रेष्ठ हैं। अतः हिंदू उन्हें सर्वोत्तम मानते हैं। वर्णाश्रम धर्म के अंतर्गत चाहमानों ने ब्राह्मणों को विशेष सम्मान दिया था। *पृथ्वीराज विजय* से सूचना मिलती है कि चाहमान राजा पृथ्वीराज प्रथम ने ब्राह्मणों को लूटने के कारण सात सौ चालुक्यों का वध करवा दिया था।[16]

चाहमानकालीन समाज में प्राचीनकाल की ही तरह चारों आश्रमों का वर्णन मिलता है। *पृथ्वीराज विजय*[17] से ज्ञात होता है कि अजयराज ने स्वयं अपने पुत्र अर्णोराज को राजगद्दी पर बैठाया और स्वर्ग प्राप्त करने की इच्छा से सांसारिक जीवन छोड़ दिया। इस उल्लेख का समर्थन अजमेर संग्रहालय में पाई जाने वाली एक प्रशस्ति[18] से भी होता है। जिसमें कहा गया है कि अजयराज ने अपने अंतिम दिन पुष्कर तीर्थ के जंगलों में तपस्या हेतु बिताए। यह निश्चित रूप से आश्रम व्यवस्था विद्यमान होने का द्योतक है।

भारतीय सामाजिक जीवन का प्रमुख आधार विवाह है, जिसका सर्वदा महत्व रहा है। व्यक्ति जब तक अविवाहित रहता था, पूर्ण नहीं माना जाता था। विवाह के प्रकारों में ब्राह्म विवाह का ही अधिक प्रचलन था। चाहमान नरेश बीसलदेव ने परमाल राजकुमारी राजमती से जो विवाह किया था। वह ब्राह्म विवाह प्रकार का था।[19] अंतर्जातीय एवं बहुपत्नीत्व विवाह का प्रचलन चाहमान शासकों के समय प्रचलित था। चाहमान राजकुमारी अवन्ति सुंदरी का विवाह राजशेखर (ब्राह्मण) से हुआ था।[20] बहुपत्नी प्रथा के अनेक उदाहरण मिलते हैं। *नवसाहसांकचरित्र, विक्रमांकदेवचरित्र, वृहत्कथामंजरी, कथासरित्सागर* आदि में इसके कई प्रणाम हैं। चौहान नरेश अर्णोराज की दो[21] तथा पृथ्वीराज तृतीय की आठ[22] पत्नियों के उल्लेख मिलते हैं। लोहारी पाषण अभिलेख में जलसल नामक एक व्यक्ति का उल्लेख है, जिसकी नौ पत्नियां थीं।[23] इसके अतिरिक्त स्वयंवर प्रथा का भी प्रचलन था। *पृथ्वीराज विजय* से उल्लेख मिलता है कि गूवक द्वितीय की बहन कलावती का विवाह स्वयंवर द्वारा कन्नौज के शासक (प्रतीहार शासक प्रथम भोज) के साथ हुआ था।[24] संयोगिता का विवाह स्वयंवर में ही आयोजित था, जिसमें पत्थर के द्वारपाल के रूप में प्रतिष्ठित पृथ्वीराज के गले में जयमाल डाली थी।[25]

मानव के संपूर्ण जीवन का उत्कर्ष परिवार के ही माध्यम से संभव है। यह स्वयंसिद्ध है कि गृहस्थाश्रम का सर्वाधिक महत्व परिवार के माध्यम से होता है। मनुष्य का लक्ष्य 'पितृऋण' से मुक्ति, पुत्र प्राप्ति, स्वधर्म पालन और रति माना जाता रहा है। एक परिवार में माता-पिता पति-पत्नी, भाई-बहन आदि अनेक रहते थे।

प्राचीनकाल से ही भारतीय समाज में स्त्रियों के प्रति सम्मानजनक भावना रही है, धार्मिक और सामाजिक उत्सवों पर वे पुरुषों के साथ सम्मिलित होती थीं। शतपथ ब्राह्मण के अनुसार[26] पुरुष स्त्री के बिना अकेला और अधूरा है उसे पुरुष का शरीरार्ध कहा गया है तथा पूज्या रूप में आदृत किया गया है। वस्तुतः अनेक रूपों में वह प्रशंसित की गई। वैदिक युग में उसे पुरुषों के समान अधिकार प्राप्त थे। जीवन के प्रत्येक क्षेत्र में उसका महत्वपूर्ण योग था। पुरुष की तरह उसे भी यज्ञ करने का अधिकार प्राप्त था। वस्तुतः पुरुष और स्त्री यज्ञरूपी रथ जुड़े दो बैल थे।[27] महाभारत तथा याज्ञवल्क्यस्मृति में भी स्त्रियों के प्रति आदर का भाव प्रदर्शित किया गया है।[28] चाहमानकाल में भी स्त्रियां सम्मानीय थीं, किंतु कुछ विषयों में उनकी स्थिति दयनीय थी और उनकी स्वतंत्रता सीमित हो रही थी यद्यपि संपत्तिविषयक अधिकारों में उन्नति के चिह्न स्पष्ट दर्शित होते हैं।

आर्थिक जगत में भी चाहमान नरेश अपनी जनता के कार्यों के प्रति जागरूक थे। प्राचीनकाल की तरह चाहमानों के काल में भी आर्थिक व्यवस्था का मूल आधार कृषि ही था। यह देश के अधिकांश लोगों का व्यवसाय था। राजकीय आय का प्रमुख स्रोत होने के कारण कृषि पर राज्य भी ध्यान देता था।[29] राज्य की ओर से कृत्रिम जलसाधनों के निर्माण के अनेक उदाहरण मिलते हैं। चाहमान नृपति अर्णोराज आनासागर नामक एक विशाल झील का निर्माण करवाया था।[30] उसके पुत्र बीसलदेव द्वारा भी अजमेर में प्रसिद्ध 'बीसलसर' के निर्माण का उल्लेख मिलता है।[31] सिंचाई की व्यवस्था करने के साथ ही राज्य और भी अनेक प्रकार से कृषि को उन्नतशील बनाने में प्रयत्नशल रहता था।

राज्य के अतिरिक्त समाज के संपन्न तथा धार्मिक प्रवृत्ति के लोगों द्वारा भी इस काल में अनेक तालाबों तथा जलाशयों के निर्माण के उल्लेख मिलते हैं।[32] प्रत्यक्षतः इनका उद्देश्य धार्मिक होता था, किंतु इनके द्वारा आसपास के कृषिगत भूभागों की सिंचाई भी की जाती थी। जिन स्थलों पर तालाबों तथा नहरों से सिंचाई हो पाती थी। वहां कूप खुदवाकर सुविधानुसार नदियों से छोटी-छोटी कुल्याएं निकालकर सिंचाई की व्यवस्था चौहान नृपतियों ने की थी। कूपों से जल निकालने के लिए एक प्रकार के यंत्र, जिसे 'अरहट'[33] कहते हैं, का प्रयोग होता था। संभवतः यह अरहट आधुनिक रहट का ही एक रूप रहा होगा। चाहमान नृपतियों द्वारा कृषि की ओर विशेष ध्यान देने के फलस्वरूप कृषि, व्यवसाय उन्नत अवस्था में था। सिंचाई की व्यवस्था के कारण अकाल और दुर्भिक्ष की संभावनाएं सीमित थीं। देश समृद्ध और सुसंपन्न था। इसी प्रकार पहले से चले आ रहे उद्योग-धंधों को राजकीय संरक्षण प्राप्त था। देश की अर्थव्यवस्था में इसका प्रमुख योगदान था। इस काल के अनेक साहित्यिक तथा अभिलेखीय साक्ष्यों में तत्कालीन कुछ महत्वपूर्ण उद्योग-धंधों का उल्लेख मिलता है। कान्हड़

दे प्रबंध के अनुसार जालौर नगर में 18 वर्ण थे, जिनमें मोची, लौहार, दर्जी एवं रंगरेज भी थे।[34] अलबीरूनी ने भी चर्म उद्योग, टोकरी तथा शील्ड निर्माण, मुछए और बुनकरों के उद्योगों का उल्लेख किया है।[35] *पृथ्वीराज विजय* तथा अभिलेखीय साक्ष्यों से विदित होता है कि सांभर झील राज्य के प्रमुख नमक उद्योग का स्रोत था।[36] क्षेमेंद्र कृत समयमातृका से भी इस उद्योग की जानकारी होती है।[37] इस युग में सोने और चांदी के आभूषणों[38] की अधिकाधिक मांग इस बात का द्योतक है कि इन वस्तुओं का निर्माण तथा व्यापार प्रचलित था।

सामाजिक-आर्थिक जीवन की भांति अपने साम्राज्य की जनता के धार्मिक जीवन में भी चाहमान शासकों के महत्वपूर्ण योगदान प्रदान किया था। धर्मग्रंथों[39] से ज्ञात होता है कि धर्म ही विभिन्न योनियों में आत्मा के साथ भ्रमण करता है। साहित्यिक और अभिलेखीय स्रोतों से विदित होता है कि चाहमान शासक धर्मसहिष्णु थे। उनका सभी धर्मों के साथ समान व्यवहार था। कोई भी शासक कोई भी धर्म अपना सकता था। धर्म और आध्यात्म से प्रेरित होकर शासक तथा समाज के धनी व्यक्ति अपने इष्टदेव के निमित्त देवालयों का निर्माण करवाते थे। हिंदू समाज में मंदिर निर्माण की सामुदायिक योजना बन चुकी थी। जिसमें संपूर्ण समुदाय के लोग भाग लेते थे। लोगों के सामाजिक और आर्थिक जीवन मुख्य रूप से मंदिरों के चारों ओर केंद्रित थे। उपलब्ध संसाधनों का उपयोग मंदिर में किया जाता था।[40] तथा अनेक प्रकार के उपदेशों, नाटक, भजन-कीर्तन, संगीत, नृत्य का भी आयोजन होता था। अनेक मंदिरों के साथ पाठशालाएं जुड़ी होती थीं। बहुत से मंदिर बैंकों का भी कार्य करते थे। तथा संकटकाल में लोगों की सहायता करते थे।[41] यही कारण है कि मंदिरों का निर्माण करना एक पवित्र कार्य समझा जाता था। इन मंदिरों में ब्रह्मा, विष्णु, शिव, दुर्गा, लक्ष्मी आदि हिंदू धर्म से संबंधित देवी-देवताओं की मूर्तियां स्थापित की जाती थीं।

बारहवीं शताब्दी में लिखे गए कुछ जैन ग्रंथों के आधार पर दशरथ शर्मा ने सूचना दी है कि पृथ्वीराज प्रथम रणथंभौर के जैन मंदिरों के शीर्ष कनक कलशों की रचना किया था।[42] *पृथ्वीराज विजय* से विदित होता है कि पृथ्वीराज प्रथम ने सोमनाथ मंदिर के मार्ग में अन्नसूत्र स्थापित किया।[43] इससे इस बात की पुष्टि होती है कि वह शैव होते हुए भी जैन आदि अन्य धर्मों का संरक्षक था। हर्ष के अभिलेख से ज्ञात होता है कि प्रतीहारों का सामंत चाहमान शासक गूवक प्रथम ने अपने शासनकाल में श्री हर्षदेव के मंदिर का निर्माण करवाया था।[44]

पृथ्वीराज विजय से ज्ञात होता है कि चंदन राज की रानी रुद्राणी अथवा आत्मप्रभा महान शिवभक्त थीं। उसने जनता के कल्याणार्थ पुष्कर के चारों ओर अंधकार को दूर करने के लिए 1,000 दीपों (प्रकाशस्तंभों) की स्थापना की।[45] इसी प्रकार वाक्पतिराज प्रथम ने पुष्कर में एक शिव मंदिर का निर्माण करवाया था।[46] अपने पिता की तरह सिंहराज भी शिव का भक्त था और उसने पुष्कर में एक भव्य मंदिर का निर्माण करवाया।[47] उसने हर्षदेव मंदिर पर सोने का अंडक लगवाया और उसके व्यय के लिए चार गांव दान में दिया।[48] चामुंडराज ने नरपुर[49] में भगवान विष्णु के मंदिर का निर्माण करवाया था।[50] *पृथ्वीराज विजय* से पता चलता है[51] कि अजयराज ने अपने नाम पर अजमेर नगर बसाकर अपनी नई राजधानी बनाई, जो अनेक

मंदिरों के कारण देवताओं का वासस्थल बन गया। जयानक का इस नगर की प्रशंसा में कथन है कि वह काव्य धन्य नहीं है, जिसमें इस नगर का वर्णन न हो।

अधिकांश चाहमान राजे हिंदू धर्म (शैव संप्रदाय) के मानने वाले थे। किंतु अपने क्षेत्र में बसे अन्य धर्मों के प्रति उनका व्यवहार सदा सहायक और सहिष्णुतापूर्वक बना रहा। प्रभावक चरित तथा द्वयाश्रय काव्य से ज्ञात होता है[52] कि अर्णोराज ने वैष्णव होते हुए भी पुत्री जल्हणा देवी का विवाह कुमारपाल से कर दिया था, जिसे जैन ग्रंथ, जैन धर्म में उन्मुख बतलाते हैं। अर्णोराज ने खरतरगच्छ के अनुयायियों को एक मंदिर बनवाने के लिए अजमेर में विस्तृत भूमि दी और स्वयं पुष्कार में वराह का मंदिर बनवाया। चाहमान नृपति सोमेश्वर ने राजधानी में भगवान विष्णु के भव्य मंदिर का निर्माण कराया था।[53] अर्णोराज और अजयराज ने वैष्णव गुरुदेव बोधि[54] को आश्रम प्रदान किया था, जिसने राजस्थान में भगवत धर्म का व्यापक प्रचार किया। अजमेर स्थित अढ़ाई दिन का झोपड़ा नामक स्थान से प्राप्त विग्रहराज चतुर्थ के शिलालेखों में विष्णु के दशावतरों का बहुत ही सुंदर भाषा में वर्णन किया है। इसमें महात्मा बुद्ध और भगवान जिन को भी विष्णु का अवतार बताया गया है।[55] विग्रहराज चतुर्थ शिव का अनन्य भक्त था। उसने *हरकेलि* नाटक की रचना शिव प्रशंसा में ही की थी।[56] रवि प्रभाचार्य ने अपने ग्रंथ *धर्मघोष सूरि* में विग्रहराज चतुर्थ के बारे में कहा है कि उसने अजमेर के एक जैन मंदिर में ध्वजस्तंभ लगवाया जिसमें मालवा के किसी राजा ने उसे अपना सहयोग प्रदान किया था।[57] विग्रहराज के प्रथम अभिलेख (1153) से ज्ञात होता है कि वह स्वयं तो कवि था ही कवियों और विद्वानों की परंपरा को सतत प्रवाहशील रखने के लिए राजधानी अजमेर में उसने सरस्वती मंदिर नामक एक विद्यालय की स्थापना भी की। विग्रहराज कवियों और लेखकों को आश्रय भी प्रदान करता था। साहित्य और साहित्यकारों के इस संरक्षक को जयानक भट्ट ने कवि बांधव की उपाधि प्रदान की है। मेरुतुंग भी उसके इस विरुद्ध का उल्लेख करता है।[58] उसके रहते उसकी प्रजा को भर्तृहरि, समुद्रगुप्त, हर्ष और भोज जैसे भारतीय परंपरा में अमर राजकवियों की स्मृति सहज ही आ जाती होगी। उसके अजमेर के लगभग ढाई मील के आयत में बीसल सागर तथा बीसलपुर नामक नगर प्रमुख थे। अपने धार्मिक विश्वासों में शैव होते हुए भी वह हिंदुओं के अन्य संप्रदायों का ही नहीं, अपितु जैनों का भी आदर करता था और उन्हें सहायता प्रदान करता था। उसकी धर्मसहिष्णुता का एक प्रमाण यह है कि धर्मघोष सूरि नामक एक जैन आचार्य के कहने पर उसने एकादशी की सारी जीवहिंसा बंद करवा दी।[59] सोमेश्वर के अभिलेख तथा पृथ्वीराज विजय उसे अनेक मंदिरों तथा अपने पिता के नाम पर एक नगर के निर्माण का श्रेय प्रदान करते हैं।[60]

पृथ्वीराज द्वितीय की रानी सुधवा ने मेनाल में सुध्वेश्वर का मंदिर बनवाया था।[61] दोहद शिलालेख[62] (1172 ई.) में अन्य क्षेत्रों से आने वाले कापालिक साधुओं के लिए पृथ्वीराज द्वितीय के प्रभावशाली भट्टारक द्वारा 'नित्यपरमादित्य' के मंदिर के समीप मठ निर्माण का उल्लेख है। यह मंदिर पृथ्वीराज द्वितीय के एक सामंत द्वारा 1169 ई. में स्थापित किया गया था।[63] नडडूल के चाहमान भी शिव के पुजारी थे,[64] जिन्होंने अनेक शिव मंदिरों का निर्माण

करवाया था, जिनमें अण्हिलेश्वर, अनुपामेश्वर, पृथ्वीपालेश्वर, असलेश्वर, पद्मपालेश्वर, साहणपालेश्वर मुख्य थे।[65] पृथ्वीराज द्वितीय विष्णु के विभिन्न प्रतिरूपों में भगवान मुरारि की स्तुति करता था।[66]

अपने वंश के अन्य शासकों की भांति पृथ्वीराज तृतीय भी अपने कर्तव्यों के प्रति सजग था, वह कवियों तथा लेखकों का अपने समय का बहुत बड़ा आश्रयदाता था, उसके दरबार में जयानक भट्ट नामक ब्राह्मण विद्वान कश्मीर से चलकर आया था और उसी के राजदरबार में रह गया। तराइन के दोनों युद्धों के मध्य कभी उसने (1192 ई.) *पृथ्वीराज विजय* की रचना की।[67] पृथ्वीराज तृतीय के अन्य दरबारी कवियों में विद्यापति गौड़, चारण पृथ्वी भट्ट, वागीश्वर, जनार्दन और विश्वरूप थे। यह भी जनश्रुति है कि पृथ्वीराज रासो का रचयिता चंदरवरदायी भी उसके दरबार का चारण कवि था। उसकी पहचान कभी-कभी पृथ्वीराज भट्ट से की जाती है। पृथ्वीराज तृतीय के समय राजदरबार में विभिन्न धर्मों पर शास्त्रार्थ हुआ करते थे, जिनकी अध्यक्षता के लिए उसका पद्मनाभ नामक मंत्री नियुक्त था। उसने स्वयं जिनपति सूरि और प्रद्मप्रभ सूरि नामक जैन विद्वानों के बीच होने वाले शास्त्रार्थ में अध्यक्षता की थी और पद्मप्रभ के विजयी होने पर उसे पुरस्कृत किया था।

ऊपर के वर्णन से इस बात का प्रमाण हैं कि चाहमान शासक अपने शासन व्यवस्था में सामाजिक और धार्मिक उत्थान के लिए सतत प्रयत्नशील थे तथा जनता की सामाजिक और धार्मिक जीवन को उन्नत करने में हृदय से सहयोग प्रदान किया करते थे।

संदर्भ एवं टिप्पणियां

1. *महाभारत*, शांतिपर्व, 60, 19-20।
2. *अर्थशास्त्र*, अधिकरण, अध्याय 19, श्लोक 4-5।
   प्रजासुखे सुखं राज्ञः प्रजानां च हिते हितम्।
   नात्मप्रियं हितं राज्ञः प्रजानां तु प्रियं हितम्॥
3. *बौधायन धर्मसूत्र*, 1.10.6 'राजा रक्षेत प्रजान'।
4. मेधातिथि, *मनु.*, 7.12।
   तं राजानं यो द्वेष्टि प्रति कूल्येन वर्त्तते तस्मिन् सत्व संशय नश्ययति।
5. *महाभारत*, 13.96.35।
6. *अर्थशास्त्र*, प्रकरण, अध्याय 2, श्लोक, 31।
7. *अर्थशास्त्र*, 2.1।
   आन्वीक्षिकी त्रयी वार्ता दंडनीतिश्चेति विद्याः।
   अ.चि., 253।
   षडंगी वेदाश्चत्वारो, मीमांसाऽन्वीक्षिकी तथा।
   धर्मशास्त्र पुराणं च, विद्या एताश्चातुर्दश॥
8. *पृ.वि.*, पंचम, श्लोक 113।

मातङ्‍. गानम्लेच्छांश्च।

9. सि.जे.ग्रं.मा.ग्रं. 6, पृ. 133।
सहावदीनसुरत्राणजितः।
10. *पृ.वि.*, पंचम 185।
देखिए विशुद्धानन्द पाठक, उत्तर भारत का राजनैतिक इतिहास, पृ. 457।
11. *इं.ऐं.*, जि. 19, पृ. 216-129।
12. वही, जि. 20, पृ. 201-12।
देखिए, पाठक, विशुद्धानन्द, उ.भा.रा.इति., पृ. 468।
13. वही, जि. 19, पृ. 216 से आगे।
14. सचाऊ, *अलबीरूनीज इंडिया,* भाग-1, पृ. 100।
15. मिश्र, जयशंकर : *ग्यारहवीं सदी का भारत,* पृ. 102।
16. *पृ.वि.*, पंचम, 17-18।
17. वही, पंचम, 184।
18. शर्मा, दशरथ, *अ.चौ.डा.*, परिशिष्ट-1, पृ. 42।
19. बीसलदेव रासौ, 1.13.73।
20. कर्पूरमंजरी, 1.11.9।
चौहवानकुलमौलिमालिका राजशेखर कवीन्द्र गेहिनी।
भर्तुः कृतिभवन्ति सुंदरी सा प्रयोजयितुमेतिदिच्छति ॥
21. *पृथ्वीराज विजय,* 6, 31-34;
पुरातन प्रबंध संग्रह, सि.जै.ग्रं. माला, ग्रं. 2, पृ. 37।
22. पृथ्वीराज रासौ, विवाह समय, रासौसार, पृ. 238 और 282।
23. राजपूताना म्यू.रि., 1923, पृ. 2-3; आ.स.ई., 1906, पृ. 62।
24. शर्मा, दशरथ, *अ.चौ.डा.*, पृ. 31।
25. पृथ्वीराज रासो, पृ. 133-36; *एपि.इं.*, जि. 18, पृ. 235 तथा आगे।
26. *श.ब्रा.*, 5.1.1.10; द्रष्टव्य, मनु., 9.45।
एतावानेव पुरुषो यज्जायाऽऽत्मा प्रजेति ह।
विप्राः प्राहुस्तथा चैतधो भर्त्ता सा स्मृतांगना ॥
27. तै.ब्रा., 3.57; देखिए, मिश्र, जयशंकर, *प्रा.भा.सा.इति.*, पृ. 340।
28. *महाभारत,* अनुशासनपर्व, 16.5 ।77
याज्ञवल्क्य स्मृति, 1.71।
29. *गा.ओ.सी.*, जि. 19, पृ. 18 और उसके बाद, राज्य की ओर से बीज वितरण का उल्लेख मिलता है।
30. *पृथ्वीराज विजय,* 6.21-25।
31. पृथ्वीराज रासो, आदिपर्व, छंद 364।
32. जगडूचरित, सर्ग 1, ना.प्र.प., जि. 4 (नं.सं.), पृ. 215।
33. *एपि.इं.*, जि. 11, पृ. 28, 32 और 49।
34. कान्हडदेप्रबंध, खंड 4, श्लोक 9-20।
35. सचाऊ, *अलबीरूनीज इंडिया,* भाग-1, पृ. 101।

36. *पृथ्वीराज विजय*, 5, 1-3 तक तथा *इं.ऐं.*, 1913, पृ. 60।
37. शर्मा, दशरथ, *राजस्थान थ्रू द एजेज*, जि. 1, पृ. 490।
38. बीसलदेबरासो, 122, 26, 28, 31, 58 और 72।
39. *बौ.ध.सू.*, 20.29, 48; गीता, 2.27; याज्ञ., 3.7; विष्णु, 20.22; महा., शांतिपर्व, 175.15।
40. मूर्ति, आर.सी., टैंपुल इन इकोनॉमिक सर्वे, *प्रो.इ.हि.कॉ.*, अमृतसर, 46वां सेसन, 1985, पृ. 192।
41. पांडेय, विमलचंद्र, *प्रा.भा.सा.इति.*, भाग-1, पृ. 306।
42. शर्मा, दशरथ, *अर्ली चौहान डायनेस्टी*, पृ. 38, नोट 37 कैटलॉग ऑफ एम.एस.एस. एटपाटन, पृ. 316 'चउविया कनय कलसा'।
43. *पृ.वि.*, 5, 120, जहां निःशुल्क भोजन आदि की व्यवस्था थी।
44. हर्ष अभिलेख, श्लोक 13 की अंतिम दो पंक्तियां, *एपि.इं*, जि. 2, पृ. 121।
45. *पृ.वि.*, पंचम, 37-39।
46. वही, 5.43।
47. वही, 5.45।
48. *इं.ऐं.*, जि. 42, 1923, पृ. 58।
49. ज.रा.ए.सो., 1913, पृ. 272।
50. *पृ.वि.*, 5. 68।
51. *पृ.वि.*, 5.68।
52. प्रभावक चरित्र, 22.419.22।
    द्वयाश्रय काव्य, 19.29.24।
53. *पृ.वि.*, 865 और 681।
54. प्रभावक चरित (निर्णय सागर संस्करण), पृ. 282-83।
55. विग्रहराज चतुर्थ का अजमेर अभिलेख, *एपि.इं.*, जि. 36, भाग-1 मरु भारती, वर्ष 30, जनवरी 1983, अंक-4, पृ. 50।
56. *इ.ऐं.*, जि. 20, पृ. 201-15।
57. मैनस्क्रिप्ट्स इन दि जैन भंडारस ऑफ पाटन, गायकवाड ओ.सी., पृ. 370।
    देखिए, पाठक, विशुद्धानंद, *उ.भा.रा.इति.*, पृ. 468।
58. प्र.चि., हजारी प्रसाद द्विवेदी (अनु.), पृ. 109।
59. शर्मा, दशरथ, *अ.चौ.डा.*, पृ. 64-65।
60. *पृ.वि.*, अष्टम्, पृ. 62-70।
61. प्रो.रा.ए.सो., वे.स., 1975-76, पृ. 58।
62. राय, एच.सी., *डायनेस्टिक हिस्ट्री ऑफ नार्दर्न इंडिया*, जि. 2, पृ. 1082।
63. वही, जि. 2, पृ. 1179-80।
64. *एपि.इं.*, जि. 11, पृ. 305; जि. 9, पृ. 63-67।
65. शर्मा, दशरथ, पूर्वोद्धृत, पृ. 260।
66. *इं.ऐं.*, 192, पृ. 17।
67. *पृ.वि.*, प्रथम, 31, 12वां, 55 और आगे देखिए।
    पाठक विश्वंभरशरण, *ऐंशियेंट हिस्टोरियंस ऑफ इंडिया*, पृ. 89।

2. सामाजिक संरचना का बदलता स्वरूप : वर्ण और जाति

भारत के सामाजिक इतिहास में वर्णव्यवस्था का महत्वपूर्ण स्थान है। भारत के सामाजिक निर्माण में इसका स्वरूप स्पष्ट रूप से ज्ञात होता है। यह जातिगत वर्ग तथा सामाजिक संरचना से संबद्ध है, जिसमें वर्ण संबंधी व्यवस्था और धर्म दोनों सम्मिलित हैं। वर्ण के अंतर्गत प्रत्येक व्यक्ति को अपने स्वाभाविक गुणों के अनुरूप स्थान मिलता है। समाज में व्यक्ति का प्रभाव और महत्व वर्ण के आधार पर निश्चित होता है। चाहमानकालीन भारत में सामाजिक संरचना का मुख्य आधार विभिन्न वर्ण और जातियां दिखाई देती हैं। अतः प्रस्तुत अध्याय में तत्कालीन सामाजिक संरचना के मुख्य आधार वर्णों और जातियों की विवेचना विस्तृत रूप से की गई है।

वर्णव्यवस्था

चाहमानकालीन सामाजिक जीवन परंपरागत चातुर्वर्णों में संगठित होता हुआ, स्मार्त विधियों से संचालित पारलौकिक सुखों की प्राप्ति में संलग्न था। मनुस्मृति के टीकाकार मेधातिथि[1] (दसवीं सदी) ने चातुर्वर्ण विद्यमान होने की बात कही है। राजशेखर ने काव्यमीमांसा[2] में पूर्वी और पश्चिमी सागर तथा हिमालय और विंध्याचल के मध्य आर्यावर्त में चातुर्वर्ण्य का विस्तार सर्वज्ञ स्वीकार किया है। ग्यारहवीं सदी के लेखक अलबीरूनी ने भी चातर्वर्ण्य व्यवस्था की बात की है।[3] इस युग में परंपरागत चातुर्वर्ण्य विद्यमान होने का उल्लेख समकालीन अन्य साहित्यिक ग्रंथों तथा अभिलेखों से भी होता है।[4] इनके विवेचन से ज्ञात होता है कि न केवल चाहमान राज्य में अपितु सारे भारत में वर्णव्यवस्था विद्यमान थी।

वास्तव में तत्कालीन वर्णव्यवस्था की विवेचना से स्पष्ट होता है कि सातवीं सदी तक वर्ण जाति का पर्याय बन गया था, किंतु इस युग में भी पूर्व प्रचलित गुण और कर्म[5] पर आधारित वर्णव्यवस्था सिद्धांततः मान्य थी। निस्संदेह ब्राह्मणों ने वर्ण जाति का पर्यायवाची मानकर जन्म के आधार पर वर्ण मानना आरंभ कर दिया। उन्होंने मुसलमानों के आक्रमणों

के बाद रक्तशुद्धि पर विशेष बल दिया और वैवाहिक संबंधों, खान-पान और व्यवसायों के चुनाव संबंधी नियमों को अत्यंत कठोर बना दिया, किंतु समाज ने गुण और कर्म पर आधारित वर्ण-सिद्धांत का पूर्णतया त्याग नहीं किया।[6] इस काल में उत्तरी भारत में जहां बौद्ध धर्मानुयायी अधिक संख्या में बसते रहे, वहां भी वर्णव्यवस्था अक्षुण्ण रूप से बनी रही। जहां वैष्णव या शैव मत का प्रचार था, वर्णविरोध का कोई प्रश्न ही नहीं था। प्रतीहार, परमार तथा चंदेल प्रशस्तियों में वर्णाश्रम व्यवस्था का उल्लेख नहीं मिलता। इससे प्रगट होता है कि दसवीं सदी तक उत्तरी भारत में हिंदू समाज चार वर्णों में विभक्त था, जिसकी स्थिति वर्णव्यवस्था से अभिन्न थी।[7] दसवीं सदी के बाद इस व्यवस्था में परिवर्तन आने लगा। किसी को मूल सिद्धांत मानने में आपत्ति नहीं थी, परंतु कार्यरूप में भेद उत्पन्न हो गया।[8] केशवचंद्र मिश्र ने लिखा है कि वर्णों की प्रकृति आरंभ से अब तक दोषरहित और निरापद थी, किंतु समय के साथ में पर्याप्त रूपांतर होता जा रहा था। वर्ण संगठन में कई प्रकार की दुर्बलताएं सन्निविष्ट होती जा रही थीं। ब्राह्मणों का प्राबल्य जन्मना जाति निर्धारण की मान्यता तथा भोजन एवं विवाह-क्रियाओं में अंतर्जातीयता का बहिष्कार, क्रम से सभी रूढ़ होने लगे थे।[9] वस्तुतः इनमें से किसी पर भी प्राचीन शास्त्रों की सम्मति प्राप्त नहीं थी। इनका प्रवेश भी पर्याप्त संघर्ष के उपरांत ही हुआ, जो पूरे राजपूत युग में चलता रहा।

ग्यारहवीं सदी के लेखक अलबीरूनी का कथन है कि प्राचीनकाल में अत्यंत कर्तव्यपरायण राजा जनता को अनेक श्रेणियों और कर्मों में विभक्त करने में योग देते थे। साथ ही उन्हें एक-दूसरे से मिलने और क्रम तोड़ने से रोकने का यत्न करते थे। अतः उन्होंने भिन्न-भिन्न श्रेणियों के लोगों का एक-दूसरे से संबंध रखने से रोक दिया और प्रत्येक श्रेणी के लोगों को विशेष प्रकार का कार्य और शिल्प सौंप दिया। वे किसी भी व्यक्ति को अपने वर्ग का अतिक्रमण करने की अनुज्ञा नहीं देते थे। जो अपनी श्रेणी के साथ संतुष्ट नहीं थे, उन्हें दंड दिया जाता था।[10] अलबीरूनी के इस कथन से स्पष्ट है कि समाज की रचना में राजा का महत्वपूर्ण योग था। वह किसी वर्ग को किसी अन्य वर्ग के व्यवसाय और कार्य अपनाने की अनुमति नहीं देता था।

चाहमान युग की वर्णव्यवस्था का स्वरूप तत्कालीन स्मृति टीकाग्रंथ, अभिलेखों, दानपत्रों तथा अरब लेखकों की रचनाओं में दिखाई देता है। इस युग के टीकाग्रंथों में मिताक्षरा, अपरार्क, चतुर्वर्गचिंतामणि, कृत्यकल्पतरु, स्मृतिचंद्रिका आदि मुख्य हैं। इनमें तत्कालीन वर्णव्यवस्था के अंतर्गत अनेक उपजातियों की उत्पत्ति तथा प्रत्येक की सीमा का दिग्दर्शन होता है। इस युग के लेखों तथा दानपत्रों द्वारा उनकी पुष्टि होती है।[11] स्मृतिकारों ने वर्णव्यवस्था को वैज्ञानिक सिद्धांत पर चार वर्गों में विभाजित किया है—ब्राह्मण, क्षत्रिय, वैश्य तथा शूद्र।[12] यद्यपि इस युग में वर्गों की वह आदर्श स्थिति नहीं पाई जाती, तथापि परंपरा से ये वर्णों में स्वीकृत जातियां थीं। अतः इनमें प्रत्येक के स्वरूप, उनके विहित कर्तव्य तथा उनकी विशेष सुविधाओं आदि का वर्णन किया जा रहा है।

ब्राह्मण

चाहमानकालीन वर्णव्यवस्था में ब्राह्मणों की स्थिति सर्वोच्च थी। उनके लिए ब्रह्म, विप्र, द्विज, अग्रजन्मा आदि शब्द प्रयुक्त होते थे। इस समय ब्राह्मण जाति के रूप में पूर्णतया स्थापित हो गए थे। शिक्षा और विद्या में ब्राह्मण ही सबसे बढ़े-चढ़े थे। इसलिए अन्य वर्ण इनका सम्मान करते थे। अबूजैद उनके विषय में लिखता है कि धर्म और विज्ञान में प्रयत्न करने वाले व्यक्ति ब्राह्मण कहलाते हैं। उनमें से बहुत से कवि, ज्योतिषी, दार्शनिक और दैवज्ञ राजा के दरबार में रहते हैं।[13] इसी प्रकार अलमसऊदी उनके बारे में लिखता है कि ब्राह्मणों का उत्तम और श्रेष्ठकुल की तरह सम्मान होता है। प्रायः ब्राह्मण ही कुल क्रम से राजाओं के मंत्री आदि होते हैं।[14] ब्राह्मणों की प्रामाणिक सूचना तत्कालीन लेखक अलबीरूनी से प्राप्त होती है। वह लिखता है कि ब्राह्मण सबसे ऊंचे वर्ण के हैं।

इसमें संदेह नहीं कि चाहमानों के युग तक ब्राह्मण अपनी विद्वत्ता, शुद्ध आचरण तथा व्यवहार कुशलता के लिए श्रेष्ठ माने जाते थे। इस युग के धर्मशास्त्रकार इन्हें तीनों अन्य वर्णों से श्रेष्ठ मानते थे।[15] लक्ष्मीधर के *कृत्यकल्पतरु* में ब्राह्मण कुल में जन्म ग्रहण करना पूर्व जन्मों के सत्कर्मों का फल कहा गया है।[16] इस युग की प्रशस्तिपत्रों में भी वे श्रेष्ठ माने गए हैं। इन प्रशस्तियों में इनके कुलों का निर्देश मिलता है। वास्तव में चाहमानों के पूर्व से ही ब्राह्मणों की पहचान इनके व्यवसायों से कम अपितु गोत्रों और शाखाओं से अधिक होने लगी थी।[17] यद्यपि साहित्य में पंचगौड़ का उल्लेख मिलता है, तथापि अभिलेखों में कान्यकुब्ज, मैथिल तथा सरयूपारी के नाम उल्लिखित हैं।[18] ब्राह्मणों के उपनाम स्थानीय आधार पर स्थिर किए गए थे। कन्नौज के कान्यकुब्ज, बंगाल के गौड़, मिथिला के मैथिल, सरस्वती घाटी के निवासी सारस्वत तथा उड़ीसा के ब्राह्मण पांचवें स्थान पर थे। लेखों में जहां ब्राह्मण के बहिर्गमन का वर्णन है, वहां कान्यकुब्ज का नाम सर्वप्रथम आता है। असम में मैथिली तथा गौड़ ब्राह्मणों के आगमन का उल्लेख मिलता है।[19] गहड़वाल नरेशों के लेखों में सरयूपारी ब्राह्मणों का उल्लेख है।[20] इसी प्रकार कलचुरि नरेश सोढ़देव के अभिलेख में अनेक शाखाओं तथा गोत्रों के ब्राह्मणों का उल्लेख मिलता है।[21] पंचगौड़ के अतिरिक्त शाकद्वीपी ब्राह्मण का वर्णन गोविंदपुर के लेख में स्पष्ट रूप से किया गया है।[22] शकद्वीप से आने के कारण उन्हें शाकद्वीपी कहा जाता था। इनका संबंध ईरान के मगों से बताया जाता है। ये सूर्य के पुजारी तथा तांत्रिक भी माने जाते हैं।[23] सूर्य पूजा के अतिरिक्त उनका मुख्य व्यवसाय संभवतः ज्योतिष भी था।[24] इस प्रकार चाहमानकालीन उत्तर भारत में ब्राह्मण छह विभागों में विभक्त था, जिन्हें अलग-अलग नामों से अभिहित किया जाता था।

ब्राह्मण का वर्गीकरण

चाहमानों के युग तक ब्राह्मणों का वर्गीकरण गोत्रों तथा वैदिक शाखाओं के आधार पर होने

लगा था। अपने गोत्रों के प्रवरों का संबंध वे प्राचीन ऋषियों से स्थापित करते थे। प्रत्येक गोत्र में तीन प्रवरों के निर्देश की प्रथा बन गई थी। बारहवीं सदी के चंद्रावती ताम्रपत्र में पांच सौ ब्राह्मणों के नाम आते हैं। इनमें इनके पृथक-पृथक गोत्रों तथा शाखाओं के नाम मिलते हैं।[25] चंदेल राजा परमर्दि देव के सेमरा लेख में पैंतीस गोत्र के नाम मिलते हैं।[26] इसी प्रकार धंगदेव के ननयौरा ताम्रलेख में भारद्वाज गोत्रीय भट्ट यशोधर के तीन प्रवरों—भरद्वाज, आंगिरस तथा बार्हस्पत्य का उल्लेख है।[27] इसकी पुष्टि 'मुंतल गोत्राय', 'त्रिप्रवराय' पद से भी होती है।[28] मदनवर्मन के सेमरा ताम्रलेख में गोत्रों की एक अच्छी सूची दी हुई है।[29] इसी प्रकार चंद्रावती तथा कलहा दानपत्रों में अधिक गोत्रों का उल्लेख मिलता है।[30] अभिलेखों में प्राप्त इन गोत्रों तथा प्रवरों से ज्ञात होता है कि इस युग तक ब्राह्मण अपने गोत्रों तथा प्रवरों पर बल देते हुए अपने वंशानुगत परंपरा को अक्षुण्ण बनाए रखना चाहते थे। इसके कारणों का परिशीलन करते हुए डॉ. मजूमदार ने लिखा है कि ब्राह्मणों की निरंकुशता इसका अनिवार्य कारण थी। उन्होंने यह मान्यता ठहराई कि ब्राह्मण माता-पिता से उत्पन्न संतान ही ब्राह्मण हो। मध्यकाल में यह स्थिति विशेष प्रबल हो गई थी।[31]

चाहमानयुगीन साक्ष्यों से ज्ञात होता है कि ब्राह्मण जिस वैदिक शाखा का अध्ययन करते थे, उसी से वे प्रसिद्ध हो जाते थे और अन्य ब्राह्मण से पृथक हो जाते थे। इस युग में दानग्राही के साथ वैदिक शाखा का उल्लेख परमावश्यक था। गोरखपुर के कलहा ताम्रपत्र में छांदोग्य, वाजसनेय शाखा तथा षड्गाध्यायिनः ब्राह्मण का उल्लेख है। इसी प्रकार माध्यन्दिन शाखाध्यायी ब्राह्मणों को दान देने का वर्णन मिलता है,[32] दूसरे लेखों में आश्वलायन, शांखायन (ऋग्वेद), कौशुम, राणायनीय (सामवेद) तथा कठ (कृष्णयजुर्वेद) शाखाओं के नामोल्लेख के साथ वर्णन मिलता है कि दानग्राही इन वैदिक शाखाओं का पांडित था।[33] मालवा की एक प्रशस्ति में माध्यन्दिन, आश्वलायन तथा कौथुम शाखा के तीन ब्राह्मणों का दान देने का उल्लेख किया गया है।[34] कन्नौज शासक भोज के दौलतपुर दानपत्र में ऋग्वेद के आश्वलायन शाखा तथा गहड़वाल नरेश गोविंदचंददेव के लेख में वाजसनेय (यजुर्वेद) तथा शांखायन (ऋग्वेद) शाखाओं के नाम मिलते हैं।[35] सेनवंशी शासक बल्लालसेन की समस्त प्रशस्तियों में लक्ष्मण सेन की दो प्रशस्तियों में वैदिक शाखा के आधार पर ब्राह्मण पृथक-पृथक वर्णित हैं। निधानपुर के ताम्रपत्र में एक सौ उन्नीस ब्राह्मणों को शाखाओं के आधार पर अनेक वर्गों में विभाजित किया गया है। एक सौ उन्नीस में 56 बाजसनेय शाखा, 11 छांदोग्य शाखा, 39 वृहवृत्त शाखा और शेष तैत्तिरीय शाखा के ब्राह्मण कहे गए हैं।[36] डॉ. आर.एस. त्रिपाठी ने इस युग के प्रसिद्ध गोत्रों तथा प्रवरों का निर्देश किया है। प्रसिद्ध गोत्रों में कश्यप, कात्यायन, भारद्वाज, वत्स, बंधुल, वशिष्ठ, गोमिल, पारावस, सर्कराध, सांडिल्य, गौतम कृष्णात्रेय, साकृत्थ, कौशिक, कपित्थल, कौंडिन्य, उपमन्यु, परासर, भार्गव, जीवंत्यायन, मर्म, गार्ग्य, धौम्य, सौत्रावास, सावर्ण, कृत्म, गाल्व, सार्कर, दक्षण, चंद्रात्रेय, जातुकर्ण, गोण्य, पिप्लाद, मौन्य, हारीत, मौदगल्य, दर्भ, कण्व, आगस्ति, ओत्र्य आदि। प्रसिद्ध प्रवरों ने बंधुल, अमषर्ण, विश्वामित्र, गोमिल, आंगिरस, अंबरीष, भार्गव, च्यवन, अप्नवान, और्वजादग्न्य, मौदगल्य, भम्यस्वि, काश्यप, आवत्सर, नैध्रुव, भारद्वाज

आदि के नाम मिलते हैं।[37] इस युग में वैदिक शाखाओं के आधार पर ब्राह्मणों के जो वर्गीकरण प्राप्त होते हैं उनका विस्तृत विवरण भी प्राप्त होता है।[38]

इस युग के साहित्यिक तथा अभिलेखीय विवरणों में ब्राह्मणों का वर्गीकरण कर्म के आधार पर भी दिखाई देता है। राजशेखर ने अपनी रचनाओं में इन्हें यायावर, उपाध्याय तथा चारण के नाम से अभिहित किया है। यायावर ब्राह्मण उसे कहा जाता था जो सब विधाओं में पारंगत होता तथा किसी राजपरिवार का गुरु होता था। राजशेखर स्वयं यायावर वंश में उत्पन्न थे।[39] भागवतपुराण में ब्राह्मणों की यायावर वृत्ति का उल्लेख मिलता है।[40] इससे ज्ञात होता है कि नित्य मांगकर अन्न आदि से जीविका चलाने वाले ब्राह्मण भी यायावर कहलाते थे।[41] उपाध्याय उन ब्राह्मणों को कहा जाता था जो सामाजिक, धार्मिक अनुष्ठानों को संपन्न कराता था। कर्पूर मंजरी में पुरोहित का कार्य कराने वाले कपिंजल नामक ब्राह्मण को उपाध्याय कहा गया है।[42] मजूमदार के अनुसार यह ब्राह्मणों के स्थान भेद के कारण था। बंगाल में जो अध्यापक (उपाध्याय) मुख्ती ग्राम के निवासी थे वे बाद में मुख्ती से मुखोपाध्याय हो गए।[43] चारण संभवतः राज्य घरानों में वैदिक मंत्र गाकर सुनाया करते थे।[44] अलबीरूनी ने कर्म के आधार पर ब्राह्मण के चार उपवर्ग बतलाए हैं। जब तक ब्राह्मण अपने घर में रहकर अपना काम करता था तब तक वह इसी नाम से अभिहित किया जाता था। जब वह अग्नि की सेवा में लगा रहता था, तब वह इष्टिन (अवस्थी) कहलाता था। जब वह तीन अग्नियों की सेवा करता था, तब वह अग्निहोत्रिन कहलाता था। जब वह इसके अतिरिक्त अग्नि में नैवेद्य आदि देता था, तब वह दीक्षित कहलाता था[45] आज भी ब्राह्मणों में अवस्थी, अग्निहोत्रिन और दीक्षित पाए जाते हैं।

चाहमानकालीन भारत में ब्राह्मणों के उपवर्गों का सम्मानसूचक शब्दों से अभिहित करने के उल्लेख तत्कालीन अभिलेखों में मिलते हैं। ऐसे शब्दों में भट्ट शब्द विशेष प्रचलित था। इसका निर्देश भोजदेव के दौलतपुर अभिलेख[46], महेंद्रपाल के दिघवा दुबौली अभिलेख[47] तथा विनायक पालदेव के बंगाल एशियाटिक सोसायटी ताम्रपत्र[48] में मिलता है। कान्हड़देप्रबंध के लेखक पद्‌मनाभ ने अपने को 'विसलनगरा' ब्राह्मण कहा है। उसके अनुसार श्रीमाल ब्राह्मणों को तत्कालीन समाज में बहुत प्रतिष्ठा थी।[49] भीमदेव द्वितीय के पाटन अभिलेख में 'रायकवाल', सकराय माता अभिलेख में 'दध्य' या 'दाहिमा', विक्रम संवत् 982 के पुष्कर अभिलेख में पुष्कर तथा अन्य कतिपय अभिलेखों में आवसधिक, पुरोहित, द्विवेदी, त्रिवेदी, चतुर्वेदी, मिश्र, दीक्षित और त्रिपाठियों का उल्लेख मिलता है।[50] वास्तव में ये ब्राह्मणों की सम्मानसूचक उपाधियां थीं, जो विभिन्न आधारों पर प्रचलित हो गई थीं। बाद में ब्राह्मण इन उपाधियों पर विशेष जोर देने लगे थे, जिससे आगे उनमें अनेक जातियों का अभ्युदय हुआ था।

ब्राह्मणों के विहित कर्तव्य

इसमें संदेह नहीं कि चाहमान युग से पूर्व भारतीय राज्य की न्यायिक प्रक्रिया, बौद्धिक विविधता

तथा समाज की मानवतावादी दृष्टि ब्राह्मणों द्वारा संचालित दिखाई देती है, किंतु चाहमानकाल तक इनमें अनेक जातियों के निर्माण से इनके पूर्व कृत्यों का विस्तार परिलक्षित होता है। पूर्वग्रंथों में इनके प्रधान कर्म छह बताए गए हैं, जिनमें वेद पढ़ना, वेद पढ़ाना, यज्ञ करना, यज्ञ कराना, दान देना, दान लेना आदि समाहित है।[51] किंतु पूर्वमध्यकालीन साक्ष्यों में इनके प्रधान षट्कर्मों के अतिरिक्त कुछ अन्य कर्मों का विस्तार दिखाई देता है। ये कर्म इनके स्वधर्म के अंतर्गत बताए गए हैं।[52] वास्तव में प्राचीन षट्कर्मों में संलग्न देश और समाज में ब्राह्मण का मन अकारण ही नहीं था। वह समाज के प्रति सदा सचेष्ट रहता था। अपनी क्रियाशीलता और कर्तव्यपरायणता से वह समाज का निर्माण करता था। साथ ही वह समाज और देश पर आने वाली आपत्तियों से, धार्मिक क्रियाओं को संपन्न करके रक्षा करता था। याज्ञिक क्रियाओं को संपादित करके वह राज्य और समाज के कल्याण के लिए प्रयास करता था।[53] मध्यकालीन अरब अबूजैद ब्राह्मणों के बारे में लिखता है कि धर्म और विज्ञान में प्रयत्न करने वाले व्यक्ति ब्राह्मण कहलाते हैं। उनमें बहुत से कवि, ज्योतिषी, दार्शनिक और दैवज्ञ राजा के दरबार में रहते हैं। इसी तरह अलमसूदी उनके विषय में लिखता है कि ब्राह्मण का उत्तम और श्रेष्ठ कुल की तरह सम्मान होता है। प्रायः ब्राह्मण ही कुलक्रम से राजाओं के मंत्री आदि होते हैं।[54] ब्राह्मणों का यह सम्मान निश्चय ही उनके उच्च षटकर्मों के कारण था।

चाहमानों के युग तक वर्णव्यवस्था के शिथिल हो जाने के कारण ब्राह्मणों के हाथ से षट्कर्मों में से अनेक लुप्त हो गए थे। यज्ञादि के बंद हो जाने से बहुत से ब्राह्मणों की आजीविका नष्ट हो गई थी, इसलिए ब्राह्मण अन्य वर्णों के कार्य भी करने लगे थे। इसी के अनुसार स्मृतियां भी बनने लगी थीं। बौद्धमत के अनुसार कृषि पाप होने के कारण बहुत से वैश्यों ने बौद्ध होकर कृषि छोड़ दी थी। यह अवसर देखकर बहुत से ब्राह्मण कृषि करने लगे थे।[55] इस युग की रचना पराशर स्मृति में सब वर्णों को कृषि करने की आज्ञा दी गई है।[56] इसके अतिरिक्त उस समय के अनुकूल सब वर्णों को शस्त्र ग्रहण करने का अधिकार भी दिया गया है।[57] इतना ही नहीं इस युग में ब्राह्मण शिल्प, व्यापार और क्रय-विक्रय भी करते थे।[58] किंतु इन कर्मों को करते हुए भी वे अपने सम्मान का ध्यान रखते थे।

चाहमान युग के ग्रंथों से ज्ञात होता है कि ब्राह्मणों की वृत्ति व्यापकता के कारण उनके अनेक वर्ग बन गए थे। अत्रि ने उन ब्राह्मणों की जो शस्त्र चलाकर आजीविका चलाते थे, ब्रह्मक्षत्र, जो खेती और व्यापार में लगे थे, उन्हें वैश्य ब्राह्मण और जो लाख, नमक, दूध, घी, शहद, मांस और विशेष प्रकार के रंग बेचते थे, उन्हें शूद्र ब्राह्मण कहा जाता है।[59] बाह्मणों के कर्मों की विवेचना करते हुए सी.वी. वैद्य ने लिखा है कि यद्यपि ब्राह्मण इस युग में अनेक व्यवसायपरक कृत्य करते थे, तथापि उनके आचार-व्यवहार में शुद्धि की मात्रा विशेष थी। वस्तुतः उस समय वर्णों का प्राचीन कर्तव्य बहुत शिथिल हो रहा था। सभी वर्ण अपनी-अपनी इच्छानुसार काम करने लगे थे। पीछे से राजा योग्य व्यक्तियों को ऊंचे पदों पर नियत करने

लगे थे, चाहे वे किसी वर्ण के ही क्यों न हों। इस युग में भी ब्राह्मण बौद्धिक कार्यकुशलता में श्रेष्ठ थे। अतः उन्हें राजकार्यों में विशेष रूप से नियत होना पड़ा।[60] इस युग में ब्राह्मणों को कुछ विशेष सुविधाएं प्राप्त थीं। यद्यपि वे सुविधाएं पारंपरिक थीं तथापि इस युग के ग्रंथों तथा अभिलेखों में उनका निर्देश मिलता है। अतः इनका विवेचन स्वतंत्र रूप से करना अपेक्षित जान पड़ता है।

ब्राह्मणों की विशेष सुविधाएं

चाहमानयुगीन साक्ष्यों से ज्ञात होता है कि पूर्वकाल में प्राप्त ब्राह्मणों की विशेष सुविधाएं इस युग में भी कुछ परिवर्तनों के साथ विद्यमान थीं। पूर्वकाल में उन्हें राजनीतिक, धार्मिक, बौद्धिक, आर्थिक, सामाजिक आदि सभी क्षेत्रों में अनेकानेक सुविधाएं प्राप्त थीं। कालांतर में इनका प्रचलन विशेषाधिकार के रूप में हो गया था। इन सुविधाओं के कारण ही वे स्वभावतः सभी वर्णों में सर्वोपरि हो गए थे। चाहमान युग तक उनकी जिन विशेष सुविधाओं का निर्देश मिलता है, उनका स्वरूप इस प्रकार है–

राजनीतिक सुविधाएं

चाहमानकालीन धार्मिक ग्रंथों के अवलोकन से ज्ञात होता है कि तत्कालीन राजपूत राजवंशों में ब्राह्मणों की प्रतिष्ठा अच्छी थी। वे राज्य के प्रधानमंत्री, पुरोहित, गुरु तथा सेनापति आदि उच्च पदों पर नियुक्त होते थे।[61] रोमिला थापर के अनुसार गुप्तोत्तरकाल में ब्राह्मण की धार्मिक सत्ता को आर्थिक पोषण के साथ इस बात से भी शक्ति प्राप्त हुई कि राजनैतिक सत्ता की वैधता प्रदान करने के लिए वे अनिवार्य बन गए थे। इस युग की अंतिम तीन-चार शताब्दियों की राजनैतिक स्थिति ब्राह्मणों के लिए अत्यंत सराहनीय रही।[62] राजा का अभिषेक ब्राह्मण द्वारा ही होता था। यह परंपरा प्राचीन काल से ही प्रचलित थी।[63] पूर्व मध्यकालीन लेखक लक्ष्मीधर[64] और कल्हण[65] ने भी राजा के अभिषेकोत्सव में ब्राह्मण की उपस्थिति अनिवार्य बताई है। राज्याभिषेक के अवसर पर ब्राह्मणों को राज्य की ओर से समुचित दान दिया जाता था। एक राष्ट्रकूटवंशी राजा ने अभिषेक के समय ब्राह्मणों को 400 ग्राम दान में दिए थे।[66] इस अवसर पर ब्राह्मणों को सोना-चांदी, आभूषणों आदि प्रचुर मात्रा में दान में दिए जाते थे।

राजा के मंत्री प्रायः ब्राह्मण ही हुआ करते थे। चाहमान राजा विग्रहराज चतुर्थ का मंत्री श्रीधर नाम का ब्राह्मण था।[67] इसी प्रकार पृथ्वीराज तृतीय का सांधिविग्रहिकामात्य वामन सेनापति स्कंद नागर ब्राह्मण थे।[68] *कथासरित्सागर* से ज्ञात होता है कि शूरसेन का मंत्री ब्राह्मण था, जो शिवदत्त नामक ब्राह्मण का परम मित्र था।[69] बंगाल में राजा के मंत्री ब्राह्मण ही हुआ करते थे। दर्भपाणि और केदारमिश्र क्रमशः देवपाल और उसके पुत्र सुरपाल प्रथम के मंत्री थे।[70] आबू के परमार शासक प्रतापसिंह का मंत्री देल्हन नाम का ब्राह्मण

था।[71] कलचुरि प्रशिस्तियों में भाकमिश्र, सोमेश्वर, पुरुषोत्तम, गंगाधर आदि मंत्रियों के कार्य-कौशल का उल्लेख हुआ है, जो ब्राह्मण थे। इनमें से अनेक मंत्रियों ने रणस्थल में भी अपने कौशल दिखाए थे। इन्होंने अपने स्वामियों को महत्वपूर्ण विजयें दिलाई थीं।[72] ब्राह्मण युद्ध में भाग लेने के साथ-साथ सांधिविग्रहिक[73] तथा सलाहकार भी होते थे। मालवा का वल्लाल कुमारपाल के ब्राह्मण सैनिकों द्वारा मारा गया था।[74] वैदिक शाखा के अनुयायी एक ब्राह्मण छात्र ने शत्रु को पराजित करने में राजा विजयादित्य को सलाह दिया था।[75] कुछ ब्राह्मण द्वारपाल भी होते थे।[76] कुछ ब्राह्मण दूत का कार्य भी करते थे। ठक्कुर विष्णु परमारशासक द्वितीय के हरसोल ताम्रपत्र[77] तथा ठक्कुर वामनस्वामी और पुरुषोत्तम यशोवर्मा के काल्वन शिलालेख[78] के दूतक थे।

ब्राह्मणों की राजनीतिक सुविधाओं में सबसे बड़ी सुविधा न्यायाधीश होने की थी। चाहमानयुग के पहले से ही ब्राह्मण प्रायः न्यायाधीश होते थे। चंदेलराज्य में भट्ट यशोधर अपने समय का एक प्रसिद्ध न्यायाधीश था।[79] चाहमान रत्नापाल के सेवदी ताम्रपत्र से ज्ञात होता है कि विधि विशेषज्ञों और राज्य के सभी शास्त्रज्ञ ब्राह्मणों के समक्ष राजा महत्वपूर्ण घोषणाएं करता था।[80] ब्राह्मणों के न्यायाधीश होने की परंपरा प्राचीन थी। ब्राह्मण धर्मशास्त्रों के मर्मज्ञ होने के कारण प्रायः न्यायाधीश होते थे।[81] इस युग में न्याय के मुख्य आधार धर्मशास्त्र थे, जिसकी व्याख्या एकमात्र ब्राह्मण ही कर सकते थे। किसी भाष्य के संदिग्ध होने की स्थिति में ब्राह्मणों का एक मंडल गठित होता था। उसका निर्णय अंतिम तथा दूसरों के लिए उदाहरण बन जाता था।[82] इस प्रकार अनेक साक्ष्यों से प्राप्त होता है कि चाहमानों के युग में ब्राह्मणों को राजनीतिक सुविधाएं प्राप्त थीं।

सामाजिक सुविधाएं

सामाजिक क्षेत्र में अन्य वर्णों की अपेक्षा ब्राह्मणों को कतिपय विशेषाधिकार प्राप्त थे। ब्राह्मण को अपने और अपने से निम्न किसी वर्ण की कन्या को ग्रहण करने का अधिकार प्राप्त था। इस प्रकार ब्राह्मण कम से कम चार पत्नियां रख सकता था। स्मृतिकार देवल ने ब्राह्मणों के इस प्रकार के विवाह का उल्लेख किया है। उसने स्वयं व्यवस्था दी है कि ब्राह्मण प्रत्येक वर्ण से एक-एक पत्नी रख सकता है।[83] मेरी मान्यता है कि यह अनुवर्ती सोच है और सामाजिक संरचना को विखंडित करने का आधार है। अलबीरूनी के अनुसार ब्राह्मण चार, क्षत्रिय तीन, वैश्य दो और शूद्र एक पत्नी रख सकता था।[84] डॉ. बुद्धप्रकाश ने आचार्य हेमचंद्र का उद्धरण देते हुए ब्राह्मणों को प्राप्त विशेष सामाजिक सुविधाओं की समीक्षा की है।[85] वास्तव में ब्राह्मणों की सुविधाएं अकारण नहीं थीं। वे प्राचीनकाल से ही समाज के पथप्रदर्शक रहे। वे प्रायः समाज को वही निर्देशित करते थे जो कल्याणप्रद होता था। यही कारण था कि मध्ययुग तक ब्राह्मणों की प्रतिष्ठा पूर्ववत् बनी रही।

धार्मिक सुविधाएं

धर्मशास्त्रों के अनुसार धर्म की रक्षा करने में केवल ब्राह्मण ही सक्षम थे।[86] वे राजाओं के समस्त धार्मिक कृत्य पुरोहित के रूप में संपादित कराते थे। डॉ. घुर्ये ने काठक संहिता का उल्लेख करते हुए ऐसे अनेक पुरोहितों का वर्णन किया है।[87] नैषधचरित से अनेक ब्राह्मण पुरोहितों की जानकारी होती है।[88] नेडुवल के सेवाड़ी ताम्रपत्र से ऐसे ब्राह्मण पुरोहितों की जानकारी मिलती है, जो यज्ञ संबंधी धार्मिक अनुष्ठानों को संपन्न कराने के लिए नियुक्त थे।[89] चौलुक्य शिलालेखों से पता चलता है कि ब्राह्मणों को विभिन्न दान पंचमहायज्ञों के लिए प्रदान किए जाते थे। पंचमहायज्ञ के अंतर्गत देवयज्ञ, पितृयज्ञ, भूतयज्ञ, अतिथि यज्ञ और ब्रह्म यज्ञ किए जाते थे। गुजरात के अभिलेखों में इन यज्ञों का प्रथम बार उल्लेख हुआ है।[90] इन यज्ञों को प्रायः पुरोहित ब्राह्मण ही कराते थे। लक्ष्मीधर ने *कृत्यकल्पतरु* में राजा को अपनी ख्याति के वर्णन तथा धार्मिक क्रियाकलापों यथायज्ञ, हवन, वेद-पाठ के संपादन हेतु ब्राह्मण पुरोहित की नियुक्ति करने का आदेश किया है।[91] विक्रम संवत 1224 के कमौली अभिलेख से प्रहराजशर्मन नामक ब्राह्मण पुरोहित का उल्लेख मिलता है, जिसे 'वैष्णवपूजा विधिगुणे' की उपाधि दी गई थी। गाहड़वाल राजा जयचंद की दीक्षा संस्कार उसी ब्राह्मण पुरोहित ने कराया था।[92] जयचंद के पुरोहित हरिश्चंद्र का नामकरण संस्कार राजपुरोहित ऋषिकेष शर्मन कराया था, जिसे इसके उपलक्ष्य में दो ग्राम दान में मिले थे।[93] इससे ज्ञात होता है गाहड़वाल राज्य में भी धार्मिक कृत्यों का संपादित करने वाला पुरोहित ही था।

इस युग का मान्य लेखक अलबीरूनी ब्राह्मणों के धार्मिक सुविधाओं का विशेष वर्णन करता है उसके अनुसार राजाओं और तालुकेदारों के घरों में सदा एक ब्राह्मण पुरोहित रहता था, जो प्रत्येक धार्मिक कृत्यों को करता था।[94] एस.डब्ल्यू. टामस के अनुसार पुरोहित के रूप में ब्राह्मणों के लिए सारे सामाजिक सम्मान दिए जाने का कारण यह था कि वह सही मायने में समाज का अंग होता ही नहीं था, वह संसार में रहते हुए भी उससे परे था। उसका वास्तविक कार्य अध्ययन तथा अध्यापन था। उसका उचित निवास-स्थान वन की कुटिया में था, हां वह अपना समय परलोक के चिंतन और मनन में करता था।[95]

इस युग के धार्मिक कृत्यों में मंदिर तथा देव-पूजा का विशेष प्रचलन था। विभिन्न प्रकार की पूजाओं के वर्णन के बारे में अलबीरूनी कहता है कि भारतीय मंदिरों में विष्णु पूजन में लगा हुआ वर्ग भागवत कहलाता था। यह प्रायः ब्राह्मण ही होते थे।[96] चाहमानयुगीन हर्षनाथ के मंदिर के बगल में पुजारियों के रहने के लिए एक मठ बनवाया गया था।[97] सोमनाथ के प्रसिद्ध मंदिर में हजारों पुजारी ब्राह्मण नियुक्त थे।[98] जकरीय अलकजवीनी के अनुसार हजारों ब्राह्मण सोमनाथ के मंदिर में पूजन और दर्शनार्थियों की सेवा के लिए रखे गए थे।[99] इस प्रकार स्पष्ट है कि मंदिरों के पुजारी प्रायः ब्राह्मण ही हुआ करते थे। चाहमान युग में यह परंपरा पहले से ही प्रचलित थी। यज्ञ तो सभी द्विज कर सकते थे, किंतु यज्ञ को संपादित कराने का अधिकार केवल ब्राह्मण को ही था। मनु के अनुसार ब्राह्मण ही पृथ्वी पर श्रेष्ठ था, क्योंकि

वह धर्म की रक्षा में समर्थ था।[100] यद्यपि चाहमान युग में धार्मिक विश्रृंखलता आ गई थी तथापि धार्मिक पूजा तथा पुण्यजनित कृत्यों के संपादन के लिए ब्राह्मण ही नियुक्त होते थे।

बौद्धिक तथा आर्थिक सुविधाएं

चाहमानों के युग में ब्राह्मणों की बौद्धिक श्रेष्ठता का भी निर्देश मिलता है। बौद्धिक होने के कारण उसे आध्यात्मिक ज्ञान का नेता माना जाता था। सभी वर्णों के लोगों को शिक्षा देने का दायित्व उसी पर था। समाज और देश का बौद्धिक उत्कर्ष उसी के प्रयास पर निर्भर था। ब्राह्मणों को बौद्धिक श्रेष्ठता के वैदिक तथा धर्म सूत्रीय ग्रंथों के अवलोकन से होता है। निरुक्त में कहा गया है कि विद्या अपने ऋण के लिए स्वयं ब्राह्मणों के पास आ गई थी।[101] उसी ने विद्या का समुचित आदर-सत्कार किया था। इस प्रकार समाज में वही विद्वान था। समस्त द्विज वर्ग को अपनी शिक्षा और विद्या से बहुपारंगत करता था। इसलिए श्रोतीय होने का अधिकारी वही था।[102] अध्ययन और अध्यापन उसका स्वधर्म था।[103] विद्वान ब्राह्मण का मान सर्वत्र होता था।[104] महाभारत से ज्ञात होता है कि स्वध्याय आदि गुणों से विहीन ब्राह्मण दानप्रतिग्रह के योग्य नहीं समझा जाता था।[105] किंतु मनु के समय ऐसी स्थिति नहीं थी। उस समय मूर्ख और विद्वान दोनों प्रकार के ब्राह्मण देवता सृदश्य माने जाते थे।[106] पुराणों के अनुसार वेदों का प्रचार-प्रसार ब्राह्मणों से ही था।[107] वे ही वेद और शास्त्र के प्रवर्तक माने जाते थे।[108]

चाहमान युग में भी ब्राह्मणों की बौद्धिक श्रेष्ठता निरंतर विद्यमान रही। इस समय अनेक दार्शनिक, विद्वान, कवि तथा लेखक थे जो अपने क्षेत्र में गणमान्य थे। उदयसिंह, सोनिगर के मुख्य अमात्य यशोवीर को 'सरस्वती कंठाभरण' की उपाधि मिली थी।[109] सोमेश्वर ने कीर्तिकौमुदी में इस विद्वान को महान कवि कालिदास, माघ और अभिनंदन से भी ऊपर रखा है।[110] पृथ्वीराज के पूर्वजों में अजयराज, अर्णोराज, विग्रहराज चतुर्थ साहित्य प्रेमी और विद्वान कवियों के आश्रयदाता माने जाते हैं।[111] इस समय बौद्ध तथा जैन दर्शन के अनेक प्रख्यात विद्वान थे। इन विद्वानों में दिग्नाथ के भाष्यकार उद्योतकर मुख्य थे। इसी प्रकार वाचस्पति मिश्र इस युग के लोकप्रसिद्ध विद्वान थे।[112] इससे ज्ञात होता है कि इस युग में भी ब्राह्मण बौद्धिक दृष्टि से उच्च और महान थे। अलबीरूनी के अनुसार ब्राह्मणों को ही वेद पढ़ाने का एकमात्र अधिकार था।[113] लक्ष्मीधर ने लिखा है कि ब्राह्मण ही अध्यापन कार्य करते थे।[114] इस युग के धर्मशास्त्रकारों में अपरार्क, विज्ञानेश्वर, मेधातिथि, जीमूतवाहन, चंडेश्वर, लक्ष्मीधर, श्रीधर, श्रीहर्ष, यशोधरा तथा हेमाद्रि विशेष महत्वपूर्ण थे। इनकी कृतियां आज भी टीकाग्रंथों में मुख्य मानी जाती हैं।

बौद्धिक श्रेष्ठता के कारण ब्राह्मणों को आर्थिक श्रेष्ठता भी प्रदान की गई थी। महाभारत से ज्ञात होता है कि उनसे कर नहीं वसूल किया जाता था।[115] मनु ने यह व्यवस्था दी है कि अति निर्धन राजा को भी श्रोत्रिय (वेदपाठी) से कर नहीं लेना चाहिए, ताकि देश में रहता हुआ

वह भूख से पीड़ित न हो, क्योंकि उसके दुःखी और पीड़ित होने से राज्य में भी पीड़ा का होना स्वाभाविक है।[116] इस सिद्धांत का प्रचलन अलबीरूनी के समय में भी ज्ञात होता है। उसके अनुसार सभी प्रकार के करों से केवल ब्राह्मण ही मुक्त था।[117] इस युग के धर्मशास्त्रीय ग्रंथों के करों से मुक्त होने का संकेत मिलता है।[118] डॉ. अल्तेकर[119] तथा डॉ. घोषाल[120] ने यह मत प्रकट किया है कि न तो आदिकालीन महाभारत और नारदस्मृति में और तेरहवीं सदी के दक्षिणी भारत के अभिलेखों में ब्राह्मणों के सभी वर्गों को करों से मुक्त किया गया है। निश्चय ही केवल वे ब्राह्मण ही करमुक्त होते थे जो श्रोत्रिय होते थे। अन्य सबको तो कर देना ही पड़ता था। ब्राह्मण की कर मुक्ति के समर्थन में इस युग के अनेक अभिलेख मिलते हैं। एक अभिलेख 1230 ई. का है, जो गुजरात से मिला है। दो उड़ीसा से मिले हैं जो क्रमशः 1436 ई. और 1470 ई. के हैं।[121] इससे ज्ञात होता है कि ब्रह्मदेव नाम से कुछ भूमि ब्राह्मणों के पास अलग से थी, जिससे यह स्पष्ट होता है कि ब्राह्मणों के कुछ वर्ग करमुक्त थे।[122] यह स्थिति न केवल मध्यदेश में ही थी, अपितु सारे भारत के राजाओं द्वारा अपनाई जाती थी। इस प्रकार ब्राह्मणों की आर्थिक सुविधा उस युग में भी पूर्व की तरह विद्यमान थी।

ब्राह्मणों के लिए दंड की व्यवस्था

चाहमानयुगीन भारत स्मार्त धर्म पर आधारित था। अतः ब्रह्महत्या करना बहुत बड़ा पाप समझा जाता था। ब्राह्मणों द्वारा भीषण से भीषण अपराध करने पर भी उन्हें अपेक्षाकृत बहुत कम दंड दिया जाता था। प्रतीहार साक्ष्यों से ज्ञात होता है कि ब्राह्मणों की हत्या करने वाला महापतित होता था।[123] इस युग में भी मनु की व्यवस्था का प्रचलन था, जिसमें ब्रह्महत्या करना महापातक माना गया था।[124] पुराणों में भी ब्रह्महत्या करने वाले को नरकगामी कहा गया है।[125] सोमदेव ने *कथासरित्सागर* में ब्रह्महत्या करने वाले को पाप से मुक्ति पाने के लिए तीर्थ यात्रा करने का निर्देश दिया है।[126] वास्तव में चाहमानयुगीन भारत के पूर्व कुछ परिस्थितियों में ब्राह्मण निश्चित रूप से दंड से मुक्त था, किंतु चाहमानों के युग तक यह एक विचारणीय प्रश्न बन गया था। पारंपरिक सिद्धांतों के अनुयायी पूर्ववर्ती धर्मशास्त्रों में निर्दिष्ट बातों का अनुकरण करते थे, किंतु व्यवहारिक रूप से अनेक विचारक ब्राह्मणों के दंड की व्यवस्था का निर्देश करते हैं। कीर्तिकल्पतरु[127], बार्हस्पत्य अर्थशास्त्र[128] व्यवस्था तथा लघुवाराहनीतिसार[129] के लेखकों ने अपनी कृतियों में ब्राह्मणों के लिए प्राणदंड की व्यवस्था का निषेध किया है, किंतु सुमंत, देवभट्ट, विन्यानेश्वर जैसे विचारक दुराचारी ब्राह्मण को प्राणदंड देने की व्यवस्था की है।[130] *राजतरंगिणी* से ज्ञात होता है कि इस समय अनेक ब्राह्मणों का वध किया गया था।[131] किंतु कल्हण ने चंद्रापीड के समय की एक घटना का उल्लेख किया जिससे ध्वनित होता है कि सामान्यतया अभियोग सिद्ध होने पर भी ब्राह्मण दंडित नहीं किए जाते थे।[132] अलबीरूनी के अनुसार बड़ी चोरी करने पर ब्राह्मण को अंधा कर दिया जाता था। पुनः उसका हाथ और दाहिना पैर या दाहिना हाथ और बायां पैर काट दिया जाता था।[133] इससे स्पष्ट

है कि चाहमानों के युग में भी गहन अपराध होने पर ब्राह्मण को दंड दिया जाता था।

क्षत्रिय

सामाजिक संरचना की शृंखला में क्षत्रिय को दूसरा स्थान प्राप्त होता है। उसका महत्व और प्रभाव ब्राह्मणों की तुलना में किसी प्रकार कम नहीं था। देश की सुरक्षा, प्रजा का पालन, बाह्य आक्रामकों और प्रतिस्पर्धा रखने वाले राजाओं से युद्ध, राज्य की शासन व्यवस्था तथा ब्राह्मणों को दान और मान प्रदान करने का उत्तरदायित्व क्षत्रिय वर्ग पर था।

चाहमानयुगीन भारत में कोई सार्वभौम सत्ता न होने के कारण अनेक राज्य स्थापित हो गए थे। इन राज्यों का संबंध प्राचीन क्षत्रिय राजकुलों से था, किंतु क्षत्रिय होते हुए भी इन्हें राजपूत कहा जाता था[134] विभिन्न शिलालेखों में विभिन्न राजकुलों का उल्लेख मिलता है। एक अभिलेख में चाहमान नृपति प्रख्यात 'वंशश्चिराम्'[135] तथा एक अन्य अभिलेख में 'चंदेलवंश', 'कुमुदेंदु विशालकीर्तिः चंद्रेलान्वयेन'[136] कहा गया है। इसी प्रकार राष्ट्रकूट[137], प्रतीहार[138] तथा चौलिकिकरंन्वियो[139] आदि के उल्लेख मिलते हैं। पृथ्वीराजरासो[140], बीसलदेव[141] रासो तथा तत्कालीन साहित्यिक ग्रंथों में 36 राजपूत कुलों का उल्लेख है। कान्हणदे प्रबंध[142] में भी राजपूतों के 36 कुलों का उल्लेख है। यद्यपि इसमें केवल चौहान, राठौर, परमार देवदास, वारड, हूण सोलंकी, हरियड, चावड़ा, डोडिस, यादव, हुल, निकुंबस और गुहिलो का ही उल्लेख है। परंतु डॉ. दशरथ शर्मा[143] ने समकालीन साहित्यिक और अभिलेखीय साक्ष्यों के आधार पर इसमें भाटी, योद्धेय, वराह या विरहा, प्रतीहार या पाडियार, तोमर, कच्छपघाट या कच्छवाहा, ब्ला, जैठवा, दाहिमास, दहियास और चंदेलों को भी सम्मिलित कर लिया है। इन राजवंशों को समाज में ब्राह्मणों के समान सम्मान प्राप्त था। ब्राह्मण भी उनका सम्मान करते थे। किंतु तत्कालीन साक्ष्यों से ज्ञात होता है कि साधारण क्षत्रियों को सब सुविधाएं प्राप्त न थीं जो उनके सजातीय राजवंशों के पुरुषों को प्राप्त थी। अलबीरूनी का कथन है कि चोरी के अपराध में क्षत्रिय का दाहिना हाथ और बायां पैर बेकार कर दिया जाता था, किंतु ब्राह्मणों की भांति उन्हें अंधा न किया जाता था।[144] इस प्रकार की व्यवस्था संभवतः क्षत्रियों ने राजन्य होने के कारण थी।

ब्राह्मणों के साहचर्य से क्षत्रिय में शिक्षा का व्यापक प्रचार हो गया था। बहुत से राजा इस काल में मूर्धन्य विद्वान थे, जो ब्राह्मणों की तुलना में श्रेष्ठ थे, हर्षवर्धन साहित्य का अच्छा विद्वान था। पूर्वीय चालुक्य विनयादित्य गणित का सबसे बड़ा पंडित था। गणितज्ञ होने के कारण उसे 'गुणक' कहा जाता था।[145] राजा भोज की विद्वत्ता लोक-प्रसिद्ध है। उसने वस्तु विद्या, व्याकरण, अलंकार, योगशास्त्र और ज्योतिष आदि विषयों पर अनेक उपयोगी और विद्वत्तापूर्ण ग्रंथ लिखे थे।[146] चाहमान विग्रहराज (चतुर्थ) का लिखा हुआ हरिकेलि नाटक आज शिलाओं पर खुदा हुआ उपलब्ध है।[147] वास्तव में क्षत्रिय प्राचीन काल में चंद्र तथा सूर्य दो राज्यवंशों में विभक्त थे। *ऋग्वेद* में क्षत्र से संबंधित किया गया है, जिसका अर्थ 'शौर्य' और

'पराक्रम' से है।[148] उनका कार्य प्रायः युद्ध करना और शौर प्रदर्शित करना था इसलिए ऐसे वीर और पराकर्मी वर्ग को क्षत्रिय कहा जाता था।[149] कालांतर में यही वर्ग देश का शासक और रक्षक बन गया था। रामायण से ज्ञात होता है कि वे पूर्णतः शासन, संरक्षण और पोषण से संबंध थे। उनका प्रमुख कार्य चातुर्वर्णों को संरक्षण प्रदान करना था।[150] महाभारत से ज्ञात होता है कि राज्य और देश में व्यवस्था और सुरक्षा की दृष्टि से वे साधुओं का रक्षण और असाधुओं का दमन करते थे।[151] वे केवल प्रजा की रक्षा करने मात्र से ही कृतकृत्य थे। इसलिए यह वर्ण 'ऐंद्र' कहलाता था।[152] इस प्रकार क्षत्रिय के अधिकार ब्राह्मणों से कम थे और समाज में उनका स्थान भी ब्राह्मणों की अपेक्षा निम्न था।[153]

छठीं सदी के बाद उत्तर भारत में अनेक क्षत्रिय राजवंशों की स्थापना हुई। इनमें गुर्जर प्रतिहार, चंदेल, गाहड़वाल, चालुक्य, चौहान, परमार तथा कलचुरियों के उल्लेख मिलते हैं। यद्यपि ये प्राचीन क्षत्रियों के वंशज थे और अपनी वंश परंपरा सूर्य तथा चंद्रकुलों से जोड़ते थे।[154] तथापि उनमें कुछ विदेशी रक्त आ जाने के कारण इनको राजपूत नाम से अभिहित किया जाता था।[155] पूर्व मध्य युग में शासन करने वाले राजवंश राजपूत वंश से ही विशेष प्रसिद्ध थे। बंगाल के लेखों में वर्णन मिलता है कि शासक राजपुत्र (राजपूत) वंश में उत्पन्न हुए थे।[156] ऐसा वर्णन प्रायः उत्तर भारत के सभी राजवंशों के लेखों में पाया जाता है। प्रशस्तियों में वर्णित पदाधिकारियों की सूची में युवराज राजपूत कहा गया है।[157] इससे ज्ञात होता है कि उनकी उत्पत्ति प्राचीन क्षत्रिय वंशों से थी किंतु राजा के पुत्र होने या शासक होने के कारण यह राजपूत कहलाने लगे थे।

चाहमान युग तक राजपूत दो उपविभागों में विभक्त हो गए थे। इनमें पहला शासक वर्ग था, जो राजकाज से संबंधित था। दूसरा साधारण क्षत्रिय वर्ग था।[158] नवीं सदी के लेखक इब्न खुर्दाज्वा ने लिखा है कि प्रथम प्रकार के क्षत्रियों के समक्ष सभी लोग सिर झुकाते हैं, लेकिन ये किसी के समक्ष अपना सिर नहीं झुकाते। दूसरा वर्ग अन्य सभी जातियों के समान है।[159] सी.वी. वैद्य का मान्यता है कि इब्नखुरदाद द्वारा बताई सात जातियों में सबकुद्रिय और कटीरय संभवतः ये दोनों वर्ग हैं।[160] शासकों की श्रेणी में कुछ विदेशी भी सम्मिलित हो गए थे जिनका वैवाहिक संबंध राजघराने में होने लगा था। कलचुरि लेख में वर्णन आता है कि हूण राजकुमारी अवल्लदेवी का विवाह चेदिराज़ा कर्ण से हुआ।[161] इन्हीं कारणों से समाज में विदेशी हूण का आदर होने लगा। मेवाड़ के एक लेख में मंदिर प्रबंध समिति का हूण सरदार भी एक सदस्य था और ऊंचे वर्ग में समादर पाता था।[162] बाद में वह उच्च वर्ग में ही समाहित हो गया। साधारण श्रेणी के राजपूत सैनिक का कार्य करते थे। चंदेल शासक की ओर से युद्ध में मारे जाने पर सैनिक के परिवार को वृत्ति दी गई थी।[163] चंदेल नरेश परमर्दि ने सैनिकों को बहादुरी के लिए 'वीरमुख्य' की उपाधि दी थी। उन्हें तगमा भी दिया जाता था।[164] सैनिकों को वृत्ति देने का उल्लेख गाहड़वाल लेखों में भी मिलता है।[165]

राजकीय अभिलेखों के अध्ययन से प्रकट होता है कि उस समय राजकुमार को कुशल शासक बनने के लिए समुचित ढंग से शिक्षा दी जाती थी जिसका आभास राजाओं के शासकीय

गुणों से होता है। मालवा के चाहमाले लेख में[166] तथा एक प्रतिहार लेख[167] में यह कहा गया है कि राजकुमारी की शिक्षा शास्त्रीय ढंग से दी जानी चाहिए। इस कारण इस प्रकार से उल्लेख कई स्थानों पर मिलते हैं।[168] इनसे ज्ञात होता है कि राजपूतों की प्रतिष्ठा उनके शासक होने तथा शिक्षित होने के कारण समाज में थी।

क्षत्रियों की स्थिति एवं उनका कर्म

क्षत्रियों के संबंध में पृथ्वीराजरासो से ज्ञात होता है कि वही क्षत्रिय पूजे जाते हैं जिनकी तलवार को घेरा डालने का उत्साह है।[169] सच्चा क्षत्रिय संकट के समय अपने सिर पर आपत्ति को झेलकर स्वामी को सिर समर्पित करता हुआ, उसे बचा लेता है।[170] इससे स्पष्ट हो जाता है कि उन दिनों क्षत्रियों का प्रमुख कार्य युद्ध करना ही था।

क्षत्रियों को सैनिक कर्म के अतिरिक्त इस युग में कृषि और व्यापार करने की मान्यता भी मिल गई थी। वास्तव में पूर्ववर्ती शास्त्रकारों ने आपद्धर्म का उल्लेख किया था। गौतम के अनुसार जीवकोपार्जन के निमित्त क्षत्रिय वैश्य-कर्म अपना सकता था।[171] इसी प्रकार का मत बौधायन ने भी प्रकट किया है।[172] मनु ने भी उसे वैश्य-कर्म अपनाने की सलाह दी है, किंतु कृषि कर्म उसके लिए वर्जित कहा है।[173] चाहमानयुगीन भारत स्मृतिपरक होने के कारण धर्मशास्त्रीय नियमों का पालन करता था। अतः मनु के मना करने पर भी इस समय क्षत्रियों में कृषि-कर्म प्रचलित हो गया था। मध्यकालीन लेखक लक्ष्मीधर ने मनु को उद्धत करते हुए आपत्तिकाल में क्षत्रियों का कृषि-कर्म करने का विधान किया है।[174] राजा भोज के समकालीन क्षत्रिय पुत्र मेंवाक का कृषि-कर्म करते हुए उल्लेख हुआ है।[175]

कृषि के अतिरिक्त इस युग में क्षत्रिय व्यापार भी करते थे। व्यापार करते समय वह सभी प्रकार के रस, तिल, नमक, पत्थर, पशु और मनुष्य का क्रय-विक्रय नहीं कर सकता था। दूध, मधु, विष, मांस आदि का व्यापार करना भी उसके लिए निषिद्ध था। मनु के अनुसार रांगा, शीशा, लोहा सब प्रकार के तैजस पदार्थ, केश, चमड़ा, हड्डी आदि का व्यापार उसके लिए निषिद्ध था।[176] मनु द्वारा प्रतिपादित विधान चौहान युग में प्रचलित था। इस युग में अनेक ऐसे क्षत्रिय थे जो कृषि और व्यापार करते थे।[177] डॉ. दशरथ शर्मा के अनुसार राजस्थान में वणिकों के तीन महत्वपूर्ण वर्ग अग्रवाल, माहेश्वरी और ओसवाल क्षत्रियों के ही वंशज थे।[178]

इस प्रकार यह ज्ञात होता है कि वर्णव्यवस्था के क्रम में क्षत्रिय दूसरे स्थान पर थे तथा सैनिक कर्म, कृषि, व्यापार आदि उनके मुख्य कर्म थे। यद्यपि इस युग तक वर्णव्यवस्था का पूर्ण रूप नहीं रह गया था। तथापि इस युग के राजपूत उसे पारंपरिक रूप से बनाए रखने का प्रयास करते थे।

वैश्य की स्थिति एवं उनका कार्य

सामाजिक वर्ण व्यवस्था में तीसरा स्थान वैश्यों का था। व्यवस्था और कृषि का समस्त भाग उनके ऊपर था। राज्य और देश की आर्थिक स्थिति उसी के सत्प्रयास से सुदृढ़ होती थी। अर्थ संबंधी नीतियों का सारा संचालन वैश्य वर्ग ही करता था। गुप्त युग में उन्हें श्रेष्ठि[179], वर्णिक[180], सार्थवाह[181] आदि नामों से संबोधित किया जाता था। उनके व्यवसाय से राज्य और देश की आर्थिक स्थिति सुदृढ़ होती थी किंतु इसके बावजूद उनकी स्थिति समाज में शूद्रों के समकक्ष हो गई थी। इसका प्रधान कारण इनका अध्ययन और यज्ञ से विरत हो जाना था। बौधायन के निर्देश ने उनकी अवस्था शूद्रों के समकक्ष मानी है।[182] बौधायन के निर्देश से संकेत मिलता है कि समाज का एक वर्ग ऐसा भी था जो वैश्यों को शूद्रों की तरह ही स्वीकार करता था।

पूर्व मध्यकाल में वर्णव्यवस्था का सर्वाधिक प्रभाव वैश्यों पर ही पड़ा। इस युग में वैश्य यद्यपि वर्णव्यवस्था में सिद्धांततः तृतीय स्थान पर माने जाते थे, तथापि व्यवहारतः उनका कोई वर्णक्रम नहीं रह गया था। अलबीरूनी ने उन्हें शूद्रों की कोटि में स्वीकार किया है। उन्हें शूद्रों की तरह ही दंडित किया जाता था।[183] रामवृक्ष के अनुसार वैश्यों को शूद्रों के समान कहे जाने का कारण यह हो सकता है कि इस काल तक वैश्य श्रमिक शूद्रों से काफी साम्यता रखते थे, जिसके कारण उन्हें शूद्रों के सृदश समझा जाने लगा था।[184] आर.एस. शर्मा ने भी वैश्यों की अवस्था में पतन को स्वीकार किया है, जिसका प्रधान कारण उन्होंने उत्तरगुप्तकालीन व्यापारिक ह्रास माना है।[185] इससे ज्ञात होता है कि चाहमानों के युग तक वैश्यों की स्थिति निश्चित रूप से निम्न हो गई थी। राजपूत युग में पांच प्रकार के वैश्यों के निर्देश मिलते हैं इनमें स्थानीय वणिक, कारवां वणिक, सामुद्रिक वणिक, विभिन्न उद्योगों में लगे हुए वणिक तथा साधारण वणिकों के नाम आए हैं। परमार अभिलेख से ज्ञात होता है कि स्थानीय वणिक, जो नगर एवं ग्राम में विभिन्न प्रकार के व्यापार करते थे। इनके द्वारा अनेक प्रकार की वस्तुओं के क्रय-विक्रय का उल्लेख हुआ है।[186] यायावरी जीवन व्यतीत करने वाले व्यापारी कारवां व्यापारी कहलाते थे। वे दूर-दूर के प्रदेशों में ऊंटों और बैलों से व्यापार करते थे। इन्हें वलीवर्द भी कहा जाता था।[187] सामुद्रिक व्यापारी समुद्र पार के देशों में व्यापार के लिए जाते थे। क्षेमेंद्र ने कथामंजरी में धनगुप्त नामक वणिक का उल्लेख किया है, जो ताम्रलिप्ति से समीपवर्ती द्वीपों में जाकर व्यापार करता था।[188] वैश्यों का चौथा वर्ग वह था जो विभिन्न उद्योगों में संलग्न था। देश में सर्वाधिक जनसंख्या इन्हीं व्यापारियों की थी। ये अनेक प्रकार के उद्योग-धंधों द्वारा अनेकानेक वस्तुओं का क्रय-विक्रय करते थे।[189] साधारण व्यापारी विभिन्न प्रकार की छोटी-छोटी वस्तुएं बेचते थे। मिट्टी के बर्तन बनाने और बेचने (कुंभकार), तांबूल बेचने वाले (तांबूलिक), पत्थर तोड़ने वाले (अशफुट्ट), तेलिक आदि के व्यापार इनके द्वारा किया जाता था। इस प्रकार के वणिक समाज की दैनिक आवश्यकताओं की पूर्ति करते थे।[190] इस प्रकार इस युग में वैश्यों के अनेक वर्ग हो गए

थे, जो विभिन व्यवसायों द्वारा समाज की आवश्यकता की पूर्ति करते थे।

चाहमानकालीन साक्ष्यों में वैश्यों के उल्लेख मिलते हैं। सियादोनी लेख से ज्ञात होता है कि इस समय कुंभकार, तांबूलिक, स्वर्णकार, माली, तैलिक आदि वैश्यों के वर्ग थे। सुनार लेख अंकित करता तथा माली पुष्पमाल देवगृह में अर्पित करता था। तमोली तथा तेली कर देते समय क्रमशः पूजा की सामग्री पान या दीप के लिए तेल दिया करते थे।[191] अभिलेखों में तेल के मिलों का उल्लेख भी मिलता है। यह उद्योग बड़ पैमाने पर चलता था।[192] चंदेल अभिलेखों में अयसकार (लोहार), पीतल हार (ठठेरा), (मूर्तिकार) आदि का भी उल्लेख मिलता है।[193] सन् 230 ईसवी के परमदिदेव के महोबा ताम्रलेख का लेखक, जिसने सात वर्ष पूर्व समेरा लेख भी मिला था, अपने लिए 'पीतन हार' शब्द का प्रयोग किया है।[194] पांच वर्ष के पश्चात उसने अपने को शिल्पिन[195] तथा और दो वर्ष बाद 'विज्ञानन'[196] शब्द का प्रयोग किया है। इससे ज्ञात होता है कि किसी कला निपुणता प्राप्त करने के लिए उस युग में कुछ शिक्षा ट्रेनिंग का विधान था। कान्हड़देव प्रबंध के अनुसार जालौर नगर में 18 वर्ण थे, जिनमें जूता बनाने वाले, लोहार, दर्जी एवं रंगरेज आदि का उल्लेख है।[197] निःसंदेह यह 18 वर्ण प्राचीन भारत में 18 श्रेणियों में था। डॉ. दशरथ शर्मा ने इन 18 श्रेणियों के अंतर्गत धातु, हाथी दांत, टोकरी बनाने वाले, पुष्प बेचने वाले, ठठेरा, सार्थवाह, तेली, कुम्हार, सुनार, मल्लाह और नाई इत्यादि का परिगणन किया है। इससे ज्ञात होता है कि चौहान राज्य में अनेक उद्योग प्रचलित थे जिनका वैश्यों द्वारा संचालित किया जाता था।

चाहमानकालीन धर्मशास्त्रकारों ने वैश्यों के कर्तव्य, कृषि, पशुपालन, व्यापार और वाणिज्य और साहूकार लिखा है।[199] परंतु ह्वेनसांग ने वैश्यों का मुख्य कर्म व्यापार लिखा है।[200] माघ ने लिखा है कि राजा की सेना के साथ-साथ वैश्य आवश्यक वस्तुओं की बिक्री करने के लिए यात्रा करते थे।[201] भविष्यकथा में वैश्यों के दूर-दूर तक व्यापार करने के लिए जाने का उल्लेख है।[202] उपमिति-भव-प्रपंच कथा में उन्हें देश में व्यापार करने के लिए जिन कठिनाइयों का सामना करना पड़ा था उनका उल्लेख है।[203] इस प्रकार ज्ञात होता है कि वैश्यों ने कृषि तथा पशुपालन छोड़ दिया था। इस युग तक उनका मुख्य कर्म व्यापार ही रह गया था। कर की सीमा सामग्री तथा उनकी इस काल में वैश्यों की व्यापार तथा व्यवसाय संबंधी कर देना पड़ता था जो तौल कर निश्चित की जाती थी। सिक्का, दो सिक्का या अधिक द्रव्य विभिन्न सामग्री तथा उनकी तौल पर वसूल किया जाता था। इसकी पुष्टि चाहमान अभिलेखों से होती है।[204] इसी प्रकार के निर्देश परमार चामुंडाय के लेख में ही मिलता है।[205] मनुस्मृति के अनुसार व्यापारी के लाभ में से राजा को कर के रूप में बींसवां भाग मिलता था।[206] पशु और स्वर्ण का कर मूलधन का पचासवां भाग और धान्य का छठा, आठवां या बारहवां भाग राजा को प्राप्त होता था।[207] महाभारत से ज्ञात होता है कि वैश्यों के लिए कुछ वस्तुओं का बेचना निषिद्ध था। वे मद्य, मांस, लोहा और चमड़ा जैसी वस्तुओं को नहीं बेच सकते थे।[208] लक्ष्मीधर के अनुसार वैश्यों को नमक, दूध, लाख, चमड़ा, मांस, नील, विष, अस्त्र-शस्त्र और मूर्तियां बेचने का अधिकार नहीं था।[209] आपत्तिकाल आने पर वैश्य को सैनिक कर्म करने

का उल्लेख किया गया है।[210] भविष्यकथा का लेखक धनपाल धक्कर्ट नामक वणिक जाति का था।[211] मनु के अनुसार आपत्तिकाल में वैश्य शूद्र का कर्म भी कर सकता है।[212] वैश्य के आपत्तिकालीन वृत्ति पर इस युग के धर्मशास्त्रकार मेधातिथि का कहना है कि वह शूद्रों की तरह पैर परक्षालन करता था, जूठा खाता था तथा अन्य निम्न कार्य संपन्न करता था। किंतु जब उसकी संकट की स्थिति समाप्त हो जाती थी तो वह इन कर्मों को त्याग देता था। प्रायः ब्राह्मणों के लिए यह कर्म उचित नहीं था। साधारणतः यह समस्त कार्य यथास्थिति हो जाने पर छोड़ दिए जाते थे।[213] मनु की उपरिलिखत कथन पर टिप्पणी करते हुए कुल्लुक भट्ट ने यह मत व्यक्त किया है कि वैश्य दुजाति का शुश्रूषा और उच्छिष्ट भोजन ग्रहण करने जैसे निम्न कार्य केवल तभी तक करता था जब तक वह संकटग्रस्त रहता था। अपनी स्थिति सुदृढ़ होते ही वह इन कर्मों का परित्याग करके प्रायः प्रायश्चित करता था।[214] इस प्रकार हम देखेते हैं कि चाहमान युग में वैश्यों की स्थिति व्यापार वर्ग तक सीमित थी। पूर्वकाल की अपेक्षा इनके कर्मों में विस्तार हो गया था।

शूद्र

वर्णव्यवस्था से शूद्रों का स्थान चौथा था। चाहमानयुगीन ग्रंथों से ज्ञात होता है कि इस काल में शूद्रों की स्थिति अच्छी नहीं थी। मुसलमानों के संपर्क से उनकी सामाजिक स्थिति में सुधार अवश्य हुआ था।[215] फिर भी वे समाज में सेवक ही माने जाते थे। इस काल के अभिलेखों में कुम्हारों, मालियों, तमोलियों, संगतरासों, शराब बनाने वालों और तेलियों को शूद्र कहा गया है।[216] इस युग में शुद्रों को वेद पढ़ने का अधिकार न था।[217] ब्राह्मण अपने घनिष्ठ मित्र शूद्रों के यहां भी भोजन नहीं करते थे।[218] पराशर के अनुसार तेजस्वी पुरुष यदि शूद्र का भोजन कर ले, उसके साथ संपर्क रखे, उसी आसन पर बैठ जाए, जिस पर कि शूद्र बैठा हो, शूद्र से शिक्षा प्राप्त कर ले तो वह पतित हो जाता है।[219] एक दूसरे स्मृतिकार का मत है कि कलियुग में ब्राह्मण का शूद्र से भोजन बनवाना भी निषिद्ध है।[220] एक तीसरे स्मृतिकार के अनुसार यह यदि उच्च वर्ग का कोई भी व्यक्ति धर्म क्रिया कर रहा हो और उसे शूद्र दिखाई दे जाए तो उसे उस धर्म क्रिया को तुरंत रोक देना चाहिए और यदि उसके शरीर से शूद्र का शरीर छू जाए तो उसे तुरंत स्नान करना चाहिए।[221] इस प्रकार स्पष्ट है कि पूर्वमध्यकाल तक शुद्र स्पृश्य बन गए थे तथा समाज इन्हें हेय दृष्टि से देखता था।

पूर्व मध्ययुग के पूर्व वर्णव्यवस्था के अंतर्गत सेवा करने वाले वर्ग का नाम शूद्र था। वह वर्ग स्पृश्य नहीं था। ब्राह्मण अन्य सब वर्णों के हाथ का भोजन खाते थे।[222] इसी परंपरा का निर्देश करते हुए ग्यारहवीं सदी का लेखक अलबीरूनी ने लिखा है कि चारों वर्ण वाले इकट्ठे रहते और एक-दूसरे के हाथ का खाते-पीते थे।[223] संभवतः अलबीरूनी का यह कथन उत्तर भारत के लिए था, क्योंकि मुसलमानों के आक्रमण के कारण प्राचीन वर्णव्यवस्था अपने पारंपरिक रूप में न रह गई थी, किंतु दक्षिण भारत में शाकाहारियों ने मांसाहारियों के साथ

खाना छोड़ दिया था।[224] यह भेदभाव शनैः-शनैः सभी वर्णों में बढ़ता गया था।

कठोर और नियंत्रित साामजिक व्यवस्था के समर्थक मनु ने शूद्रों के अंतर्गत विभिन्न देशी और विदेशी लोगों को सम्मिलित किया था, जिससे शूद्र वर्ग समुचित रूप से सबल हो गया था। इस समय शूद्र के लिए परिचर्या के साथ-साथ कतिपय शिल्पों के निर्माण की सुविधा दी गई थी। इसी के अंतर्गत काष्ठ शिल्प, धातु शिल्प और भांड शिल्प, चित्रकला आदि कर्मों का संपादन समाहित था।[225] द्विजाति के सदस्यों के लिए मादक द्रव्य निषिद्ध किए गए थे, किंतु शूद्रों के लिए उन्हें उनकी इच्छा पर ही छोड़ दिया गया था। वह पूर्णतः संस्कारहीन और धर्महीन नहीं था। महाभाष्य की टीका 'महाभाष्य प्रादीप' के अनुसार ब्राह्मण, क्षत्रिय, वैश्य तथा शूद्रों को भी पंच महायज्ञ करने का अधिकार था।[226] मनु का कथन है कि श्रद्धायुक्त होकर अपनी अपेक्षा नीच व्यक्ति (शूद्र) से भी उत्तम शिक्षा ग्रहण करनी चाहिए।[227] मेधातिथि का भाध्य है कि द्विज को नीच शूद्र से भी निरंतर श्रद्धापूर्वक मोक्षधर्म का पालन करना चाहिए।[228] इससे ज्ञात होता है कि चाहमानों के पूर्व शूद्रों का समाज में समुचित आदर होता था उसे धार्मिक कृत्यों तथा शिल्प आदि करने का पूरा अधिकार था।

पुराणों में शूद्रों के प्रति उदार भावना व्यक्ति की गई है। उन्हें दान करने का निर्देश दिया गया[229] तथा इंद्रिय निग्रह के साथ मोक्ष प्राप्ति का भी उल्लेख किया गया है।[230] किंतु इस समय भी द्विजों की सेवा ही उसकी वृत्ति बताई गई है।[231] द्विज और गौ की सेवा करना और जो कुछ मिल जाए उसी से संतोष कर लेना ये शूद्र की प्रकृति कही गई है।[232] मंत्र और यज्ञ पर इस समय भी इसका कोई अधिकार नहीं कहा गया है।[233] इससे संकेत मिलता है कि यद्यपि शूद्र के प्रति समाज की उदार भावना विद्यमान थी, तथापि व्यवहारिक जीवन में उसके प्रति भेदभाव बरता जाता था। डॉ. शर्मा का विचार है कि व्यवहारतः समाज में शूद्र पतित और हेय माना जाता था।[234] डॉ. घुर्ये की मान्यता है कि उसके धार्मिक उद्धार के लिए उपाय और मार्ग की खोज की जा रही थी, किंतु इसमें कोई गंभीरता और उत्साह नहीं था। सत् और असत् अथवा अच्छे-बुरे के माध्यम से उसका सामाजिक और धार्मिक उद्धार सोचा जाने लगा था।[235] इस प्रकार स्पष्ट है कि चाहमानों के पूर्व शूद्रों की उपस्थिति बहुत अच्छी नहीं थी। वर्ण सिद्धांत में वह द्विजों की सेवा के निमित्त समाज का एक था, किंतु धार्मिक दृष्टि से उसके प्रति उदारता की नीति अपनाई जाती थी।

पूर्वमध्यकाल तक आते-आते शूद्रों के दो वर्ग हो गए थे। एक तो वह वर्ग था जो ब्राह्मणों के निर्देशानुसार विशुद्ध आचरण और धार्मिक क्रिया संपादित करता था। दूसरा वर्ग वह था जो इस विशुद्ध आचरण और सात्विक चरित्र से दूर असभ्य और असंस्कारयुक्त हीन जीवन व्यतीत करता था। सन्मार्गी शूद्र मंत्रहीन पंचमहायज्ञ धर्म का पालन करते हुए प्रशंसा के पात्र थे।[236] पूर्व मध्य युग तक शुद्रों का एक वर्ग निश्चित रूप से वैश्य के समकक्ष हो गया था। अलबीरूनी ने दोनों को समान दंड की व्यवस्था की है तथा दोनों को एक साथ गांव में रहने का निर्देश किया है।[237] मेधातिथि और विश्वरूप ने यह व्यवस्था दी है कि शूद्र न तो सेवक बनाए जा सकते हैं, न ब्राह्मण पर निर्भर हो सकते हैं, वे व्याकरण आदि विषयों के ज्ञाता हो

सकते हैं। स्मृतियों द्वारा निर्दिष्ट किए गए थे।[238] लक्ष्मीधर का भी यही विचार है। उसके अनुसार पतित ब्राह्मण, क्षत्रिय और वैश्य से विशुद्ध मन और मस्तिष्क वाला शूद्र श्रेष्ठ था।[239] डॉ. अल्तेकर का कहना है कि इस समय भी कुछ धार्मिक और धनिक शूद्रों को, जिनके वैवाहिक संबंध वैश्यों से थे, उन्हें ब्राह्मणों के माध्यम एवं पौराणिक मंत्रों से श्राद्ध संस्कार तथा अन्य स्मृतिपरक अनुष्ठानों के करने का निर्देश था।[240] डॉ. दशरथ शर्मा के अनुसार चाहमान युग में शूद्र मंदिरों के प्रबंध और अनुक्षरण में भी भाग ले सकता था। वह गांव एवं शहरों की रक्षा समिति का सदस्य भी होता था।[241] डॉ. बुद्ध प्रकाश इस युग के शूद्रों को पतित ब्राह्मणों और क्षत्रियों से उत्तम स्वीकार करते हैं।[242] डॉ. घोषाल का कहना है कि इस युग की कृतियां को शूद्रों के पूर्व जीवन का वर्णन करती है। चाहभान काल तक उनमें काफी परिवर्तन हो गया था। शूद्रों की दशा इस समय काफी सुधरी हुई थी। वे समाज के प्रत्येक कृत्य में भी भाग लेते थे। शिल्प तथा कला उनके विशेष कृत्य थे। इसलिए समाज में उनका सम्मान कम नहीं था।[243] इस प्रकार यह ज्ञात होता है वर्णव्यवस्था में शूद्र का स्थान इस समय अच्छा था।

जातियों का विकास

चाहमानों के काल तक वर्ण व्यवस्था के अंतर्गत अनेक जातियों का विकास हो गया था। इन जातियों के विकास के दो कारण स्पष्ट दिखाई देते हैं। प्रथम व्यवसायिक और द्वितीय विवाह जन्य। कृषि, पशुपालन तथा व्यवसाय भारतीयों के प्रधान कर्म थे, किंतु इनके विस्तार के साथ-साथ अनेकानेक उद्योग धंधों का विकास हुआ था। अतः विभिन्न व्यवसाय में लगे हुए लोगों के विभिन्न वर्ग बन गए। ऋग्वैदिक समाज में ही विभिन्न प्रकार के व्यवसायी और शिल्पी प्रकाश में आ चुके थे।[244] ये कालांतर में पृथक-पृथक इकाई के रूप में आर्थिक जीवन समृद्ध कर रहे थे। उत्तर वैदिक युग तक आते-आते अनेक प्रकार के व्यवसायों और शिल्पों का विकास प्रारंभ हो गया था। नए-नए उद्योग धंधों के कारण विभिन्न व्यवसायगत और शिल्पगत वर्गों का गठन भी होने लगा था। रथकार, सूत, कर्मार, तक्ष, क्षातृ, कुलाल, ईषुकृत, धवकृत, मृगयु, रज्जुसर्ग, वय, मधिकार, सुराकार, विदलकार, कंटककार, निषाद, श्वनि (श्वानरक्षक) आदि अनेक व्यवसाय प्रधान वर्गों का उल्लेख उत्तर वैदिक ग्रंथों में हुआ है।[245] इन जातियों के निर्देश से यह संकेत मिलता है कि उद्योग शिल्पों के विकास के साथ इन वर्गों का विकास हो रहा था। कालांतर में विभिन्न व्यवसाय और शिल्प में लगे रहने वाले वर्ग पृथक-पृथक जातियों के रूप में विकसित हुए[246] जो शूद्र गर्व के अंतर्गत मान्य थे।

चाहमानों के काल तक प्राचीन व्यवसायों के आधार पर विभिन्न जातियों का विकास हो गया था। अलबीरूनी ने भारत में असंख्य जातियों की स्थिति का उल्लेख किया है।[247] इसकी पुष्टि मध्यकालीन ग्रंथ शुक्रनीति द्वारा भी होता है। इसके अनुसार कर्म के आधार पर प्राचीनकाल में ब्रह्मा द्वारा जाति चार भागों में विभाजित की गई थी, किंतु अनुलोम और प्रतिलोम के क्रम में बार-बार संकरता (मिश्रण) के कारण बहुत जातियां हो गईं। इन जातियों

का वर्णन करना असंभव है।[248] कल्हण ने अनेक जातियों के उल्लेख में चौंसठ जातियों की संख्या बताई है।[249] कान्हण-दे-प्रबंध से सूचना मिलती है कि जालौर नगर में चार ऊंची जातियों के अतिरिक्त अट्ठारह और वर्ण विद्यमान थे, इन वर्णों में मोची, बढ़ई, रंगरेज, दर्जी आदि सम्मिलित थे।[250] निःसंदेह यह अट्ठारह वर्ण प्राचीन भारत की अट्ठारह श्रेणियों थीं, जिनमें धातु, हाथी दांत, टोकरी बनाने वाले, पुष्प बनाने वाले, ठठेरा, सार्थवाह, तेली, कुम्हार, सुनार, महाजन, माली, नाई, मल्लाह आदि सम्मिलित थे।[251] इससे ज्ञात होता है कि इस समय तक अनेक जातियों का विकास हो गया था। प्राचीन वर्णव्यवस्था यद्यपि बौद्ध तथा जैन धर्मावलंबियों द्वारा नष्ट-भ्रष्ट की जा चुकी थीं तथापि इसका उन्मूलन नहीं हुआ था। जातियों की गणना चातुर्वर्ण्यों के अंतर्गत ही की जाती थी। सातवीं शताब्दी में ह्वेनसांग चारों वर्णों का उल्लेख करता है।[252] इस प्रकार ग्यारहवीं सदी का अलबीरूनी भी चार वर्णों का उल्लेख करता है।[253] इससे ज्ञात होता है कि चातुर्वर्णों की व्यवस्था चाहमानों के काल में भी विद्यमान थी। इन अभिलेखों तथा साहित्यिक ग्रंथों से ज्ञात होता है कि उस समय वर्णों में उपजातियां बननी लगी थीं। जिनका विवेचन आगे वर्ण विवेचन के क्रम में किया गया है।

वर्णगत विभिन्न जातियां

चाहमानयुगीन ब्राह्मण, क्षत्रिय, वैश्य तथा शूद्र आदि चतुर्वर्णों के अंतर्गत अनेक उपजातियों का उल्लेख मिलता है। तत्कालीन ग्रंथों में कम से कम चौंतीस प्रकार के ब्राह्मण, छत्तीस प्रकार के क्षत्रिय तथा चौरासी प्रकार के वैश्यों के निर्देश मिलते हैं।[254] स्मृतिकारों ने इन जातियों का विकास वर्णसंकरता के आधार पर माना है। मनु तथा याज्ञवल्क्य के टीकाकार क्रमशः मेधातिथि और विज्ञानेश्वर ने लिखा है कि शंकर जातियां अनेक हैं, अतः उनका वर्णन करना असंभव है।[255] वर्णगत विभिन्न व्यासायिक जातियों के विकास के बारे में डॉ. एन.के. बोस का मत है कि भारतीयों ने यह भली-भांति समझ लिया था कि पैतृक गुण और व्यावसायिक श्रेणियां एक-दूसरे की पूरक हैं। उनमें आपस में किसी प्रकार की प्रतियोगिता की भावना नहीं है और इन श्रेणियों के अनेक लाभ हैं। आर्य अन्य जातियों पर अपनी श्रेष्ठता रखना चाहते थे। यह जातियों की उत्पत्ति का प्रमुख कारण था। दूसरे देशों में यह कारण विद्यमान नहीं था। इसलिए वहां जातियों की उत्पत्ति नहीं हुई।[256] मध्यकालीन ग्रंथों में वर्णों के अंतर्गत जिन जातियों का उल्लेख मिलता है उनका विवरण इस प्रकार है—

ब्राह्मणों की उपजातियां

पूर्वमध्ययुग तक ब्राह्मणों में जाति का निर्धारण जन्म के आधार पर होने लगा था।[257] वास्तव में ब्राह्मण चाहते थे कि समाज के लोग उनका अनुसरण करें,[258] किंतु उनके बीच अनेक उपजातियों के प्रादुर्भाव से उन्हें वह प्रतिष्ठा नहीं मिल सकी, जो उन्हें पूर्वकाल में उपलब्ध

थी। स्थान विशेष के नाम पर कन्नौज के ब्राह्मण कान्यकुब्ज, बंगाल के गौड, मिथिला के मैथिल, सरस्वती घाटी के सारस्वत, उड़ीसा के उत्कल, सरयूपार के सरयूपारी एवं शकद्वीपों के शाकद्वीपी कहलाते थे। गोत्र और वैदिक शाखा के आधार पर ब्राह्मणों का वर्गीकरण होने लगा था।[259]

बारहवीं सदी के चंद्रावती ताम्रपत्र में पांच सौ ब्राह्मणों के नाम आते हैं।[260] कात्यायन, सावर्ण, शांडिल्य गोत्र वाले, ब्राह्मणों में अंतिम दो अधिक लोकप्रिय थे। विभिन्न वैदिक शाखाओं के अध्ययन के कारण छांदोग्य, वाजसनेय, माध्यदिंन, आश्वलायन, शांखायन कौथुम, राजायनीय तथा कठ शाखाध्यायी ब्राह्मणों के अनेक उपवर्ग बन गए थे।[261] ब्राह्मण अध्यापक, आचार्य, उपाध्याय या भट्ट कहलाते थे। वैदिक ज्ञान के आधार पर चतुर्वेदी त्रिवेदी, द्विवेदी, यजुर्वेदी, सामवेदी आदि ब्राह्मणों के वर्ग विद्यमान थे। संख्या वृद्धि एवं सामाजिक परिवर्तन के कारण ब्राह्मणों में पुरोहित कथावाचक, मंत्री, सेनापति, ज्योतिष और कृषक आदि विभिन्न व्यवसाय के लोग थे।[262] ऐसा प्रतीत होता है कि ब्राह्मणों द्वारा स्वधर्म त्याग कर कृषि में लग जाने की कुछ राजाओं ने राष्ट्रीय अहित की बात सोची और इसलिए उन्होंने ब्राह्मणों को कृषि-कर्म छोड़कर वेदाध्ययन करने का आदेश दिया।[263]

चाहमानों के काल में गोत्र और शाखाओं के आधार यद्यपि ब्राह्मणों की उपजातियों का उल्लेख मिलता है तथापि उनके स्थान पर ब्राह्मणों की पहचान, मिश्र, दीक्षित, द्विवेदी, त्रिवेदी, चतुर्वेदी, पाठक, उपाध्याय, अवस्थिक, त्रिपुर, गौड़, नागर, डेंडवाल, जोशी तथा व्यास आदि जातिबोधक उपाधियों के आधार पर होने लगी थीं।[264] इन जातियों का आधार संभवतः उनका व्यवसाय अथवा निवास-स्थान होता था।[265] डॉ. दशरथ शर्मा का कथन है कि जिस किसी परिवार के पूर्वज इनमें से किसी वर्ग के थे उनकी संतान अपने को उसी जाति की कहने लगी।[266] इस प्रकार ब्राह्मणों की उपजातियों का आधार उनके व्यवसाय तथा वह प्रदेश थे, जहां से उनके पूर्वज आए थे।

क्षत्रिय राजपूतों की उपजातियां

पूर्व मध्ययुग तक ब्राह्मणों की तरह क्षत्रियों के भी अनेक विभेद हो गए थे। प्रारंभ में इनका कोई विभेद नहीं था। रामायण और महाभारत में सूर्य-चंद्रवंशियों का वर्णन आता है और वह वंशभेद समय के साथ-साथ बढ़ता ज्ञात होता है।[267] मध्ययुग तक इनके छत्तीस राजकुलों के उल्लेख मिलते हैं।[268] इनके कुलों का विस्तार कैसे हुआ यह निश्चित रूप से ज्ञात नहीं होता किंतु ऐसा लगता है कि विदेशी बर्बर जातियों को सामाजिक दीर्घा में स्थान देने के लिए उन्हें प्राचीन क्षत्रियों से जोड़ा गया।[269] मध्ययुग में क्षत्रिय जातियां राजपूत के नाम से प्रख्यात हुईं।

इस युग में क्षत्रिय जातियों का जो स्वरूप दिखाई देता है, वह विभिन्न राजपूत कुलों से संबंधित है। इन राजपूतों की उत्पत्ति अग्निकुंड से बताई गई है।[270] विभिन शिलालेखों में विभिन्न राजकुलों का उल्लेख मिलता है, यथा—चंदेल वंश, कुमुदेंदु विशालकीर्तिः[271], चंद्रेलान्वयेन[272],

चाहमान नृपति प्रख्यात वंशश्चिरां[273], श्री राष्ट्रकूट वंशों[274], प्रतिहारवंशों[275], चौलिकिंकरन्वियो[276] आदि के उल्लेख से इस तथ्य की पुष्टि होती है। दसवीं सदी में इन सभी राजपूत वंशों को क्षत्रिय माना जाता था। इस संदर्भ में डॉ. दशरथ शर्मा का मत है कि अरबों के आक्रमण के कारण प्राचीन क्षत्रियों का महत्व कम हो गया और उनके विरुद्ध राजनीतिक संघर्ष में राजपूतवंशों के अंतर्गत प्रतिहारों, चाहमानों, परमारों और सोलंकियों का महत्व बढ़ गया, क्योंकि उन्होंने मातृभूमि की रक्षा में अपना रक्त बहाया है। जिस समय वे अरबों से लोहा ले रहे थे उस समय भी उन्होंने देश की सांस्कृतिक प्रगति की उपेक्षा नहीं की।[277]

इस काल में कुछ शासकों क्षत्रियेत्तर जातियों के भी थे। ह्वेंगसांग के समय में कामरूप और उज्जैनी के शासक ब्राह्मण पारियात्र और कन्नौज के शासक वैश्य तथा मतिपुर और सिंध के शूद्र थे। काबुल और पंजाब के शासक ब्राह्मण थे। कश्मीर में यशस्कर भी ब्राह्मण था। चाहमान गाहड़वाल, परमार तथा राष्ट्रकूट शासक भी उच्च कुल के क्षत्रिय नहीं माने जाते थे।[278] संभवतः इस स्थिति को देखकर ही मेधातिथि ने यह व्याख्या दी कि कोई भी व्यक्ति जिसमें राजा के गुण हों, और शासन करने की योग्यता हो, राजा हो सकता है।[279] किंतु ये वर्णाश्रम धर्म की रक्षा करते थे, ब्राह्मणों के परामर्श से क्षत्रिय यथाशक्ति वर्णशंकर को रोकने का प्रयत्न भी करते थे। कुछ क्षत्रिय राजकुमारों से भूमि आदि उपहार में लेते थे।[280] वे यज्ञ करते थे और अलबीरूनी के अनुसार वेद पढ़ते थे, किंतु पढ़ाते नहीं थे। देश का शासन और संस्कृत की रक्षा ही उनका परम कर्तव्य था।[281]

इब्न खुर्दाज्बा के वर्णन से ऐसा प्रतीत होता है कि क्षत्रियों में मुख्यतः दो वर्ग थे—सत्क्षत्रिय तथा क्षत्रिय। संभवतः प्राचीन राजवंशों की संतानों को उसने सत्क्षत्रिय कहा है और साधारण क्षत्रियों को क्षत्रिय।[282] सभा शृंगार में बत्तीस प्रकार के क्षत्रियों का वर्णन किया गया है। इसमें उस युग में शासन करने वाले प्रायः सभी राजवंश सम्मिलित हैं। जिन वंशों का उल्लेख मिलता है, उनमें परमार (पमार), राठौर, चौहान, गहिलोत, दहिया, सेक्या, बोरी (बीर), बगछा (काषा), सोलंकी, सीसोदिया, खेरमोरा (खपरमोरा), नाकंभ (निकुंभयक), गोहिल (गहिलोददिया), पड़िहार, चावड़ा, झाला (भाला), कूर, कागवा, (गवा), जेठवा, सेहर, बूस (छूसा), बोडर (बारड), खींची, खरपड़, डोडिया, हरिठाड, डाभी, तूअर, कोरड़, गौड़, मकवाण, यादव, कछवाहा, भाटी, सोनिगरा, देवड़ा और चंद्रावत के नामोल्लेख मिलते हैं।[283] चाहमानों के काल तक इन जातियों के अतिरिक्त राजपूतों के कुछ और भेद हो गए थे। सभाशृंगार में मागध क्षत्रिय, इक्ष्वाकु क्षत्रिय, भोज क्षत्रिय जैसे क्षत्रिय कुलों का उल्लेख किया है।[284] इस प्रकार यह ज्ञात होता है कि इस समय तक क्षत्रिय राजपूतों में अनेक उपजातियों हो गई थीं।

वैश्यों की उपजातियां

ब्राह्मणों और क्षत्रियों की भांति वैश्यों के भी अनेक उपवर्ग मिलते हैं। कुछ वर्गों के नाम कटकवाल, पोरवाल, प्राग्वादवंश एवं करपक्कवंश आदि हैं।[285] वास्तव में वर्ण सिद्धांत का प्रभाव वैश्यों पर

अधिक पड़ा था। राजस्थान के वैश्यों में अग्रवाल, महेश्वरी, जायसवाल, खंडेलवाल और ओसवाल आदि सभी अपनी उत्पत्ति क्षत्रियों से बतलाते हैं।[286] जिससे ज्ञात होता है कि उनकी वैश्यों में गणना होने का आधार वर्ण था। क्योंकि यह परिवर्तन चरित्र, व्यवसाय, सामाजिक और सांस्कृतिक के आधार पर हुआ था। डॉ. दशरथ शर्मा के अनुसार इसका मुख्य कारण यह था कि वे अहिंसा के सिद्धांत के अनुयायी और शाकाहारी हो गए थे।[287]

राजस्थान में पाई जाने वाली वैश्य जातियों के घर्कट प्रागवाट तथा श्रीमाल मुख्य थीं।[288] भविष्यकथा का लेखक धनपाल घर्कट जाति का था। प्रागवाटों के पूर्वज पश्चिम राजस्थान में आकदेश के निवासी थे। बृजनारायण शर्मा के कथनानुसार वैश्यों का घूसर उपजाति का उल्लेख नवीं सदी ई. के एक अभिलेख में मिलता है।[289] यदि यह सत्य है तो निश्चित रूप से कहा जा सकता है कि वैश्यों में उपजाति का विकास चौहानों के आरंभकाल में होने लगा था।

राजस्थान में पाई जाने वाली वैश्यों की कुछ उपजातियों का उल्लेख हेमचंद्र ने अपने शासन में किया है। इनके द्वारा वर्णित जातियों के चौरासी प्रकार हैं, किंतु ये प्रायः गुजरात में रहने वाले वैश्यों की जातियों हैं। जिन उपजातियों का नामोल्लेख हेमचंद्र ने किया है उनमे श्री श्रीमाल, श्रीमाली, ओसवाल, पारेवाल, पल्लीवाल, वघेरवाल, दिसावाल (देसवाल) मेंड़तवाल, खण्डेलवाल, अग्रवाल, पोरवाल, जायसवाल, रोझवाल, डीडूवाल, कठोड़ा, सूरपा, सोनी, लाढ, मोठ, भगद्रा, नागद्रा, नागर, नीमा, हरसोला, नरसिंहापुरा, दसोरा, मेवाड़ा, आमेरा मेड़तिया, सोरठिया, बीयाड़ी (वायडा), खड़ायता, सांडेरा, भटेरा, कुभ, धाकड़, (थाकड़), चीतीड़ा, लाडूआ, हरसोरा, हूबड़, नागोरा, जलोरा, साचोरा, वधनोरा, सोझीता, वाल, कपोला आदि मुख्य हैं।[290] ये जातियां यायावर वृत्ति करने के कारण पूरे देश में फैल गईं। ज्ञात होती है कि चाहमाल काल में इनका बने रहना हेमचंद्र के कथन से सिद्ध है।

शूद्रों की उपजातियां

अन्य वर्गों की भांति शूद्रों की अनेक जातियों का उल्लेख मिलता है, किंतु मुख्य रूप से उनके दो ही वर्ग ज्ञात होते हैं। इनका एक वर्ग सदाचारपरक था जो शुद्धाचरण द्वारा धार्मिक क्रिया संपादित करता था। दूसरा वर्ग आचारहीन था। इसे धार्मिक कृत्यों आदि से कोई संबंध नहीं था। यह विभिन्न शिल्पों द्वारा अपनी वृत्ति चलाता था। आचारपरक शूद्रों की स्मृतिकारों ने प्रशंसा की है।[291] याज्ञवल्क्य के विचार से शूद्र और वैश्य में कोई अंतर नहीं था। उन्होंने मृत्यु के अशौच की अवधि शूद्रों तथा वैश्यों के लिए एक ही निर्धारित की थी।[292] इससे ज्ञात होता है कि आरंभ में शूद्र भी वैश्य के वर्ग में ही थे, धीरे-धीरे उनकी सामाजिक स्थिति में परिवर्तन आ गया था।

चाहमानों के काल तक शूद्रों का एक वर्ग निश्चित रूप से वैश्यों के समकक्ष हो गया था। अलबीरूनी ने दोनों के लिए समान रूप से दंड की व्यवस्था की है वह दोनों को एक

साथ ही गांव और घर में रहने का निर्देश करता है।[293] स्कंदपुराण के छठे खंड में शूद्रों की अट्ठारह उपजातियों का उल्लेख मिलता है। इन अट्ठारह उपजातियों में शिल्पी, नर्तक, बढ़ई, कुंभकार, वार्धिक, चित्रिक, सूत्रक, धोबी, मच्छक, जुलाहा, तैलिक, चर्मकार, शिकारी, लुब्धक, कौल्हिक, मछुवा, औनभिक और चांडाल की गणना की गई है। इन अट्ठारह उपजातियों में से छः को इस पुराण के उत्तम, पांच को अधम और सात को अंत्यज कहा है।[294] पी.वी. काणे ने धोबी, चमार, नर्तक, वरुण, मछुआरा, मेंड तथा भीलों की गणना अंत्यजों में की है।[295] अलबीरूनी ने भी धोबियों, चमारों, नटों, टोकरी और ढाल बनाने वालों, मल्लाहों, मछुआरों और शिकारियों की गणना अंत्यजों में की है।[296] इससे ज्ञात होता है कि उस समय ये जातियां शूद्रों के अंतर्गत अत्यंत हेय समझी जाती थीं। किंतु चाहमान युग में हम इन शूदों को गांव की उन समितियों का सदस्य होते देखते हैं, जो मंदिरो तथा गांव की सुरक्षा का प्रबंध करती थी। कुछ शूद्र इस काल में उच्च पदों पर भी नियुक्त किए जाते थे। चौलुक्य कुमार पाल के समय में सज्जन नाम का कुंभार चित्तौड़ का राज्यपाल नियुक्त किया गया था।[297] इससे ज्ञात होता है कि चाहमानों के समय में शूद्रों की सामाजिक दशा काफी सुधार गई थी।

इस प्रकार हम देखते हैं पूर्व मध्य युग में वर्णों के अंतर्गत अनेक उपजातियों का विकास हो गया था।

कायस्थ

पूर्वमध्य युग में कायस्थ नामक एक वर्ग का जाति के रूप में उल्लेख मिलता है। आठवीं सदी में कोटह के पास एक कनसव अभिलेख मिला है, जिससे ज्ञात होता है कि कायस्थ शब्द लेखक का पर्यायवाची था।[298] वी.एन.एस. यादव का मानना है कि आठवीं सदी तक कायस्थ शब्द राजकीय अधिकारी का द्योतक था।[299] मुख्यतः ब्राह्मण और क्षत्रियों को लेकर बनी इस जाति के लोग राजकीय दफ्तरों में लेखक या लिपिक का कार्य करते थे।[300] बाद में अन्य जाति के लोग जो लिपिक का कार्य करते थे इस वर्ग में सम्मिलित हो गये। आर.एस. शर्मा का मानना है कि नवीं सदी के उत्तरार्ध में कायस्थों का एक जाति के रूप में संगठन होना प्रारंभ हो गया था।[301] इस काल की उशनस और वेदव्यास स्मृतियां कायस्थों को एक जाति के रूप में मान्यता प्रदान करती हैं।[302] निवास-स्थान के आधार पर कायस्थों में भी अनेक उपजातियां तथा शाखाएं बन गई थीं। इन उपजातियों में वल्लभ कायस्थ, गौड़ कायस्थ, मथुरा के माथुर एवं श्रावस्ती क्षेत्र के श्रीवास्तव इत्यादि प्रसिद्ध हैं।[303] कहीं-कहीं करण कायस्थ का भी उल्लेख हुआ है। हेमचंद ने 'अक्षरोपजीवी' वर्ग का विश्लेषण करते हुए इसका उल्लेख किया है।[304] इसके अस्तित्व की पुष्टि खजुराहो प्रशस्ति से भी होती है।[305]

अभिलेखों में 'नेगमान वय' शब्द का उल्लेख मिलता है, जिससे यह बोध होता है कि निगम केवल एक पारिवारिक नाम था[306] तथा संभवतः यह निगम कायस्थों के वैश्य उत्पत्ति की तरफ इंगित करता है। इसी प्रकार 'पंचमकुल' उनके लिए प्रयुक्त होता था, जो सरकार के प्रतिनिधि

की हैसियत से स्थानीय शासक के रूप में कार्य कर रहे थे तथा जो ब्राह्मण और क्षत्रिय जातियों के थे[307] संभवतः वही बाद में अपने पेशे के आधार पर पंचकोलि हो गए।

पूर्वमध्ययुगीन समाज में वर्गों की उपस्थिति को देखने से यह स्पष्ट हो जाती है कि उस युग में 'कायस्थों का काफी महत्व था, उन्होंने अपनी बुद्धि द्वारा अपने को राजा का प्रेमी बना लिया था।'

अंत्यज

इस युग की जातियों में शूद्रों के अंतर्गत अंत्यज जातियों का उल्लेख विशेष रूप से मिलता है।[308] स्मृतिकारों ने धोबियों, चमारों, नर्तकों, वरुडों, मछुआरों, डोमों और भीलों की गणना अंत्यजों में की है।[309] कुबलयमाला में चांडालों, भीलों, डोमों, सुअर पालने वालों और मछुआरों की गणना अंत्यजों में की गई है। इस ग्रंथ के लेखक का मत है कि इन लोगों के जीवन में धर्म, अर्थ और काम का कोई महत्व नहीं है।[310] इससे ज्ञात होता है कि अंत्यज कहलाने वाली जातियों का स्तर सांस्कृतिक दृष्टि से बहुत नीचा था। समराइच्चकहा में धोबियों, चमारों और बहेलियों को भी अंत्यज कहा गया है।[311]

वास्तव में चाहमान युग तक जातियों का विकास बड़ी तेजी से हुआ था। स्मृतिकारों का विचार था कि अनुलोम तथा प्रतिलोम विवाहों में संकर जातियों की उत्पत्ति होती है। उनका कहना था कि अनुलोम विवाह से उत्पन्न संतान तो द्विज ही रहती है, किंतु प्रतिलोम विवाह से उत्पन्न संतान की स्थिति शूद्रों के समान होती है।[312] मेधातिथि ने सूत, मागध और आयोगव को अस्पृश्य माना है, क्योंकि उनकी उत्पत्ति प्रतिलोम विवाहों से हुई है।[313] वृहदधर्मपुराणों में संकर जातियों की संख्या इकतालीस दी है। उनमें से बत्तीस की स्थिति शूद्रों के अनुरूप मानी गई है।[314] इससे ज्ञात होता है कि इन छत्तीसों संकर जातियों के व्यक्ति अस्पृश्य थे। अस्पृश्य होने के कारण उन्हें भी अंत्यजों की श्रेणियों में माना जा सकता है।

ग्यारहवीं सदी के ग्रंथ वैजयंती कोश में धोबियों, चमारों, वेण, बुरुल, मछेरों, भेड़ों और भीलों की गणना अंत्यज जातियों में की गई है।[315] इसी प्रकार अरब यात्री अलबीरूनी ने धोबियों, चमारों, नटों, टोकरी वाले ढाल बनाने वालों, मल्लाहों, मछुआरों और शिकारियों की गणना अंत्यजों ने बताई है। उसके अनुसार अंत्यज गांवों या शहरों के बाहर रहते थे।[316] इन जातियों की अलग-अलग श्रेणियां होती थीं। इनमें हाड़ी, डोम, चंडाल तथा वधतौं की कोई श्रेणियां नहीं थीं। ये गांवों में झाड़ू लगाते, चमड़ा कमाते, सांप पालते या दंडित व्यक्तियों को मारते थे।[317] अंत्यजों की परंपरा पूर्वकाल से चली आ रही थी। वी.एन. शर्मा का कथन है कि पूर्वकाल में आर्यों की बस्ती के पास रहने वाली शबर, भल, किरात और पुनिंद आदि आदिम जातियों के व्यक्तियों की गणना अंत्यजों में की जाती थी, क्योंकि उनका सांस्कृतिक स्तर आर्यों की अपेक्षा बहुत नीचा था। वे उस समय भी अस्पृश्य समझी जाती थीं।[318] इस प्रकार ज्ञात होता है कि चाहमानकालीन अंत्यजों की उत्पत्ति उस युग की देन नहीं थी, बल्कि

यह परंपरा भारतीय समाज में पूर्वकाल से चली आ रही थी।

मध्यकालीन अंत्यजों पर विचार करते हुए डॉ. काणे ने लिखा है कि इस काल में धोबी, नट, टोकरी और ढाल बनाने वाले, मल्लाह, मछुए, शिकारों, चिड़ीमार और जुलाहे, अस्पृश्य नहीं समझे जाते थे। तेली और माली भी मंदिरों को दान देते थे। अतः ये अस्पृश्य नहीं थे।[319] यद्यपि डॉ. काणे के अनुसार ये जातियां अंत्यज नहीं थीं, तथापि तत्कालीन साक्ष्यों के परिप्रेक्ष्य में डॉ. काणे का निष्कर्ष भ्रांत लगता है। इस युग में अस्पृश्यता अपनी चरम सीमा पर थी और कुछ जातियां निश्चित रूप से अस्पृश्य मानी जाती थीं। अभिलेखों से ज्ञात होता है कि मेद और चंडाल बड़ी पतित दृष्टि से देखे जाते थे।[320] सी.वी. वैद्या के अनुसार इसके मूल कारण उनके निकृष्ट कृत्य थे।[321]

इस युग में जंगली जातियों को अंत्यज माना जाता था। कलचुरि लेख में 'धीरू' नामक जाति, 'महाग्राह' कही गई है।[322] वल्लालसेन के लेख में भिल्ल, शबर, पुलिंद जातियों के नाम आते हैं जो जंगलों में निवास करने वाली कही गई हैं।[323] उद्योतनसूर ने शबर, किरात, खस, ओड्र गोड, पुलिंद और भील आदि जातियों को आदिम म्लेच्छ जाति रूप में प्रतिपादित किया है। उनका कहना है कि ये जातियां स्वप्न में भी धर्म पालन का विचार नहीं करतीं। वे शराब पीने, गाली देने, गो हत्या करने जैसे निकृष्ट कृत्य करती हैं।[324] नौवीं सदी का लेखक इब्न खुर्दाज्बा ने भारत की जम्ब (डोम) जाति का उल्लेख किया है, जिनका मुख्य पेशा गाना-बजाना था।[325] *राजतरंगिणी* के अनुसार भी इनका कार्य अत्यंत निम्न था।[326] अलइद्रीसी ने संडालिया (चांडाल) को गायक बताया है। उसके अनुसार उनकी स्त्रियां खूबसूरती के लिए विख्यात थीं।[327] इस प्रकार हम कह सकते हैं कि चाहमान युग में कुछ ऐसी जातियां भी थीं जो अंत्यज (अस्पृश्य) समझी जाती थीं।

उपरोक्त वर्णव्यवस्था तथा जातिव्यवस्था के विवेचन से यह विदित होता है कि चाहमानों के युग तक वर्णव्यवस्था के स्वरूप सिद्धांततः पारपंरिक था, किंतु इनमें अनेक उपजातियों का विकास हो गया था। उद्योग धंधों के विस्तार के साथ इस युग में जातियों का विस्तार हुआ जो कृत्य निम्न समझे जाते थे, उनके करने वाले इस युग में अन्त्यज कहलाते थे।

संदर्भ एवं टिप्पणियां

1. *मनु.*, 2.23 पर मेधातिथि।
   यदि कश्चित्क्षत्रियादि जातीय राजा।
   साध्वाचरणो म्लेच्छान् पराजयेत् चातुर्वण्यं वासयेत् ॥
2. राजशेखर, काव्यमीमांसा, 16.198।
   पूर्वपरयो समुद्रयोर्हिमवाद्विन्ध्य पयोश्चांतरमार्यावत्ः तस्मिन्
   श्ताचतुर्वर्ण्य चतुराश्रम्यं यन्मूलश्च सदाचारः।
3. *अलबीरूनीज इंडिया,* जि. 1, पृ. 100; देखिए, मिश्र, जयशंकर, ग्या.सं.भा., पृ. 97।

4. द्वयाश्रयकाव्य, 5.116 'द्विजक्षत्रविटशूद्रास्तत्र तत्रसु'।
   अभिधानचिंतामणि, 3.471. 'चातुर्वण्याद्विज क्षमवैश्यशूद्रानिणामिदः'
   शब्दानुशासन, 7.2.164; वैजयंतीकोश, 5.2.52।
   निधानपुर ताम्रपत्र, *एपिग्राफिका इंडिया,* भाग 12, पृ. 75।
   अवकीर्ण वर्णाश्रमधर्म्म प्रविभागाय निर्म्भितो।
   गोहाटी ताम्रपत्र, *जर्नल ऑफ एशियाटिक सोसायटी ऑफ बंगाल,* 1897, पृ. 122 'सम्यग् विभक्त चतुराश्रमवर्णधर्मा'।
   चौहानों के शिवालिक स्तंभलेख, *एप्रिग्राफिका इंडिका,* भाग 19, पृ. 215।
5. *गीता,* 4.13 'चातुर्वण्यं मया सृष्टं गुणकर्मविभागशः।
   तस्ककर्तारमपिमां विद्वयकर्तारमव्ययम् ॥
6. ओमप्रकाश, *प्राचीन भारत का सामाजिक इतिहास,* पृ. 14।
7. उपाध्याय, वासुदेव, *पूर्व मध्यकालीन भारत,* पृ. 317।
8. शर्मा, दशरथ, *राजस्थान थ्रू दि एजेज,* पृ. 433।
9. मिश्र, केशचंद्र, *चंदेल और उनका राजत्वकाल,* पृ. 183।
10. मिश्र, जे.एस., *ग्यारहवीं सदी का भारत,* पृ. 98।
11. उपाध्याय, वासुदेव, *प्राचीन भारतीय अभिलेख,* पृ. 76।
12. *मनुस्मृति,* 10.4
    ब्राह्मणः क्षत्रियो वैश्यस्त्रयो वर्णा द्विजातयः।
    चतुर्थ एक जातिस्तु शूद्रो नास्ति तु पंचमः।
    महाभारत, शांति, 122.4-5।
    ब्राह्मणो मुखतः सृष्ट ब्राह्मणो राजसत्तम।
    बाहुभ्यां क्षत्रियः सृष्ट उरुभ्यां वैश्व एव च ॥
    वर्णानां परिचर्यार्थं त्रयाणां भरतर्षभ।
    वर्णश्चतुर्यः संभूत पद्भ्यां शूद्रो विनिर्मितः ॥
13. *इलियट एंड डाउसन,* भाग 1, पृ. 6।
14. वैद्या, सी.वी., *हिस्ट्री ऑफ दि मिडिवल इंडिया,* भाग 2, पृ. 181।
15. *वशिष्ठ स्मृति,* 1.10.41।
16. *कृत्यकल्पतरु,* गृहस्थकांड, पृ. 475।
    दुर्लभ ब्रह्मयोनिस्तु संकीर्णं तु नान्यथा।
    ब्रह्मसमावोसुलभतस्मात्ब्रह्मण उच्यते।
17. *एपि.इं.,* जि. 12, पृ. 203।
18. उपाध्याय, वासुदेव, *प्राचीन भारतीय अभिलेख,* पृ. 77।
19. *एपि.इं.,* भाग 8, पृ. 92; भाग 26, पृ. 263।
20. गोविंदचंद्र का पाली ताम्रपत्र, *एपि.इं.,* भाग 5, पृ. 114।
21. मिरासी, वासुदेव विष्णु, *कलचुरि और उनका काल,* पृ. 167।
22. *एपि.इं.,* भाग 2, पृ. 333।
23. मिश्रा, जे.एस., *प्राचीन भारत का सामाजिक इतिहास,* पृ. 167।
24. दशरथ, शर्मा, *अर्ली चौहान डायनेस्टी,* पृ. 240-41।

25. *एपि.इं.*, भाग 14, पृ. 202।
'नानागोत्रेभ्यश्चतुश्चराचतुः श्रुतिपाठकेभ्यः पंचशतसंख्येभ्यः ब्राह्मणेभ्योः'
26. *एपि.इं.*, भाग 4, पृ. 115-16।
27. *इं.ऐ.*, भाग 16, पृ. 202।
28. *एपि.इं.*, भाग 11, पृ. 155।
29. वही, भाग 4, पृ. 170-71।
30. वही, भाग 14, पृ. 87।
31. मजूमदार, आर.सी., *एंशियेंट हिस्ट्री ऑफ इंडिया*, पृ. 566।
32. *एपि.इं.*, भाग 6, पृ. 87।
33. वही, भाग 9, पृ. 116।
34. वही, भाग 9, पृ. 115।
35. वही, भाग 3, पृ. 212; वही, भाग 8, पृ. 154-56।
36. *एपि.इं.*, भाग 19, पृ. 188।
37. त्रिपाठी, आर.एस., *हिस्ट्री ऑफ कन्नौज*, पृ. 356-357।
38. देखिए, पांडेय, रामजनम, *प्रतीहारकालीन समाज एवं धर्म*, अप्रकाशित शोध-प्रबंध, का.हि.वि. वि., 1988, पृ. 32-33।
39. *बालरामायण*, 1.9।
न चान्ये गण्यने तरलकविराज प्रभृतयो।
महाभागस्तस्मिन्नयमजनियायावरकुले।
40. *भागवतपुराण*, 7.11.16।
वार्ता विचित्रा शालीनयायावरिशलोहवम्।
विप्रवृत्तिश्चतुर्धेयं श्रेयसी चोत्तरोत्तरा ॥
41. शर्मा, जी.एल., *श्रीमदभागवत का सांस्कृतिक अध्ययन*, पृ. 179।
42. कर्पूरीमंजरी, 4.152।
एष उपाध्याय आर्यकपिंजलस्तिष्ठातिः तत् करोति अग्रयाचार्यकम् ॥
43. मजूमदार, आर.सी., *हिस्ट्री ऑफ बंगाल*, भाग 1, पृ. 629।
44. *बालरामायण*, 7.240।
यतिश्चकैलाशोद्वरणप्रमुखश्च चरितोच्चयश्चारणैः ॥
45. मिश्र, जयशंकर, ग्या.सं.भा., पृ. 103।
46. *एपि.इं.*, भाग 5, पृ. 211-13।
47. *इं.ऐं.*, भाग 15, पृ. 105-6।
48. वही, भाग 15, पृ. 140-41।
49. ओमप्रकाश, *प्राचीन भारत का सामाजिक इतिहास*, पृ. 54।
50. शर्मा, दशरथ, *राजस्थान थ्रू दि एजेज*, पृ. 442।
जर्नल ऑफ एशियाटिक सोसायटी ऑफ बंगाल, भाग 7, पृ. 25
51. अर्थशास्त्र, 1.3 स्वधर्मो ब्राह्मणस्याध्ययनमध्यापनं यजनं दानं प्रतिग्रहश्यचेति
मनुस्मृति, 1.38 अध्यापनमध्ययनं यजनं याजनं तथा।
दानं प्रतिग्रहं चैव ब्राह्मणनामकल्पयत् ॥

याज्ञवल्क्य., 5.188; *गौ.ध.सू.*, 10.1-2; *बौ.ध.सू.*, 110.18.2

52. *कृत्यकल्पतरु*, गृहस्थ, 185-86।
    समराई. गणसूत्रधार, 7.10 'यजनाध्ययनेदानं याजनाध्यापनार्थिताः ॥
    एपिग्राफिका इंडिका, भाग 1, पृ. 146।
    'षट्कर्माभिरताः ब्राह्मणाः'
    'षट्कर्माभिरताय ब्राह्मणाय.....'
53. मिश्रा, जे.एस., *प्राचीन भारत का सामाजिक इतिहास*, पृ. 73।
54. *इलियट एंड डाउसन*, भाग 1, पृ. 6।
55. ओझा, मध्यकालीन भारतीय संस्कृति, पृ. 33।
56. कृषिपारा र, 2.18-19।
    षट्कर्मसहिता विप्रः कृषिकर्मं च काररयेतू।
    क्षत्रियोऽपि कृषिकृत्वा देवान् विवाश्च पूजयेत्।
    वैश्यः शूद्रस्वथाकुर्यातृकृषिवाणिज्यशिल्पकम् ॥
57. *वशिष्ठस्मृति*, 3.12 प्राणत्राणे वर्णसंकरेवा ब्राह्मणवैश्यौ शस्त्रमाददीयताम् ॥
58. *कृत्यकल्पतरु*, गृहस्थ, पृ. 222-23।
    कृषि शिल्पंधृतिर्विद्या कुसीदं शकट गिरिः।
    सेवाऽनृपं पृपो भैक्ष्यंमापत्तौं। जीवनानितु ॥
59. *अत्रिस्मृति*, श्लोक 263-382।
60. वैद्या, सी.वी., *हिस्ट्री ऑफ हिंदू मिडिवल इंडिया*, भाग 2, पृ. 181-82।
61. *इंडियन हिस्टॉरिकल क्वार्टरर्ली*, सन् 1940, पृ. 509।
62. थापर, रोमिला, *पास्ट एंड प्रेजुडेस*, पृ. 32।
63. अल्तेकर, *प्राचीन भारतीय शासन पद्धति*, पृ. 59।
64. *कृत्यकल्पतरु*, राजधर्मकांड, पृ. 9-18।
    देखिए मिश्र, जयशंकर, *प्राचीन भारत का सामाजिक इतिहास*, पृ. 117।
65. राजतरंगिणी, 5.461-77।
66. अल्तेकर, *प्राचीन भारत शासन पद्धति*, पृ. 299।
67. शारदा, *स्पीचेज एंड राइटिंग्स*, पृ. 265; *इ.ऐ.*, भाग 20, पृ. 201-12।
68. *इंडियन हिस्टारिकल क्वार्टरर्ली*, सितंबर 1940, भाग 16, पृ. 559।
    देखिए, शर्मा, दशरथ, *अ.चौ.डा.*, पृ. 273।
69. *कथासरित्सागर*, 2.2., 162-63।
70. मजूमदार, आर.सी., *हिस्ट्री ऑफ बंगाल*, भाग 1, पृ. 116-126।
71. *इं.ऐ.*, जि. 45, पृ. 47।
72. मिरासी, वासुदेव विष्णु, *कलचुरि नरेश और उनका काल*, पृ. 62।
73. नियोगी, रोमा, *हिस्ट्री आफ गाहडवाल डायनेस्टी*, पृ. 230।
74. शर्मा, दशरथ, *अ.चौ.डा.*, पृ. 273, पा.टि. 27।
75. *एपि.इं.*, भाग 5, पृ. 123।
76. वही, भाग 1, पृ. 157।
77. वही, भाग 19, पृ. 236।

78. वही, भाग 19, पृ. 76।
79. वही, भाग 1, पृ. 145, श्लोक 56।
80. वही, भाग 11, पृ. 305, 310।
81. *मनुस्मृति,* 7.37, 8.20।
82. *लेखपद्धति,* पृ. 18।
    विवादेनिवष्यते पत्रं तद्भावे तु साक्षिषः।
    साक्ष्यभावे ततोदिव्यं प्रवदान्तिमनीषिणः॥
83. गृहस्थरत्नाकर, पृ. 85 पर उद्धृत देवल का मत
    एक शूद्रस्य वैश्यस्य द्वै तिसः क्षत्रियस्य च।
    चवरस्रो ब्राह्मणस्यास्य भार्या राज्ञो यथेच्छतः॥
84. मिश्रा, जे.एस., ग्या.स.भा., पृ. 146।
85. बुद्ध प्रकाश, *सम आस्पेक्ट्स ऑफ इंडियन कल्चर आन दि एज ऑफ मुस्लिम इनवेंशन,* पृ. 39।
86. मनुस्मृति, 1.88 ब्राह्मणो जयमानो हि पृथिव्यामधिजायते।
    ईश्वरः सर्वभूतानं धर्मकोशस्य गुप्तये।
87. घुर्ये, *कास्ट एंड रेसेज इन इंडिया,* पृ. 48।
88. *नैषध चरित,* 1.10.6।
89. *एपि.इं.,* भाग 11, पृ. 306।
90. *आर्कियोलॉजी ऑफ गुजरात,* अध्याय 10, पृ. 209।
91. *कृत्यकल्पतरु,* राजधर्म, पृ. 164-65।
92. *एपि.इं.,* भाग 4, पृ. 116-20।
93. *एपि.इं.,* भाग 4, पृ. 130; भाग 10, पृ. 95।
94. मिश्रा, जे.एस., *ग्यास.स.भा.,* पृ. 109।
95. *कैंब्रिज हिस्ट्री ऑफ इंडिया,* भाग 1, पृ. 484।
96. सचाऊ, *अलबीरूनीज इंडिया,* भाग 1, पृ. 121।
97. *एपि.इं.,* भाग 11, पृ. 26-27; *इं.ऐं.,* 1913, पृ. 57-64।
98. यशस्तिलक, पृ. 140 'समाज्ञापय देवभागिजम्'।
99. मिश्रा, जे. एस., *ग्यारहवीं सदी का भारत,* पृ. 109।
100. *मनु.,* 1.99।
    ब्राह्मणों जायमानो हि पृथिव्यामधिजायते।
    ईश्वरः सर्वभूतानां धर्मकोशस्य गुप्तये॥
101. निरुक्त, 2.4।
102. *जैमिनी,* 66.18।
    ब्राह्मणानां वेतरर्यारत्यि भावात्
103. *अर्थशास्त्र,* 3.5।
104. *बौधायनधर्मसूत्र,* 1.5.98., 2.6.9।
105. *महाभारत,* 1.36.41-42।
    काष्ठैराद्रैर्यथा वहिनरुपस्तीणो न दीप्यते।
    तपः स्वाध्यायचरित्रैरेवं हीनः प्रतिग्रही॥

कपाले यद्वदापः स्युः स्वदृतौ च यशापयः।
आश्रमस्थानदोषेण वृत्तहीने तथा श्रुतम् ॥

106. *मनु.*, 9.117-18
अविद्वांश्चैव विद्वांश्च ब्राह्मणो दैवतं महत्।
प्रणीतश्चाप्रणीतश्च यथाऽग्निदैवतं महत् ॥
107. *वायुपुराण*, 57.60; संहिताश्च ततोमंत्रा॰ ऋषिभिर्ब्राहिमणैस्तुते।
108. *मत्स्यपुराण*, 21.31; कंडरीकोऽपि धर्मात्मा वेदशास्त्र प्रवर्तकः।
109. सिंधी जैनग्रंथ, *ग्रंथाकं* 6, पृ. 123।
110. कीर्तिकौमुदी, 1.10.27-30, नागरी प्रचारिणी सभा, जि. 4, पृ. 20।
111. सिंह, पी.एन., *पृथ्वीराज चौहान और उनका काल*, पृ. 248।
112. इंडियन लॉजिक, पृ. 123-129; *इंडियन फिलॉसफी*, भाग 2, पृ. 181।
113. मिश्र जे.एस., *ग्या.स.भा.*, पृ. 110।
114. *कृत्यकल्पतरु*, गृहस्थ, पृ. 252।
115. मिश्र, जयशंकर, *प्रा.भा.सा.इति.*, पृ. 127।
116. मनु., 7.133-34।
म्रियमाणोऽप्याददीत न राजा श्रोत्रियात्करम्।
न च सुधाऽस्य संसीदेच्छोत्रियो विषये वसन् ॥
117. मिश्रा, जे.एस., ग्या.स.भा., पृ. 110।
118. *कृत्यकल्पतरु*, राजधर्म, पृ. 91-92; मानसोल्लास, 1.166।
119. अल्तेकर, *स्टेट एंड गवर्नमेंट इन एंशियंट इंडिया*, पृ. 195।
120. घोषाल, *हिंदू रेवेन्यू सिस्टम*, पृ. 138।
121. *एपि.इं.*, भाग 8, पृ. 211
122. *इं.ऐं.*, भाग 46, 1927, पृ. 51।
123. काव्यमीमांसा, 6.59;
यो हयजान्वे ब्राह्मणं हन्यात्सुरां वापिवेत्सोपि मन्ये पतितः स्यात्।
124. मनु. 11.54।
ब्रह्महत्यासुरापानं गुर्तगनागमः।
महान्ति पातकान्याहुः संसर्गश्चापिपे च सह ॥
125. *विष्णुपुराण*, 2.6.9.।
सुरापो ब्रह्महाहर्तासुवर्णस्थ च सूकरे। प्रायन्तिनरकेयश्च तैः संसर्गमुपैति वै।
मत्स्यपुराण, 227.214
126. *कथासरित्सागर*, 7.5.34
ब्रह्महत्या त्वयापापकृते त्वयगतं मया।
तन्त्वामकृतसत्तीर्थयात्रं न द्रष्टुमुत्सहे ॥
127. *कृत्यकल्पतरु*, गृहस्थ, पृ. 397; राजधर्म, पृ. 160-75।
128. बृहस्पति अर्थशास्त्र, 1.17।
129. लघुवाराहनीतिसार, 1.1.37।
130. विज्ञानेश्वर, याज्ञ. 2.21, देखिए सुमंत का मत, स्मृतिचंद्रिका, 1.30।

131. *राजतरंगिणी*, 7.1229, 8.1013, 2060।
स्वानुगैलंठितं रुक्षमाचक्षाणं रुषा द्विजम् ॥
प्रासैर्मऽवराज्यस्थ स शृंगालमिवावर्धीत् ॥
132. *राजतरंगिणी*, 4.97-105।
अथतत्कारियित्व स द्वष्टदोषे द्विजन्मनि।
दंडं दंडधरश्चक्रे द्विजत्वाद्वधर्जितम् ॥
133. मिश्रा, जे.एस. *ग्या.स.भा.*, पृ. 108.9।
134. *एपि.इं.*, भाग 14, पृ. 159।
135. वही, भाग 12, पृ. 59।
136. *इं.ऐं.*, भाग 18, पृ. 59।
137. *एपि.इं.*, भाग 9, पृ. 252।
138. वही, भाग 18, पृ. 95।
139. *इं.ऐं.*, भाग 6, पृ. 191।
140. पृथ्वीराज रासौ, 1.277-78, देखिए, शर्मा, बी.एन., *सो.क.हि.ना.इ.*, पृ. 20।
141. बीसलदेवरासौ, प्रथम सर्ग, छंद 71।
कुलीन छत्तीससई साथछई।
वही, द्वितीय, सर्ग, छंद 68।
कुलछत्तीसई झुरई सो ही।
142. कान्हणदे प्रबंध, खंड 3, श्लोक 38 और आगे, देखिए, शर्मा, दशरथ, *अ.चौ.डा.*, पृ. 271-272।
143. शर्मा, दशरथ, *अ.चौ.डा.*, पृ. 272।
144. सचाऊ, *अलबीरूनीज इंडिया*, भाग 1, पृ. 162।
145. ओझा, *मध्यकालीन भारतीय संस्कृति*, पृ. 35।
146. उपाध्याय, वासुदेव, *पूर्वमध्यकालीन भारत*, पृ. 289।
147. *इं.ऐं.*, भाग 20, पृ. 210 और आगे।
148. *ऋग्वेद* 8.35.16-18; 1.157.2।
149. वही 7.46.2; 8.67.1; 4.42.1।
देखिए, मिश्र, जयशंकर, *प्राचीन भारत का सामाजिक इतिहास*, पृ. 133-34।
150. *रामायण*, 2.106.18-21; देखिए, मिश्र, जयशंकर, वही, पृ. 134।
151. *महाभारत*, 5.139.19-22।
152. वही, 12.60.13-20।
क्षत्रियस्यापि योधर्मस्तं ते वक्ष्यामि भारत।
दधाद राजन् याचेत् यजेत् न च याजयेत् ॥
परिनिष्ठितकार्यस्तु नृपतिः परिपालनात्।
कुर्यादन्पन्न वा कुर्यादन्द्रो राजन्य उच्यते ॥
रामायण, 1.59.13-14।
153. *महाभारत*, 6.121.35।
154. *पृथ्वीराज विजय*, 2.1-43; 8.54 'उन्नति रविवंशस्यपृथ्वीराजेन पश्यता'
155. सिंह, रामवृक्ष, *हिस्ट्री ऑफ चाहमान*, पृ. 18।

156. *एपि.इं.*, भाग 14, पृ. 159; *इं.ऐं.* भाग 15, पृ. 308।
157. सोढदेव का कजहा ताम्रपत्र, *एपि.इं.*, भाग 7, पृ. 85।
158. ओझा, *मध्यकालीन भारतीय संस्कृति*, पृ. 36।
159. इलियट एंड डाउसन, भाग 1, पृ. 20।
160. वैद्या, सी.वी., *हिस्ट्री ऑफ मिडिवल इंडिया*, भाग 2, पृ. 178-80।
161. डॉ. मिराशी, कलचुरि नरेश और उनका काल, पृ. 161।
    एपि.इं., भाग 2, पृ. 4, श्लो. 13।
    अजनिकलचुरीणां स्वामिना तेन हूणा
    न्वयजलनिधिलक्ष्म्यां श्रीमदावल्लदेव्याम्।
    शशभृदुदयशइ. काक्षुब्धदुग्धाब्धिवीची
    सहचरितयशः श्रीः श्रीयशः कर्णदेवः ॥
162. *इं.ऐं.*, भाग 58, पृ. 161।
163. *एपिग्रफिका इंडिका*, भाग 16, पृ. 275।
    'तुरुष्क युद्धमृदपाये पुत्राय सामन्त नाम्ने प्रसादेनमृत्युक वृत्तौ शासनं कृत्वां प्रदत्त इति'
164. *एपि.इं.*, भाग 4, पृ. 131; भाग 2, पृ. 344; भाग 1, पृ. 333।
165. *इं.ऐं.*, भाग 18, पृ. 135।
166. *एपि, इं.*, भाग 1, पृ. 235।
    वक्तृत्वो च कवित्व तर्क कलन प्रज्ञात शास्त्रागमः।
    श्रीमद्यावपति राजदेव इतियः सद्भिः सदा कीर्त्यते ॥
167. वही, भाग 18, पृ. 96।
    व्याकरणं तर्की ज्योतिशास्त्रं कलाचितम्।
    सर्वभाषा कवित्व च विज्ञानंसुविलक्षणम् ॥
168. उपाध्याय, वासुदेव, *प्राचीन भारतीय अभिलेख*, पृ. 81।
169. *पृथ्वीराज रासो*, 15, पृ. 326।
170. वही, 15, पृ. 340।
171. *गौतमधर्मसूत्र*, 7.26।
    राजन्यो वैश्यकर्म। प्राणसंशयो राजन्ये कर्माऽडददीति। तेनऽत्मानं रक्षेत्।
172. *बौधायनधर्मसूत्र*, 2.2.77।
173. मनुस्मृति, 10.83
    वैश्यवृत्याऽपि जीवंस्तु ब्राह्मणः क्षत्रियोऽपि वा।
    हिंसाप्रायां पराधीनां कृषिं यत्नेन वर्जयेत् ॥
174. *कृत्यकल्पतरु*, दान., पृ.37।
175. *एपिग्राफिका इंडिका*, भाग 1, पृ. 154।
176. मिश्र, जयशंकर, *प्रा.भा.सा.इति.*, पृ. 138।
    सर्वान् रसानपोहेत कृतान्नं च तिलैः सह।
    अश्मने लवणं चैव पशवो ये च मानुषाः ॥
    अपः शस्त्रं विषं मांसं सोमं गंधाश्व सर्वशः।
    क्षीरं क्षौद्रं दधिघृतं तैलं मधु गुडंकुशान् ॥

त्रपु सीसं तथा लोहं तैजसानि च सर्वशः।
वालरश्चर्म तथास्थीनि सस्नायूनि विवर्जयेत् ॥

177. शर्मा, दशरथ, *राजस्थान थ्रू दि एजेज*, पृ. 457।
178. शर्मा, दशरथ, *अ.चौ.डा.*, पृ. 276।
शर्मा, वी.एन., *सो.क.हि.ना.इ.*, पृ. 24।
179. *अभिज्ञानशाकुन्तलम्*, पृ. 219।
180. *मालविकाग्निमित्रम्*, 1.7।
181. *अभिज्ञानशकुन्तलम्*, पृ. 219 'समुद्रव्यवहारी सार्थवाह'।
182. *बौधायनधर्मसूत्र*, 1.11.4।
183. मिश्रा, जे.एस., *ग्या.स.भा.*, पृ. 117।
184. सिंह, रामवृक्ष, *हि. ऑफ चाहमानाज*, पृ. 328।
185. शर्मा, आर.एस., *पूर्वमध्यकालीन भारत में सामाजिक परिवर्तन*, पृ. 15-1।
186. *एपि.इं.*, भाग 21, पृ. 48।
187. वही, भाग 11, पृ. 60।
'उभयमाग्रीव समायत साथ उष्ट्र 10 वृष 20 उभयादपि दद्वै सार्थपति'
188. कथामंजरी, पृ. 135।
189. *एपि.इं.*, भाग 1, पृ. 177; भाग 11, पृ. 42।
रथयात्रां आयतेन आत्म पाइलामध्यात विशोपक दत्तः।
आत्मीय घाणक तेल वमध्यात् पत्रिका द्वयं प्रदत्तः ॥
190. *एपि.इं.*, भाग 1, पृ. 175।
191. वही, भाग 19, पृ. 57; भाग 18, पृ. 97; भाग 1, पृ. 160।
192. *एपि.इं.*, भाग 1, पृ. 177; भाग 11, पृ. 42।
193. *इ. ऐं.*, भाग 16, पृ. 109।
194. *एपि.इं.*, भाग 4, पृ. 154।
195. *इं.ऐं.*, भाग 16, पृ. 209।
196. *एपि.इं.*, भाग 16, पृ. 9-15।
197. *कान्हड़दे प्रबंध*, खंड 4, श्लोक 9-20।
198. शर्मा, दशरथ, *अर्ली हिस्ट्री ऑफ चौहान डायनेस्टी*, पृ. 335।
199. अत्रि संहिता, 15; पराशर स्मृति, 1.65।
200. वाटर्स, आन ह्वेनसांग, भाग 1, पृ. 168।
201. *शिशुपालवध*, 5.24।
202. *भविष्यत्कथा*, 3.22।
203. *उपभिति भवप्रपंच कथा*, पृ. 554-56 (सूरत संस्करण)।
204. *एपि.इं.*, भाग 11, पृ. 43।
205. वही, भाग 21, पृ. 48।
206. *मनुस्मृति*, 8.389।
शुल्कस्थानेषु कुशलाः सर्वपण्यविचक्षणाः।
कुर्युरर्थं यथापण्यं ततोविंशं नृपो हरेत् ॥

देखिए, मिश्र, जयशंकर, *प्रा.भा.सा.इति.*, पृ. 141।

207. *मनुस्मृति*, 7.130।
पंचाशद्भाग आदेयो राज्ञा पशुहरिण्ययोः।
धान्यान्मष्टमो भागः षष्ठो द्वादशएव वा ॥

208. *महाभारत*, 12.295.5-6।
महामांसोपजीव्यं विक्रयं लोहचर्मणः।
अपूर्विणा न कर्तव्यं कृतपूर्व त्यजतो महान् ॥

209. *कृत्यकल्पतरु*, गृहस्थ, पृ. 238।
देखिए, शर्मा, दशरथ, *राजस्थान थ्रू दि एजेज*, पृ. 437।

210. *बौधायनधर्मसूत्र*, 2.280; *महाभारत*, 12.78.18।

211. शर्मा, दशरथ, *अ.चौ.डा.*, पृ. 277।

212. *मनृस्मृति*, 10.98।
वैश्योऽजीवन्स्वधर्मेण शूद्रवृत्यापि वर्तयेत्।
अनाचरन्नकार्याणि निपर्त्तेत च शक्तिमान् ॥

213. *मेधातिथि*, मनु., 10.98।
स्वधर्मेणाजीवतो वैश्यस्यशूद्रवृत्तिरनुज्ञायते पादधावनादिषुश्रूषया अनाचरन्न कार्याणि उच्छिष्टापमार्जनायकायं तत्परिहर्तव्यशक्तिमन्निवर्तेत सर्वशेषः।...इतितदुक्तनत्वस्यामर्थो ब्राह्मणस्य शूद्रवृत्तिरनुजायतेसामर्थ्यादिति किं तर्हि निवर्तेत च शक्तिमानिति यदस्माभिरुक्तं सर्वशेष इति।

214. कुल्लकट्ट, मनु, 10.98।
वैश्यः स्ववृत्यजिवितमशकनुवन् शूद्रवृत्योऽपि
द्विजातिशुश्रूषयोच्छ्टिभोजनादिन्यकुर्वन्वर्तेत निस्तिर्णकार्यायाणि उच्छिष्टभक्षणादानि। निवर्तेतशूद्रवृत्तेः शक्तिमान् लब्ध्स्ववृत्तिश्चेत् लब्धवृत्योर्विप्रक्षत्रियोरपि निवृत्तिः प्रायश्चित्तपूर्विकाशक्तिमानिव्यनेनसूचिता।

215. सिंह, रामवृक्ष, *हिस्ट्री ऑफ चाहमानाज*, पृ. 328।

216. शर्मा, दशरथ, *राजस्थान थ्रू दि एजेज*, पृ. 434।

217. *संस्कारप्रकाश*, पृ. 525; *स्मृतिचंद्रिका*, भाग 1, पृ. 137।

218. *वृहत्कथाकोश*, कथा संख्या 31;
देखिए शर्मा, दशरथ, *राजस्थान थ्रू दि एजेज*, पृ. 434-35।

219. *संस्कारप्रकाश*, पृ. 513 पर पराशर का कथन।

220. स्मृतिचंद्रिका, 1.31।

221. अपरार्क टीका याज्ञवल्क्य, 3.292

222. *व्यासस्मृति*, 3.15।
नापितान्वयमित्रार्द्ध सीरणोदासगोपकाः।
शूद्रणामप्यमीषां तु भुक्त्वाऽन्नं नैव दुष्यति ॥

223. सचाऊ, *अलबीरूनीज इंडिया*, जि. 1, पृ. 101।

224. ओझा, *मध्यकालीन भारतीय संस्कृति*, पृ. 40।

225. *मनुस्मृति*, 10.100।

226. महाभाष्य, 2.4.10

'शूद्राणामनिरवसितानम्' इस सूत्र के भाष्य में पतंजलि ने लिखा है कि 'एवंतर्हियज्ञात्कर्मणोऽनिरवसितानाम्' अर्थात जो शूद्र यज्ञ कर्म से बहिष्कृत न हो, वे अवहिष्कृत समझे जाएं। इसकी बेंका करते हुए कैयट ने लिखा है कि शूद्राणां पंचयज्ञानुष्ठानेऽधिकारोस्तति भावः। शूद्रोऽपि द्विविचोज्ञेयः श्रीद्धीचैवतरस्ता।

227. *मनुस्मृति,* 2.238।
श्रद्धधानः शूभां विद्या माददीतावरादपि।
अन्त्यादपि परं धर्मं। स्त्रीरत्नं दुष्क्लादपि।
228. *मेधातिथि,* मनु, 2.238 ॥
... प्राप्य ज्ञानं ब्राह्मणात्क्षत्रिद्वैश्याच्छूद्रादपि नीचादभोक्ष्णं श्रद्धातव्यं श्रद्धानेन नित्यम्। न श्रद्धिनं प्रति जन्ममृत्युविशेषता ॥
229. *विष्णुपुराण,* 3.8.34 'दानं दद्याच्छूद्रोऽपिपाक यज्ञेर्यजेत च।
230. *वायुपुराण,* 101.353 'अमद्यपश्च यः शूद्रो भवभक्तो जितेंद्रियः'।
231. *भागवतपुराण,* 10.24.20।
232. *भागवत,* 11.17.18।
शुश्रुषणं द्विजगवां देवानां चाप्यमायया।
तत्रलब्धेन संतोषः शूद्रप्रकृतयस्त्विमाः ॥
233. *भागवत,* 7.11.24।
234. शर्मा, आर.एस., *शूद्राज इन एंशियेंट इंडिया,* पृ. 137।
235. घुर्ये, *कास्ट क्लास एंड आक्यूपेशन,* पृ. 80।
236. *मनुस्मृति,* 10.127।
धुमेप्सवस्तुधर्मज्ञाः सतां वृत्तमनुष्ठिताः।
मंत्रवर्ज्यं न दुष्यन्ति प्रशंसा प्राप्नुवन्ति च ॥
237. मिश्रा, जे.एस. *ग्यारहवीं सदी का भारत,* पृ. 117।
238. मेधातिथि, *मनु.,* 3.67, 121, 156; 10.127।
239. *कृत्यकल्पतरु,* गृहस्थ, पृ. 427, 336।
240. अल्तेकर, *दि राष्ट्रकूट्स एंड देयर टाइम्स,* पृ. 334।
241. शर्मा, दशरथ, *अर्ली चौहान डायनेस्टी,* पृ. 278।
242. बुद्धप्रकाश, *सम आस्पेक्ट्स ऑफ इंडियन कल्चर आन दि एज ऑफ मुस्लिम इनपेंशन,* पृ. 39।
243. घोषाल, *द स्ट्रगल फार इम्पायर,* पृ. 475।
244. *ऋग्वेद,* 10.142.4; 1.61.4; 7.320.20।
देखिए, मिश्र जयशंकर, *प्रा.भा.सा.इति.,* पृ. 173।
245. *अथर्ववेद,* 3.5.6.7; 2.5.7 *तैत्तिरीय संहिता,* 45.4.2; *काठक संहिता,* 17.13; *तैत्तिरीय ब्राह्मण,* 3.4.1; *शतपथ ब्राह्मण,* 13.2.2.18।
246. घुर्ये, *कास्ट क्लास एंड आकुपेशंस,* पृ. 14-15।
247. *अलबीरूनीज इंडिया,* भाग 1, पृ. 100।
248. *शुक्रनीति,* 4.521।
249. *राजतरंगिणी,* 8.2407।
250. *कान्हण दे प्रबंध,* खंड 4, श्लोक 9-20।

251. शर्मा, दशरथ, *अ.चौ.डा.*, पृ. 335।
252. वाटर्स, आन ह्वेनसांग, भाग 1, पृ. 168।
253. *अलबीरूनीज इंडिया,* भाग 1, पृ. 100।
देखिए मिश्र, जयशंकर, *ग्या.स.भा.*, पृ. 101।
254. मिश्रा, जे.एस., *प्राचीन भारत का सामाजिक इतिहास,* पृ. 145-46।
255. मेधातिथि, टीका मनु., 10.31 पर; विज्ञानेश्वर, याज्ञवल्क्य. मिताक्षरा, 1.96 पर।
256. बोस.एन. के., *कल्चर एंड सोसायटी इन इंडिया,* कलकत्ता, 1967, पृ. 221।
257. शर्मा, दशरथ, *राजस्थान थ्रू दि एजेज,* पृ. 440।
258. *वशिष्ठ,* 1.10.41 योवर्णाः ब्राह्मणस्य वशे वर्तेरन् तेषांब्राह्मणोः धर्मान् प्रकुर्यात्
259. गोविंदचंद्र देव का पाली ताम्रपत्र, *एपि.इं.*, भाग 5, पृ. 114।
गोविंदपुर लेख, *इं.ऐं.*, भाग 2, पृ. 333।
260. *एपि.इं.*, भाग 14, पृ. 202।
नानागोत्रेभ्यश्चतुश्चरणचतुः श्रुतिपाठकेभ्यपंचशतसंख्येभ्वब्राह्मणेभ्यो
261. वही, भाग 19, पृ. 118।
262. चाहमान लेख, *एपि.इं.*, भाग 11, पृ. 45;
पालि अभिलेख, *एपि.इं.*, भाग 2, पृ. 16;
वही, भाग 4, पृ. 158; *इं.ऐं.* भाग 20, पृ. 131;
वही भाग 16, पृ. 208; पराशर षट्कर्माभिरतोविप्र कृषिकर्मच काश्येत्
263. *एपि.इं.*, भाग 21, पृ. 278-82।
योविप्रान् मितान् हलिकलयत् कार्श्येन वृत्तेरलंवेदसांगम् पाष्पत कलिराजयस्ते धत्रिजले।
264. *बीसलदेव रासौ,* 1.54-55; ओझा, *मध्यकालीन संस्कृति,* पृ. 43 *एपिग्राफिका इंडिका,* जि. 14, पृ. 204, 205, 207, 208; जि. 4, पृ. 98।
265. *एपिग्राफिका इंडिका,* जि. 11, पृ. 306, जि. 12, पृ. 33 बीसलदेव रासौ, 1.22, 37।
266. शर्मा, दशरथ, *राजस्थान थ्रू द एजेज,* पृ. 443।
267. वैद्या, सी.वी., *हिस्ट्री ऑफ मिडिवल इंडिया,* भाग 2, पृ 179-80।
268. *राज तरंगिणी,* 7.1617।
269. डॉ. भंडारकर के लेख, फारेन एलीमेंट्स इन दि हिंद पापुलेशन, इंडियन ऐंटीक्वेरी, जि. 40, पृ. 26-27
डॉ. असोवा, *ओरिजिन ऑफ द राजपूताज,* पृ. 97-98।
270. *पृथ्वीराज रासो,* भाग 1, पृ. 45-51।
हम्मीररासौ, पृ. 8-14 नागरी प्रचारिणी पत्रिका *नेण्सी की ख्यात,* भाग 1, पृ. 119, 229; वंश भास्कर, पृ. 515; शर्मा, दशरथ, *अर्ली चौहान डायनेस्टी,* पृ. 4।
271. *इं.ऐ.*, भाग 18, पृ. 237।
272. वही, भाग 18, पृ. 238।
273. *एपि.इं.*, भाग 12, पृ. 59।
274. वही, भाग 9, पृ. 252।
275. वही, भाग 18, पृ. 95।
276. *इं.ऐं.*, भाग 6, पृ. 191।

277. शर्मा, दशरथ, *लेक्चर्स ऑन राजपूत हिस्ट्री एंड कल्चर,* पृ. 110-112।
278. ओमप्रकाश, *प्राचीन भारत का सामाजिक इतिहास,* पृ. 57।
279. मेधातिथि, *मनु.,* 4.84।
राजशब्दश्चायं क्षत्रियजरतावक्षत्रियेऽपि जनपदेश्वरे दुष्टप्रयोगो।
280. *इं.ऐ.,* भाग 18, पृ. 136-43।
281. सचाऊ, *अलबीरूनीज इंडिया,* भाग 2, पृ. 136;
देखिए, मिश्र, जयशंकर, *ग्या.स.भ.,* पृ. 113।
282. *इलियट एंड डाउन,* जि. 1, पृ. 16।
283. *सभाशृंगार,* पृ. 149।
284. *सभाशृंगार,* पृ. 147-48।
285. *एपि.इं.,* जि. 8, पृ. 209 और 219; जि. 9, पृ. 64; जि. 11, पृ. 39; *कीर्तिकौमुदी,* 3.1। *जर्नल ऑफ एशियाटिक सोसायटी ऑफ बंगाल,* जि. 55, भाग 1, पृ. 40, *नागरी प्रचारिणी पत्रिका,* जि. 4, अंक 1, पृ. 25।
286. घुर्ये, कास्ट, *क्लास एंड आक्यूपेशन,* पृ. 307।
287. शर्मा, दशरथ, *राजस्थान थ्रू दि एजेज,* पृ. 438।
288. लोध, दौलतसिंह, *प्रागवाट जाति का इतिहास,* प्रस्तावना, पृ. 5-6।
289. शर्मा, बृजनारायण, *सोसल लाइन इन नार्दन इंडिया,* पृ. 52।
290. हेमचन्द्र, *शब्दानुशासन,* 6.1.116; उण., 756, 2.4.81।
291. मनुस्मृति, 10.127।
धर्मेप्सवस्तु धर्मज्ञाः सतां वृत्तमनुष्ठिताः।
मन्त्रवर्ज्यं न दुष्यन्ति प्रशंसा प्राप्नुवन्ति च ॥
292. याज्ञवल्क्य., 1.122-48।
293. मिश्र, जे.एस., *ग्या.स.भा.,* पृ. 117।
294. *स्कंदपुराण,* 6.3.12-20।
295. काणे, पी.वी., *हिस्ट्री ऑफ धर्मशास्त्र,* भाग 3, पृ. 488।
296. शर्मा, दशरथ, *अर्ली चौहान डायनेस्टीज,* पृ. 247।
297. वही, पृ. 248।
298. ओझा, *मध्यकालीन संस्कृति,* पृ. 47-48।
299. यादव, वी.एन.एस., *सो.क.ना.इ.,* पृ. 51।
300. ओझा, म.का.सं., पृ. 48।
301. शर्मा, आर.एस., *इंडियन सोसायटी हिस्टोरिकल प्रोविंग्स,* पृ. 111; थापर, रोमिला, *ऐंशियंट सोशल हिस्ट्री,* पृ. 137।
302. उशनस, 35; *वेदव्यासस्मृति,* 1.10-11;
देखिए, शर्मा, दशरथ, *अ.चौ.डा.,* पृ. 48, पा.टि., 63।
303. *एपि.इं.,* भाग 11, पृ. 39; *इं.ऐं.,* जि. 19, पृ. 218।
304. अनेककार्थसंग्रहोनामकोशः तृतीयकांड, श्लोक 342।
... क्षबथुः कासे छिक्कायां कायस्थोऽज्ञरजीविकः
305. *एपि.इं.,* पृ. 129।

306. *एपि.इं.*, जि. 9, पृ. 68; *ज.ए.सो.बं.*, जि. 55, भाग 1, पृ. 40; *ब.ग.*, जि. 1, पृ. 480-81।
307. वही, पृ. 475-76; *एपि.इं.*, जि. 11, पृ. 49।
308. शर्मा, दशरथ, *राजस्थान थ्रू दि एजेज*, पृ. 429-30।
309. अत्रिस्मृति, श्लोक 199; *यमस्मृति*, श्लोक 33।
310. *कुवलयमाला*, पृ. 40, पृ. 29।
311. *समराइच्चकहा*, पृ. 349।
312. विज्ञानेश्वर और अपरार्क टीका, याज्ञवल्क्य, 1.92, 95।
स्मृत्यसार, पृ. 13।
313. मेधातिथि, मनु., 10.13।
314. *वृहद्धर्मपुराण*, 2.13-14।
315. वैजयंती कोश, 82.121।
316. सचाऊ, *अलबीरूनीज इंडिया*, भाग 1, पृ. 101।
317. वही, भाग 1, पृ. 102।
318. शर्मा, बृजनारायण, *सोशल लाइन इन नादर्न इंडिया*, पृ. 61, 65।
319. काणे, पी.वी., *हिस्ट्री ऑफ धर्मशास्त्र*, भाग 3, पृ. 369।
320. *एपि.इं.*, भाग 1, पृ. 121।
321. वैद्या, सी.वी., *हिस्ट्री ऑफ मेडिवल इंडिया*, भाग 2, पृ. 178।
322. *एपि.इं.*, भाग 19, पृ. 210।
323. वही, भाग 1, पृ. 334।
324. *कुवलयमाला*, पृ. 40, पृ. 112।
देखिए, डॉ. शर्मा, दशरथ, *राजस्थान थ्रू दि एजेज*, पृ. 428
325. इलियट एंड डाउसन, *द हिस्ट्री ऑफ इंडिया*, भाग 1, पृ. 16-17।
326. *राजतरंगिणी*, 6.69।
327. इलियट एंड डाउसन, पूर्वोद्धृत, भाग 1, पृ. 78।

3. विवाह से संरचित परिवार

प्राचीन काल से ही हिंदू सामाजिक व्यवस्था में विवाह प्राथमिक नियामक तत्व थी, जिससे गृहस्थ जीवन और परिवार का विकास होता था। व्यक्ति जब तक अविवाहित रहता था, पूर्ण नहीं माना जाता था और न परिवार का संचालन ही हो पाता था। कालिदास ने पत्नी की आवश्यकता अनिवार्य बतलाई है, क्योंकि उसी से धर्माचरण होता है (सहधर्मचरणाय)।[1] गृहस्थ जीवन का प्रारंभ भी विवाह से माना गया है।[2] इस प्रकार एक भारतीय के लिए विवाह एक सामाजिक कर्तव्य था। प्राचीन युग से मध्य युग के अंत तक वैवाहिक अवस्था में क्रमिक रूप से कई परिवर्तन हुए, प्रमुख परिवर्तन विभिन्न सामाजिक वर्गों में परस्पर वैवाहिक संबंधों की संभावना में जटिलता थी। धीरे-धीरे अंतर्वर्ण और अंतर्जातीय विवाहों का प्रचलन घटता चला गया।

विवाह का लक्ष्य

हिंदू समाज में विवाह का उद्देश्य अत्यंत पवित्र और गौरवशाली माना गया है। इसके माध्यम से मनुष्य अपने समस्त अपेक्षित कर्तव्यों और उत्तरदायित्वों का निर्वाह करता था। मनु के अनुसार धर्म का पालन, पुत्र की प्राप्ति एवं रति सुख विवाह का प्रधान उद्देश्य था।[3] विवाह के उद्देश्य के संबंध में के.एन. कपाड़िया का कथन है कि यद्यपि काम अथवा यौन संबंध (रतिसुख) विवाह का एक उद्देश्य अवश्य हैं, किंतु इसे तीसरा स्थान दिया जाता है। जो इस बात का संकेत करता है यह विवाह का अत्यंत ही कम वांछनीय उद्देश्य है। विवाह में यौन संबंध के निम्नतम भूमिका पर बल देने के लिए यह भी कहा गया है कि केवल यौन संबंध को पूरा करने के लिए शूद्र ही विवाह करते हैं।[4] कपाड़िया के कथनानुसार इस प्रकार विवाह प्राथमिक रूप से धार्मिक कर्तव्यों की पूर्ति के लिए है। इसलिए विवाह का प्रमुख उद्देश्य धर्म था।[5] वास्तव में हिंदू विवाह का प्रमुख उद्देश्य धर्म का पालन था। धार्मिक कृत्यों में यज्ञों के संपादन को सर्वाधिक महत्ता प्रदान की गई है। ब्रह्मयज्ञ, देवयज्ञ, भूतयज्ञ, कृत्ययज्ञ और अतिथियज्ञ ये पांच प्रकार के यज्ञ बतलाए गए हैं जिनकी संपन्नता के लिए पत्नी का होना

आवश्यक था जो विवाह के माध्यम से संभव था। याज्ञवल्क्य ने तो पति के जीवन की अनिवार्यता को देखते हुए पहली पत्नी के मर जाने पर धार्मिक कार्यों को करने के निमित्त दूसरा विवाह करने का निर्देश दिया है।[6]

विवाह का दूसरा उद्देश्य संतानोत्पत्ति था। हिंदू धर्म के अनुसार मनुष्य तीन ऋण—पितृऋण, ऋषिऋण और देवऋण के साथ संसार में आता है। वेदों का अध्ययन कर वह ऋषिऋण से, यज्ञादि को संपन्न कर वह देवऋण से और पुत्रोत्पत्ति के द्वारा पितृऋण से उऋण होता है।[7] बौधायन का कहना है कि पुत्रोत्पत्ति के बिना मनुष्य पितृऋण से मुक्त नहीं हो पाता। इसके लिए उसे विवाह करना अनिवार्य था।[8]

देवीभागवतपुराण में पुत्र उत्पत्ति द्वारा ही स्वर्ग और मोक्ष संभव बताया गया है।[9] विक्रमांकदेव में यह उल्लिखत है कि उत्तराभाव में अश्वमेघ करना वृथा है।[10] *कथासरित्सागर* में सोमवेद ने लिखा है कि विवाह करके मनुष्य देवता, पिता और अतिथियों की सेवा करके धर्म, अर्थ, काम और मोक्ष इन चार पुरुषार्थों को प्राप्त कर सकता है।[11] अतः इन सबके लिए पुत्रोत्पत्ति करना आवश्यक था, जो विवाह के माध्यम से संभव है।

विवाह का तीसरा उद्देश्य रतिसुख अथवा यौन इच्छाओं की संतुष्टि थी। अलबीरूनी[12] ने हिंदू विवाह पद्धति पर लिखते समय यौन समस्या को ही प्रमुख आधार माना है। वह लिखता है कि व्यवस्थित वैवाहिक जीवन के बिना कोई जाति नहीं रह सकती, क्योंकि उसके द्वारा वासना के उस ज्वर का निरोध होता है, जिससे सुसंस्कृत लोग पसंद नहीं करते थे। अलबीरूनी के इस कथन से स्पष्ट है कि विवाह के उद्देश्यों में यौन संबंध (रतिसुख) सुसंस्कृत लोगों द्वारा हेय दृष्टि से देखा जाता था। लगता है कि इसी कारण हिंदू धर्मशास्त्रकारों ने इसे अंतिम स्थान प्रदान किया।

तीनों उद्देश्यों (धर्म का पालन, संतानोत्पत्ति और रतिसुख) के साथ यह संस्था कुछ अन्य उद्देश्यों को पूरा करने के दृष्टि से ही महत्वपूर्ण थी जिसमें सर्वप्रथम वैयक्तिक जीवन को संगठित रखना मुख्य उद्देश्य माना गया है। इस संस्था का एक अन्य प्रमुख उद्देश्य व्यक्ति के पारिवारिक उत्तरदायित्व तथा त्याग की भावना का विकास करना था। इन उद्देश्यों की प्राप्ति के लिए विवाह को एक धार्मिक संस्कार का रूप प्रदान किया गया, जिससे पति और पत्नी प्रत्येक स्थिति से अनुकूल रहना सीख सकें और बच्चों के प्रति अपने उत्तरदायित्वों का निर्वाह कर सके।[13] कपाड़िया[14] के अनुसार समाज में व्यक्ति की स्थिति का निर्धारण करना भी हिंदू विवाह का एक महत्वपूर्ण उद्देश्य था। यह उद्देश्य इस तथ्य से स्पष्ट हो जाता है कि बहुत प्राचीनकाल से ही हिंदू सामाजिक व्यवस्था में ऐसे व्यक्ति को परिवार और समाज में कोई स्थिति प्रदान नहीं की जाती थी, जिसका विवाह न हुआ हो।

विवाह वय

मध्यकाल में प्राचीन काल की तरह वधू की वय वर के अपेक्षाकृत अधिक कम रही है।

वैदिककालीन प्रौढ़ विवाह प्रथा कालांतर में अल्पवय विवाह में परिवर्तित हो गई। वैदिक युग में विवाह प्रौढ़ा अवस्था में ही संपन्न होते थे तथा कन्या के पूर्ण वयस्क होने पर ही यह संस्कार निष्पन्न किया जाता था।[15] अलबीरूनी[16] के अनुसार हिंदुओं में विवाह बहुत छोटी अवस्था में होता था, उसके अनुसार बारह वर्ष से अधिक आयु की कन्या के साथ विवाह करने का विधान नहीं था, वह वर की आयु पच्चीस वर्ष बताता है। उसका यह कथन हिंदू विधि नियामकों के विवेचनों को दृष्टि में रखकर कहा गया। प्रमुख स्मृति का मनु[17] का कथन है कि इकतीस वर्ष की अवस्था वाले पति बारह वर्ष की अवस्था वाली सुंदरी कन्या से विवाह करें अथवा शीघ्र विवाह करने वाला पति चौबीस वर्ष की अवस्था में आठ वर्ष की कन्या से विवाह करे। पराशर स्मृति में भी बारह वर्ष की अवस्था में रजोदर्शन होने पर तुरंत कन्यादान का विधान किया गया है। ऐसा न करने वाला नरकगामी कहा गया है।[18] गृहस्थ रत्नाकार के अनुसार कन्या की आयु क्रमशः आठ, बारह, सोलह या बीस वर्ष होनी चाहिए।[19] लेकिन इस बात पर सभी धर्मशास्त्री एक मत हैं कि पत्नी पति से कम से कम तीन वर्ष या इससे अधिक छोटी हो।[20]

पूर्व मध्ययुगीन लेखक सोमदेव ने लिखा है कि कन्या के ऋतुमति होने के पूर्व ही उसकी शादी कर देनी चाहिए, क्योंकि पितृगृह में कन्या के ऋतुमति होने पर उसके बंधु-बांधव अधोगति को प्राप्त होते हैं। वह कन्या 'वृषली' हो जाती है और उसका पति 'वृषलीपति'।[21] अल्तेकर के अनुसार कन्याओं का विवाह यौनगमन से पूर्व ही करने का विधान था, जो विशेष रूप से ब्राह्मणों में प्रचलित था, यौनागमन के बाद स्त्रियों का विवाह अधिकतर शासक वर्ग में ही होता था और वह भी कभी-कभी देखा गया है। उदाहरण के रूप में उन्होंने पृथ्वीराज का संयोगिता के साथ विवाह की ओर संकेत किया है, जबकि संयोगिता बिलकुल वयस्क (प्रौढ़) हो चुकी थी।[22] इस पक्ष में एक और उदाहरण प्रस्तुत किया जा सकता है। सत्तावन वर्षीय चौलुक्य शासक कुमारपाल का विवाह शाकांभरी नरेश अर्णोराज की अट्ठारह वर्षीय पुत्री अल्हण देवी के साथ हुआ था।[23] प्रबंध चिंतामणि में भी इस बात की पुष्टि होती है कि विवाह के समय कुमारपाल की अवस्था सत्तावन वर्ष की थी।[24] पूर्व मध्ययुग में (चाहमान) अधिकांश उदाहरण अल्पावस्था के संदर्भ में ही मिलते हैं। बीसलदेव रासौ में यह उल्लेख मिलता है कि चाहमान शासक बीसलदेव के साथ बारह वर्षीय परमार राजकुमारी का विवाह हुआ था।[25] चाहमान शासक पृथ्वीराज तृतीय का मंदसौर के प्रतिहार नाहर राय की पुत्री और परमार राजकुमारी इच्छिवि के साथ जो विवाह हुआ था, वह अल्पवय विवाह ज्वलंत उदाहरण हैं।[26] विक्रमांक (कल्याण) चालुक्य के कन्या का विवाह गोवा के कदंब युवराज से अल्पवय में ही हुआ था।[27] अलबीरूनी लिखता है कि हिंदू अल्पवय में विवाह कर देते थे।[28] कुछ ऐसे भी विवाह के उदाहरण भी मिलते हैं, जो जन्म के पूर्व ही माता-पिता द्वारा अपने पुत्र और पुत्रियों के निश्चित कर दिए जाते थे।[29]

अब यह प्रश्न विचारणीय है कि इस अल्पवय विवाह का क्या कारण था। ऐसा लगता है कि स्त्रियों को बौध-भिक्षुणियों से बचाने हेतु बाल विवाह का प्रारंभ हुआ होगा। गुप्तकाल

में इस प्रथा का प्रचलन विद्यमान था। इसी संदर्भ में सी.वी. वैद्य का कथन है[30] कि अल्पवय विवाह का कारण बौद्ध-भिक्षुणी हो जाना है। राजबली पांडेय ने इसका कारण राजनैतिक बताया है।[31] उनके अनुसार तीसरी चौथी सदी से विदेशी आक्रमण का जोर बढ़ने लगा था। वे अपने आक्रमण और शासन के दौरान यहां की स्त्रियों का बलपूर्वक अपहरण कर लेते थे। इसलिए हिंदू समाज व्यवस्थापिकों ने अल्पवय विवाह के प्रति अधिक रुचि दिखलाई। वाशम ने भारतीय चरित्र की कामुकता को बाल विवाह के प्रसार का मुख्य कारण माना है। उनका कहना है कि स्वाभाविक रूप से एक स्त्री को कामयुक्त समझा जाता है, कोई भी अविवाहित कन्या युवा अवस्था प्राप्त करने के उपरांत अपने प्रेमी की खोज प्रारंभ कर देती है, चाहे माता-पिता का उन पर कितना ही नियंत्रण क्यों न हो। एक बार भी सतीत्व के नष्ट हो जाने पर वह कन्या विवाह के अयोग्य समझी जाती थी तथा माता-पिता को इसके कारण काफी अपमान सहन करना पड़ता था, जिसके कारण वे अपनी कन्या का विवाह कम उम्र में ही कर देते थे।[32] कुछ विद्वानों ने[33] विदेशियों के अनवरत आक्रमण को भी हिंदू समाज में बाल विवाह का प्रमुख कारण माना है।

विदेशी आक्रमण से संबंधित मत ही तर्कसंगत प्रतीत होता है जो दूसरी सदी ईसा पूर्व से पूर्व मध्य युग तक होता रहा। अस्तु भारतीय आचार्यों ने आर्य रक्त को विशुद्ध बनाए रखने, स्त्रियों के शील की रक्षा करने तथा हिंदू समाज में वर्ण संकरता को अवरुद्ध करने के लक्ष्य से अनेक कठोर नियम का विधान किया जिससे उनके समाज की शुद्धता एवं पवित्रता स्थिर रह सके। अल्पवय विवाह इसी का परिणाम है, वैसे विवाह की आयु उतनी कम होना कोई आश्चर्य की बात नहीं थी। वेस्टरमार्क के अनुसार भारत में ही नहीं अपितु अन्य देशों में भी विवाह की आयु कम थी। रोम के कानून के अनुसार पुरुष की चौदह वर्ष तथा कन्या बारह वर्ष की आयु निर्धारित की गई थी। चर्च ने भी इसको स्वीकार किया था। वर्तमान समय में भी यह कई देशों में है।[34]

विवाह का आधार

पूर्व मध्ययुगीन समाज में विवाह संबंध स्थापित करते समय वर-वधू के पात्रता पर विशेष ध्यान दिया जाता था। सोमदेव ने वर की पवित्रता में आयु को मुख्य प्राथमिकता दी है। उनका कहना है कि अवस्था रूप, कुल, चरित्र आदि जो वर में ढूंढ़े जाते हैं, उनमें सर्वप्रथम अवस्था है, वंश आदि उसके बाद की रीति में आते हैं।[35] याज्ञवल्क्यस्मृति पर भाष्य करते हुए विज्ञानेश्वर ने दस पीढ़ी मातृ पक्ष से तथा पांच पीढ़ी पितृ पक्ष से विख्यात परिवार को कुलीन परिवार कहा है।[36] वस्तुतः कुल का निर्धारण प्रजनन के आधार पर होता था और यह माना जाता था कि संतान की उत्पत्ति कुल और वंश के अनुरूप होती है। हेमचंद्र ने शब्दानुशासन में ऐसे कुलीन परिवार का 'महाकुल' और उसके सदस्य को 'महाकुलीन' की संज्ञा दी है। कुल यश प्रतिष्ठा, सदाचार, ज्ञान, संपत्ति आदि का मानदंड होता था, जिस कुल में व्यवहार, सदाचार

आदि नहीं थे, वे दुष्ट कुल कहा जाता था और उसका सदस्य दुष्टकुलीन।[37] इस प्रकार विवाह के निमित्त, वर की अवस्था, रूप, कुल, शील आदि पवित्रता के प्रमुख आधार थे। सुपात्र वर को भी कन्या प्रदान करने का विधान था। जिस प्रकार विवाह के निमित्त वर को चुनने में उसके कुल, शील, गुण आदि का ध्यान दिया जाता था, उसी प्रकार वधू को चुनने में गुण, कुल शील और सौंदर्य का ध्यान रखा जाता था। मानसोल्लास में कहा गया है कि ऐसी कन्या से विवाह करना चाहिए जो रूपवती, लावण्यमती, महाकुल में उत्पन्न जाति की एवं उत्तम लक्षणों से युक्त हो।[38]

कथासरित्सागर[39] में इस बात की जानकारी होती है कि विवाह की उम्र में माता-पिता की स्वीकृति आवश्यक थी। बीसलदेव रासौ से भी यह उल्लेख मिलता है कि पहले परिवार के पुरुष विवाह निश्चित करते थे, बाद में उस परिवार की स्त्रियां उसको औपचारिक स्वीकृति प्रदान करती थी।[40] जैसा कि अलबीरूनी के विवरण से स्पष्ट हो जाता है। उसके अनुसार माता-पिता अपने पुत्रों के विवाह की सारी व्यवस्थाएं करते थे।[41] आज भी हिंदू समाज में संतान की शादी का सारा भार माता-पिता वहन करते हैं।

दहेज प्रथा

दहेज प्रथा का प्रचलन वैदिककाल से ही दिखाई देता है। ऐसा विवरण आता है कि सूर्या को उसके पिता द्वारा जो दहेज प्राप्त हुआ था वह उसके ससुराल पहुंचाने से पहले ही पहुंच चुका था।[42] ब्रह्म प्रकार के विवाह में वधू को अनेक अलंकारों से अलंकृत करके विदा किया जाता था। इसमें कन्यादाता योग्य वर को बुलाकर उसे वस्त्र आदि देकर तथा उसका आदर कर कन्या को वर को समर्पित कर देता है।[43] अल्तेकर[44] के मत में यह एक ऐसा उपहार था जो कि विवाह और पूर्ण रूप से निश्चित हो गया है, कन्या की तरफ से कोई रुकावट नहीं है, सुनिश्चित करता था, यह पद्धति बाद तक चलती रहती है।

पृथ्वीराज विजय से ज्ञात होता है कि शासक गूवक प्रथम ने कान्यकुब्ज सम्राट (प्रतिहार शासक प्रथम भोज) से अपनी बहन कलावती का विवाह किया था तथा कलावती के परिणय के इच्छुक आए बारह राजाओं को हराकर उनके धन-संपत्ति भी प्रतिहार सम्राट को भेंट की थी।[45] द्वयाश्रय महाकाव्य से उल्लेख मिलता है कि विवाह में दहेज स्वरूप हाथी, घोड़े, रथ एवं मुद्रा राजाओं को प्रदान की जाती थी।[46] हर्ष के अनुसार विवाह के समय कन्या का पिता वर को यौतुक (दहेज) में अनेक प्रकार के उपहार भेंट करता था, कुछ उसके अपने छोटे थे तथा कुछ संबंधियों द्वारा दिए गए होते थे।[47] *कथासरित्सागर* से दहेज देने के अनेकों उदाहरण मिलते हैं। पूर्ण उसके अनुसार पाटलिपुत्र के वसुदत्त नामक एक वैश्य ने अपनी कन्या के विवाह में जैदत्त नामक राजा के पुत्र देवदत्त को दहेज में रत्नों से इतना भर दिया कि पिता की संपत्ति पर भी उसका सम्मान न रह गया।[48] राजा वीरभट्ट ने दहेज में विशुद्ध स्वर्ण के दसभार रत्न और आभूषण से लदे हुए एक सौ ऊंट और विविध प्रकार के वस्त्र आदि के

लदे हुए पांच सौ ऊंट, सात हजार घोड़े, पांच हजार हाथी, तथा सुंदर आभूषणों से लदी हुई एक हजार रूपवती स्त्रियां (दासियां) अपनी कन्याओं के विवाहोत्सव पर दी थीं।[49]

विवाह की वर्जनाएं

हिंदू समाज में प्राचीन काल से ही सगोत्र, सप्रवर और सपिंड विवाह वर्जित था। यही स्थिति चाहमानों के काल में भी विद्यमान थी। पूर्व मध्ययुगीन हिंदू परिवार में विभिन्न गोत्र विवाह की व्यवस्था थी।[50] अलबीरूनी लिखता है कि वे अपने विवाह के नियम के अनुसार किसी संबंधी की अपेक्षा किसी अपरिचित से विवाह करना उचित समझते हैं। पति और पत्नी का संबंध जितना दूर का होता है, उतना ही वह अच्छा होता है। अपनी वंशजा अर्थात पोती या दरपोत तथा अपनी पूर्वजा माता, दादी या परदादी दोनों प्रकार की संगोत्र स्त्रियों के साथ विवाह वर्जित है।[51] *कथासरित्सागर* से यह उल्लेख मिलता है कि एक ही गोत्र में विवाह नहीं होता था।[52] इस संबंध में बौधायन को उद्धत करते हुए लक्ष्मीधर ने लिखा है यदि भूल से सगोत्र विवाह हो भी जाता है तो पत्नी का परित्याग नहीं करना चाहिए, बल्कि उसके साथ मातृवत व्यवहार करना चाहिए।[53] यदि कोई व्यक्ति भूल से ऐसा कर भी लेता था तो उसके लिए अनेक प्रकार के व्रत आदि प्रायश्चित के रूप में करने पड़ते थे।

हिंदू विवाह में सपिंडता का विरोध किया गया है। मध्यकालीन व्याख्याकार विज्ञानेश्वर के अनुसार 'सपिंड' का अर्थ समान रक्तकण से है।[54] इसी तरह अन्य पूर्व मध्यकाल में भाष्यकार मेधातिथि[55] विश्वरूप[56] और विज्ञानेश्वर[57] ने सपिंड विवाह का प्रबल विरोध किया है तथा ऐसे विवाह करने वाले को अधम बताया है। *कृत्यकल्पतरु* में लक्ष्मीधर के उदाहरण भी सगोत्र, सपिंड और मातुल्य विवाह के विरुद्ध हैं।[58] अलबीरूनी भी लिखता है सपिंड संबंधी बहन, भतीजा, फुफिया, मौसी और उसकी पुत्रियां विवाह के लिए निषिद्ध हैं। निषिद्धता उस स्थिति में नहीं रहती जब विवाह संबंध स्थापित करने वाले व्यक्ति पांच पीढ़ी तक एक दूसरे से अलग रहें, किंतु इतना होने पर भी ऐसा विवाह उनमें पसंद नहीं।[59] इससे स्पष्ट है कि चाहमान काल में सपिंड विवाह वर्जित था।

विवाह के प्रकार

प्राचीन काल से हिंदू समाजशास्त्री विवाह के आठ प्रकार की व्याख्या करते आ रहे थे—ब्रह्म, प्रजापत्य, आर्ष, देव, गंधर्व, असुर, राक्षस और पैशाच।[60] प्रथम चार प्रकार के विवाह उत्तम माने गए थे और अंतिम चार प्रकार के विवाह निम्न। पूर्व मध्ययुग में भी आठ ही प्रकार के विवाह की चर्चा तत्कालीन हिंदू समाज विश्लेषकों ने की है।[61] अल्तेकर[62] ने असुर, राक्षस एवं पैशाच प्रकार के विवाहों को अमान्य बताते हुए कहा कि इस प्रकार के विवाह हमें प्रागैतिहासिक काल की स्मृति दिलाते हैं। गंधर्व विवाह के बारे में परस्पर विरोधी मत प्राप्त

होते हैं। कुछ विद्वान इसकी प्रशंसा करते हैं। कुछ चारित्रिक दोष मानते हैं, किंतु गंधर्व विवाह राक्षस विवाह से उत्तम माना है, क्योंकि इसमें कन्या की स्वीकृति आवश्यक थी।[63] इनमें सबसे महत्वपूर्ण ब्रह्म विवाह था। *हारीतस्मृति* में तो केवल इसी को उचित बताया गया है।[64] ब्रह्म विवाह के अंतर्गत पिता या कन्या का अभिभावक सच्चरित्र और वेदज्ञ वर को आमंत्रित करके, कन्या को वस्त्र, आभूषणों के साथ दान करता था।[65] प्रजापत्य के विवाह के अंतर्गत वर को निर्देश दिया जाता था कि गृहस्थ जीवन में दोनों मिलकर जीवनपर्यंत धर्माचरण करें।[66] जीवनपर्यंत पत्नी के साथ धर्म की कामना, बिना पत्नी के अनुमति के दूसरा विवाह करना तथा पारिवारिक जीवन की स्वतंत्रता-स्वस्थ्यता प्रजापत्य विवाह का प्रमुख आधार था।[67] इस प्रकार ब्रह्म विवाह और प्रजापत्य विवाह में कोई विशेष अंतर नहीं था।[68] बीसलदेव रासो से ज्ञात होता है कि बीसलदेव का परमार राजकुमारी राजमती से जो विवाह हुआ था, वह ब्राह्म और प्रजापत्य विवाह का सर्वोत्कृष्ट उदाहरण था।[69] इस प्रकार *कथासरित्सागर*[70] में उल्लिखित नरवाहनदत्त का मदनकंचुका के साथ विवाह, *कर्पूरमंजरी*[71] में लाटदेश के राजा चंद्रमहासेन की पुत्री धनसार मंजरी का चंद्रपाल (नाटक का नायक) के साथ विवाह का जो उल्लेख है वह ब्रह्म तथा प्रजापत्य विवाह का उदाहरण है।

विवेच्य युग में क्षत्रिय लोग राक्षस विवाह भी करते थे। क्षत्रियों में यह क्षात्र परंपरा के रूप में प्रचलित था। पृथ्वीराज तृतीय ने स्वयं संयोगिता का अपहरण करके विवाह किया था। जिसे डॉ. जयशंकर मिश्र ने राक्षस विवाह के अंतर्गत माना है।[72] परंतु यह पूर्णरूपेण राक्षस विवाह नहीं कहा जा सकता, क्योंकि कन्या स्वयं राजी थी।[73] इसी काल में राक्षस विवाह का दूसरा उदाहरण राष्ट्रकुल नरेश इंद्र प्रथम का मिलता है, जिनमें चालुक्य राजकुमारी भवनागा को उसके विवाह मंडप से बलात् अपहृत किया था।[74] कभी-कभी मिश्रित विवाहों के भी उदाहरण मिलते हैं। चाहमान नृपति विग्रहराज चतुर्थ का तोमर राजकुमारी देसलदेवी के साथ विवाह गांधार और ब्राह्म विवाह का मिश्रित रूप था।[75] विवाह के निम्नतम प्रकार असुर, पैशाच का इस काल में कोई उदाहरण नहीं मिलता।

स्वयंवर

स्वयंवर प्रथा प्राचीन काल से ही हिंदू समाज में विद्यमान रही। यह प्रथा चाहमानों के समय में प्रचलित थी। इस प्रथा में अपने वर का चयन वधू स्वयं करती थी। स्वयंवर प्रथा के आयोजन में कोई न कोई प्रतिज्ञा होती थी, जिसको पूरा करने वाला ही कन्या का वरण करता था। प्राचीन स्मृति नियमों के अनुसार जब कन्या का पिता या अभिभावक अपनी कन्या का विवाह योग्य उम्र के पहले किसी कारणवश करने में असमर्थ होते थे तो उन्हें कुछ समय प्रतीक्षा करने के बाद स्वयं अपना पति चुनने का अधिकार था।[76] मनुस्मृति के टीकाकार मेधातिथि का भी कहना है कि लड़की अपने पिता के घर यौनागमन (बारह वर्ष) के बाद तीन वर्षों तक रह सकती थी।[77] धर्मशास्त्रकारों ने व्यवहारिक रूप से स्वयंवर को गंधर्व विवाह के ही श्रेणी

में रखा है।[78] दोनों में अंतर केवल इतना ही था कि स्वयंवर में केवल कन्या अपनी इच्छा से सभी बंधु-बंधुओं के सामने अपने वर का चुनाव करती थी, जबकि गंधर्व विवाह में वर और कन्या दोनों अपने मन के अनुसार पति-पत्नी का चुनाव करते थे।[79]

पूर्व मध्यकालीन साहित्यिक कृतियों से स्वयंवर विवाह के अनेक उदाहरण मिलते हैं। श्रीहर्ष ने नैषधचरित में दमयंती के स्वयंवर का सुंदर विवरण प्रस्तुत किया है, जिससे स्वयंवर विधि पर विशुद्ध प्रकाश पड़ता है। श्रीहर्ष के अनुसार कन्या की विवाहोचित अवस्था देखकर पिता स्वयंवर द्वारा योग्य वर सहज में पा जाता था।[80] स्वयंवर के लिए कन्या का पिता लोगों को बुलावा भेजता था।[81] स्वयंवर में कन्या को बलात् अपहरण करने वाले लोग भी आते थे। ऐसे लोग प्रायः शक्तिशाली और निम्न वंश के होते थे तथा समाज में किसी न किसी प्रकार से विख्यात रहते थे। इस दिन नगर के राजमार्ग पर बड़े-बड़े सुंदर फाटक बनाए जाते थे।[82] पुरवासी सुंदर वस्त्राभूषणों से सुसज्जित किए जाते थे।[83] निश्चित तिथियों पर कन्या का पिता या अभिभावक दूतों द्वारा अतिथियों को स्वयंवर में शामिल होने के लिए आमंत्रित करता था। तब वे अपनी भावभंगिमाओं के साथ मंडप में पहुंचते थे। जिस समय कन्या मंडप में पहुंचती थी, उस समय विशेष कौतूहल उमड़ आता था।[84] कन्या प्रायः पालकी में बैठकर स्वयंवर में आती थी।[85] स्वयंवर के अंत में कन्या वर का वरण करती थी और उसके गले में दूर्वाकर से सुशोभित माला डाल देती थी।[86] स्वयंवर के पश्चात संस्कार श्रुति और स्मृति विधि के अनुसार संपन्न किया जाता था।[87]

यशस्तिलक[88] के विवरण से भी स्वयंवर की पुष्टि होती है। कन्या के परिणय योग्य हो जाने पर इसका पिता देश-विदेश के प्रतिष्ठित व्यक्तियों को सूचित कर किसी निश्चित दिन पर स्वयंवर आयोजित करता था। उस स्वयंवर मंडप में जन-समुदाय उपस्थित होता था। कन्या हाथ में वरमाला लेकर मंडप में प्रवेश करती थी और अपनी रुचि के अनुसार किसी योग्य व्यक्ति के गले में वरमाला डाल देती थी। फोवर्स ने भी स्वयंवर मंडप का उल्लेख किया है, जिसमें राजकुमारी अपने इच्छित योद्धा को वरमाला पहनाती थी। फोर्वस ने उक्त 'सभामंडप' को विवाह का 'प्रकाशमय स्थल' कहा है, जहां प्रेम की देवी अपने देव के पास में विराजमान होती थी।[89] स्वयंवर सभा का ऐसा ही वर्णन विक्रमांक देव चरित में भी हुआ है।[90]

यह प्रथा प्रायः राजकुलों में ही था। कुछ विशिष्ट व्यक्ति भी इसका आयोजन कराते थे। इस स्वयंवर प्रथा के आयोजन का संपूर्ण उत्तरदायित्व कन्यापक्ष के ऊपर ही निर्भर करता था।

द्वयाश्रय महाकाव्य से यह उल्लेख मिलता है कि नाडौल के चाहमान शासक महेंद्र ने अपनी बहन दुर्लभदेवी और लक्ष्मी के विवाह के लिए स्वयंवर का आयोजन किया था, जिसमें क्रम से गुजरात के चौलुक्य शासक दुर्लभराज और उसका छोटा भाई नागराज वरण किए गए थे।[91]

पृथ्वीराज विजय[92] से सूचना मिलती है कि गूवक द्वितीय की बहन कलावती का कन्नौज के शासक (प्रतिहार शासक प्रथम भोज) के अतिरिक्त अन्य से ही हुआ।

विक्रमांकदेवचरित[93] से उल्लेख मिलता है कि करहट के शिलाहार राजा की पुत्री चंद्रलेखा ने कल्याण नरेश चौलुक्य विक्रमांकदेव को अपना पति चुना था।

पृथ्वीराज रासो से सूचना से मिलती है कि गहड़वाल शासक जयचंद्र की पुत्री का विवाह स्वयंवर प्रथा के माध्यम से हुआ था, जिसमें उसने द्वारपाल के रूप में प्रतिष्ठित पृथ्वीराज के गले में ही जयमाला डाली थी।[94]

अंतर्जातीय विवाह

प्राचीन भारतीय वाङ्मय के अध्ययन से ज्ञात होता है कि वैदिक काल से ही अंतर्जातीय विवाह का प्रचलन समाज में था। अंतर्जातीय विवाह दो प्रकार के होते थे, अनुलोम और प्रतिलोम। अनुलोम विवाह वह था, जिसमें उच्च वर्ण का पुरुष निम्न वर्ण की कन्या से विवाह करता था तथा प्रतिलोम विवाह वह था, जिसमें निम्न वर्ण का पुरुष उच्च वर्ण की कन्या से विवाह करता था। कापाड़ियां ने अनुलोम विवाह को ब्राह्मण संस्कृति का एक आदर्श माना है। उनका कहना है कि अंतर विवाह के जातीय स्वरूप के विकास ने तथा सामाजिक श्रेणी विभाजन द्वारा निश्चित प्रतिष्ठा ने इस प्रकार के विवाहों को अत्यधिक प्रचलित कर दिया।[95] घुर्ये भी इस मत से सहमत हैं कि उच्च जाति के पुरुषों ने अपने से निम्न जाति की स्त्रियों से विवाह संबंध स्थापित किए। ऐसे विवाह अनुलोम के नियम से पूर्णतया प्रभावित रहे हैं।[96]

अलबीरूनी[97] ने लिखा है कि एक वर्ण का पुरुष अपने वर्ण का या अपने से निम्न वर्ग की कन्या से विवाह कर सकता था। अलबीरूनी का उक्त कथन स्मृतियों तथा गृहसूत्रों से संपुष्ट होता है, जिनके अनुसार ब्राह्मण, क्षत्रिय, वैश्य और शूद्र कन्या से; क्षत्रिय, वैश्य और शूद्र कन्या से; वैश्य वैश्य और शूद्र कन्या से विवाह कर सकते हैं।[98] मनु को उद्धृत करते हुए लक्ष्मीधर ने भी लिखा है कि पहले संस्कारगत संयोग के लिए एक द्विज को अपनी ही जाति की लड़की से शादी करनी चाहिए, अब उस जाति की लड़की उपलब्ध न हो तो वह निम्न वर्ण की लड़की से शादी कर सकता है, लेकिन एक निम्न वर्ण का पुरुष उच्च वर्ण की कन्या से नहीं।[99] शूद्र स्त्री के साथ एक द्विज के विवाह को अत्यधिक निदिंत माना है, लेकिन पूर्णतया निषिद्ध नहीं है, मात्र यही कि शूद्र स्त्री को एक संस्कारात्मक पत्नी का दर्जा नहीं दिया जा सकता।[100] द्वितीय विवाह के संबंध में इन्होंने एक द्विज को भी निम्न वर्ण की कन्या से विवाह करने का निर्देश दिया है।[101]

चाहमानकालीन समाज में अनुलोम विवाह के प्रचलन के अनेक साहित्यिक एवं अभिलेखीय प्रमाण मिलते हैं। प्रतिहार राजाओं के दरबारी कवि राजशेखर ने जो एक ब्राह्मण था, चाहमान राजकुमारी अहिन्त सुंदरी के साथ विवाह किया था।[102] नडुल के चौहान राजवंश के संस्थापक राजकुमार लक्ष्मण ने एक वैश्य कन्या के साथ विवाह किया था।[103] गुहिल वंश के मुख्य शासक शक्तिकुमार के 977 ई. के एक अभिलेख से यह उल्लेख मिलता है कि इस वंश का संस्थापक एक ब्राह्मण था, जबकि उसके दादा, राजकुमारियों से विवाह किए थे।[104] तिपोरा ताम्रपत्र के

रूप में जाने जाते थे, जबकि इमसें माता के पिता पाराशव (ब्राह्मण पिता और शूद्र माता से उत्पन्न) कहा गया है, इससे स्पष्ट हो जाता है कि उस सभ्य पुरुष की दो पत्नियां थीं—एक ब्राह्मण और दूसरी शूद्र।[105] *राजतरंगिणी* से उल्लेख मिलता है कि कश्मीर में एक गोनंद राजवंश का अंतिम शासक बालादित्य अपनी लड़की का विवाह एक क्षत्रिय के साथ किया था[106] एवं क्षेमगुप्त जो एक क्षत्रिय था, उसका विवाह लोहरवंश के राजा की पुत्री दिद्दा के साथ हुआ था।[107] चौलुक्य शासक भीमदेव की तीन रानियां थीं, जिसमें से एक वणिक कन्या थी, जिसका नाम वकुला देवी था।[108] *कथासरित्सागर* से भी अनुलोम विवाह के अनेक उदाहरण मिलते हैं।[109] देव प्रसाद और नगरसेठ वणिक मुंजाल की बहन 'हंसा' का विवाह भी अनुलोम विवाह का उदाहरण है।[110] इससे यह स्पष्ट होला है कि अभिजात वर्ग के साथ-साथ साधारण वर्ग में भी इस प्रकार का विवाह प्रचलित था।

भारतीय समाज में प्रतिलोम विवाह को प्राचीन काल से हेय दृष्टि से देखा जाता रहा है और इनसे उत्पन्न संतान को अस्पृश्य तथा नीच (वर्ण संकर) माना जाता रहा है।[111] यही रूप चाहमानों के काल मं भी तद्‌वत विद्यमान था। अलबीरूनी ने लिखा है कि किसी भी मनुष्य को अपने से ऊंचे वर्ण की स्त्री से विवाह करने की आज्ञा नहीं थी।[112] लक्ष्मीधर ने लिखा है कि निम्न वर्ण का पुरुष उच्च वर्ण की कन्या से विवाह नहीं कर सकता।[113] इस प्रकार के विवाह का उदाहरण चाहमान काल में प्रायः नहीं मिलता। ऐसा एक उदाहरण चोलों के संबंध में मिलता है। चंदेलों की उत्पत्ति गहड़वाल नरेश इंद्रजीत के काशीस्थ पुरोहित हेमराज की कन्या हेमावती और आकाशवासी चंद्रमा के संयोग से हुआ था।[114] किंतु यह वृत्तांत साहित्यिक ही अधिक प्रतीत होता है। धर्मशास्त्रों में तो यहां तक कहा गया है कि प्रतिलोम विवाह से उत्पन्न होने वाली संतानों की कोई भी जाति प्राप्त नहीं होती, बल्कि वे चांडाल अथवा निषाद की श्रेणी में आते हैं।[115] घुर्ये के अनुसार ऐसे वैवाहिक संबंधों पर लगाए गए प्रतिबंधों का मुख्य कारण था उच्च वर्गों द्वारा रक्त की पवित्रता को बनाए रखने की इच्छा, वैदिक संस्कृति स्थायी रखने का प्रयत्न और ब्राह्मणों की श्रेष्ठता को स्थिर रखने की भावना थी।[116]

बहुपत्नीत्व

बहुपत्नीत्व[117] की प्रथा हिंदू समाज में प्राचीन काल से ही रही है, लेकिन संपूर्ण हिंदू धर्मशास्त्र एक पत्नीत्व की शालीनता का समर्थन करता है।[118] चाहमान काल में अभिजात वर्ग में इस बात का प्रचलन था। अलीवीरूनी लिखता है कि पुरुष एक से चार तक से विवाह कर सकता है। चार से अधिक स्त्रियां रखने का विधान नहीं, किंतु उनमें से कोई एक मर जाए तो पति संख्या की पूर्ति के निमित्त चौथी पत्नी रख सकता है। किंतु उसे इस संख्या का अतिक्रमण नहीं करना चाहिए। अलबीरूनी आगे कहता है कि कुछ हिंदुओं का विचार है कि पत्नियों की संख्या वर्ण पर आधारित है। इसके अनुसार ब्राह्मण चार, क्षत्रिय तीन, वैश्य दो और शूद्र एक

पत्नी के अधिकारी हो सकते हैं।[119] किंतु अलबीरूनी के पूर्ववर्ती याती सुलेमान ने लिखा है स्त्रियां रखने की संख्या यहां निश्चित नहीं है, जो जितना चाहे उतना रखे।[120]

एक से अधिक पत्नी की प्रथा निःसंदेह राजकुलों से संबंधित रही। पूर्व मध्यकालीन साहित्यिक ग्रंथों से अनेक उदाहरण देखने को मिलते हैं। जयानक कृत *पृथ्वीराज विजय*[121] से ज्ञात होता है कि चौहान नरेश अर्णोराज की दो पत्नियां थी। पृथ्वीराज रासो[122] से सूचना मिलती है कि पृथ्वीराज तृतीय की आठ पत्नियां थीं। राजशेखर[123] के ग्रंथों से विदित होता है कि समाज में बहुविवाह का अधिक प्रचलन था। स्वयं द्विशाल भंजिका के नायक के रनिवास में हजारों रानियों के होने का उल्लेख है। फिर भी नायक अन्य विवाह की ओर आकृष्ट होता हुआ दिखाई देता है। सोमदेव सूरि[124] ने भी अपने 'यशस्तिलकचंपू' के शृंगारिक वर्णन में लिखा है कि राजापुर का राजा भारदत्त एवं उज्जैनी का राजा यशोधर ने आंध्र, चौल, वल्लभी, केरल, सिंहल, कर्नाट, सौराष्ट्र, कंबोज, पल्लव और अयोध्या के स्त्रियों से विवाह किया था। *राजतरंगिणी* से यह उल्लेख मिलता है कि राजा कलश की 72 स्त्रियां थीं।[125] राजा हर्ष के अंतपुर में 360 स्त्रियां थीं।[126] *कथासरित्सागर* में भी उल्लेख है कि हेमप्रभ की अनेक पत्नियां थीं, जिसमें अलंकार प्रभा नाम की पत्नी उसी प्रकार थी, जिस प्रकार चंद्रमा की पत्नियों में रोहिणी थी।[127]

अभिलेखीय स्रोतों से भी बहुतपत्नीत्व प्रथा की पुष्टि होती है। चाहमान शासक राज्यपाल ने दो स्त्रियों से विवाह किया था, पामल्लदेवी तथा भोला देवी।[128]

लोहारीपाषाण अभिलेख में एक व्यक्ति का उल्लेख है, जिसकी नौ पत्नियां थीं।[129] बंगाल एशियाटिक सोसायटी अभिलेख से उल्लेख मिलता है कि मिहिर भोज की दो रानियां थीं, चंद्रभट्टारिका देवी[130] और दूसरी कलावती, जो उसके अधीन चाहमान सामंत शासक गूवक द्वितीय की बहन थी।[131] जिसका उल्लेख *पृथ्वीराज विजय* से मिलता है। चौलुक्य शासक भीम प्रथम की दो रानियां थीं, एक थी उदयमति, जिसका पुत्र कर्ण और पौत्र जयसिंह था, दूसरी बकुला देवी जो कभी वैश्या रह चुकी थी, जिससे क्षेमराज, देवप्रसाद, त्रिभुवनपाल और कुमारपाल उत्पन्न हुए थे।[132] गहड़वाल शासक गोविंदचंद्र ने पांच राजकुमारियों से विवाह किया था, जबकि उसके पिता मदनपाल की दो पत्नियां थीं[133] तथा जयचंद्र की 16 रानियां थीं।[134] कलचुरि शासक युवराज देव ने अनेक राजकन्याओं से विवाह किया।[135] गांगेय देव की 100 रानियां थीं, जो उसके साथ चिता में जलकर स्वर्गलोक को प्राप्त हुई थीं।[136] परमार शासक भोज, उदयादित्य और अर्जुनवर्मा आदि शासकों की कई रानियां थीं।[137] आबू के परमार शासक धारावर्ष की गोगादेवी और शृंगार देवी नाम की दो रानियां थीं।[138] चंदेल लेख में मदवर्मा और देवगण के लिए भी इसी प्रकार का उल्लेख है।[139] इन समकालिक राजवंशों के प्रमाणों से चाहमानकालीन प्रमाणों की पुष्टि होती है।

इन साक्ष्यों से स्पष्ट है कि बहुपत्नीत्व की प्रथा राजघराने में ही अधिक थी। साधारण समाज में इसका प्रचलन नहीं के बराबर था। संभवतः साधारण व्यक्तियों के पास इतना साधन नहीं होता था कि वह एक से अधिक पत्नी का खर्चा निभा सके। *कथासरित्सागर* में

स्पष्ट रूप से यह उल्लिखित है कि पति के धनवान होने पर ही सौतें होती हैं। दरिद्र तो एक स्त्री का भी भरण-पोषण बहुत कष्ट से कर पाता है। बहुत सी स्त्रियों की तो बात ही दूर है।[140]

बहुपतित्व

कपाड़िया के अनुसार बहुपतित्व विवाह वह संबंध है, जिसमें स्त्री एक समय में एक से अधिक पुरुषों का वरण करती है अथवा जिसके अंतर्गत अनेक भाई एक स्त्री को पत्नी के रूप में सम्मिलित रूप से उपभोग करते हैं।[141] अतिप्राचीन काल में यह प्रथा कुछ सीमित क्षेत्रों में प्रचलित जान पड़ती है, जैसा कि महाभारत में द्रौपदी के उदाहरण से प्रतीत होता है, जिसका उल्लेख अलबीरूनी ने भी किया है।[142] परंतु मध्ययुगीन इतिहास में इसके उदाहरण प्रायः दुर्लभ ही हैं क्योंकि सामान्यतः भारतीय स्त्रियां विवाह के मर्यादा एवं शील के अंकुश से दबी रहती थी, जिससे पति रहते हुए दूसरे पति की कल्पना भी करना पापमय समझती थी।

विधवा विवाह

विधवा विवाह को भारतीय समाज में आदर की दृष्टि से नहीं देखा जाता रहा है। स्मृतियों में विधवाओं को पुनर्विवाह न करने के स्पष्ट आदेश हैं।[143] संभवतः चाहमान काल में भी विधवा विवाह की परंपरा कम ही थी। अलबीरूनी ने लिखा है विधवाओं का पुनर्विवाह नहीं होता था।[144] राजशेखर के ग्रंथों में यह सूचना मिलती है कि विधवाएं पुनर्विवाह नहीं करती थीं, उसने विधवाओं के 'रंडा'[145] तथा बाल विधवाओं के लिए 'बालरंडा' शब्द का प्रयोग किया है।[146] सिद्धर्षिसूरि ने भी नौजवान विधवाओं का उल्लेख किया है, जो देश के अनेक भागों में रहती थीं।[147] सामान्यतः विधवाएं पुनर्विवाह न कर धार्मिक कृत्यों में ही अपना अधिकांश समय व्यतीत करती थीं।

विधवाओं के नैतिक पक्ष पर ध्यान देते हुए किन्हीं विशेष परिस्थितियों में धर्मशास्त्रकारों ने इस विवाह की अनुमति प्रदान की है। धर्मशास्त्रों ने पांच परिस्थितियों में स्त्रियों को दूसरा पति बनाने की अनुमति दी है, जब पति नष्ट हो जाए (उसके विषय में कुछ न सुनाई दे), मर जाए, संन्यासी हो जाए, नपुंसक हो जाए, या पतित हो जाए।[148] वैदिककाल में मृत व्यक्ति के भाई के साथ विधवा का पुनर्विवाह हो जाना तो एक साधारण बात थी।[149] जिसको सी.के. भदौरी[150] तथा के.एम. कापाड़िया[151] ने अनेक प्रमाणों से स्पष्ट किया है। वाशम का भी कहना है कि सभी प्रमाणों से यह सिद्ध होता है कि प्राचीनकाल में विधवा विवाह सामान्य रूप से प्रचलित था। वैदिककाल में पति की मृत्यु के बाद स्त्रियों को विवाह करने का अधिकार प्राप्त था।[152] कोशकार यादव प्रकाश ने इस संबंध में लिखा है कि पति के मर जाने पर वे पति के भाई या देवर से विवाह कर सकती थी तथा उससे संबंध स्थापित कर सकती थी,

किंतु पुनर्विवाह करने वाली, स्त्रियों को उसने 'निर्लज्जा', 'अभिसारिका', 'घर्षणी' आदि शब्दों से संबोधित किया है।[153]

चाहमान काल में हमें कुछ विधवा विवाहों के समकालिक उदाहरण मिलते हैं। प्रबंध चिंतामणि ने घोलक के प्रमुख वीर धवल के अमात्य वस्तुपाल और तेजपाल एक पुनर्विवाहित युवा विधवा के गर्भ से उत्पन्न हुए थे।[154] *कथासरित्सागर* से भी विधवाओं के पुनर्विवाह के अनेक प्रमाण मिलते हैं।[155] जगडूचरित[156] के अनुसार जब जगडू अपनी विधवा युवती कन्या के विवाह की तैयारी कर रहा था, तो उसके समक्ष सजधज कर दो अन्य विधवाएं उपस्थित होकर कहने लगीं कि हमारे लिए भी उपयुक्त वर ढूंढ़े जाएं। यह एक व्यंग्य था, जिससे प्रभावित होकर जगडू ने अपनी पुत्री के विवाह का विचार छोड़ दिया।

इस प्रकार हम कह सकते हैं कि चाहमान काल में सामान्यतः विधवा विवाह की प्रथा मान्य नहीं थी। तथापि यदाकदा इसके अपवाद भी मिलते हैं, जो समाज में हेय दृष्टि से देखे जाते थे।

संबंध-विच्छेद (तलाक)

पूर्व मध्यकालीन शास्त्रकारों ने किन्हीं विशेष परिस्थितियों में संबंध-विच्छेद की व्यवस्था दी है। पांच परिस्थितियों में स्त्रियों के लिए दूसरा पति आज्ञापति था। पति के नष्ट हो जाने पर, मर जाने पर, संन्यासी हो जाने पर, नपुंसक हो जाने पर और पतित हो जाने पर वे दूसरा पति बना सकती थीं।[157] लक्ष्मीधर ने भी लिखा है कि नष्ट प्रव्रजित, क्लीव (नपुंसक), पतित, राजविलविष्ज्ञी (राजरोग से पीड़ित), लोकांतर्गत (दूर देशवासी) पति को स्त्रियों छोड़ सकती हैं।[158] मध्यकालीन विद्वान विज्ञानेश्वर के अनुसार पति पत्नी के इस प्रकार के संबंध को स्थिति में शासन को हस्तक्षेप करना चाहिए।[159] हारीत[160] ने गर्भघातिनी, शराबी तथा धनधान्य क्षयकारी पत्नी के त्याग की अनुमति प्रदान की है।

कौटिल्य ने अर्थशास्त्र में लिखा है कि बिना अपराध एक दूसरे के इच्छा के विपरीत पति-पत्नी संबंध-विच्छेद नहीं कर सकते थे।[161] विज्ञानेश्वर[162] का भाष्य है कि पत्नी के शराबी, कुलटा, रोगिणी, हिंस या अपव्ययी होने पर दूसरा विवाह कर लेना चाहिए। लेखपद्धति[163] में संबंध-विच्छेद की आज्ञा को धौकन-पत्र कहा गया है। चौहान नृपति पृथ्वीराज द्वितीय की एक पत्नी सुहवदे जोइयाजी ने जो 'रूठीरानी' के नाम से जानी जाती थी, अपने पति से पृथक रहने की अनुमति प्राप्त कर ली थी।[164] इस प्रकार साधारण स्थिति में विवाह-विच्छेद की प्रथा मान्य नहीं थी, किंतु विशेष परिस्थितियों में इसकी अनुमति दी जा सकती थी, जो नीची जातियों में ही ज्यादा प्रचलित थी। किंतु प्रबंध चिंतामणि और *राजतरंगिणी* को उद्धृत करते हुए डॉ. मजूमदार ने कहा है कि अभिजात वर्ग में भी यदि दोनों पक्ष संबंध-विच्छेद चाहते हैं तो यह कोई असंभव बात नहीं थी।[165]

परित्यक्ता स्त्री के भरण-पोषण के लिए भी व्यवस्थाकारों ने विधान किया था।

कथासरित्सागर[166] से यह उल्लेख मिलता है कि राजा रत्नाधिपति अपनी सभी रानियों को उनके व्यवहारों से क्षुब्ध होकर परित्यक्त कर दिया था। फिर भी उनके लिए भोजन, वस्त्र आदि का प्रबंध किया था।

परिवार

परिवार मानव समाज की एक महत्वपूर्ण संस्था है। समाज का संरक्षण और संवर्द्धन इस पर अवलंबित है कि मनुष्य मरणधर्मा है, किंतु मानव अपने को सदैव के अमर बनना चाहता है। प्रत्येक मनुष्य अपनी मृत्यु के उपरांत अपनी कीर्ति को अक्षुण्ण बनाए रखने की कामना करता है। इसका साधन परिवार है। जीवन की ऊंची साधनाओं के लिए परिवार एक अनिवार्य सीढ़ी मानी जाती है। यह स्वयंसिद्ध बात है कि मनुष्य को पितृ ऋण-मुक्ति के माध्यम से ही मिलती रही है। वस्तुतः परिवार का मुख्य उद्देश्य पुत्र प्राप्ति है, स्वधर्म पालन और रति माना जाता रहा है। अल्तेकर ने लिखा है कि मानव जाति में आत्म संरक्षण, वंश वर्धन और जातीय जीवन के निरंतरता को बनाए रखने का प्रधान साधन परिवार है।[167]

संयुक्त परिवार

प्राचीन भारत में परिवार वास्तव में एक मानवीय संस्था थी। यह एक जीवित संगठन था।[168] मूल पारिवारिक इकाई हिंदू साहित्य में मुख्य रूप से तीन पीढ़ी के परिवार की होती है। जीमूतवाहन ने मूल इकाई चार पीढ़ी की मानी है।[169] हालांकि चार पीढ़ी का परिवार बिरला ही होता था। परिवार के सभी सदस्य एक मुखिया के अनुशासन में रहते रहे हैं और संपत्ति में भागीदार होते रहे हैं। कीथ और मैकडॉनेल ने वैदिक युग में संयुक्त परिवार में संदेह प्रकट किया है। उनका मत है कि वैदिक युग का परिवार संयुक्त था या नहीं। इस विषय पर कोई निर्णायक प्रमाण नहीं है।[170] लेकिन यह कहना ठीक नहीं संयुक्त परिवार की कल्पना ऋग्वेद के काल से ही प्रारंभ हो गई थी।[171] उत्तर वैदिक काल में भी हिंदू परिवार संयुक्त प्रणाली पर ही आधृत था।[172] किंतु विघटन के श्रीगणेश के भी उदाहरण मिलते हैं। पुत्र पिता की संपत्ति में से अपना हिस्सा अलग करने लगे थे। इस कृत्य से पिता अत्यंत दुखी और क्षुब्ध हो जाता था। मनु के पुत्रों ने अपने पिता की जीवित अवस्था में संपत्ति को बंटवा लिया था।[173] कभी-कभी भाई अपने में स्वयं पिता को संपत्ति का विभाजन कर लेते थे।[174]

पूर्व मध्ययुग के पहले ही पुत्रों के बंटवारे का अधिकार मान लिया गया था। इस युग ने परिवार की संपत्ति को लेकर दो विचारधाराओं का विकास दिखाई देता है। एक विज्ञानेश्वर कृत *मिताक्षरा,* और दूसरा जीमूतवाहन द्वारा प्रतिपादित 'दायभाग' प्रथम के अनुसार पुत्र का जन्म से ही पिता की संपत्ति में अधिकार हो जाता था तथा दूसरे मत के अनुसार पिता को ही पूर्ण संपत्ति का अधिकार था।[175] इन्हीं सिद्धांतों पर आधार पर मध्य युग संयुक्त परिवार

का विकास हुआ। परिवार के संगठन में पिता और माता, भाई और बहन, पुत्र और पुत्रियां, पुत्रवधू और उनकी संतानें सम्मिलित थीं। पितामह तथा पिता परिवार का मुखिया होता था। किसी भी विवाद में इसका निर्णय पूरे परिवार को मान्य होता था। वह परिवार के सभी सदस्यों को उनकी योग्यता अनुसार काम बांटता था। परिवार के सभी सदस्य ईमानदारी से काम करते तथा मुखिया को सहयोग प्रदान करते थे।

तद्‌युगीन समाज में राजनैतिक और आर्थिक दृष्टिकोण से संयुक्त परिवार को बल मिला। उस समय विदेशी आक्रमण बार-बार हो रहे थे, भारतीयों में दृढ़ इच्छाशक्ति के अभाव में वे सफल भी हो रहे थे। उस समय हिंदू समाज की स्थिरता, जड़ता और गतिशून्यता मूलमंत्र था। संयुक्त परिवार के लिए यह स्थिति अनुकूल थी। संयुक्त परिवार से ही भूसंपत्ति की रक्षा संभव थी। संयुक्त परिवार में अल्प व्यय से भी कार्य चलता था। पृथक परिवार के लिए अलग-अलग मकान और विभिन्न प्रकार के अपव्यय बढ़ जाते थे। उस समय एक सिद्धांत और प्रकाश में आया। जिसका अर्थ था संघ में शक्ति का निहित होना, संघ सत्ता कलौयुगे।[176] इस प्रकार हम कह सकते हैं कि संयुक्त परिवार के लिए स्थितियां अनुकूल थीं।

सामान्यतः परिवार का महत्वपूर्ण पहलू व्यावसायिक था और उपजीविका से संबंध रखता था। परिवार के लोग अपने वर्ण और जाति के अनुसार जीविकाओं में लगते थे फिर भी सभी परिवारों को व्यवसाय करने की छूट थी। कोई भी परिवार कोई भी व्यवसाय अपना सकता था। पृथ्वीराज का सेनापति स्कंधनागर ब्राह्मण था।[177] धौलक राजा के दो बड़े मंत्री वस्तुपाल और तेजपाल वैश्य वर्ण के जैन धर्मावलंबी के थे, फिर भी अनेक अवसरों पर युद्धभूमि में उन्हें काफी सफलता मिली थी।[178]

पिता

कुटुंब का समस्त उत्तरदायित्व पिता या कर्ता पर होता था। वह गृहपति या गृहस्वामी भी कहा जाता था।[179] समाज में उसका स्थान महत्वपूर्ण था। परिवार का भरण-पोषण, रक्षण और संतान का शिक्षण, पिता के प्रमुख उत्तरदायित्वों में से था। ऋग्वेद में पिता त्राता, खाद्य सामग्री दाता और पोषक के रूप में उल्लिखित है।[180] कालीदास ने विनय रक्षण और भरण पिता के प्रधान कर्तव्यों में माना है।[181] पूर्व मध्ययुग के अनेक भाष्यकार भी पिता को शिक्षक के रूप में स्वीकार किया है।[182] मेधातिथि ने भी कहा है कि विद्वान पिता अपने पुत्र का आचार्य हो सकता है।[183] अतः पिता अपने पुत्र द्वारा प्रतिष्ठित, आदृत और सम्मानित होता था। चाहमान काल में भी यही स्वरूप विद्यमान रहा।

माता

प्राचीन काल से ही हिंदू परिवार में माता का स्थान गौरवशाली रहा है। पारिवारिक जीवन की

वह महत्वपूर्ण कड़ी रही है। कुछ मानों में वह पिता से अधिक माननीय है। संतान को नौ महीने अपने उदर में धारण करने से उसका महत्व अपने आप बढ़ जाता है। ऐसी स्थिति में माता का स्थान पिता से अधिक उच्च दिखाई देता है। प्राचीन साहित्य में माता को देहदात्री और ज्ञानदात्री दोनों स्वरूपों में वर्णित किया गया है। वैसे माता शब्द की व्युत्पत्ति 'मां' धातु से हुई है, जिसका अर्थ निर्माण करना होता है। नैपोलियन के शब्दों में बालक का भावी रूप माता की योग्यता पर निर्भर करता है।[184] चाहमान काल में माता का अत्यधिक सम्मान था। यहां तक कि धार्मिक, राजनैतिक एवं आर्थिक क्षेत्रों में उनका स्वतंत्रत अस्तित्व था। *पृथ्वीराज विजय* से ज्ञात होता है कि चंदन राज की रानी रुद्राणी अथवा आत्मप्रभा महान शिवभक्त थी। धार्मिक भावना से प्रेरित होकर, उसने पुष्कर तालाब के चारों ओर अंधकार को दूर करने के लिए एक हजार द्वीपों (प्रकाश स्तंभों) की स्थापना करवाई।[185] पृथ्वीराज तृतीय की माता कर्पूरदेवी ने उसके वयस्क होने तक स्वयं स्वतंत्र रूप से शासन किया था।[186]

पति

हिंदू समाज में पति का स्थान हमेशा सर्वोच्च रहा है। वैदिक काल में पति पत्नी का सखा था।[187] लेकिन कालांतर में वह पत्नी के लिए देवता समान हो गया। महाकवि कालीदास के शब्दों में पति को स्त्रियों पर सर्वतोमुखी प्रभुता प्राप्त है।[188] परिवार के सदस्यों के प्रति उसका व्यवहार अत्यंत ही उदार एवं मृदुल था।

चाहमानकालीन समाज में भी पति का स्थान सर्वोच्च था। वह पूरे परिवार का भार निर्वहित करता था। मेधातिथि में मनु पर टिप्पणी करते हुए लिखा है कि वृद्ध माता-पिता, साध्वी भार्या और शिशु का पालन सैकड़ों अकार्य (अनुचित कार्य) करके भी होना चाहिए।[189] मध्ययुगीन भाष्यकारों और लेखकों विश्वरूप[190] और विज्ञानेश्वर ने कहा है कि अच्छा पति वही है जो कठिन परिस्थितियों में भी अपने दांपत्य जीवन को सरस, सुखमय और प्रेमपूर्ण बनाता है।

पत्नी

वैदिक युग से ही पत्नी की महत्ता सर्वविदित है, परिवार में उसकी महिमा थी। बिना पत्नी के पुरुष माना जाता था। कुटुंब का विकास उसी पर आधृत था। पत्नी को गृहलक्ष्मी के साथ ही साथ गृहसामग्री के रूप में उद्घोषित किया गया है।[192] बिना पत्नी के कोई भी यज्ञ पूर्ण नहीं माना जाता था। शास्त्रकारों के मत में संतानोत्पत्ति, सेवासुश्रुषा, रति, पितरों और 'स्वयम्' का स्वर्ग पत्नी के ही अधीन है।[193]

पूर्व मध्ययुगीन में स्त्री के अवगुण को लेकर उस अनेक प्रकार के दोष लगाए गए। पंचतप के अनुसार झूठ, बिना सोचे काम करना, साहस, छल का व्यवहार, मूर्खता, अत्यंत

लालच, निर्दयता एवं अपवित्रता आदि उसके स्वाभाविक गुण हैं।[194] इसमें उनकी निंदा जनक स्थिति का संकेत प्राप्त होता है। स्त्रियों के शूद्रों के सादृश्य थीं। उस समय न केवल भारत में अपितु विदेशों में भी स्त्रियां अध्ययन के अधिकार से वंचित थीं।[195] परंतु इस प्रकार की धारणा का समाज में बाहुल्य था। ऐसा दृढ़तापूर्वक नहीं कहा जा सकता। वैसे धर्मशास्त्र नियामकों ने पत्नी के लिए पतिव्रत धर्म से समन्वित और उनके प्रकार के सद्कर्तव्यों का निर्देश किया है। मनु ने कहा है कि वही सच्चे अर्थों में 'पत्नी' के योग्य है, जो सदैव हंसमुख रहे, गृह-कार्यों में दक्ष हो, सांस्कृतिक हो, घर की सभी वस्तुओं को अत्यंत स्वच्छ रखे एवं मित्रव्यापी हो।[196] उससे पति की ऐवा एवं उसके साथ सहयोग की अपेक्षा सदैव की जाती रही है, यही आदर्श एवं कर्तव्य चाहमान काल में भी विद्यमान था।

पुत्र

पुत्र का हिंदू समाज में हमेशा से ही महत्व रहा है क्योंकि उससे कुल और वंश का वर्धन एवं उत्कर्ष होता है। परिवार का आरंभ विवाह से होता है और पूर्णतः संतति से होती है। निःसंतान व्यति अपूर्ण माना गया है।[197] प्रत्येक मनुष्य की पुत्र प्राप्ति की इच्छा बलवती होती है। इस आतुरता का प्रधान कारण अमृतत्व की प्राप्ति, मनोवैज्ञानिक भावनाएं, पुत्र द्वारा मिलने वाले सुख और धार्मिक विश्वास है।[198] शास्त्रकारों द्वारा पुत्र उत्पन्न करना धार्मिक कर्तव्य मानकर परिवार में इसकी अनिवार्यता बतलाई है।[199] इसके साथ ही ऐसी धारणा थी कि पुत्र पिता की वृद्धावस्था में सेवा सुश्रूषा करेगा एवं उसकी मृत्यु के बाद परिवार का भरण-पोषण करेगा। उत्तराधिकारी पुत्र से ही धार्मिक क्रियाएं संपन्न होती थीं।[200] ऐसी स्थिति में पुत्र के ऊपर बहुत बड़ा उत्तरदायित्व था। चाहमान समाज में भी पुत्र का महत्व पूर्ववत था।

पुत्री

वंश विस्तार की दृष्टि से पुत्र की अपेक्षा अधिक महत्वपूर्ण होते हुए भी, हिंदू परिवार में कन्या प्रायः उपेक्षा का पात्र और विषाद का कारण समझी जाती रही है। उसके लिए कहा गया है कि वह जन्म के समय स्वजनों को कष्ट देती है, विवाह के समय समुचित धन (दहेज) ले जाती है, तरुणाई में अनेक दोषों से युक्त होकर वंश को कलंकित कर सकती है। अतः कन्या माता के पिता के हृदय को आघात पहुंचाने वाली है।[201] वाण ने लिखा है कि पुत्री उत्पन्न होकर पिता को भंवर में डाल देती है।[202] पूर्व मध्ययुगीन विद्वान हेमचंद्र ने इन्हें 'शोककंकरी कन्या' कहा है।[203]

पूर्व मध्ययुग में जन्म के समय ही कन्या वध प्रारंभ हो गया था।[204] तथापि उन्हें परिवार में अनेक सुविधाएं प्राप्त थीं। शास्त्रकारों ने उसके संपत्ति विषयक अधिकारों को स्वीकारा है।[205] जबकि प्राचीन काल में उसे यह सुविधा नहीं थी। लेखपद्धति से ऐसा संकेत मिलता

है कि पुत्री के विवाह का उत्तरदायित्व पिता के मरने के बाद भाइयों पर था।[206]

इसके अलावा संयुक्त परिवार में भाई-बहन, चाचा-चाची, ननद-भौजाई और सास-बहू भी थी, जिनका हिंदू समाज में आज भी महत्व है।

संदर्भ एवं टिप्पणियां

1. अभिज्ञान शाकुंतलम्, पृ. 165, 260।
   कुमारसंभव, 8.29, 51।
   क्रियाणां खलु धर्म्याणा सपत्न्यो मूल कारणम्।
   वही, 6.131।
2. *याज्ञ.*, 5.97; *मत्स्य पुराण*, 154. 152-53
   मनुजास्तत्रण जायन्ते यतो नागृहधर्मिणः।
   तस्य कर्तुर्नियोगेन संसारो येन वर्धितः॥
3. *मनु*, 9.28
   अपत्यं धर्मकार्याणि शुश्रुषा रतिरुत्तमा।
   दाराधीनतस्था स्वर्ग पितृणामात्मनश्र ह॥
4. कपाड़िया, के.एम., *भारत वर्ष में विवाह एवं परिवार*, पृ. 173।
5. वही
6. *याज्ञ.*, 1.89।
   दाहयित्वाग्नि होत्रेण स्त्रियं वृत्तवर्ती पतिः।
   आहरेद्धिधिद्दारानग्नीश्चैवालिम्बयन्॥
7. तैत्तिरीयसंहिता, 6.3.10. 5, कृत्य. गृह. का., भूमिका, पृ. 7 पर उद्धृत।
8. *बौधायन ध.सू.*, 2.42-43।
9. *देवी भा.पु.*, 1.4.16; 1.10.35।
10. *विक्रमांकदेवचरित*, 2.34, पृ. 112।
11. *कथासरित्सागर*, 5.1.152।
12. *अलबीरूनीज इंडिया*, भाग 2, पृ. 155; देखिए, मिश्र, जयशंकर, *ग्यारहवीं सदी का भारत*, पृ. 135।
13. अग्रवाल, जी.के., *भारतीय सामाजिक संस्थाएं*, पृ. 212
14. कपाड़िया, के.एम., पूर्वोक्त, पृ. 173।
15. *ऋग्वेद*, 10.85.9।
    सोमो वधूयुर भवदश्वि नास्तामु भावरा।
    सूर्या यत्पत्येशांसंती मनसा सविता ददाता॥
16. अलबीरूनी इंडिया, जि. 2, पृ. 131-55।
17. *मनु.*, 9.94।
18. *पराशरस्मृति*, 7.8.8; देखिए, काणे, पी.वी., *द मैरिजेबुल एज ऑफ गर्ल्स इन ऐंशियंट इंडिया*, पृ. 191-97।

19. *गृहस्थ रत्नाकर*, पृ. 83।
20. *गौतम.*, 4; *याज्ञ.*, 1.52; *मनु.*, 3.4.12; *कामसूत्र*, 3.1.2।
21. *कथा.*, 5.1.40।
    ऋतुमत्यां हि कन्यायां बांधवा यान्त्यथोगतिम्।
    वृषली सा वरचास्या वृषली पति रुच्यते॥
22. अल्तेकर, *रा.दे.टा.*, पृ. 342।
23. द्वया, *का.*, 19.21-35।
24. शर्मा, दशरथ, *अ.चौ.डा.*, पृ. 287, पा.टि., 109।
25. बीसलदेव रासौ, 2.7।
26. सिंह, एम.पी., *लाइफ इन ऐंशियेंट इंडिया*, पृ. 96।
27. मिश्र, जयशंकर, पूर्वोद्धृत, पृ. 138।
28. मिश्र, वि.भू., *गु.प्र.दे.ता.*, पृ. 93।
29. *ति.मं.*, पृ. 52; देखिए शर्मा, बी.एन., *सो.क.हि.ना. इंडिया*, पृ. 57।
30. वैद्य, चि.वि., *हिंदू मेडिवल इंडिया*, जि. 3, पृ. 396।
    सिंह, एम.पी., *लाइफ इन ऐंशियेंट*, पृ. 100।
31. पांडेय, राजबली, *हिंदी संस्कार*, पृ. 321-22, *हिंदी साहित्य की पीठिका*, भाग 1, पृ. 19।
32. वाशम, ए.एल., *द वंडर दैट वाज इंडिया* (हि.अनु.), पृ. 137-38।
33. मिश्र, केशवचंद्र, *चंदेल और उनका राजत्व काल*, पृ. 190।
    मिश्र, जयशंकर, पूर्वोद्धृत, पृ. 138।
34. वेस्टर मार्क, *ए शार्ट हिस्ट्री ऑफ मैरिजेज*, पृ. 46।
35. *कथा.*, 6.4.29।
    वयो रूपं कुल शील वित्तं चेति वरस्य यत्।
    मृग्यते सखि तनाद्यं वयोवंशादिकं ततः॥
36. विज्ञानेश्वर, *याज्ञ.*, 1.4।
    दशपुरुष विख्याताच्छोत्रि याणां महाकुलात्।
37. मिश्र, जयशंकर, *प्रा.भा.सा.इति.*, पृ. 296।
38. *मानसोल्लास*, 3.12.1306-6।
39. *कथा.*, 6.4.24।
40. बीसलदेव रासौ, 1.13-23।
41. अलबीरूनीज इंडिया, जि. 2, पृ. 155।
    देखिए, मिश्र, *ग्यारहवीं सदी का भारत*, पृ. 139।
42. *ऋग्वेद*, 10.85.13; *अथर्ववेद*, 4.1.13, 5.7.12।
    नास्या जायाशतवाही कल्याणीतल्पभाशये।
43. मुंशी, के.एम., *पाटन की प्रभुता*, पृ. 45-46।
44. अल्तेकर, *द पोजीशन ऑफ ओमेन इन हिंदू सिविलाइजेशन*, पृ. 71।
45. *पृथ्वीराज विजय*, 5.30-32।
46. *द्वया. काव्य*, स्र 7, श्लोक 75, 109, 112; सर्ग 9, श्लोक 171।
47. *नैषध.*, 6.16।

48. *कथा.*, 4.1.60।
49. वही, 8.1.75-78।
50. *स्मृतिचंद्रिका*, 1, पृ. 71; *स्मृतिमुक्ताफल*, पृ. 131; *निर्णयसिंधु*, 3, पृ. 302; *संस्कारप्रकाश*, पृ. 690; देखिए, मिश्र, *ग्यारहवीं सदी का भारत*, पृ. 144।
51. *अलबीरूनीज इंडिया*, जि. 2, पृ. 155।
52. *कथा.*, 8.2.195-97।
53. *कृत्य.*, गृह.का., पृ. 31।
मातृवदेनामविभृदीति बौधायन वचनात्।
54. विज्ञानेश्वर, मिताक्षरा, *याज्ञ.*, 1.52।
55. मेधातिथि., *मनु.*, 9.186।
56. विश्वरूप, *याज्ञ.*, 1.53।
57. विज्ञानेश्वर, *याज्ञ.*, 1.53।
58. *कृत्य.*, गृह.का., भूमिका, पृ. 20-24।
59. मिश्र, जयशंकर, *ग्यारहवीं सदी का भारत*, पृ. 145।
60. *आश्व. गृहसूत्र*, 1.6; *गौतम.*, 4.6.13; *बौधा.ध.सू.*, 1.11; *मनु.*, 3.31; आदि प., 73.8-9; वि.ध.सू., 24.18-19; याज्ञ., 1.58; कौ. अर्थ., 3.1.59, देखिण, काणे, पी.वी., *धर्मशास्त्र का इतिहास*, भाग 1, पृ. 296-97।
61. विज्ञानेश्वर, मिताक्षरा, याज्ञ., 3.58-61।
62. अल्तेकर, ए.एस., पूर्वाद्धृत, पृ. 40।
63. जान, डी. मैन, *ट्रीटीज आफ हिंदू ला एंड यूजेज* (1875 ई.), पृ. 66-67।
64. ओझा, *मध्यकालीन भारतीय संस्कृति*, पृ. 54-55।
65. *मनु.*, 3.27।
आच्छाय चार्ययित्वा च श्रुतिशीलवते स्वयम्।
आह्य दानं कन्याया ब्राह्मो धर्म प्रकीर्तितः॥
66. वही, 3.30।
सहोमो चरतां धर्ममिति वाचानुभाष्य च।
कन्या प्रदानमयर्च्य प्रजा पत्यो विधिः स्मृतः॥
67. *याज्ञ.*, 3.30।
इत्युक्त्वा चरतां धर्म सह या दीयतेर्थिने।
सकायः पावदत्यद्यः षट्षऽवंश्यान सहात्मना॥
68. मिश्र, जयशंकर, पूर्वोद्धृत, पृ. 311।
69. *बीसलदेव रासो*, 1.13.73।
70. *कथा.*, 6.8.246-265।
71. *कर्पूरमंजरी*, च.ज., पृ. 149-156।
72. मिश्र, जयशंकर, *प्रा.भा.सा.इति.*, पृ. 315।
73. *पृथ्वीराज रासो*, जंगम कथा, समय 60, रासोसागर पृ. 241।
74. *एपि.इं.*, जि. 18, पृ. 235 तथा आगे

75. इ.ए., जि. 20, पृ. 204-5, महाभारत में इस प्रकार के विवाह को श्रेष्ठ बतलाया गया है, आदिपर्व, 223-24।
76. देखिए, *द एज ऑफ इम्पीरियल कन्नौज*, पृ. 375।
77. मेधातिथि, *मनु.*, 9.90-91।
78. काणे, पी.वी., *धर्म का इतिहास*, भाग 1, पृ. 299-300।
79. मिश्र, जयशंकर, *प्रा.भा.सा.इति.*, पृ. 316।
80. *नैषध*, 4.119।
    व्यतरदथ पिता शिषं सुतायैनतशिर सेमुहुन्नमथ्य मौलिक।
    दयितमभिमतं स्वयंवरे त्वं गुणगयामाप्नुहि वासरेः कियाद्भिः॥
81. वही, 5.1।
82. वही, 10.13, 10.31।
83. वही, 15.15।
84. वही, 10.37, 10.93।
85. वही, 10.108।
86. नैषध, 10.48।
    दूर्वांकुरादयां नलकंडनोलेवधूमर्छूक सृजमूत्सर्ज।
87. वही, 15.7।
    श्रुतिस्मृतीनां हु वयं विदहमहे विधनीनितिः।
88. *यश.*, पृ. 79, 478, 351, उत्त.।
89. *रासमाला*, अ. 13, पृ. 31।
90. *विक्रमांकदेवचरित*, सर्ग 9, श्लोक 38।
    स्वयम्वरस्या वसरोऽपि जातः प्रसीद भूपाल कुरुप्रथान्णम्।
    श्री कुंतनेंद्रः प्रविवेश भूमिं स्वयंवरोत्कंठित राज चक्राम्।
    वही, 42।
91. *द्वयाश्रय महा.*, सर्ग 7, श्लोक 66-74; इ.ए., जि. 4, पृ. 112-141; शर्मा, दशरथ, *अ.चौ.डा.*, पृ. 143; राय, एच.सी., *डायनेस्टिक हिस्ट्री ऑफ नार्दर्न इंडिया*, जि. 2, पृ. 985-46।
92. *पृथ्वीराज विजय*, 5.30-32।
93. *विक्रमांकदेवचरित*, सर्ग 9, श्लोक 130, 148; देखिए, मिश्र, जयशंकर, पूर्वोद्धृत, पृ. 317; वाशम, ए.एल., पूर्वोद्धृत, पृ. 140।
94. शर्मा, गोपीनाथ, *राजस्थान का इतिहास*, पृ. 162, 1984।
95. कपाड़िया, के.एस., पूर्वोद्धृत, पृ. 109।
96. घुर्ये, जी.एस., *कास्ट क्लास एंड आक.*, पृ. 99।
97. *अलबीरूनीज इंडिया*, जि. 2, पृ. 156; देखिए, मिश्र जयशंकर, *ग्यारहवीं सदी का भारत*, पृ. 141।
98. *मनु.*, 3.13; *याज्ञ.*, 1.57, 41-92; *बौ.ध.सू.*, 1.8.2; *त्रि.ध.सू.*, 24.1-4; *वशि.ध.सू.*, 1.24.27 वार. *गृ.सू.*, 1.4; देखिए, मिश्र, जयशंकर, *ग्यारहवीं सदी का भारत*, पृ. 142।
99. कृत्य., *गृह.का.*, पृ. 38 और 449।
    तदूलामे सकामस्यक्रमे इमाः क्षत्र विट शूद्र कन्यका विवाहयः। तत्रापि पूर्व पूर्वाभावे उत्तरोत्तरा

विवाहयः और द्विजातीनां सजातीयो कन्याया अनामे उत्तरोत्तरा विजातिया अपि क्रमेण विवाहयः।

100. वही, पृ. 44-45।
सह धर्मचारिणी तु तदापि ना भवतीति।
101. कृत्य, *गृह.का.*, पृ. 44, तथा अधिवेदननिमित्ते पूर्व भार्या मरणे सती सुवर्णाया अलामे सती उत्तरोत्तरा विवाहयः।
102. *कर्पूरमंजरी*, 1.11।
चाहवान् कुलमौलिमामालिका राजशेखर कवींद्रगेहिनी।
भुर्तुः कृतिभवन्ति सुंदरी सा प्रयोक्तुमे वेच्छति ॥
103. पुरातनप्रबंधसंग्रह, *सि.जै.ग्र.का.*, ग्र. 2, पृ. 102।
104. *इ.ए.*, जि. 191, देखिए, *द एज ऑफ इंपीरियल कन्नौज*, पृ. 396, पा.टि., 123।
105. अल्तेकर, *रा.दे.ता.*, पृ. 337।
106. *राजतरंगिणी*, 4.489।
107. वही, 1.316-17, देखिए, सिंह, एम.पी. पूर्वोद्धृत, पृ. 104।
108. प्र.चि., तृतीय प्रकाश, पृ. 126।
श्री भीमेश्वरस्यपुरे वकुलदेवी नाम्नी पण्यांगनी पंतनं प्रसिद्धं गुणपात्रे रुपपात्रे च।
109. कथा., 5.1.48; 5.2.1717; 9.2.97-104।
110. मुंशी, के.एम., *पाटन की प्रभुता*, पृ. 45।
111. *मनु.*, 10.12, देखिए, मिश्र, जयशंकर, *ग्यारहवीं सदी का भारत*, पृ. 143।
112. अलबीरूनीज इंडिया, जि. 2, पृ. 156, देखिए, वही।
113. *कृत्यकल्पतरु*, गृह.का., पृ. 38, 44।
114. *आर्कियोलॉजिकल सर्वे रिपोर्ट*, जि. 2, पृ. 445, देखिए, मिश्र, जयशंकर, *प्रा.भा.सा.* इति, पृ. 323।
115. राधाकृष्णन्, एस., *रिलीजन एंड सोसायटी*, 1966, पृ. 173।
116. घुर्ये, जी.एस., *कास्ट क्लास एंड आकूपेशन*, पृ. 99।
117. सरकार, डी.सी., *सम आस्पेक्ट्स ऑफ द अर्लीयस्ट सोशल हिस्ट्री ऑफ इंडिया*, पृ. 88।
118. *आप.ध.सू.*, 2.5.12-13, नारद (स्त्ररपुंजस), 95।
119. *अलबीरूनीज इंडिया*, जि. 2, पृ. 155, देखिए, मिश्र, जयशंकर, *ग्यारहवीं सदी का भारत*, पृ. 146
120. *इ.डा.*, जि. 1, पृ. 54।
121. *पृ.वि.*, 6.31-34; पुरातन प्रबंध संग्रह (सि.जै.ग.मा.ग्रं. 2), पृ. 38।
122. पृथ्वीराज रासो विवाह समय, *रासौसार*, पृ. 238 और 282।
123. *वि.शा.मं.*, 1.11।
अन्तेउरि कासहस्र पारिवारस्य महाराजस्य किं तीये विगबिसूरदिकि।
124. *यशस्तिलकचंपू*, पृ. 33-34।
125. *राजतरंगिणी*, 7.520-21।
126. वही, 7.963-64।
127. कथा., 7.1.23।
तस्य चास्ति महादेवी पत्नीषु बुहुष क्रिया।

अलंकार प्रभानाम रोहिणींव हिमत्विषः ॥

128. *एपि.इं.*, जि. 11, पृ. 160।
129. राजपूताना म्युजियम रिपोर्ट, 1923, पृ. 2-3, *आ.स.इ.*, 1906, पृ. 62।
130. पुरी, बैजनाथ, *हिस्ट्री ऑफ दि गुर्जर प्रतिहारज़*, पृ. 66।
131. *पृ.वि.*, 5.30-32।
132. राय, एच.सी., *डायनेस्टिक हिस्ट्री ऑफ नार्दन इंडिया*, जि. 2, पृ. 975 पा.टि.।
133. *एपि.इं.*, जि. 9, पृ. 324।
134. *प्र.चि.* (टानी), पृ. 186, अवस्थी, अवध बिहारीलाल, *राजपूत राजवंश*, पृ. 303।
135. देखिए, मिराशी, वा.वि., *कलचुरि नरेश और उनका काल*, पृ. 64।
136. *एपि.इं.*, जि. 2, पृ. 4; जि. 12, पृ. 211; जि. 21, पृ. 94; *ज.ए.सो.वं.*, जि. 21, पृ. 116।
137. *प्र.चि.* (टानी), पृ. 41, *एपि.इं.*, जि. 21, पृ. 54; गांगुली, डी.सी., *हिस्ट्री ऑफ द परमार डायनेस्टी*, पृ. 242।
138. रेऊ, विश्वेश्वरनाथ, *भारत के प्राचीन राजवंश*, पृ. 79।
139. *एपि.इं.*, जि. 1, पृ. 200, पृ. 47।
140. *कथा.*, 8.6.208।

    सपत्न्यो हि भवन्तीह प्रायः श्रीमति भर्त्तरि।

    दरिद्रो विभूयादेकामपि कष्टं कुतो बहुः ॥
141. कपाड़िया, के.एम., पूर्वोद्धृत, पृ. 53।
142. मिश्र, जयशंकर, *ग्यारहवीं सदी का भारत*, पृ. 149-50।
143. *मनुस्मृति*, 11.47; *याज्ञवल्क्य*, 1.52।
144. *अलबीरूनीज इंडिया*, भाग 2, पृ. 135; देखिए, मिश्र, जयशंकर, *ग्यारहवीं सदी का भारत*, पृ. 149
145. *कर्पूरमंजरी*, 1.23.24।

    रंडा चंडा दिक्खिदा धम्मदारा मंज्जमंविज्जए खज्जए च।
146. वही, 3.100।

    अविणीदहिअआ वालरण्डा विरहिदो अ माणुसो।
147. *उपमिति भव प्रपंच कथा*, पृ. 572-73।
148. *बौ.ध.सू.* 2.2.31; *नारद.* (स्त्रीपुंस.), 97; *पराशर.*, 4.30; *अग्निपुराण*, 154.5-6; *त्रि.श.पु.च.*, 9.2.34।
149. दत्त, एन.के., *द ओरिजन एंड ग्रोथ ऑफ कास्ट इन इंडिया*, जि. 1, पृ. 72-73।
150. भदौरी, सी.के., *विडो मैरिजेज इन वैदिक इंडिया*, देखिए, *प्रो.इ.हि.कां.*, 1984, 44वां सेसन, पृ. 229-23
151. कपाड़िया, के.एम., पूर्वोद्धृत, पृ. 59।
152. *ऋग्वेद*, 10.4.2 को वांशयुत्रा विधवेव देवरम्;

    वही, 10.18.8।

    उदीर्ष्व नार्यभि जीवलोक गतासुमेतमुपशेषयहि।

    हस्तग्रामस्य दिधिषौस्तवेदं परयुजनित्वभिसंवभूव ॥
153. वैजयंती कोश, 6.46, 62।

देवरे विनियुक्ता या यात्यन्यं सामिसारिका।
प्रसभा निसभा निरिणा भीढ़ा निलज्जा घर्षणी च सा।

154. *ना.प्र.प.*, जि. 4, भाग 1, पृ. 38।
155. देखिए, *ज.इ.हि.*, 1966, जि. 44, पृ. 770।
156. *जगडूचरित*, 3.19-27, देखिए, मजूमदार, अ.क., *चालुक्याज ऑफ गुजरात*, पृ. 338।
157. *बौ.ध.सू.*, 2.231; *नारद* (स्पीपुंस), 97; *पराशर.*, 4.30; *अग्नि पुराण*, 154.5-6।
158. *कृत्य.*, व्यवहारकाण्ड, पृ. 641 पर उद्धत देवल
    नष्टः प्रव्रजित क्लीवः पतितौराजकिल्विषी।
    लोकांतरगतो वापि परित्याजः पतिः स्त्रियः॥
    मृते र्भरि जीवे वा स्त्री विंदेतापरं पतिम।
    संतत्यनाशार्थतया न स्वातंत्रयेण योषितः॥
159. मिताक्षरा, याज्ञ., 2.29.4।
160. *व्यवहार.*, 132.146।
161. कौ. *अर्थशास्त्र*, 3.3.17-20।
162. *याज्ञवल्क्यस्मृति*, 1.73।
163. लेखपद्धति, 52।
164. *मुहणोत नेणसी की ख्यात*, प्रथम भाग, पृ. 185-86।
165. मजूमदार, अशोक कुमार, *चालुक्याज ऑफ गुजरात*, पृ. 339।
166. *कथा.*, 7.2.45।
    परिवर्जितसंस्पर्शा निजमार्यास्तथैव सः।
    पिंडाच्छादन मात्रैक भगिनी रकरोत्ततः॥
167. अल्तेकर, *द पोजीशन ऑफ ओमेन इन हिंदू सिविलाइजेशन*, पृ. 165।
168. इंद्र, *स्टेटस ऑफ ओमेन इन ऐंशियेंट इंडिया*, पृ. 27।
169. कपाड़िया, के.एम., *भारतवर्ष में विवाह एवं परिवार*, पृ. 239, 1990 संस्करण।
170. हरिदत्त, *हिंदू परिवार मीमांसा*, पृ. 21।
171. *ऋग्वेद*, 10.85.42।
    इहैव स्तं मा वियोष्टं विश्वमायुर्व्यश्नतम।
    क्रीडन्तो पुत्रैनप्तृभि मोर्दमानो स्वे गृहे॥
172. *अथर्ववेद*, 2.30.1-3।
    सहृदयं सोमस्यम् विद्वेषं कृणोमि चः।
    अन्यो अन्यमभिर्यत वत्सं जातभि वाध्न्या।
    अनुव्रतः पितु पुत्रो मात्रा भवतु संभना।
    सभ्यश्च सव्रता भूत्वा वाचं वदतं भ्रदयां।
173. *ऐ.ब्रा.*, 5.14, *तैतिरीयसंहिता*, 3.1.9.4।
174. मिश्र, जयशंकर, *पा.भा.सा.इति.*, पृ. 380।
175. कापड़िया, के.एम., *भा. विवाह एवं परिवार*, पृ. 240-241।
176. हरिदत्त, *हिंदू परिवार मीमांसा*, पृ. 51-53।
177. विरुद्ध-विधि-विध्वंस, श्लोक 9-10; इं.हि.क्वा., सितंबर, 1940, पृ. 570।

178. कीर्तिकौमुदी, सर्ग 5, *ना.प्र.प.*, जि. 4, अंक 1 (नं.सं.), पृ. 31 और 39-41।
179. *कात्यायन*, 543।
180. *ऋग्वेद*, 4.17.17, 10.48।
181. *रघुवंश*, 1.24।
   प्रजानां विनयाधाना द्रक्षणाद भरणादपि।
   स पिता पितरस्तासां केवलं जन्म हेतवः ॥
182. विश्वरूप, *याज्ञ.*, 1.15।
183. मेधातिथि, *मनु.*, 3.3।
184. हरिदत्त, *हिंदू परिवार मीमांसा*, पृ. 165।
185. *पृथ्वीराज विजय*, पंचम, 37-39।
186. बोस, एन.एस., *कर्पूरदेवी* (मदर ऑफ पृथ्वीराज चौहान), देखिए, प्रो.इ.हि.कां., 1956, आगरा, 19वां सेशन, पृ. 197-202।
187. *ऋग्वेद*, 8.31, 5-9।
188. *अभिज्ञानशाकुंतलम*, 5.26।
   उपपन्ना हि दारेषु प्रभुत्व सर्वतोमुखी
189. मेधातिथि, *मनु.*, 3.62।
   बृद्धौ च माता पितरौ साध्वी भर्याशिशुः सुतः।
   अप्यकार्य शतं कृत्वा भर्तव्या मनुरब्रवीत ॥
190. विश्व, *याज्ञ.*, 1.60।
191. विज्ञानेश्वर, *याज्ञ.*, 1.70-72।
192. *ऋग्वेद*, 3.53.4; 10.85.46।
193. *मनु.*, 9.28।
   अपत्यं धर्म कार्यणि शुश्रृषा रसिसत्तमा।
   दाराधीन स्त्था स्वर्गः पितृगणामामनश्चह ॥
194. *पंचतंत्र*, श्लोक 277।
   अनृतं साहसं मायामूर्खत्वमि लो भता।
   अशोच निर्दयत्वं च स्त्रीर्णा दोषाः स्वभावजाः ॥
195. अल्तेकर, *पोजीशन ऑफ वूमेन इन हिंदू सिविलाइजेशन*, पृ. 400।
196. *मनु.*, 5.150।
   सदा प्रहूष्टया भाव्यं गृह कार्येषु दक्षया।
   सुसंस्कृतोपस्करया व्यये चामुक्त हस्तया ॥
197. *शतपथ ब्राह्मण*, 5.2.1.10।
198. हरिदत्त, *हिंदू परिवार मीमांसा*, पृ. 184।
199. महाभाष्य, 4.4.108, देखिए, मिश्र, जयशंकर, *प्रा.भा.सा.इति.*, पृ. 402।
200. *ऋग्वेद*, 10.85.25।
201. *ऐ.ब्रा.*, 33.1 पर सायण का भाष्य, देखिए, मिश्र, जयशंकर, *प्रा.भा.सा.इति.*, पृ. 408।
   संभवे स्वजन दुखकारिका, संपादन समपेऽर्थहारिका।
   योवनेऽपि बहुदोषकारिका, दारिका हृदयदारिकापितुः ॥

202. *हर्षचरित*, 4, पृ. 140-141।
उद्वेगमहावर्न्ते पातयति पयोधरोन्नयन काले।
सरिदिवि तटमनुवर्ष विवर्धमाना सुता पितरम्।
203. *ऐ.ब्रा.*, 33.1; शब्दानुशासन, 5.1.103।
204. हरिदत्त, *हिंदू परिवार मीमांसा*, पृ. 200; विस्तृत अध्ययन के लिए देखिए, टाड, *एवन्स एंड एंटीक्यूटीज ऑफ राजस्थान*, पृ. 662।
205. विज्ञानेश्वर, याज्ञ., 2.135; कात्यायन, विज्ञानेश्वर द्वारा उद्धृत, *याज्ञ.*, 2.135; देखिए मिश्र, जयशंकर, *प्रा.भा.सा.इति.*, पृ. 409।
206. लेखपद्धति, पृ. 48।

4. समाज में स्त्रियों की स्थिति

राजपूत काल में स्त्रियों की दशा अपेक्षाकृत बंधनयुक्त और संकुचित थी। उनका संपूर्ण जीवन नियंत्रण और वर्जन में था। मुस्लिम आक्रमणों के कारण स्त्रियों की सुरक्षा के लिए तत्कालीन सामाजिक धार्मिक विश्लेषकों ने उनके लिए अनेक कठोर नियम और निर्देश बनाए तथा उनके अनुपालन के लिए व्यवस्था की। कुछ विषयों में उनकी स्थिति दयनीय थी और उनकी स्वतंत्रता सीमित हो रही थी।

कन्या के रूप में स्थान

इस काल में कन्या के रूप में स्त्रियों की स्थिति पुरुषों की तुलना में दयनीय थी। पुत्री की प्राप्ति से परिवार उतना प्रसन्न नहीं होता था, जितना पुत्र की प्राप्ति से होता था। जैसा कि अलबीरूनी ने लिखा है कि परिवार में कन्या के आगमन की खुशी का प्रतीक नहीं माना जाता था। जब संतान का जन्म होता था तो पुत्री की अपेक्षा पुत्र पर अधिक खयाल रखा जाता था।[1] कथासरितसागर से भी ज्ञात होता है कि कन्या जन्म से लोग काफी शोक संतप्त थे[2] जबकि इसी ग्रंथ में कन्याएं पुत्र से भी अधिक उत्तम तथा इहलोक और परलोक दोनों में कल्याण देने वाली कही गई हैं[3] क्योंकि कन्यादान से परलोक में जो सुख मिलता है, वह पुत्रों से नहीं मिल सकता।[4] हर्षचरित[5] में वाणभट्ट ने कन्या के विषय में लिखा है कि ज्यों-ज्यों लड़की जवान होती है, उसके माता-पिता की चिंताएं बढ़ जाती हैं। जिस प्रकार बढ़ती हुई नदी वर्षाकाल में मेघों के उफान होने पर तट को बड़ी-बड़ी भंवरियों में डाल देती है उसी प्रकार बढ़ती हुई कन्या-स्तनों के उठने के समय पिता को चिंता में डाल देती है। कन्याओं के यौवन आरंभ होते ही पिता संताप की अग्नि का ईंधन बन जाते हैं, जैसे—मेघ आकाश में उठकर दिन को अंधकारमय कर देते हैं। वैसे ही इसके स्तनों की उन्नति से पिता के हृदय अंधकार से भर जाते हैं। राजस्थानी लेखक सिद्धाषिसूरि का कहना है कि इनका जन्म संताप का कारण होता है और ये धर्म को क्षति प्रदान करने वाली होती हैं। गरीबी में ये महान संकट का कारण बन जाती है, कोई अभिभावक तभी संतुष्ट होता है, जब वह वर को अपनी तथा उन सभी

वस्तुओं के साथ, जिनके द्वारा वह संतोष का अनुभव करता है के साथ प्रदान कर देता है।[6]

स्त्री शिक्षा सुविधाएं सीमित थीं। हारित के अनुसार स्त्रियों को शिक्षा उनके माता-पिता, भाई तथा अन्य संबंधियों के सहयोग से ही दी जा सकती थी।[7] गृह, विद्या तथा पारिवारिक दायित्वों के संबंध में कन्याएं परिवार की स्त्रियों से ही व्यावहारिक ज्ञान प्राप्त करती थीं।

कन्या जब विवाह करने लायक हो जाती थी तो यह उसके माता-पिता का कर्तव्य हो जाता था कि वह अपनी जाति के उपयुक्त वर के साथ उसकी शादी कर दे। बीसलदेव रासो से ज्ञात होता है कि विवाह के समय कन्या को उसके अभिभावक के सामर्थ्य के अनुसार आभूषणों से सुसज्जित किया जाता था, उसके संबंधी तथा मित्र उसे अनेक उपहार प्रस्तुत करते थे। विदाई के अवसर पर हर्ष और विषाद दोनों मनाया जाता था। कन्या का स्थायी निवास पतिगृह होता था।[8] *कथासरित्सागर* में भी यह कहा गया है कि कन्यादान के बिना पुरुष पाप-शांति के लिए दूसरा कोई उपाय नहीं है।[9] इस प्रकार हम स्पष्ट कह सकते हैं कि कन्या के विवाह को लेकर विवेच्ययुगीन समाज कन्या के जन्म से काफी शोक संतप्त था।

पत्नी के रूप में स्थान

विवाहित स्त्री के लिए अभिलेखों में तीन नामों का उल्लेख हुआ है—भार्या, गृहिणी और पत्नी।[10] विवाह के बाद औरतों का जीवन अपने पति के गृह में बीतता था। स्त्री पति के रूप में अपने पति के प्रति अत्यंत शीलवान और विश्वासी होती थी। वह सुख और दुःख दोनों में पति के साथ रहती थी। विवाह के बाद स्त्री को पति के घर में आनंद तथा उत्सव के साथ प्रवेश कराया जाता था।[11] स्त्री वह अच्छी समझी जाती थी जो अपने पति को सदैव प्रसन्न रखती थी।[12] वह परिवार के बड़ों के प्रति आदर तथा छोटों के प्रति प्रेम का भाव प्रदर्शित करती थी। आनंद के समय पति के अभिन्न मित्र के रूप में तथा पति के कष्ट तथा विपत्ति में माता के समान सेवा करती थी। पत्नी पति की अर्धांगिनी मानी जाती थी। पृथ्वीराज रासौ में संयोगिता ने अपने को पृथ्वीराज की अर्धांगिनी कहा है।[13] पति की सेवा करना पत्नी का परम कर्तव्य माना जाता था। इस संबंध में मेधातिथि का कहना है कि पत्नी को अपने पति की एक वफादार सेवक के रूप में सेवा करनी चाहिए। वह कहता है कि पत्नी को अपने पति की उतनी सेवा करनी चाहिए कि पति उसकी सेवा के परिणामस्वरूप उचित रास्ते का ही अनुसरण करे, तथा उसके मस्तिष्क में अपने पत्नी के प्रति किसी प्रकार के द्वेष या घृणा की भावना उत्पन्न न हो पावे।[14] स्त्री के लिए उसका पति ही देवता माना जाता था।[15] हर्ष ने भी पति सेवा पतिव्रत स्त्रियों का परमधर्म बताया है।[16] *कथासरित्सागर* से भी उल्लेख मिलता है कि पति भक्त स्त्रियां पति के लिए सभी प्रकार के कष्टों को सहन करने के लिए तत्पर रहती थीं।[17] उदाहरणार्थ जब हरिराज ने शकेश्वर से तंग आकर अग्नि में प्रवेश किया तो उसका साथ उसकी पत्नियों ने भी दिया।[18] डॉ. दशरथ शर्मा ने लिखा है कि पति के प्रति स्त्रियों की अंधभक्ति थी।[19] वह पति था परिवार के हितार्थ विभिन्न त्यौहार मनाती थी तथा

उन त्यौहारों पर उपवास व्रत रहकर परिवार तथा पति के शुभ की कामना करती थीं। उनके पति तथा अन्य सदस्यों की सहानुभूति नहीं होती थी।

माता के रूप में स्थान

चाहमानकालीन समाज में प्राचीन काल की तरह ही माता का स्थान पवित्र और पावन था। मां के साथ प्रेम और श्रद्धा का व्यवहार किया जाता था। पति के बाद पुत्र माता का संरक्षक तथा समर्थक होता था। माता प्यार के साथ अपने बच्चों को सीख देती थी, ताकि उनका भविष्य उज्ज्वल बन सके। *कथासरित्सागर* से इस बात की जानकारी मिलती है कि माता-पिता की आज्ञा-पालन करना पुत्र अपना प्रमुख कर्तव्य समझता था। माता-पिता देवतातुल्य समझे जाते थे। उनके स्नान करने पर लोग स्नान करते थे, भोजन करने पर भोजन और सो जाने पर ही सोते थे।[20] इसी में आगे यह भी कहा गया है कि माता-पिता से शापित व्यक्ति कभी भी सुख और शांति प्राप्त नहीं कर सकता था।[21] किंतु पिता की तुलना में माता की गरिमा अधिक थी। राजशेखरकृत बालरामायण में माता की गरिमा पिता से सहस्र गुना अधिक कही गई है।[22] धर्मशास्त्रकारों ने यह व्यवस्था दी है कि पतित पिता छोड़ा जा सकता है किंतु माता नहीं, क्योंकि पुत्र के लिए माता कभी पतित नहीं हो सकती थी।[23] *मत्स्य पुराण* में भी यह कहा गया है कि पुत्र के लिए माता कभी भी त्याज्य नहीं होती।[24] मेधातिथि का भी यह कहना है कि यदि एक माता अपने मातृत्व कर्तव्यों से असफल भी हो जाती है तो उसे घर से बाहर कभी भी नहीं करना चाहिए, क्योंकि पुत्र के लिए माता कभी भी दूसरी जाति की नहीं होती।[25]

प्रतिहार शासक विजयपाल देव के समय राजौरगढ़ अभिलेख[26] (1959 ई.) से यह सूचना मिलती है कि ईश्वर का नामकरण दाता की माता के नाम पर किया गया था। प्रतिमा की स्थापना के समय ईश्वर का नाम लच्छुकेश्वर (शिव), मंथनदेव की माता लच्छुका के नाम पर रखा गया था, जिसके लिए मंथनदेव ने व्यापकाग्रपटक नामक गांव तथा राजस्व के कई स्रोत दान के रूप में दिया था, ताकि स्नान, पुष्प, नेवैद्य, प्रकाश एवं तेल, वाग श्रमिक इत्यादि की आवश्यकताएं उससे पूरी की जा सके। चौलुक्य नरेश जयसिंह सिद्धराज ने अपनी माता मयण्ल्लदेवी के कहने पर सोमनाथ मंदिर के पथकर को समाप्त कर दिया था, जिसकी अनुमानित राशि 72 लाख रुपए थी।[27] पृथ्वीराज रासौ से ज्ञात होता है कि जब आल्हा और उदल ने अपने स्वामी के लिए महोबा के युद्ध जाने से इनकार कर दिया तो उनकी माता ने अपने पुत्रों को अनेक प्रकार के उपदेशों से उत्साहित करते हुए उन्हें युद्धभूमि में जाने का आदेश दिया।[28] इस प्रकार हम कह सकते हैं कि राजपूत कालीन समाज में माता का पद अत्यंत सम्मानित था।

स्त्री की स्वतंत्रता

राजपूतकालीन समाज में इतना मान और महत्व मिलकर भी स्त्रियों को पुरुषों की तरह

स्वतंत्रता नहीं प्राप्त थी। वे अनेक प्रकार से पुरुषों पर निर्भर थीं। बचपन से पिता द्वारा, विवाह के पश्चात पति द्वारा और वृद्धावस्था में पुत्र द्वारा संरक्षित होती थीं।[29] सोमदेव ने भी लिखा है माता-पिता और भाई से पराधीन कन्या स्वतंत्र नहीं रह सकती थी।[30] लक्ष्मीधर[31], विज्ञानेश्वर[32], मेधातिथि[33], और कुल्लूक भट्ट[34] भी स्त्रियों की परतंत्र स्थिति का ज्ञान कराते हैं। लेकिन इस बात के पर्याप्त प्रमाण है कि पूर्वमध्य युग में स्त्रियां धार्मिक और सामाजिक उत्सवों पर वे पुरुषों के साथ सम्मिलित होती थीं तथा उनके पारिवारिक अधिकारों में कोई विशेष कमी नहीं आई थी। अलबीरूनी लिखता है कि—विचारों और गंभीर परिस्थितियों में स्त्रियों की सलाह ली जाती थी।[35] इससे स्पष्ट होता है कि इस युग में समाज और परिवार में स्त्रियों के विवेकयुक्त विचारों का आदर होता था, लेकिन मुसलमानों के आक्रमण से उनके अधिकार सभी क्षेत्रों में सीमित हो रहे थे।

स्त्री का स्वतंत्र अस्तित्व

पूर्व मध्ययुग तक स्त्रियों के प्रत्येक क्षेत्र में ह्रास के लक्षण दिखाई देते हैं, फिर भी स्त्रियों के स्वतंत्र अस्तित्व के अभिलेखीय और साहित्यिक प्रमाण उपलब्ध हैं, जो इस बात का भान कराते हैं कि स्त्रियां विभिन्नि क्षेत्रों में पुरुषों से कम नहीं थीं। चाहमान काल में स्त्रियां आवश्यकता पड़ने पर शासक अथवा अभिभावक के अभाव में शासन की बागडोर संभालती थीं। चाहमान शासक पृथ्वीराज या अल्पावस्था में उसकी मां कर्पूरदेवी ने उसके वयस्क होने तक स्वयं स्वतंत्र रूप से शासन किया।[36] कलचुरि अभिलेखों में भी कहा गया है कि अल्हण देवी और गोसल देवी जैसी राजमाताओं ने अपने पति की मृत्यु के बाद अपने पुत्र की सलाह आदि देकर उन्हें राजकाज में सहायता पहुंचाई थी।[37] कश्मीर की दिद्दा नामक महारानी (10वीं सदी) ने तो अपने पुत्रों के राजप्रतिनिधि के रूप में कार्य करते हुए राज्य पर नियंत्रण रखने की व्यवस्था की तथा इसके साथ ही उसने उनके वयस्क होने से पूर्व ही एक के दूसरे को मृत्यु के घाट उतरवा दिया था।[38]

चौलुक्यों और गहड़वालों के समय भी राजकुमारियां उच्च पदों पर नियुक्त की गई थीं। चौलुक्य राजा जयसिंह द्वितीय की बड़ी बहन अक्कादेवी। 1022 ई. में बिनसुद जिले की शासिका थीं।[39] गहड़वाल शासक गोविंदचंद्र के शासनकाल में जम्बुकी नाम की स्त्री की नियुक्ति गोविंद की रानी कुमारदेवी द्वारा पट्टालिका के पद पर की गई थी।[40] अनेक वीरांगनाओं के भी उदाहरण मिलते हैं, जिन्होंने सेना का स्वयं नेतृत्व किया था। चौलुक्य राजा जयसिंह द्वितीय की भगिनी अक्कादेवी ने भी युद्ध किया तथा दुर्ग के अवरोध की देखभाल की, जबकि होयसल राजा वीर वल्लाल (1173-1220 ई.) की रानी उमा देवी ने हटी आश्रित राजाओं के विरुद्ध दो युद्धों का संचालन किया था।[41] डॉ. डी.सी. सरकार ने एक समकालीन विवरण प्रस्तुत करते हुए लिखा है कि कश्मीर की स्त्रियां चड्डा एवं शिला ने अपनी सेना का नेतृत्व करते हुए युद्ध किया था।[42] चाहमान काल में कुछ रानियों द्वारा तथाकथित रियासतों को

स्वतंत्र रूप से शासित करती थीं चाहमान रानी जल्हण देवी[43], हरिराज की रानी प्रताप देवी[44], और गहड़वाल नरेश जयचंद्र की रानी[45] आदि स्वच्छंद रूप से कार्य संचालन करती थीं। भोज के विद्रोह के समय डायर रानी राजा जयसिंह के प्रति अत्यंत विश्वासशील रही।[146] रानियां प्रशासन के कार्यों में भी राजाओं को पूर्ण सहयोग भी करती थीं। इस तरह के और भी उदाहरण हैं, जिनसे सिद्ध होता है कि स्त्रियों को मध्ययुगीन समाज में राजनीतिक स्वतंत्रता थी।

स्त्रियां धार्मिक कृत्यों के भी स्वतंत्रतापूर्वक कर सकती थीं। औरतें व्रत धारण करती थीं। कुमारी लड़कियों में गौरीपूजन काफी प्रचलित था। ये सुंदर पति की प्राप्ति के लिए गौरी की आराधना करती थीं। औरत देवी की कृपा से सुंदर पति की प्राप्ति कर अपने को धन्य समझती थी।[47] *पृथ्वीराज विजय* से ज्ञात होता है कि चंदन राज की रानी रुद्राणी अथवा आत्मप्रभा महान शिवभक्त थी, उसने जनता के कल्याणार्थ पुष्कर तालाब के चारों ओर अंधकार को दूर करने के लिए 1000 दीपों (प्रकाश स्तंभों) की स्थापना करवाई थी।[48] वि.सं. 1181 के एक अभिलेख[49] से यह उल्लेख मिलता है कि गहड़वाल शासक गोविंद चंद्र की माता कल्हण देवी ने एक गांव एक ब्राह्मण को पांच लंगल महादान के रूप में दिया था। वि.सं. 1201 का एक अभिलेख[50] गोविंद चंद्र की रानी गोसल्ला देवी द्वारा भगवान सूर्य के समक्ष दान दिए जाने को उल्लेख करता है। वि.सं. 1210-1153 ई. के एक अभिलेख[51] से यह उल्लेख मिलता है कि परमार शासक यशोधवल की बहन भामिनी ने ब्रह्मा की मूर्ति निर्माण करवाकर उसे प्रतिष्ठापित करवाया था। इस प्रकार स्पष्ट हो जाता है कि धार्मिक कार्यों में स्त्रियां अग्रणीय थीं।

चाहमान शासकों के समय स्त्रियों को बौद्धिक स्वतंत्रता प्राप्त थी। शिक्षित स्त्रियां किसी भी प्रकार पुरुषों से कम नहीं थीं। पुरुषों के साथ वे कविता करती थीं और कविता प्रतियोगिता में भाग लेती थीं हालांकि पूर्व मध्ययुग तक नारी शिक्षा का प्रसार अवरुद्ध हो चुका था किंतु अभिजात वर्ग में सुसंस्कृत और सुबोध स्त्रियों की कमी नहीं थी। गाथा सप्तशती से अनेक विदुषी स्त्रियों का पता लगता है, यथा—रेखा, रोहा, शशिप्रभा, माधवी, अनुलक्ष्मी, पाहई, बद्धवही, शशिप्रभा का पता चलता है, जो अपनी प्रतिभा और कल्पनाशक्ति के लिए विख्यात थीं।[52] *कथासरित्सागर* में नृत्य, संगीत तथा चित्रकारिता में प्रवीण स्त्रियों का उल्लेख हुआ।[53] हर्ष की बहन राज्यश्री नृत्यगीत आदि कलाओं में काफी निपुण थी, जिसका उल्लेख *हर्षचरित* से मिलता है।[54] दशरथ शर्मा ने अपनी पुस्तक *अर्ली चौहान डाइनेस्टी* में लिखा है, "शाकंबरी के चौहान शासक चंदन की रानी को योग क्रिया का ज्ञान था।[55] कविवर राजखेखर की पत्नी अवन्ति सुंदरी उत्कृष्ट कवियत्री और टीकाकार थीं।[56]

चाहमान शासक गूवक प्रथम की बहन कलावती जिसका विवाह कान्यकुब्ज सम्राट (प्रतिहार शासक भोज प्रथम) से हुआ था, 64 कलाओं में निपुण थी, जिसका उल्लेख *पृथ्वीराज विजय* से मिलता है।[57] परमार शासक भोज के समय की कवियत्री सीता महापंडित थी, जिसने वेद, रघुवंश, महाकाव्य, कात्यायन के कामसूत्र एवं चाणक्य की राजनीति संबंधी ग्रंथों का अध्ययन किया था।[58] नैषधचरित से यह उल्लेख मिलता है कि स्त्रियों को कृत्य विद्या की

विशेष रूप से शिक्षा दी जाती थी, जिसके लिए शिक्षकों की नियुक्ति की जाती थी।[59] मंडल मिश्र (मिथिला) की पत्नी भारती ने अपनी प्रखर बुद्धि से शंकराचार्य को स्तब्ध कर दिया था।[60] इसी प्रकार भाष्कराचार्य की पुत्री लीलावती को गणित का गहरा ज्ञान था, जिसके नाम पर ही भाष्कराचार्य ने (12वीं सदी के अंत में) गणित की एक पुस्तक *लीलावती की रचना* की थी[61] जो लड़कियां विवाह की आयु हो जाने पर भी अपना अध्ययन समाप्त नहीं करती थीं, उन्हें 'ब्रह्मवासिनी' कहा जाता था। अध्ययन का कार्य करने वाली स्त्रियां 'उपाध्यायनी' कही जाती थी, परंतु जो अध्यापिकाएं होती थीं, उन्हें 'उपाध्याया' कहते थे।[62]

स्त्री का संपत्ति विषयक अधिकार

स्त्रियों की आर्थिक स्थिति को ध्यान में रखकर हिंदू समाज में उनका संपत्ति विषयक अधिकार स्वीकार किया गया है। इस संदर्भ में जी.डी. बनर्जी का कथन है कि भारत से पहले कोई देश ऐसा नहीं है, जहां स्त्रियों का संपत्ति पर अधिकार मान्य रहा हो और हमारे देश की उपेक्षा कानून प्राचीन पद्धतियां बहुत ही कम हैं, जो इस पर विस्तारपूर्वक विचार की हों[63] विभिन्न स्मृतिकारों (स्मृति चंद्रिका, विज्ञानेश्वर, धारेश्वर और विश्वरूप) के मतों की विवेचना करते हुए डॉ. घोषाल और आर.सी. मजूमदार इस निष्कर्ष पर पहुंचते हैं कि पूर्व मध्ययुग में स्त्रियों के संपत्ति विषयक अधिकार में काफी वृद्धि हुई।[64] परिवार के संपत्ति विभाजन के समय माता-पिता के संपत्ति में पुत्र के समान पुत्रियां भी हिस्सेदार होती थीं, इस बात की पुष्टि लेखपद्धति से होती है।[65] कात्यायन के अनुसार विभाजन के समय अदत्त (अविवाहित) कन्या की चतुर्थांश भाग मिलता था।[66] कन्या को पुत्र के हिस्से का चतुर्थांश भाग पाने की संस्तुति जीमूतवाहन और विज्ञानेश्वर दोनों ने किया है।[67] जीमूतवाहन का मत है कि पुत्रियों में पुत्रवती उत्तराधिकारी ही युक्तिपूर्ण है, विधवा और निःसंतान पुत्री नहीं।[68] शुक्र का विचार है कि अविवाहित पुत्री को पिता के हिस्से का आधा मिले तथा विवाहित पुत्री के पुत्र को आधा।[69] *कथासरित्सागर* में यह उल्लेख मिलता है कि पुत्र के अभाव में पुत्रियां पिता की संपूर्ण संपत्ति की उत्तराधिकारिणी होती थीं। राजा मिल्लपाल ने अपनी मृत्यु के समय अन्य कोई संतान न होने के कारण अपनी एकमात्र कन्या सुंदरी को अपने राज्य का उत्तराधिकारिणी घोषित किया था।[70] अलबीरूनी भी पुत्र के अभाव में पुत्री के उत्तराधिकारिणी होने के नियम की पुष्टि की है।[71] याज्ञवल्क्य, विष्णु और कात्यायन के अनुसार एक विधवा अपुत्रक व्यक्ति के संपत्ति की प्रथम उत्तराधिकारिणी थी।[72] लक्ष्मीधर[73] और जीमूतवाहन[74] के अनुसार भी निःसंतान विधवा को पति की संपत्ति पाने का अधिकार है। लेख पद्धति में कहा गया है कि पति की संपत्ति में एक विधवा का उतना ही हिस्सा है, जितना पुत्र का और कन्या के विवाह में उत्तराधिकारियों को समान सहायता देने का दायित्व है।[75] लेकिन अलबीरूनी के कथानानुसार[76] अगर मृत व्यक्ति का कोई उत्तराधिकारी है तो विधवा जब तक जीवित रहती है, तब तक भोजन और वस्त्र देना पड़ता है। अलबीरूनी का यह कथन प्राचीन लेखक नारद[77] के इस

विचार से मिलता है कि निःसंतान विधवा का भरण-पोषण उत्तराधिकारी व्यक्ति अथवा सपिंड पर है, लेकिन मध्यकालीन लेखकों के मतों के बीच अलबीरूनी का उपर्युक्त कथन सही नहीं ठहरता और यह कहा जा सकता है कि चाहमानकालीन समाज में स्त्रियों की संपत्ति विषयक अधिकारों में प्राचीन काल की अपेक्षा काफी उन्नति हुई।

स्त्रीधन

भारत में प्राचीन काल में स्त्रीधन का उल्लेख किया गया है। मनु के मतानुसार वैवाहिक अग्नि के सम्मुख जो कन्या को धन प्राप्त होता है, जो कन्या को पति-गृह जाते समय मिलता है, जो स्नेहवश उसे दिया जाता है, जो माता-पिता और भाई से मिलता है, वह सब स्त्री धन है, जिसके 6 प्रकार हैं।[78] स्त्री की अपनी स्वयं की संपत्ति जिस पर पूर्ण स्वत्व होता है, वह स्त्री धन कहा जाता है। मध्ययुगीन लेखक विज्ञानेश्वर ने भी मिताक्षरा में स्त्रीधन को कम से कम 6 प्रकार का बताया है। उनके अनुसार माता-पिता, भ्राता और पति द्वारा दिया हुआ, अग्नि के सानिन्ध्य में विवाह के समय कन्यादान के साथ प्राप्त तथा अधिवंदन के निमित्त मिला हुआ धन स्त्री धन था।[79] इस संबंध में अलबीरूनी लिखता है कि वर द्वारा विवाह के पूर्व स्त्री को उपहार दिया जाता है, जिसे लौटा सकने का अधिकार उसे नहीं होता। अलबीरूनी यह भी उल्लेख करता है कि कन्या का पुत्र के भाग का चतुर्थांश हिस्सा है। अगर वह अविवाहित रहती है तो वह अंश उस पर व्यय होता है और उसका दहेज उसके भाग से क्रय किया जाता है।[80] धर्मसूत्र लेखक भी जिन्होंने एक विधवा के संपत्ति संबंधी अधिकार को स्वीकार नहीं किया है। स्त्रियों के स्त्रीधन के विभिन्न प्रकारों पर निर्विवाद रूप से स्वामित्व रखने की स्वीकृति दी है।[81] नारद ने स्त्री को केवल चलसंपत्ति बेचने का अधिकार प्रदान किया है।[82] जिन्हें अन्य मध्यकालीन भाष्यकारों ने भी स्वीकार किया।[83] किंतु कोल्हापुर से प्राप्त एक अभिलेख (12वीं सदी) के अनुसार स्त्रियां अपनी जमीन (अचल संपत्ति) भी बेच सकती थीं[84] इस प्रकार स्पष्ट हो जाता है कि स्त्रीधन पर नारी स्वामित्व था, किंतु इसके साथ ही दोषपूर्ण और अयोग्य कन्याओं को स्त्रीधन न देने का विधान भी धर्मशास्त्रकारों ने किया है। अपचार क्रिया-युक्ता, निर्लज्जा, अर्धनाशिनी तथा व्यभिचारिणी स्त्री का स्त्रीधन पर अधिकार नहीं होता था।[85]

स्त्रीधर्म

पति-सेवा और पातिव्रत्य धर्म का पत्नी के लिए अपार महत्व था। पति ही स्त्रियों के लिए सब कुछ थे। श्री हर्ष ने पति-सेवा पतिव्रता स्त्रियों का परम धर्म बताया है।[86] बीसलदेव रासो में स्त्रियों के लिए अपने पति की 'दासी'[87] तथा 'पांव की पनही' शब्द का प्रयोग किया गया है।[88] पति ही स्त्रियों के देवता थे।[89] स्कंदपुराण में पतिव्रता स्त्री के विषय में सविस्तार प्रकाश डाला गया है, जिसके अनुसार पत्नी को पति का नाम नहीं लेना चाहिए। ऐसे चाल-चलन से

पति की आयु बढ़ती है, उसे दूसरे पुरुष का नाम नहीं लेना चाहिए, चाहे पति उसे उच्च स्वर से ही अपराधी क्यों न सिद्ध कर रहा हो। पीटी जाने पर भी उसे जोर से रोना नहीं चाहिए, उसे हंसमुख रहना चाहिए। पतिव्रता को हल्दी, कुंकुम सिंदूर, अंजन, कंचुकी (चोली), शुभ आभूषणों का व्यवहार करना चाहिए।[90]

स्त्री का चरित्र और आचरण

समाज को उदात्त, आदर्श और सुव्यवस्थित बनाए रखने के लिए यह अपेक्षित था कि स्त्री का चरित्र और आचरण उज्ज्वल और सुसंकृत हो, क्योंकि स्त्री के चरित्र और आचरण से ही परिवार और समाज का उत्कर्ष होता है। उसकी नैतिकता चारित्रिक सौष्ठव और निष्ठा से कुंटुब की गरिमा बनती है। शंख स्मृति के अनुसार घर-बाहर जाते समय उन्हें अपने को आभूषणों से सुसज्जित रखना पड़ता था, तेजी से नहीं चलना पड़ता था, उन्हें व्यापारी, संन्यासी, वृद्ध पुरुष और चिकित्सकों के सिवाय अन्य किसी से बात करने की अनुमति नहीं थी। टहलते समय उन्हें हंसना, वार्तालाप और किसी भी प्रकार का मजाक करना मना था। उन्हें हमेशा अपने कपड़ों को ऐसे ढंग से रखना पड़ता था कि उनके शरीर का कोई अंग दिखाई न दे।[91] *कथासरित्सागर* में यह उल्लेख मिलता है कि स्त्रियां अपने पति के अतिरिक्त पर पुरुष को स्वप्न में भी चित्त में स्थान नहीं देती थीं।[92] वे अपने पति की आज्ञाओं का उल्लंघन करना[93] तथा उनसे झूठ बोलना सती धर्म के मर्यादा का उल्लंघन समझती थीं।[94] पतिव्रता स्त्रियां सभी अवस्थाओं में अपनी पति की अनन्य भक्ति से उपासना करती थीं।[95] सोमदेव ने *कथासरित्सागर* में कहा है कि पति की एकमात्र भक्ति और अपने सतीत्व के तेज की दृढ़ता से अपनी रक्षा करने वाली पतिव्रताओं की आपत्ति में देवता अवश्य उनकी रक्षा करते हैं।[96] पर पुरुष को स्त्रियां पुत्र तथा भाई के समान समझती थीं।[97] परपुरुष के संभाषण करना कुल-स्त्री के सदाचार के विरुद्ध समझा जाता था।[98] पति के रहते दूसरे पुरुष से अनुरक्त रहने वाली स्त्री समाज में हेय दृष्टि से देखी जाती थी और 'जारी' 'हारी' 'दुष्टा' आदि शब्दों से संबोधित की जाती थी।[99] कुछ स्मृतिकारों ने ऐसी स्त्री को उदारतापूर्वक दंडित करने की व्यवस्था दी है, उनके अनुसार ऐसी पत्नी को जो पहली बार किसी दूसरे पुरुष के साथ व्यभिचार करती है, उसका परित्याग न करके उसे दूसरे ऋतुकाल तक और इस व्यभिचार से गर्भ रह जाने पर संतान प्रसव तक घर के एकांत कक्ष अथवा बाहरी घर में रहने का दंड दिया जाना चाहिए[100], किंतु याज्ञवल्क्य ने ऐसी दुश्चरित्र स्त्री के सभी अधिकार छीन लेने तथा अनादरपूर्वक गंदे वस्त्र पहनाकर भूमि पर शयन कराने की व्यवस्था दी है।[101]

पूर्व मध्ययुगीन समाज में विवाहित स्त्री का दूसरे पुरुष के साथ गमन करने पर प्रायश्चित आदि की व्यवस्था थी, किंतु स्त्री द्वारा बार-बार व्यभिचार किए जाने पर त्याग का नियम था। इस बात की पुष्टि अलबीरूनी के विवरण से होती है। वह कहता है कि व्यभिचारिणी को पति के घर से निष्कासित कर दिया जाता था।[102] श्री हर्ष ने ऐसी स्त्री के सिर के बाल

कटवाकर उसे घर से निष्कासित कर देने का निर्देश दिया है[103], किंतु इस संबंध में डॉ. जयशंकर मिश्र का कहना है कि पत्नी द्वारा व्यभिचार करने पर भी उसे निष्कासन की व्यवस्था नहीं थी, उनका कहना है कि पत्नी के त्याग का अर्थ यह नहीं है कि उसे घर से बाहर निकाल दिया जाए, बल्कि धार्मिक और दांपत्य कृत्यों से उसे अलग कर दिया जाता था।[104]

विधवा जीवन

चाहमानकालीन समाज में स्त्रियों की स्थिति अत्यंत दयनीय थी। हिंदू समाज में पति की मृत्यु के बाद स्त्रियों के समक्ष दो विकल्प थे, एक पति के साथ सहमरण (सती होना) और दूसरा, आजीवन नैतिक (ब्रह्मचर्य) जीवन व्यतीत करना। विधवा विवाह का निषेध सभी शास्त्रकारों द्वारा किया गया है। समस्त कठोर नियमों को देखने से यह तथ्य प्रकाश में आता है कि इन नियमों से विधवा का चरित्र एवं आचरण प्रांजल रहता था और समाज का नैतिक स्तर उच्च बना रहता था।

कुछ धर्मशास्त्रकारों ने पति की मृत्यु के बाद स्त्री को सती होने का निर्देश दिया है, किंतु इसके साथ कुछ धर्मशास्त्रकारों ने इसकी काफी प्रशंसा की है। हारीत के अनुसार जो स्त्री सती होती, वह तीन कुलों को अर्थात् माता-पिता एवं पति के कुलों को पवित्र करती है।[105] मिताक्षरा ने सती प्रथा को ब्राह्मण से लेकर चांडाल तक की स्त्रियों के लिए समान रूप से श्रेयस्कर माना है, किंतु उस स्त्री को जो गर्भवती है या छोटे बच्चों वाली हो, सती होने से रोका है।[106] लक्ष्मीधर ने भी अंगिरा को उद्धृत करते हुए लिखा है कि पति की मृत्यु हो जाने पर जो स्त्री हुताशन (अग्नि) पर आरोहण करती है, वह अरुंधती के सदृश आचरण करने वाली स्वर्ग लोक में महत्वपूर्ण पद प्राप्त करती है।[107] *ब्रह्मपुराण* को उद्धृत करते हुए उन्होंने पति के साथ सहगमन करने वाली स्त्री को सतस्त्री कहा है।[108]

मेधातिथि ने इसे आत्महत्या कहा है और स्त्रियों के लिए इसे वर्जित माना है।[109] देवण्ण भट्ट ने भी इस प्रथा की कटु आलोचना करते हुए कहा है कि सती होना विधवा ब्रह्मचारी रहने की अपेक्षा अधिक जघन्य है।[110] तंत्र लेखक भी इसके विपरीत थे।[111] इसके बाद भी सती होने के अनेक साहित्यिक एवं अभिलेखीय प्रमाण प्राचीन काल से ही मिलते हैं।

पृथ्वीराज रासो से यह विदित होता है कि पृथ्वीराज तृतीय की मृत्यु का समाचार जब उसकी पत्नियों को मालूम हुआ तो वे सभी चिता में जलकर सती हो गईं, उसमें पृथ्वीराज तृतीय की पत्नी संयोगिता भी सम्मिलित थी।[112] *कथासरित्सागर* में उल्लेख मिलता है कि अग्निदत्त जब वृद्धावस्था के कारण परलोक को सिधार गया तो उसके साथ ही उसकी पत्नी भी सती हुई थी।[113] *राजतरंगिणी* से कश्मीर के राजा यशः कर्ण और उसके उत्तराधिकारी क्षेमगुप्त की रानियों के सती होने का उल्लेख मिलता है।[114] राज शंकर वर्मन की मृत्यु पर सुरेंद्रवती नामक प्रधान रानी के साथ तीन और रानियां अन्वारोहण में शरीरक हुईं।[115] कुट्टीनीमतम से भी सती प्रथा के प्रचलन का संकेत मिलता है।[116]

इस प्रथा के बारे में अलबीरूनी लिखता है उनके लिए दो मार्ग थे, पति के शव के साथ जल जाना, या जीवनपर्यंत विधवा रहना। पहली घटना को ही अच्छा समझा जाता रहा है, क्योंकि विधवा के रूप में जब तक वह जीवित रहती, उससे बुरा बर्ताव किया जाता। राजाओं की पत्नियों के संबंध में चाहे वे चाहती हों या नहीं, उनके यहां जला देने का व्यवहार है। उन स्त्रियों के लिए यह अपवाद है जो अधिक उम्र की है और जिनको संतान है, क्योंकि पुत्र अपनी माता का उत्तरदायी रक्षक है।[117] अलबीरूनी के पूर्ववर्ती अरब यात्री सुलेमान ने भी भारत में सती प्रथा के प्रचलन का उल्लेख किया है। वह लिखता है कि यहां यह नियम है कि जब राजा मरता है, तब उसके साथ उसकी सब रानियां भी जल जाती हैं। पर यह केवल उनकी इच्छा है, इसमें कोई जबर्दस्ती नहीं।[118]

अभिलेख स्त्रोतों से भी सती प्रथा के प्रचलन की पुष्टि होती है। राजस्थान से प्राप्त वि.सं. 740, 743, 745 के प्राचीन स्तंभलेख बहुतायत सती होने वाली स्त्रियों के ही है, जिनमें 'उपगता' शब्द का प्रयोग हुआ है।[119] पटियाला अभिलेख (वि.सं. 945 = 890 ई.) से ज्ञात होता है कि राजपूत सामंत राणुक की पत्नी सांवल देवी सती हुई थी।[120] धौलपुर से प्राप्त 898 ई. के एक अभिलेख से ज्ञात होता है कि चाहमान शासक चंद्र महासेन की माता कन्हुला अपने पति महिशिर्मन की मृत्यु के बाद सती हुई थी।[121] राष्ट्रीय संग्रहालय, नई दिल्ली गढ़ अलवर से प्राप्त स्मारक (नं. एल. 2000) वि.सं. 1239 (1182 ई.) का है, जिससे ज्ञात होता है कि रानी केच्चल देवी अपने पति राजा पृथ्वीदेव की मृत्यु पर सती हुई थी। एरण अभिलेख से विदित होता है कि भानुगुप्त के सेनापति गोपराज की पत्नी पति के मृत्यु के बाद सती हुई थी।[122] जोधपुर अभिलेख गुहिलवंशी दो रानियों के सती होने का उल्लेख करता है।[123]

विधवाओं के संबंध में हारित ने यह व्यवस्था दी है कि विधवा स्त्री को बाल संवारना छोड़ देना चाहिए, पान खान, गंध, पुष्प, आभूषण एवं रंगीन परिधान का प्रयोग नहीं करना चाहिए। पीतल, कांसे के बर्तन में भोजन नहीं करना चाहिए, दो बार भोजन करना चाहिए, उसे श्वेत वस्त्र धारण करना चाहिए, उसे इंद्रियों एवं क्रोध को वश में रखना चाहिए, धोखाधड़ी से दूर रहना चाहिए, प्रमोद एवं निंदा से युक्त नहीं रहना चाहिए, मनोयोग एवं सत्संगति में लीन रहना चाहिए।[124] नैषधचरित से यह उल्लेख मिलता है कि पति की मृत्यु के बाद स्त्रियां अपनी चूड़ियों को फोड़ देती थीं।[125] चंदेल नरेश धंग के खजुराहो अभिलेख से भी इस बात की पुष्टि होती है कि पति की मृत्यु के बाद स्त्रियां सिंदूर धारण नहीं करती थीं तथा मुख पर कुंकुम आदि का प्रयोग भी करना बंद कर देती थीं।[126]

तद्युगीन समाज के समस्त विवरणों पर विचार करने से यह पूर्णरूपेण स्पष्ट होता है कि सती प्रथा का प्रचलन मुख्य रूप से राजकुलों एवं बड़े प्रतिष्ठित परिवारों में ही प्रचलित था। यदा-कदा लोभवश संपत्ति में स्त्री को हिस्सा न देने के इरादे से स्त्रियां सती कर दी जाती थीं।[127] किंतु यह निश्चयपूर्वक कहा जा सकता है कि सती होने का प्रचलन समस्त जनता के व्यवहार में नहीं था। यह विधवा पर निर्भर था कि वह सती हो या आजन्म ब्रह्मचर्य जीवनयापन करे।

पर्दा प्रथा

चाहमानयुगीन समाज में स्त्रियां प्रायः पर्दा का प्रयोग नहीं करती थीं, लेकिन कभी-कभी लोकस्थान (जनसमूह) में जाने पर स्त्रियां पर्दा का प्रयोग कर लेती थीं। 'असर्यमपश्या' शब्द इस बात की सूचना देता है कि घूंघट की प्रथा थी, वैसे दृढ़तापूर्वक कहीं भी पर्दा का प्रयोग नहीं होता था।[128]

बीसलदेव रासो के अनुसार राजा बीसल देव विवाह संपन्न होने के बाद ऐरावत हाथी पर अपनी दुल्हन को अपने बगल में बैठाकर उज्जैन से अजमेर ले गया।[129] चौहान नृपति बीसलदेव की मां के संबंध में कहा गया है कि वह राजदरबार में बैठती थी तथा मंत्रियों और अन्य उच्चाधिकारियों से विचार-विमर्श करती थी।[130]

नैषधचरित्र से यह उल्लेख मिलता है कि राजा नल के अंतःपुर की रानियां दूसरे पुरुष से पर्दा नहीं करती थीं।[131] श्रीकृष्ण मिश्र ने प्रबोध चंद्रोदय में स्वामी (पति) तथा अन्य पुरुषों के समक्ष स्त्रियों को आने का स्पष्ट रूप से संकेत किया है।[132] *कथासरित्सागर* में रत्नप्रभा नामक स्त्री ने तो पर्दाप्रथा का विरोध भी किया है। वह कहती है कि "हे आर्यपुत्र ! प्रसंगवश कहती हूं कि अंतःपुर में स्त्रियों की रक्षा इस प्रकार हो, यह मेरा नहीं स्त्रियों का कड़ा पर्दा और नियंत्रण ईर्ष्या से उत्पन्न मूर्खता है, इसका कोई उपयोग नहीं, सच्चरित स्त्रियां अपने सदाचार से ही सुरक्षित रहती हैं और किसी पदार्थ से नहीं।[133] कल्हण की *राजतरंगिणी* में भी पर्दाप्रथा का कहीं कोई उल्लेख नहीं मिलता। *द्वयाश्रम महाकाव्य*[134] के अनुसार ग्रामीण युवतियां पर्वतों पर क्रीड़ा करती थीं, इससे यह स्पष्ट होता है कि युवतियों के समक्ष पर्दे की दीवार नहीं थी।

सातवीं सदी का चीनी यात्री ह्वेनसांग का कथन है कि बालादित्य की माता ने यह इच्छा प्रकट की थी, जब सरदार मिहिरकुल पराजित होकर पकड़ा जाए तो उसके सामने उपस्थित किया जाए।[135] अवुज़ैद का भी कथन है कि भारत के अधिकांश राजा लोग जब राजदरबार में बैठते थे तो उनके साथ उनकी रानियां भी होती थीं तथा दरबार में उपस्थित होने वाले देशी एवं विदेशी लोग उन्हें देख सकते थे।[136]

इस प्रकार स्पष्ट हो जाता है चौहानकालीन समाज में पर्दा प्रथा उच्च समुदाय और राजपरिवार में भले ही रही हो, किंतु साधारण जनता में इसका पूर्ण प्रचलन नहीं हो पाया था। स्त्रियां बिना किसी प्रतिबंध के उन्मुक्त और अवगुंठहीन घूमती थीं, चाहे वे अकेली घूमें या पति के साथ, अधिकांशतः वे बिना किसी आवरण के ही रहती थीं। ऐसा प्रतीत होता है पर्दाप्रथा का प्रचलन बारहवीं सदी के बाद ही हुआ, जब देश और समाज विदेशी आक्रामकों से रह-रहकर आक्रांत होने लगा था और भारतीय स्त्रियों के लिए सुरक्षा का प्रश्न महत्वपूर्ण बन चुका था।[137]

वेश्या प्रथा

चौहानकालीन साक्ष्यों को देखने से यह विदित होता है कि तत्कालीन समाज में कुछ स्त्रियां

वेश्या का जीवन भी व्यतीत करती थीं। वेश्यावृत्ति का कारण व्यक्तियों की काम और सौंदर्ययुक्त भावना की प्रधानता थी, जो प्राचीन और मध्ययुगीन दोनों में ही प्रचलित रही। राजकुलों के संबंधियों, नगर श्रेष्ठियों, सामंतों आदि का उत्प्रेरक उत्साह वेश्यावृत्ति के प्रसार में सहायक था। समकालीन साहित्यिक ग्रंथों से वेश्याओं के बारे में जानकारी मिलती है। *हर्षचरित* से विदित होता है कि सायंकाल होते ही अभिसारकाएं सुनसान गलियों में पैंतरा मारना शुरू कर देती थीं।[138] *कथासरित्सागर* से अर्थलोलुप वेश्याओं का उल्लेख मिलता है, जो दूसरे के धन को ठगने में सर्वदा लगी रहती थी।[139] प्रबोधनद्रोदय नाटक[140] से यह उल्लेख मिलता है कि वेश्याएं अपने आंतरिक भावों को प्रदर्शित करके, परपुरुषों को अपने वश में करके उनके धन को हड़प लेती थीं। इसी ग्रंथ से यह भी उल्लेख मिलता है कि समाज में कुछ ऐसे भी पुरुष थे, जो वेश्याओं के घरों में मद्यगंध युक्त स्त्रीजन के मुद्यासव से मस्त होकर सानन्द चांदनी रातें बिताकर दिन में अपने को सर्वज्ञ, दीक्षित, अग्निहोत्री तथा तपस्वी घोषित करके दुनिया को ठगने का काम करते थे।[141] कुट्टनीमतम् से यह उल्लेख मिता है कि एक ब्राह्मण का संबंध किसी गणिका से हो जाने पर समाज में वह उपेक्षा की दृष्टि से देखा जाता है।[142]

पूर्व मध्ययुगीन भारत के प्रायः सभी नगरों में वेश्याएं रहती थीं।[143] वेश्याओं का संबंध दरबार से भी होता था। वेश्याएं नृत्य संगीत के द्वारा राजाओं का मनोरंजन करती थीं। *कथासरित्सागर* में इस प्रकार की वेश्याओं का उल्लेख हुआ है, जो राजाओं का मद्यपान, संगीत आदि से दिन-भर मनोरंजन करती थीं और अंत में अपने को उन्हें समर्पित कर देती थीं।[144] जिनपाल के *खरतरगच्छपट्टावली*[145] से पृथ्वीराज तृतीय के दरबार में वेश्याओं की उपस्थिति का वर्णन मिलता है। हम्मीर के दरबार में रहने वाली वेश्या धारा इतनी प्रभावशाली थी कि उसने अंध मंत्री धर्मसिंह को अपने वश में कर लिया था। हरिराज का पतन मुख्य रूप से गणिकाओं के कारण ही हुआ था।[146] प्रबंधचिंतामणि में उल्लिखित है चौलुक्य नरेश भीमदेव का संबंध बकुला देवी नामक रूपशीला वेश्या के साथ था।[147]

विवेच्ययुगीन समाज वेश्यावृत्ति अपनी जड़ें जमा चुकी थी। इनको हर उत्सवों पर आमंत्रित किया जाता था। लक्ष्मीधर ने इंद्रध्वज के उत्सव पर गणिका निगम को आमंत्रित करने का स्पष्ट रूप से उल्लेख किया है।[148] *कथासरित्सागर* से पता चलता है कि शिशु जन्म आदि विभिन्न उत्सवों पर इन्हें नृत्य, संगीत आदि के लिए आमंत्रित किया जाता था।[149] शासकों का इनके प्रति उदार दृष्टिकोण भी था। वेश्याओं पर राज्य की ओर से कर भी लगाया गया था जिससे राजकोष को काफी आय होती थी। 12वीं सदी के चाहमान लेखों में वेश्याओं पर लगाए गए कर का उल्लेख है, जिसे शासक ने किसी कारणवश माफ कर दिया था।[150] चौलुक्य शासक कुमारपाल, जिसनें अपने राज्य से अनेक सामाजिक बुराइयों को जड़ से समाप्त करने का प्रयास किया, उसे वेश्यावृत्ति के बारे में यह कहना पड़ा कि मैंने अपने राज्य में चोरी, व्यभिचारी आदि को पूर्णरूपेण समाप्त कर दिया है, किंतु जहां तक वेश्यावृत्ति का संबंध है, यह उतनी महत्वपूर्ण बात नहीं है, इसे हटाने या बने रहने में हमें कोई नुकसान या उपलब्धि नहीं है।[151] इस संबंध में वी.पी. मजूमदार का कहना है कि चूंकि कुमारपाल के

प्रपितामह की उत्पत्ति गणिका से ही हुई थी। संभवतः इसीलिए उसने इसे समाप्त करने का पूर्ण प्रयास नहीं किया।[152] इस प्रकार हम कह सकते हैं, चाहमान काल में वेश्यावृत्ति विद्यमान थी।

शिक्षित गणिकाओं का भी उल्लेख ग्रंथों में आया है। वृहतकल्पसूत्र भाष्य (2.5.262) में एक गणिका का उल्लेख हुआ है जो 64 कलाओं में निपुण थी।[153] मेरुतंग ने गुजरात के एक वेश्या कवियत्री का उल्लेख *प्रबंधचिंतामणि* में किया है, जिसने परमार शासक भोज को अपनी कविता से प्रसन्न किया था[154] *कथासरित्सागर* में यह भी उल्लेख मिलता है कि तत्कालीन समाज में ऐसी भी कुछ वेश्याएं थी, जो सत्वगुण वाली होती थीं।[155]

देवदासी

पूर्व मध्ययुगीन देव मंदिरों के निर्माण के साथ-साथ उनके वैभव एवं ऐश्वर्य को प्रभायुक्त बनाने के लिए देवदासियों की नियुक्ति की गई जो नृत्य और गान में निपुण होती थीं, जिन्हें 'देवदासी' कहा जाता था। यह प्रथा भारतीय समाज में छठी शताब्दी के बाद अस्तित्व में आई।[156] ऐसी स्त्रियों का उल्लेख *मेधातिथि, कथासरित्सागर, कुट्टीनीमतम्, प्रबंधचिंतामणि, राजतरंगिणी* आदि पूर्वमध्यकालीन साहित्यिक ग्रंथों में हुआ है।

देवदासियों का सर्वप्रथम उल्लेख चीनी यात्री श्वॉनच्वांग ने किया है। वह कहता है कि मुल्तान के मंदिरों में परंपरानुसार ऐसी दासियां थीं, जो नृत्य करती थीं।[157] अलहसन और अलबीरूनी ने जहां देवदासियों को कामोपभोग का साधन उल्लिखित किया है, वहीं तेरहवीं सदी में होने वाले पर्सियन लेखक जकरीय अलकजवीनी[158] ने लिखा है कि ये केवल मंदिर के दान पर निर्भर करती थी, वह इन्हें वासनापूर्ति का साधन नहीं मानता, वह कहता है कि सोमनाथ मंदिर के द्वार पर पांच सौ कुमारियां गाती व नाचती थीं। उसका विवरण चीन और भारत के भ्रमण करने वाले तत्कालीन यात्रियों के संवादों पर आधारित है। डॉ. घोषपाल का कथन है कि केवल गुजरात के चार हजार मंदिरों में बीस हजार से भी अधिक नर्तकियां थी।[159] कल्हण के अनुसार कश्मीर के मंदिरों में देवदासियां रहा करती थीं।[160]

देवदासियों का उल्लेख अभिलेखों में भी हुआ है। मारवाड़ा के चाहमान वंशी जीजाल्लदेव के दो अभिलेखों से पता चलता है कि भगवान के उत्सव में राजा तथा अन्य दरबारी उपस्थित होते थे। राजा अपने समस्त आभूषणों और परिधानों से सजकर अपने शूलपालों के साथ नृत्योत्सव, गानोत्सव और वाद्योत्सव में सम्मिलित हो जाते थे। राजा राजकुमारों के ऐसे त्यौहारों एवं उत्सवों को प्रसन्नतापूर्वक संपन्न कराने के लिए निर्देश देता था, साथ ही यह भी कहता है कि जो व्यक्ति, साधु, वृद्ध, विद्वान उसके विरुद्ध आवाज उठाए उसके विरुद्ध कार्यवाही हो।[161] रानी चित्रलेखा के बयाना (भरतपुर राज्य) अभिलेख (वि.सं. 1012 = 955 ई.) जो महिपाल देव के समय का है, उसमें देवदासियों का उल्लेख हुआ है।[162] चौलुक्यवंश के शासक विक्रमादित्य षष्टम के सेनापति महादेव के संबंध में उल्लेख मिलता है कि उसने अपनी स्वर्गीय

माता की स्मृति में एक मंदिर का निर्माण करवाया था, जिसमें देश के परम सुंदरियों के लिए निवास-स्थान बने हुए थे।[163] हर्षनाथ मंदिर को इस प्रकार की अनेक स्त्रियां उपहारस्वरूप प्रदान की गई थीं।[164] वि.सं. 1205 का अल्हण का खंडित ताम्रपत्र अभिलेख मुख्य रूप से चंदलेश्वर और त्रिपुरुष देव के मंदिर से जुड़ी हुई देवदासियों के लिए विभिन्न शासकों द्वारा की हुई व्यवस्थाओं का उल्लेख करता है।[165]

इस प्रकार की देवदासियां सामान्य व्यक्तियों द्वारा निर्मित मंदिरों में भी रहा करती थी। ईशान शिव साधु द्वारा बंदायूं में बनवाए गए शिव मंदिरों में भी देवदासियां नियुक्त थीं।[166] दक्षिण के अधिकांश मंदिरों में नर्तकियां सेवारत थीं।[167] देवमंदिरों का निर्माण पूजन, अर्चन एवं आध्यात्मिकता में अभिवृद्धि हेतु होता था, परंतु धीरे-धीरे ये मंदिर कामोद्दीपन के केंद्र बन गए। सामंतों और राजाओं के प्रोत्साहन से देवदासियों की एक परंपरा बन गई। अलबीरूनी[168] इसके पीछे आर्थिक कारणों को बताता है। जो शासक को प्राप्त होता था। तथापि व्यवहारिक रूप से इस प्रथा की निंदा ही होती थी। वस्तुतः कोई भी सभ्यता या देश तब तक अतिक्रमित नहीं किया जा सकता जब तक कि उसमें स्वयं के बर्बादी या अनैतिकता के चिह्न न आ जाएं।[169]

संदर्भ एवं टिप्पणियां

1. सचाउ, *अलबीरूनी इंडिया,* जि. 1, पृ. 181।
2. कथा., 6.2.45-46।
3. वही, 6.2.47 "पुत्रेभयोम्युत्तमाः कन्याः शिवाश्चेह परत्र च।"
4. कथा., 6.2.50 "फलं यच्च सुतादानात कृतः पुत्रात् परत्र तत्।"
5. *हर्षचरित,* 4.240।
6. उपमितिभवप्रपंच कथा, पृ. 698।
7. उद्धृत, इंद्र, *दि स्टेटस ऑफ उमेन इन एंशियेंट इंडिया,* पृ. 172।
8. *वीसलदेव रासो,* प्रथम सर्ग, 60-72।
9. कथा., 5.1.38 "कन्या दाना दूते पुत्रि किं स्यात किल्वषशांतये।"
10. *एपि.इं.,* जि. 29, पृ. 54, द्विभार्ये, जि. 12, पृ. 205, "सार्धशतेन गृहिणी", जि. 18, पृ. 95 "श्रीहरिश्चंद्राख्य पत्नी भ्रदा च क्षत्रिया।"
11. *वीसलदेव रासो,* प्रथम सर्ग, 74-78।
12. क.मं., 1.20 "धरिणी जापि अंरंजेटि।"
13. *पृथ्वीराज रासो,* चौसठवां समय, छंद 253, पृ. 214 5।
14. मेधातिथि, *मनु.,* 9.1।
15. *कथा.,* 2.5.195 "पतिः सतीनां परम हि देवतम्", उपमिति भवप्रपंचकथा, पृ. 129. "भततृदेवता नारी", बा.रा. 4.42, पृ. 121, "स्त्रीणां पति र्देवतं"।
16. *नैषध.,* 6.97, "प्रत्युर्वरिवस्याहंशमो र्मिकिर्मोरितधर्मलिप्सुः"
17. *कथा.,* 3.2.9 "सहते हि भर्त्तुभक्ताः कुलांगना"।

18. *ह.म.*, सर्ग 4.1.19।
19. सारंगपद्धति, 5.606, देखिए, शर्मा, *अ.चौ.डा.*, पृ. 298।
20. कथा., 9.6.161-162, 9.6.186-77।
21. वही, 9.6.139।
22. *बा.रा.*, 4.30, पृ. 114. "सहस्त्रं हि पितुमाता गौरवेणातिरिच्यते"।
23. *आप.ध.सू.*, 1.10.28.9; *व.ध.सू.*, 13.48. "पतितः पिता परित्याज्यां माता तु पुत्रे न पतीत"।
24. *मत्स्य पुराण*, 22.7.150 देखिए, *द एज ऑफ इंपीरियल कन्नौज*, पृ. 381।
25. मेधातिथि, *मनु.* 8.389।
26. *एपि.इं.*, जि. 3, पृ. 266।
27. प्र.चि. (द्विवेदी,) जि. 3, पृ. 68-69।
28. पृथ्वीराज रासो, महोबा समय, पद्य 190.92 और 340. रासोसार, पृ. 462-64. देखिए, *एनल्स एंड एंटी क्वीटीज ऑफ राजस्थान*, जि. 1, पृ. 458-88।
29. *मनु.*, 5.146.48; गौतम, 18.1; *व.था.सू.*, 5.1.3; *बौ.ध.सू.*, 2. 2.50.52; *नारद.*, दायभाग 31, देखिये काणे, पी.वी., *धर्मशास्त्र का इतिहास*, भाग 1, पृ. 325।
30. कथा., 5.1.38. "न च वंधुपराधीना कन्या स्वातंत्रमर्हति"।
31. *कृत्यकल्पतरु*, गृह. का., पृ. 105।
32. मिताक्षरा, *याज्ञ.*, 2.148।
33. मेधातिथि, *मनु.*, 5.147।
34. कुल्लुकभट्ट, *मनु.*, 5.147।
35. *अलबीरूनीज इंडिया*, जि. 2, पृ. 164।
36. बोस, एन.एस., कपूर देवी (मदर ऑफ पृथ्वीराज चौहान), देखिए, प्रो.इं.हि.कां., 1956, आगरा, 19वां सेसन, पृ. 197-202।
37. देखिये, मिराशी, वा.वि., *कलचुरि नरेश और उनका काल*, पृ. 65।
38. वाशम, ए.एल., वही. पृ. 73।
39. अल्तेकर, पूर्वोद्धृत, पृ. 73।
40. नियोगी, रोमा, *हि.गा.डा.*, पृ. 227।
41. वाशम, ए.एल., पृ. 139।
42. *ग्रेट ओमेन ऑफ इंडिया*, पृ. 29.; देखिए, मजूमदार, वी.पी., *सो.ई.हि.ना.इं.*, पृ. 134।
43. *एपि.इं.*, जि. 11, पृ. 51-52।
44. वही, जि. 20, पृ. 62।
45. वही, जि. 10, पृ. 99।
46. *राजतरंगिणी*, 8.3115, देखिये, मिश्र, जयशंकर, *ग्यारहवीं सदी का भारत*, पृ. 157-57।
47. *कथासरित्सागर*, 6.5.11-12।
48. *पृथ्वीराज विजय*, पंचम, 37.391।
49. बनारस अनुदान, देखिए, नियोगी, रोमा, *हि. ऑफ गहड़वाल डायनेस्टी*, पृ. 203।
50. *एपि.इं.*, जि. 5, पृ. 115-16।
51. देखिए, द्विवेदी, हरिहर निवास, *ग्वालियर राज्य के अभिलेख*, पृ. 14।
52. देखिए, मिश्र जयशंकर, *प्रभा.सा.इति.*, तृतीय संस्करण, 1983, पृ. 421।

53. देखिए, *ज.इ.हि.*, 1966, जि. 44, पृ. 767।
54. *हर्षचरित*, 4 239।
55. देखिए, शर्मा, दशरथ, *अ.चौ.डा.*, पृ. 287।
56. *कर्पूरमंजरी*, 1.11, देखिए मिश्र, जयशंकर, *प्रा.भा.सा.इति.*, तृतीय संस्करण, (1983), पृ. 421।
57. *पृथ्वीराज विजय*, 5.38।
58. *प्र.चि.* (द्विवेदी), पृ. 53-54, *प्र.चि.* (टानी), पृ. 63-64।
59. *नैषधचरित*, 1.106 "कल्ली वधूनृत्यविद्याशिक्षक"
60. चौधरी, राधाकृष्ण, *प्रा. भा. रा. सा. इ.*, पृ. 536।
61. *ग्रेट ओमेन ऑफ इंडिया*, पृ. 295।
62. अल्तेकर, *पोजीशन ऑफ ओमेन इन हिंदू सिविलाइजेशन*, पृ. 13।
63. बनर्जी, जी.डी., *मैरिज एंड स्त्रीधन*, पृ. 370।
64. स्ट्रगल फार इंपायर, पृ. 538-86, देखिए, सिंह, एम.पी., *लाइफ इन एंशियेंट इंडिया*, पृ. 130।
65. लेख पद्धति, पृ. 48 "एकोविभागोमातुः प्रयत्तः"
66. *याज्ञ.*, 2.135-36 पर उद्धृत मिताक्षरा, देखिए, मिश्र, जयशंकर, *ग्यारहवीं सदी का भारत*, पृ. 156
67. दायभाग, 11.2.4 (जीवानंद, पृ. 175), मिताक्षरा, *याज्ञ.*, 2.135, देखिए, मिश्र, जयशंकर, पूर्वोद्धृत, पृ. 156।
68. दायभाग, 11.2.1-3।
69. शुक्र, 4.5.299-301, देखिए, मिश्र, जयशंकर, पूर्वोद्धृत, पृ. 156।
70. *कथा.*, 2.2.192 तदैव पल्ली राज्यं तत्प्राय पित्रा यदपिर्तम, प्रागेनन्यपुत्रेण सुंदर्ये गच्छतादिवम्!!
71. मिश्र, जयशंकर, पूर्वोद्धृत, पृ. 155।
72. देखिए, नियोगी, रोमा, *हिस्ट्री ऑफ गाहड. डा.*, पृ. 228।
73. कृत्य, दायभाग।
74. मजूमदार, आर.सी., *हिस्ट्री ऑफ बंगाल*, जि. 1, पृ. 610; मित्तर, *द पोजीशन ऑफ ओमेन इन ऐंशियेंट इंडिया*, पृ. 433-50; काणे, पी.वी., *हिस्ट्री ऑफ धर्मशास्त्र*, जि. 3, पृ. 701-792।
75. लेख पद्धति, 47-49, 56, देखिए—मजूमदार, अशोक कुमार, चौलुक्याज ऑफ गुजरात, पृ. 334-36
76. *अलबीरूनी*, भाग दो, पृ. 146, देखिए, मिश्र, जयशंकर, पूर्वोद्धृत, पृ. 155।
77. नारद, दायभाग, श्लोक 28-30, देखिए, मिश्र जयशंकर, पूर्वोद्धृत, पृ. 155।
78. मनु., 9.194, देखिए, मिश्र जयशंकर, *प्रा.भा.सा.इति.*, तीसरा सं., पृ. 425. अध्यगनध्यावाहनिक दत्तं च प्रीति कर्मणि। भ्रात मातृ प्राप्तं षडविधंस्त्रीधनं स्मृतम् ॥
79. देखिए, वही, मिताक्षरा, याज्ञ. 2.143-44
    पितृ मातृ पति भ्रातृ दत्तमध्यान्युपागतम्।
    आधिवेदानिकाद्यच्च स्त्रीधनं स्मृतम् ॥
80. *अलबीरूनी*, भाग 2, पृ. 154-164, देखिए, मिश्र जयशंकर, *ग्यारहवीं सदी का भारत*, पृ. 158।
81. *बौ.ध.सू.*, 2.49; आप. धर्मसूत्र, 2.6.14.9।
82. व्यवहारमयूख, पृ. 97 पर उद्धृत.
    भार्ता प्रीतेन यद्दन्तं स्त्रियैतास्मिन्मृतेऽपितत्।

83. देखिए, मिश्र जयशंकर, *प्रा.भा.सा.इति.*, पृ. 298।
84. *ऐपि. इ.*, जि. 3, पृ. 216; देखिए, अल्तेकर, *राष्ट्रकूट एंड देयर टाइम्स*।
85. पराशर, माधवीय, 3.552; देखिए, *प्रतिहारकालीन समाज एवं धर्म*, पांडेय, रामजनम, अप्रकाशित शोध ग्रंथ, पृ. 225।
86. *नैषध.*, 6.97. "पत्युर्वरिवस्यया हं. शर्मोकिर्मोरीतधर्मालिप्सुः"।
87. *वीसल रासो*, द्वितीय सर्ग, 17।
88. वही, 2.6 हूं वराकी धणी। मोकियउ रोस! पांव की पाणही सुं. कियउ रोस ॥
89. *कथा.*, 2.5.195।
   "पतिः सतीनां परम ही देवतम्। उपमितिभप्रपंचकथा, पृ. 129; बालरामायण, 4.42, पृ. 121।
   "स्त्रीणां पतिदेर्वतं"
90. *स्कंदपुराण*, ब्रह्मखंड, धर्मारण्यपरिच्छेद, अध्याय 7।
91. देखिए, इंद्र, *स्टेटस ऑफ ओमेन इन ऐंशियेंट इंडिया*, पृ. 87-88।
92. *कथासरित.*, 9.2.28; नैषध, 6.43. "पुंसि स्वभर्तव्यतिरिक्तम्ते भूत्वा प्यवीक्षानियमव्रतिन्य"
93. *कथा.*, 9.1.43. दुहित्रा सह साध्वी स्त्री भर्ताशं का हि लंघयेत।
94. वही, 10.7.40. न चैष में सती धर्मो यदभर्त्तुर्यनृतं वच।
95. वही, 7.5.245. इत्यनन्याः पतिं साध्वयः सार्वकारमुपासते।
96. *कथा.*, 6.3.122. "देवता साध्वीनां त्राण मर्याद कुर्वते।
   कामं मत्रैकभवतानाम् विस्खलित तेज साम् ॥
97. वही, 9.2.29।
98. *नैषध*, 9.16 "परेण पुंसा हि ममापि संकथा कुलावलाऽचार सहाऽसना ऽसहा"।
99. वैजंती कोश, 6.48, पृ. 63।
   अन्यानुरक्ता विगता नष्टा संस्पृष्ट मैथुना।
   कन्या प्रसूतिजा जारी हारी नाम्नैव दूषिता ॥
100. *वशिष्ठ*, 2.10-12; मिताक्षरा, याज्ञ., 1.72।
101. *याज्ञ.*, 1.70।
102. *अलबीरूनी, इंडिया*, जि. 2, पृ. 162, देखिए, मिश्र, जयशंकर, *ग्यारहवीं सदी का भारत*, पृ. 157।
103. *नैषध*, 17.153।
104. मिश्र, जयशंकर, *ग्यारहवीं सदी का भारत*, पृ. 157।
105. काणे, पी.वी., *धर्मशास्त्र का इतिहास*, भाग-1, पृ. 354।
106. मिताक्षरा, *याज्ञ.* 1.86 और देखिए, *मदनपारिजात*, पृ. 186; *संस्कारप्रकाश*, पृ. 162; *पराशरमाधवीय*, भाग 1, पृ. 55-56।
107. कृत्य, व्यवहारकांड, पृ. 623-634।
   मृते मर्तरि या नारी समारोहेद्धताश नम् ॥
   सारून्धती समाचारा स्वर्गे लोके महीयते ॥
108. वही., पृ. 634।
   मृते मर्तरि सत्स्तीणां न चान्याविधते गतिः।
   नान्यर्दमनृवियोगाग्निदाहस्य शमन वकचित ॥

109. मेधातिथि, *मनु.*, 5.156।
110. *स्मृतिचंद्रिका*, व्यवहारकांड, पृ. 598।
111. महानिर्वाणतंत्र, 10.79-80, देखिए, मिश्र. वि.भू., *गु.प्र.ता.*, पृ. 94।
112. *पृथ्वीराज रासो*, 46वां समय।
113. *कथा.*, 4.1.110।
114. *राजतरंगिणी*, 6.107।
115. वही, 5.225।
116. कुट्टनीमतम्, 5.480, देखिए, *द एज ऑफ इंपीरियल कन्नौज*, पृ. 380।
117. देखिए, मिश्र जयशंकर, *ग्यारहवीं सदी का भारत*, पृ. 164।
118. सुलेमान सौदागर (हि.सं.), पृ. 76
119. अग्रवाल, गोविंद, *सती प्रथा एक अध्ययन और विवेचन*, देखिए *मरूभारती*, अप्रैल, 1980, अंक 1, पृ. 30।
120. प्रो.रि., आ.स.ई.वे.सं., 1906-7, पृ. 35।
121. शर्मा, दशरथ, *अ.चौ.डा.*, पृ. 290।
122. का. इ. ई., जि. 3, पृ. 93; *ज.ए.इ.हि.*, 1975-77, जि. 9, पृ. 81।
123. *एपि.इं.*, जि. 20, पृ. 58।
124. देखिए, काणे, पी.वी., *धर्मशास्त्र का इतिहास*, भाग 1, पृ. 330-31।
125. नैषध, 12.35।
126. *एपि.इं.*, जि. 1, पृ. 141, श्लोक 13, जि. 1, पृ. 129, श्लोक 41, सिंदूर भूषण विवर्जितमास्य पद्मं उत्सृष्ट हार वलयं कुचमंडलश्च।
127. मिश्र, जयशंकर, *ग्या.स.भा.*, पृ. 166।
128. देखिए, नारंग, सत्यपाल दक्याश्रय काव्य, *लिटरेसी एंड कल्चरल स्टडी*, पृ. 186।
129. अपरापति चढ़ि चात्यो राय।
    लो अस्त्री अरधंग वाइसाय।—*बीसल रासो*, प्रथम सर्ग, 74।
130. वही, द्वितीय सर्ग, 66।
131. *नैषध.*, 3.43।
132. *प्रबोधचंद्रोदय*, 214. तदेहि संभाव्य दर्शनेन भर्तारमादि पुरुषं।
133. *कथासरित्सागर*, 33.6-7, देखिए, मिश्र, जयशंकर, *प्रा.भा.सा.इति.*, पृ. 445।
    राजपुत्र प्रसंगेन वदामि तव तच्छणु।
    रक्षाचान्तः पुरेष्वीछइ. गनैवमेतत्मत मम ॥
    नीति मात्रमहमन्ये स्त्रीणां रक्षा नियंत्रणम्।
134. *द्व.म.*, सर्ग. 3.10।
    दांडायां गिरिजा काणाः खंडाः शैकुलया मिथः।
    ग्राम्या युवतयानूना मुष्ठिभिः कलहं घ्युधः ॥
135. वील, जि. 1, पृ. 174, देखिए, पांडेय, अयोध्या प्रसाद, *चंदेलकालीन बुंदेलखंड का इतिहास*, पृ. 185-86।
136. इ.डा., *हिस्ट्री ऑफ इंडिया ऐज टोल्ड बाई इट्स हिस्टोरियन्स*, लंदन, 1876-77, खंड 1, पृ. 11।
137. मिश्र, जयशंकर, *प्राभा.सा.इति.*, तृतीय संस्करण, 1983, पृ. 445।

138. *हर्षचरित*, 3.139।
139. कथा., 7.4.39।
140. *प्रबोधचंद्रोदय*, अंक 21, पृ. 39।
141. *प्रबोधचंद्रोदय*, 2. 1, पृ. 43।
142. देखिए, *द एज ऑफ इंपीरियल कन्नौज*, पृ. 381।
143. ओमप्रकाश, *प्रा.भा.सा.इति.*, पृ. 151।
144. *कथा.*, 7.4.33।
145. शर्मा, दशरथ, *अर्ली चौहान डायनेस्टी*, पृ. 293।
146. शर्मा दशरथ, वही, पृ. 293।
147. द्विवेदी, हजारी प्रसाद, *प्र.चि.*, प्रकरण 126. पृ. 93।
148. मजूमदार, वी.पी., पूर्वोद्धृत, पृ. 371।
149. *कथा.*, 6.1.59-60।
150. आ.स.रि.ए.रि., 1908-9, पृ. 119, उपाध्याय, *वासुदेव, प्राचीन भारतीय अभिलेखों का अध्ययन*, पृ. 90।
151. शर्मा, दशरथ, पूर्वोद्धृत, पृ. 293।
152. मजूमदार, वी.पी., *सो.इ.हि.ना.इ.*, पृ. 370।
153. जैन, हीरालाल, *भारतीय संस्कृति में जैनधर्म का योगदान*, पृ. 362।
154. प्र.चि., द्वितीय प्रकाश, पृ. 65, देखिए, मजूमदार, वी.पी., पूर्वोद्धृत, पृ. 371।
155. *कथा.*, 7.4.2।
156. अल्तेकर, *पोजीशन ऑफ ओमेन इन हिंदू सिविलाइजेशन*, पृ. 150; *ज.इ.हि.*, 1966, जि. 44, पृ. 76।
157. वाटर्स, खंड 2, पृ. 254, द्रष्टव्य, *ग्यारहवीं सदी का भारत*, पृ. 159।
158. *इलियट एंड डाउसन*, जि. 1, पृ. 98, हि.अनु., पृ. 67।
159. *द स्ट्रगल फार एम्पायर*, पृ. 495-96।
160. *राजतरंगिणी*, 7.858।
161. *एपि.इं.*, जि. 11, पृ. 26।
162. वही, जि. 22, पृ. 122 और आगे
163. वाशम, ए.एल., पूर्वोद्धृत, पृ. 155।
164. विग्रहराज द्वितीय का हर्षनाथ अभिलेख (वि.सं., 1030)
165. शर्मा, दशरथ, *अर्ली चौहान डायनेस्टी*, पृ. 292।
166. *एपि.इं.*, श्लोक 17, पृ. 61-66।
167. मीनाक्षी, सी., *एडमिनिस्ट्रेशन एंड सोशल लाइफ अंडर द पल्लवाज*, पृ. 177; द्रष्टव्य, मिश्र, *ग्यारहवीं सदी का भारत*, पृ. 162।
168. *अलबीरूनी इंडिया*, जि. 2, पृ. 157।
169. मजूमदार, अशोक कुमार, *चौलुक्याज ऑफ गुजरात*, पृ. 344।

5. आहार-विहार, वस्त्राभूषण एवं मनोरंजन

चाहमानकालीन समाज में रहने वाले व्यक्तियों के भोजन, पेय, वस्त्राभूषण और मनोरंजन अपनी स्थानीय परंपराओं और परिस्थिति जन्य व्यवहारों से प्रभावित थे। समाज में अनेक प्रकार के लोग रहते थे, जो अपनी रुचि के अनुरूप भोजन और पेय ग्रहण करते थे, वस्त्र और आभूषण धारण करते थे तथा मनोरंजन करते थे।

अंतर्जातीय भोज

तत्कालीन समाज में विविध प्रकार के भोजन और पेय प्रचलित थे। अंतर्जातीय विवाह निषेध के साथ अंतर्जातीय भोज के भी नियम कठोर हो गए थे। अंगिरस[1] में शूद्र के साथ सहभोज का निषेध है, परंतु चाहमान युग में ये नियम इतने कठोर हो गए थे कि ब्राह्मण भी बिना पाद प्रक्षालन[2] के वटु में निवास नहीं कर सकता था। इन कठोर नियमों के कारण अंतर्जातीय भोज संभव नहीं था। अलबीरूनी का कथन है कि यदि कोई ब्राह्मण कुछ निश्चित दिनों तक शूद्र के घर का भोजन करता था तो वह जाति से बहिष्कृत कर दिया जाता था।[3] परंतु उच्च जातियों को एक-दूसरे के यहां भोजन करने में कोई आपत्ति नहीं थी। एक ब्राह्मण किसी क्षत्रिय या वैश्य के यहां भोजन करता, तो इसके विरुद्ध कोई व्यवस्था नहीं थी और न ही इसे अनुचित माना जाता था। व्यासस्मृति के अनुसार भोजन के लिए केवल यह जान लेना आवश्यक था कि क्या वह द्विज परिवार का है अथवा अन्य।[4] केशव चंद्र मिश्र के अनुसार पूर्व मध्ययुग में विभिन्न जातियों और उपजातियों के बीच सीमित विवाह संबंध के समान, उस समय खान-पान की उदारता में भारतवर्ष के विभिन्न भागों में एकता का भाव भरने में कोई विशेष बल नहीं दिया गया।[5] इस युग के अंत में अस्पृश्यता की भावना की वृद्धि के साथ-साथ खान-पान में भी अनुदारता आती गई। एक ब्रह्मचारी का शूद्र से यह कहना कि "रे दूर खड़ा हो! वायु तेरे स्वेद की गणिकाएं मेरे मुखमंडल पर ला रहा है"[6] अस्पृश्यता की भावना की चरम परिणति का उत्कृष्ट उदाहरण है।

खाद्य-सामग्री

पूर्व मध्यकालीन भारतीय समाज में शाकाहारी तथा मासांहारी दोनों प्रकार के लोग विद्यमान थे। शाकाहारी वे लोग होते थे, जो केवल वनस्पति खाते थे। इसके विपरीत मांसाहारी वे लोग थे, जो मांस के साथ विभिन्न वनस्पतियां भी खाते थे। गेहूं, चावल, चना, दाल, साबूदाना, मक्का, ज्वार, बाजारा, साग-सब्जी और चीनी इत्यादि अनेक प्रकार से तैयार किया हुआ भोज्य पदार्थ भारतीय समाज में प्रचलित था। बीसलदेव रासो से ज्ञात होता है कि दूध, दही, मक्खन और घी इत्यादि विशेष चाव से खाया जाता था।[7] गेहूं के प्रयोग के विषय में विवाद है, अरबयात्री सुलेमान[8] ने वह केवल चावल के प्रयोग की बात करता है। डॉ. यू. एन. घोषाल[9] ने वैजयंती का उद्धरण प्रस्तुत करते हुए यह सुझाव देने का प्रयत्न किया कि गेहूं केवल म्लेच्छों द्वारा ही प्रयुक्त किया जाता है। किंतु यह स्मरणीय है कि वैजयंती का रचयिता यादव प्रकाश कांचिपुरम (दक्षिण भारत) में पैदा हुआ था, ऐसी स्थिति में संभवतः दक्षिण भारत गेहूं के प्रयोग से कुछ उपेक्षित सा था। उत्तर भारत में गेहूं के लिए 'गौधूम' प्रचलित था। लक्ष्मीधर[10] एवं चंद्रशेवर[11] ने जन्माष्टमी पर गेहूं के बने हुए पदार्थों का उल्लेख किया है। राजपूताने की जैन मूर्तियों को भी गेहूं अर्पित किया जाता था।[12] 'करोरी' गेहूं के पिसे हुए पिसान से बनती थी[13] जिसे रोटी कहा जाता है। 'गोधूम' (गेहूं) की पुष्टि यशस्तिलक से भी होती है।[14] चावल और दूध मिलाकर खाना बहुत ही स्वास्थ्यवर्द्धक माना जाता था। इब्नमसाह ने भी इसकी पुष्टि की है कि भारतीय यह विश्वास करते थे, ऐसा भोजन करने से जीवन अधिक दिन तक रहता है और शारीरिक शक्ति भी बनी रहती है।[15] चावल और दूध खाने का संकेत मानसोल्लास से भी होता है। उस समय भैंस के दूध में पकाया हुआ चावल काफी लोकप्रिय था[16] जिसे इन दिनों खीर कहा जाता है। भोजन को स्वादिष्ट करने के लिए, दही, घी, शाक एवं दाल का उपयोग किया जाता था।[17]

सातवीं सदी का चीनी यात्री श्वानच्वांग लिखा है कि प्रत्येक समय वे भोजन के पूर्व अपने हाथ-पैर और मुंह धोते थे, भोजन के बर्तन को हाथों हाथ आगे नहीं बढ़ाया जाता था, जो मिट्टी या काठ के होते थे, उन्हें एक व्यवहार में लाने के बाद फेंक देना आवश्यक था।[18] यहां चीनी यात्री पूर्णतया सही नहीं है। मिट्टी के बर्तन के संबंध में उनका कहना तो सही है, किंतु लकड़ी के संबंध में उसका कहना उचित प्रतीत नहीं होता है। लकड़ी के बर्तन काम करने के बाद धोकर रख दिए जाते थे।[19] सोने-चांदी, तांबे तथा लोहे के बर्तन भी होते थे, भोजन के बाद लोग तुरंत हाथ-मुंह धोते तथा दातून से अपने दांत साफ करते थे।[20] इत्सिंग ने भी भोजन विधि पर इसी प्रकार का मत व्यक्त किया है।[21] इसकी पुष्टि अलबीरूनी के कथन से भी होती है। वह लिखता है कि हिंदू गोबर से लिपे चौक में एक के बाद एक अकेले बैठकर भोजन करते हैं, वे भोजन के बचे हुए अंश को नहीं खाते और जिन थालियों में खाते हैं, वे अगर मिट्टी की होती हैं तो उन्हें फेंक देते थे।[22]

पूर्व मध्ययुग में उत्तर भारत में निवास करने वाले लोगों का मांस और मछली प्रमुख

भोज्य पदार्थ था। मांस के लिए पशुओं का वध अथवा शिकार किया जाता था, किंतु ब्राह्मणों के लिए इसका निषेध था। अलबीरूनी लिखता है कि "वध करना मूल रूप से प्रायः उनमें निषिद्ध है, जैसे ईसाइयों और मनीषियों में है। तब भी लोग मांस खाने की इच्छा रखते थे और प्रत्येक अनुज्ञा को एक ओर फेंक देते थे। अतः स्पष्ट है कि मांसाहार के नियम, विशेषतः ब्राह्मणों के लिए लागू होते थे, क्योंकि वे धर्म के रक्षक माने जाते थे।[23] अलबीरूनी के इस कथन से यह स्पष्ट है कि समाज में ब्राह्मण को छोड़कर अन्य वर्णों के लोग मांस भक्षण करते थे। ब्राह्मणों की मांस न खाने की व्यवस्था भारतीय समाज में बहुत पहले से है।[24] बौद्ध और जैन धर्म तथा कालांतर में वैष्णव धर्म के प्रचार से लोगों ने मांस सेवन कम कर दिया था। इन धर्मों का मूल ही अहिंसा था, किंतु हिंदू यज्ञ और श्राद्ध में मांस का निषेध नहीं था।[25] किंतु आगे अलबीरूनी कहता है कि ब्राह्मणों को गैंडे का मांस खाने का विशेष अधिकार है।[26] अलबीरूनी से पूर्व आने वाले अरब लेखक सुलेमान ने भी गैंडे के मांस खाने का उल्लेख किया है, वह लिखता है कि उसका मांस निषिद्ध नहीं है और निस्संदेह हमने उसका मांस खाया है।[27] इन कथनों से स्पष्ट है कि हिंदू यज्ञ और श्राद्ध के अवसरों पर ब्राह्मण भी प्रायः मांस खाते रहे होंगे। मध्ययुगीन समाजशास्त्री विद्वानों ने मांस भक्षण के पक्ष में अपना तर्क प्रस्तुत किया है। लक्ष्मीधर एवं चंडेश्वर के अनुसार पूजन में देवता को चढ़ाए गए मांस को ब्राह्मण खा सकता था। कमजोर व्यक्ति भी मांस खाते थे।[26] अल्हणदेव के एक अभिलेख से भी ज्ञात होता है कि ब्राह्मण मांस भक्षण करते थे।[29] इसकी पुष्टि भोज के अभिलेख से भी होती है, जिसमें ब्राह्मणों के मांस भक्षण करने की सूचना मिलती है।[30] लेकिन अलमसूदी कहता है कि ब्राह्मण लोग किसी जानवर का मांस नहीं खाते थे।[31] समकालीन विद्वान सोमदेव ने भी दृढ़तापूर्वक मांस भक्षण का विरोध किया है, वह कहता है कि मांस खाने वाला व्यक्ति धर्म को बिलकुल नहीं पहचानता। तिल या सरसों के बराबर भी मांस खाने वाले व्यक्ति को घोर नारकीय यातनाएं सहनी पड़ती थीं।[32]

हिंदू समाज में सभी पशुओं का मांस खाना विहित नहीं था। ऐसे निषिद्ध पशु-पक्षियों का उल्लेख अलबीरूनी ने किया है। उसके अनुसार गाय, घोड़ा, खच्चर, गधा, ऊंट, हाथी, पालतू कुक्कुट, कौआ, तोता, बुलबुल आदि का मांस नहीं खाया जाता था।[33] ऐसे निषिद्ध पशु-पक्षियों का उल्लेख लक्ष्मीधर ने भी किया है।[34] वही दूसरी ओर अलबीरूनी वध करने वाले पशुओं की ओर भी संकेत करता है तथा कहता है जो पशु मनुष्य के लिए न तो हानिकारक है और न घृणित, उनका मांस खाया जाता है। जैसे—भेड़, बकरे, मृग, खरगोश, गैंडे, भैंस, मछली, पानी और जमीन के पक्षी गौरेया, पंडुकिया, तीतर, मोर आदि हैं।[35] चीनी यात्री श्वानच्वांग के अनुसार मछली, भेड़ तथा हरिण का मांस कभी-कभी स्वादिष्ट भोजन के रूप में खाया जाता था।[36] वाण[37] ने सम्राट हर्ष की सेवा में पकने वाले बकरे, हरिण आदि के मांस का उल्लेख किया है। कल्हण[38] के अनुसार मुर्गे, भेड़, बकरे तथा पालतू सुअर का मांस लोग खाते थे। मानसोल्लास से विदित होता है कि मध्य भारत में सुअर, मृग, खरगोश, भेड़, बकरे, पक्षी, मछली कछुए, केकड़े आदि के मांस राजा खाते थे।[39] *कथासरित्सागर* के अनुसार

विहित पशुओं की असुलभता होने पर निषिद्ध पशु मांस भी खाया जा सकता है।[40] मांस के अतिरिक्त अलबीरूनी[41], लक्ष्मीधर[42] और चंद्रेश्वर[43] ने लहसुन-प्याज-नारियल, का भी सेवन निषिद्ध बतलाया है, परंतु यह निषेध कुछ विशिष्ट अवसरों और विशिष्ट जातियों के संदर्भ में ही जान पड़ता है। प्रायः वैश्य वर्ण के लोग शाकाहारी होते थे, बाकी मांसाहारी होते थे।[44] चंडाल जाति के लिए किसी भी पशु का मांस वर्जित नहीं था।

फलों में अंगूर, बादाम, संतरा, अनार, आम, नींबू आदि फल भारत के विभिन्न प्रदेशों में उत्पन्न होते थे। आम उन दिनों में भी प्रिय खाद्य फल था। विदेशी यात्रियों ने भी इसका उल्लेख किया है। ख्वारिज्मी का कथन है कि भारत में आम नाम का एक फल होता है।[45] आम के स्वादिष्ट होने का उल्लेख बुखारी मुकद्दसी ने भी किया है, वह अखरोट, बादाम, नींबू आदि का भी विवरण देता है।[46] मसूदी लिखता है नारंगी और नींबू भारत की खास चीजें हैं।[47]

तांबूल

तद्‌युगीन समाज में श्रृंगार एवं सौंदर्य में अभिवृद्धि लाने में तांबूल (पान) का महत्वपूर्ण योग है। इसे औरतें और पुरुष दोनों खाते थे। भारतवर्ष में प्राचीन काल से ही पान का प्रयोग होता चला आ रहा है।[48] चाहमान काल में भी पान का सेवन होता रहा। मध्ययुगीन ग्रंथ कुट्टनीमतम् से यह संकेत प्राप्त होता है कि वैश्या के यहां जाने वाले भट्टपुत्र मुख के अंदर पान का बीड़ा रखे हुए था, जिससे उसका गाल फूला हुआ था।[49] पान के साथ खैर, चूना, एवं सौपाड़ी का भी उल्लेख प्रमाणित होता है। इस प्रकार के पान को देशी शब्द 'अवढंभो'[50] से यह स्पष्ट किया गया है। पान प्रायः औरतों द्वारा ही तैयार किया जाता था, देशी नाममाला में एक शब्द 'डोन्गिली' आया है, जिसका अर्थ ऐसी दासी से है, जो पान को तैयार करती थी।[51]

पान का वर्णन करते हुए अलमसूदी लिखता है कि पान एक प्रकार का पत्ता है, जो भारत में उत्पन्न होता है। जब इसको चूना और डली मिलाकर खाते हैं, तब अनार की दानों की तरह दांत लाल हो जाते हैं और मुंह सुगंधित हो जाता है और मन भी बहुत प्रसन्न होता है। भारत के लोग सफेद दांतों और पान न खाने वाले को पसंद नहीं करते।[52] अरबी लेखक इदरीसी[53] ने भी तांबूल की अत्यधिक प्रशंसा की है। अलबीरूनी ने भी पान का उल्लेख किया है। वह लिखता है कि "उनकी पाचन शक्ति इतनी कमजोर है कि भोजनोपरांत पान के पत्ते और सुपारी खाकर उसे पचाते हैं। गरम पान शरीर के ताप को भड़काता है, पान के पत्ते पर रखा चूना प्रत्येक गीली वस्तु को सुखा देता है, और सुपारी दांतों, मसूड़ों और पेट की औषधि के रूप में कार्य करती है।"[54] वह आगे लिखता है कि पान चूना और सुपारी एक साथ चबाने के कारण उनके दांत लाल हैं।[55] चूना सुपरी के साथ पान खाने से दांत एकदम लाल हो जाते हैं।[56]

पूर्व मध्ययुगीनसमाज में पान का प्रदान करना आदर सूचक माना जाता था। कन्नौज

नरेश जयचंद ने महाकवि श्रीहर्ष को दो बीड़ा पान देकर सम्मानित किया था।[57] इस प्रकार हम देखते हैं कि चाहमानकालीन समाज में राजा-महाराजाओं से लेकर साधारण जनता तक में पान का सेवन किया जाता था।[58]

मदिरा पान

प्राचीन काल से चली आ रही मदिरा पान का प्रचलन पूर्व मध्ययुग में भी विद्यमान था। यद्यपि स्मृतिकारों ने ब्राह्मण, क्षत्रिय और वैश्य तीन उच्च वर्णों को सुरापान से वंचित रखा।[59] मध्यकालीन लेखक भट्टदेव ने सभी वर्णों के लिए मदिरा का निषेध किया है।[60] अरब यात्री सुलेमान सौदागर ने भी भारतवासियों के बारे में कहा है कि ये लोग विलास को बुरा मानते हैं और उससे बचते हैं। ये लोग मद्यपान नहीं करते तथा सिरका भी नहीं पीते, जो मद्य से बनता है, जो राजा मद्यपान करता है, वह वास्तव में राजा नहीं है, जो पुरुष मद्यपान करता है, वह राज्यकार्य कैसे चला सकता है।[61] इसी प्रकार का विवरण अरब यात्री अलमसूदी[62] ने भी दिया है, हिंदू लोग मद्यपान नहीं करते और जो करते हैं उनकी निंदा होती है। इसका कारण यह नहीं है कि यह इनके धर्म द्वारा निषिद्ध है, बल्कि यह है कि इससे उनकी बुद्धि मंद हो जाती है और वे दुर्बल हो जाते हैं। यदि किसी राजा के संबंध में यह सिद्ध हो जाए कि वह शराब पीता है तो उसको राज्याधिकार छोड़ना पड़ता है, क्योंकि एक शराबी को शासन के योग्य नहीं माना जाता है। ऐसा माना जाता है कि उसका मस्तिष्क विकृत हो गया है वह शासन के योग्य नहीं है, इन विदेशी यात्रियों के विवरणों तथा प्राचीन धर्मग्रंथों के विवरणों से यह स्पष्ट होता है, कि भारतीय समाज में शराब को घृणा की दृष्टि से देखा जाता था। इसके बावजूद उत्सव, विवाह आदि अवसरों पर शराब पीने का प्रमाण मिलता है। मानसोल्लास में उल्लिखित है कि विवाहोत्सव पर व्यक्ति अंतःपुर में मदिरा के साथ रंज्जन कर सकता था। विवाह एक ऐसा अवसर था, जब किसी को भी मदिरा के लिए आमंत्रित किया जा सकता है। नैषध[63] से हमें ज्ञात होता है कि विवाह में वर यात्रा में सम्मिलित होने वाले व्यक्तियों को मदिरा दी जाती थी। श्रीहर्ष के अनुसार[64] पत्नी के यहां पति के साथ आए हुए लोगों को मदिरापान के लिए कहा गया था। बीसलदेव रासो से ज्ञात होता है कि खुशी के अवसरों पर अतिथियों तथा अन्य लोगों को शराब दी जाती थी।[65] इस संदर्भ में सुलेमान का कथन है कि क्षत्रियों को तीन चष्क (प्याला) सुरापान का निर्देश था।[66] इसका उल्लेख अरब लेखक इब्न खुर्दाज्बा ने भी किया है। वह कटारिया (क्षत्रिय) लोगों के संबंध में कहता है, ये लोग तीन प्याले से अधिक मद्य नहीं पीते हैं।[67]

लक्ष्मीधर के अनुसार ब्राह्मण के अतिरिक्त राजा और वैश्य शराब पी सकते हैं।[68] मैथिल लेखक चंडेश्वर का भी यही कथन है।[69] *कथासरित्सागर* तथा *राजतरंगिणी* में उल्लिखित है कि प्रायः व्यापारी मदिरापान के आदि होते थे।[70] मद्यपान के विषय में अलबीरूनी लिखता है कि वे मदिरा तथा उसके बाद भोजन करते हैं।[71] मानसोल्लास में आया है कि राजा मदिरापान

करते थे। मदिरापान की प्रशंसा में कहा गया है कि यह विचित्र राग के सागर को उत्पन्न करने वाला बंधु के सदृश स्मृति का नाश करने वाला है।[72] शुक्र[73] के अनुसार मदिरा सेवन से उत्साह, बुद्धि, प्रखरता, शीतलता और मस्तिष्क की विचारशक्ति बढ़ती है। लक्ष्मीधर[74] ने अपने ग्रंथ *कृत्यकल्पतरु* में विभिन्न प्रकार की मदिरा का उल्लेख किया है। इसमें गौड़ी, मध्वी, मेदक, आसव, मधु आदि अधिक प्रचलित था।

केम्बे का भ्रमण करने वाला अरब यात्री अलमसूदी (934-55 ई.) का कथन है कि यहां लड़कियों को शराब पिलाकर रंगरेलियां मनाई जाती थीं।[75] हर्षचरित से भी इसकी पुष्टि होती है।[76] कुट्टनीमतम के एक श्लोक से ज्ञात होता है कि मदिरा पिए हुए नर्तकी के साथ कुछ ब्राह्मण युवक भी अपना समय नष्ट करते थे।[77] लगता है, उस युग में यह एक प्रकार की सामाजिक प्रथा सी हो गई थी कि लोग लड़कियों को मदिरापान कराके अपना मनोरंजन किया करते थे। अभिलेखीय स्रोतों से भी मदिरापान की पुष्टि होती है। भोज की ग्वालियर प्रशस्ति[78] से भी स्त्रियों द्वारा शराब पीने का उल्लेख मिलता है। स्पष्ट है कि महिलाएं भी यदाकदा मदिरापान किया करती थीं। साहित्यक कृतियों के ऐसे अनेक विवरण मिलते हैं, जिनसे विदित होता है कि तत्कालीन युग की स्त्रियां भी सुरापान में रुचि लेती थीं।[79]

अभिलेखीय तथ्य साहित्यिक स्रोतों पर दृष्टिपात करने पर यह तथ्य सामने आता है कि पूर्व मध्ययुग (700-1200) में क्षत्रिय वर्ग के बीच मदिरापान अधिक लोकप्रिय होने लगा था। मध्य भारत में अनेक दानपत्रों में आम्र तथा मधूक (महुआ) वृक्ष के साथ ग्रमदान का विवरण मिलता है।[80] इस मधूक पुष्प से एक तरह का रस (शराब) तैयार किया जाता है, पर यह कहना कठिन है कि दानग्राही, ब्राह्मण इसका प्रयोग करते थे या नहीं, अग्रहारि दान देने के कारण ग्राम के मधूक से तैयार रस को ब्राह्मणों द्वारा विक्रय करने की भी बात सोची जा सकती है। लेखों के आधार पर इतना कहा जा सकता है कि उस (सोमरस) का प्रयोग जनता करती थी।

समस्त उपलब्ध प्रमाणों के आधार पर कहा जा सकता है कि भारतीय समाज में प्रारंभ से लेकर पूर्व मध्ययुग तक शराब घृणा की दृष्टि से देखी जाती रही तथा प्रत्येक युग में मदिरापान बंद करने के नियम बनाए गए, परंतु उनका सेवन करने वाले सर्वदा होते रहे। यही नहीं, भ्रष्ट भ्रमण—विशेषतया बौद्धभिक्ष भी मद्यपान करते थे, किंतु अत्यंत अपवाद रूप में।[81] इससे तत्कालीन बौद्ध भिक्षुओं के जीवन की एक झांकी मिलती है।

वस्त्र

प्रत्येक समाज में वस्त्र और आभूषण सर्वप्रिय एवं आवश्यक सामग्री समझे गए हैं, पर शरीर के सहज सौंदर्य, स्वास्थ्य, ओजस्वी मुखमंडल सशक्त अंग आदि का अपना महत्व था और इसे ही वास्तविक शृंगार माना जाता था।[82] चाहमान काल में अधोवस्त्र उत्तरीय, टोपी, कुर्त्तक (कुर्ता), उष्णीय, धोती, साड़ी और शाल के साथ पायजामा भी धारण किया जाता था। प्रायः

समाज में श्वेत वस्त्र की प्रमुखता थी। हिंदू समाज में बहुत पहले से पायजामे, पगड़ी, लंगोटी आदि धारण करने का चलन रहा है। लंगोटी साधारणतः साधु और यति धारण किया करते थे, जैसा कि वे आजकल भी करते हैं।[83]

बिसलदेव रासो[84] में 'सिरोदक' नामक वस्त्र की चर्चा मिलती है, जो पुरुषों द्वारा उपयोग किया जाता था। यह संभवतः सफेद होता था। अलमसूदी लिखता है कि मुल्तान के लोग पायजामा पहनते हैं।[85] इब्नछैकल (977 ई.) कहता है कि हिंदुओं और मुसलमानों का पहनावा एक साफ यहां के राजाओं में पायजामा और कुर्ते का प्रचलन था।[86] ग्यारहवीं सदी का लेखक अलबीरूनी भी लिखता है 'शिकार'[87] नाम का एक वस्त्र पहना जाता था जो पायजामे की तरह पीछे बटन से बंधा रहता है।[88] संभवतः यह कुर्ता था।[89] भारत के स्त्री-पुरुष दोनों अपनी गर्दनों में एक प्रकार का लटकता हुआ पीला धागा परतले की भांति पहनते हैं।[90]

चाहमानकालीन समाज में नारियों का प्रमुख वस्त्र 'सारी' और 'चुनरी', 'चीर' या 'लहंगा' तथा बदन से सटा हुआ ब्लाउज (कंचुकी) था, जो प्रायः नवरंगी की तरह होता था।[91] सातवीं सदी का लेखक श्वानच्वांग[92] लिखता है कि भारत के लोग कमर के चारों ओर बगल तक एक लंबा किंतु कम चौड़ा कपड़ा लपेटते हैं और दाहिने कंधे को खुला छोड़ देते हैं। स्त्रियां एक लंबा वस्त्र धारण करती हैं जो उनके दोनों कंधों को ढीला-ढाला ढंकता हुआ नीचे की ओर लटकता रहता है। सिर की चोटी का बाल घुमावदार बंधकर नीचे लटकता रहता है।

देशी नाम माला में स्त्रियों द्वारा प्रयुक्त दो प्रकार के वस्त्र का विवरण प्राप्त होता है। प्रथम प्रकार को 'गेंथुअम' एवं 'गेंडम' तथा द्वितीय प्रकार को 'गेंथुलम' और 'गोविलय' कहा गया है।[93] प्रथम प्रकार का संस्कृत रूप 'स्तनयोपरिवस्त्रग्रंथिः' अर्थात वक्षस्थल के ऊपर की एक प्रकार की गांठ होती थी, जिसे औरतें चोली के रूप में पहनती थीं। परंतु यह चोली से कुछ विशिष्ट प्रकार का होता था, क्योंकि द्वितीय प्रकार का संस्कृतार्थ कंचुकः से लगाया गया है, जिसका अर्थ स्पष्टतः 'चोली' है।

पेट के नीचे पहने जाने वाले वस्त्र को देशी शब्द 'घघरम' की संज्ञा से अभिहित किया गया है, जिसका संस्कृत रूप 'लघनवस्त्रभेदः' से है।[94] शिकार खेलने के समय औरतें स्कर्ट और चोली पहनती थीं जो प्रायः बाहरी वेशभूषा थी।[95] साड़ी और उत्तरीय भी औरतों द्वारा धारण किया जाता था। देशीनममाला[96] में एक शब्द 'अगुठ्ठी' आया है, जिसका अर्थ शिरोऽवगुंठनम्' से लगाया गया है। यह वस्त्र संभवतः घूंघट के समान होता था, जो सिर से होकर मुख पर लटकता था। श्रीहर्ष के अनुसार स्त्रियां केवल एक टुकूल (साड़ी) धारण करती थीं, जो इस ढंग से पहनी जाती थी। कि उत्तरीय और अधोवस्त्र दोनों का काम करे।[97] कभी-कभी स्त्रियां कटि के अधोभाग में टुकूल में नीचे एक वस्त्र और पहनती थी, जिसे 'चंडात्मक' कहते थे।[98] ऐसा वस्त्र शायद नर्तकियों का होता था।

रेशमी या सूती दोनों प्रकार के कपड़ों का उपयोग किया जाता था।[99] ऊनी वस्त्रों का भी प्रचलन था, किंतु यह साधारण परिवार के लिए संभव नहीं था। समाज में विभिन्न प्रकार के जूते तथा जूतियों का प्रचलन था। चरणों में जूते पहने जाते थे।[100] अलबीरूनी

लिखता है कि वे जूतों को जब तक पहने रहते है, कसे रहते है, चलने के पहले पिंडली के नीचे की ओर उल्टा दिए जाते हैं।[101] कुछ लोग अपनी मूंछों को अपनी इच्छानुसार कटवाते थे।[102]

आभूषण एवं प्रसाधन

प्राचीन काल से ही व्यक्ति सौंदर्य-प्रेमी रहा है। शरीर को सुंदर एवं आकर्षक बनाने के लिए वह विभिन्न प्रकार के वस्त्रों के अतिरिक्त अनेक प्रकार के अलंकारों का भी प्रयोग करता रहा है। भारतीय स्त्रियों के लिए आभूषण शृंगार और सौंदर्य का प्रसाधन था। शरीर के विभिन्न अंगों के अलग-अलग आभूषण थे, जिन्हें धारण कर लेने पर अद्भुत सौंदर्य दिग्दर्शन होता था। श्वांन च्वांग लिखता है कि राजपरिवार के लोग बहुमूल्य वस्त्र एवं आभूषण पहनते थे। राजाओं और संभ्रांत पुरुषों के शरीर के आभूषण बहुमूल्य पत्थरों से युक्त होते थे।[103] अबुजैदुल हसन सिराफी कहता है कि "भारत के राजा कीमती पत्थरों की बालियां पहनते हैं, जो सोने में जड़ी हुई होती थीं, ये लोग बहुमूल्य कंठियां भी धारण करते थे, जिनमें लाल और हरे बहुमूल्य पत्थर जड़े रहते हैं, परंतु मोतियों की बड़ी कदर है।[104] राजागण प्रायः ललाट पर वीरपट्टिका नामक स्वर्ण अलंकार धारण करते थे।"[105] सुलेमान ने भी भारतीय स्त्री-पुरुषों के आभूषणों का उल्लेख किया है।[106]

अलबीरूनी स्त्री के आभूषणों पर लिखता है कि वे कानों में बालियां, हाथों में चूड़ियां, हाथ की अंगुली में सोने की अंगूठियां, इसी तरह पैर की उंगलियों में छल्ले पहनती हैं,[107] प्रायः कान में कुंडल या तडकली, भुजाओं में बाजूबंद तथा पैर में पायल, अंगुली में अंगूठी तथा मुंदरी नाम का एक और हाथ का आभूषण औरतों में प्रचलित था।[108] उन दिनों राजाओं के साथ-साथ रानियों, साधारण परिवार के स्त्री-पुरुषों चाहे वे गरीब हों या अमीर, आभूषणों का प्रचलन था। स्त्रियों के आभूषण शृंगार और सौंदर्य का साधन थे।

तत्कालीन साहित्य में अनेक प्रकार के आभूषणों का उल्लेख किया गया है। त्रिशष्टि शलाका पुरुषचरित[109] में चौदह प्रकार के आभूषणों का वर्णन मिलता है—1. हार, 2. अर्द्धहार, 3. इग, इक्का कर्णफूल (एक मोती का), 4. कणय (कनक), 5. रयण (रत्नजवाहरात), 6. मुट्टावली (मुक्तावली), 7. कैयूर (बांह में पहना जाने वाला बाजूबंद), 8. कड़ा (कटक), 9. तुड़िय, 10. मुड्डा (मुद्रा-अंगूठी), 11. कुंडल, 12. उरसूत्र (सीने पर लटकता हुआ मोती का घर), 13. चूलमणि (चूड़ामणि), 14. तिलक।

हेमचंद ने चौदह प्रकार के आभूषणों के साथ-साथ सत्ताइस प्रकार के जवाहरातों की भी गणना की है।[110] कल्हण[111] ने कुंडल पहने हुए सैनिकों का उल्लेख किया है। सोमदेव[112] ने नर-नारी के विभिन्न आभूषणों का विवरण दिया है। हम्मीर महाकाव्य[113] में उल्लेख है कि जौहर से पूर्व हम्मीर की रानियों के कानों में कुंडल, मस्तक पर कस्तूरी तिलक, नाक में लटकते मोती, कंठ में मोतियों की माला, पैरों में नुपूर, जूड़े हेतु चंपा का फूल, अंगुलियों में अंगूठियां,

पैरों पर आलता और श्रोणी पर दुकूलादि धारण किए हुए थीं। इसके अलावा *रामचरित*[114], *समयमातृका*[115], *नैषधचरित*,[116] *कुट्टीनीमतम्*[117] आदि ग्रंथों में विभिन्न प्रकार के आभूषणों का परिचय प्राप्त किया जा सकता है।

बीसलदेव रासो[118] में यह चाहमानकालीन स्त्रियों के प्रसाधन के संबंध में विस्तृत विवरण किया गया है। स्त्रियों द्वारा दांत, ओंठ और नाखून रंगने, बालों को घुंघराला बनाने, आंख को लेपन द्वारा बड़ा बनाने इत्यादि के उदाहरण भी मिलते हैं। नैषध[119] से भी सौंदर्य प्रसाधन के विषय में सूचना मिलती है। स्त्रियों के शरीर में सुगंधित अंगराग, कुंकुम, कस्तूरी, चंदन आदि के लगाने की प्रथा का विशेष रूप से उल्लेख है। विवाहित स्त्रियां सिर पर 'सिंदूर' तथा कुमकुम लगाती थीं।[120] फूलों से भी स्त्रियां अपने को सुशोभित करती थीं।[121] नेत्रों में अयोगों तक व्याप्त होने वाली अंजन रेखा दी जाती थी।[122] स्त्रियों को सिंदर ललनाओं के भाग्य का सूचक था। पति के मृत्यु के कारण विधवाएं इसका प्रयोग नहीं करती थीं। खजुराहो लेख में ऐसा वर्णन है कि वह सौभाग्य चिह्न नष्ट हो गया और कुंकुम का भी प्रयोग समाप्त कर दिया गया।[123]

द्वयाश्रय काव्य से तद्युगीन प्रसाधन के स्पष्ट उल्लेख मिलते हैं। कपूर का उल्लेख आता है। कस्तूरियों को पैरों में लगाया जाता था।[124] जिसे पादयक कस्तूरी कहा जाता था।[125] चंदन[126] (अगरू) का लेप पूरे बदन में किया जाता था। कुंकुम[127], तगर[128], मुस्ता, शलालू किशर (संभवतः यह केसर था) का उल्लेख प्रसाधन सामग्री के विवेचन में हुआ है। राजेश्वर[129] के अनुसार स्त्रियां स्नान क्रिया के बाद संपूर्ण शरीर को सुगंधित रखने के लिए विभिन्न प्रकार के लेप लगाती थीं। अन्य स्थल पर आए उद्धरण से अंजन तथा काजल की भी पुष्टि होती है।

केश-विन्यास का भी प्रमाण मिलता है।[130] और तीर्थ यात्रा के अवसर पर उन्हें काटते थे।[131] दाढ़ी रहित एवं दाढ़ी वाले व्यक्तियों का प्रमाण मिलता है। बच्चे सर पर बालों का गुच्छा रखते थे, जिसे 'चूल' कहा जाता था।[132] औरतों द्वारा घना जूड़ा परिवेष्टित किया जाता था जिसे 'कवरी' कहा गया है।[133] यह घना जूड़ा सुंदरता का प्रतीक माना जाता था। इसके अतिरिक्त नाखून काटना[134], मस्तक पर तिलक लगाना[135], अंगराज लेपन[136] आदि भी साज-सज्जा के अंग थे। सोमदेव ने भी प्रसाधन एवं केश-विन्यास का विशुद्ध विवेचन किया है। यह विवेचन उपर्युक्त से बहुत कुछ साम्य रखता है।[137] इससे ज्ञात होता है कि राजस्थान सहित समूचे उत्तर भारत में प्रसाधन एवं आभूषण का व्यापक प्रचलन था।

विवाहादि के विशेष अवसरों पर पुरुष का भी श्रृंगार होता था। पुरुष के केश लंबे होते थे उन्हें बांधकर फिर फूलों की कलियों से गूंथा जाता था। राजा लोग सिर पर रत्नजटित मुकुट धारण करते थे। वे चंदन भी लगाते थे। पुरुष भी कानों में कुंडल पहनते थे। विवाह के समय हाथ कंकण बांधा जाता था। राजा आदि कभी-कभी आचूड़ रत्नाभूषण धारण करते थे।[138] इससे उनके जीवन की पार्थिक अनुरक्ति और ऐश्वर्य का ज्ञान होता है।

मनोरंजन

मनोरंजन और खेलकूद प्राचीन काल से ही समाज का एक अभिन्न अंग रहा है। शरीर को स्वस्थ और मन को प्रफुल्ल रखने के लिए मनोरंजन नितांत आवश्यक है। चाहमान काल में भी अनेक प्रकार के खेलकूद, वाद्य, नृत्य, गान, आखेट, पाशा-जुआ, जादू, नाटक आदि मनोरंजन के साधन प्रचलित थे।

राजाओं तथा राजकुमारियों की आखेट में बड़ी रुचि थी। वे प्रायः अपना मनबहलाव शिकार से करते थे। बाण के हर्षचरित में हर्ष द्वारा शिकार खेलने की चर्चा मिलती है।[139] हर्ष हिमालय स्थिति शिविर से सुदूर स्थानों में जाकर आखेट किया करता था।

नीची जाति के लोगों का आखेट तो एक प्रकार का व्यवसाय ही था। श्वानच्वांग थानेश्वर के लोगों के बारे में कहता है कि वे लोग इंद्रजाल में अत्यधिक निपुण थे।[140] वाण के मित्रों में कई ऐंद्रजालिक थे।[141] रत्नावली के चौथे सर्ग का नाम ही ऐंद्राजालिक रखा गया है।[142] अलबीरूनी ने शिकार संबंधी विभिन्न प्रकार के तरीकों का वर्णन किया जो भारत में प्रचलित थे।[143] मृग, बारहसिंगे तथा अन्य पशु-पक्षियों का शिकार उन दिनों प्रचलित था। कुश्ती, पोलो आदि युवकों द्वारा खेले जाते थे।[144]

मृग के शिकार के बारे में अलबीरूनी[145] लिखता है कि मैं स्वयं साक्षी हूं कि मृगों के शिकार में वे अपने हाथ से उन्हें पकड़ लेते हैं, एक हिंदू ने तो यहां तक कहा कि बिना मृग पकड़े, अपने आगे लाकर सीधे रसोईघर में भेज सकता हूं। पक्षियों का शिकार भारतीय कैसे करते थे इस पर भी अलबीरूनी लिखता है कि कत्ता पक्षी को मारने का यह तरीका है कि वे रातभर एक ही स्वर से तांबे के बर्तन को मांजते रहते हैं, फिर वे उन्हें हाथ से पकड़ लेते हैं।[146]

शतरंज तथा जुए भी उन दिनों प्रमुख खेलों में गिने जाते थे। प्राचीन साहित्य[147] के अतिरिक्त मध्यकालीन साहित्य में इसका विस्तार से विवेचन किया गया है।[148] याकूबी (900 ई.) नामक अरब लेखक ने सूचना दी है कि पहले एक पंडित ने चौसर बनाकर एक राजा को भेंट किया था और उसके द्वारा भाग्य और मनुष्य की परवशता के सिद्धांत का अनुमोदन किया था। तत्पश्चात एक दूसरे पंडित ने शतरंज बनाकर राजा को समर्पित किया, जिससे यह सिद्ध होता था कि मनुष्य के हाथ में ही सब कुछ है, वह जो चाहे कर सकता है।[149] मसूदी ने भी शतरंज के खेल का उल्लेख किया है।[150] अलबीरूनी ने भी शतरंज के खेल का विस्तृत वर्णन किया है तथा कहता है कि यह खेल इस समय बहुत अधिक प्रचलन में था।[151] शतरंज तथा जुआ खेलने वाले व्यक्ति अपनी संपत्ति के साथ मानसिक शांति तथा खुशी भी खोते थे। छूत (जुआ) खेलने की प्रथा प्राचीन काल से ही चली आ रही थी। देशी नाम माला में दो शब्द 'पाउग्गो' एवं 'पाउग्गियो' आते हैं, जिसका अर्थ है जुआ खेलने वाले घर का मालिक।[152] ये घर कुछ निश्चित शर्तों द्वारा अभिप्रेरित होते थे।

मोहराजपराजय[153] में भी छूत का वर्णन हुआ है। इसका प्रचलन राजाओं और सामान्य

वर्गों में अधिक था, इसे लोग धार्मिक त्यौहारों पर खेलते थे। इस ग्रंथ में पांच प्रकार के द्यूत का ज्ञान होता है–1. अंध्य, यह राजाओं से संबंधित था, 2. नालय, यह बैंकर सोने की गोली से खेलते थे, 3. चतुरंग, यह चेस की भांति था, इसकी पुष्टि अभिलेखीय स्रोतों से भी होती है[154], 4. अक्ष, यह पोस था, जिससे कौरवों ने राज्य जीता था, 5. वराड, यह खेल बच्चों के बीच कौड़ियों द्वारा खेला जाता था।[155] हार जाने पर जुआड़ियों की बड़ी विचित्र दशा होती थी। यहां तक कि उन्हें कभी-कभी नग्न होकर भी लौटना पड़ता था।[156] द्यूत खेलने वाले तत्कालीन राजवंशों में निम्नलिखित राजवंश के सदस्यों के नाम निर्दिष्ट हैं–1. मेवाड़ के राणा का पुत्र, 2. सोरठ के राजा का भाई, 3. चंद्रावती का राजा, 4. नाडुल्य के राजा का भतीजा, 5. गोधरा नरेश का भतीजा, 6. धारा नरेश का भांजा, 7. शाकंभरी राज के श्वसुर, 8. कच्छ नरेश का साला, 9. कोकण राजा का सौतेला भाई, 10. मारवाड़ के राजा का भांजा, तथा 11. चालुक्य राज का चाचा! द्यूतक्रीड़ा में ये इतने निमग्न रहते थे कि परिवार में माता-पिता या पत्नी की मृत्यु भी हो जाती तो उस पर बिना शोक प्रकट किए ये अपने खेल में व्यस्त रहते।[157] मोहराज पराजय से यह भी ज्ञात होता है कि शूद्रक ने अपना साम्राज्य द्यूत क्रीड़ा से ही हस्तगत कर लिया था।[158]

पृथ्वीराज चौहान के काल में द्यूत का विशेष प्रचलन था। उसके समकालीन चालुक्य कुमारपाल के बारे में हेमचंद्र स्पष्ट रूप से कहता है कि कुमारपाल अंध (द्यूत के एक प्रकार) को समूल नष्ट करेगा, जबकि अन्य राजकुमार व्यक्तिगत शत्रु की तरह इससे छुटकारा नहीं पा सके।[159] कुमारपाल ने इसे रोकने का प्रयास किया था, पर उसे किस सीमा तक सफलता मिली थी, यह निश्चित रूप से नहीं कहा जा सकता।

अभिधान चिंतामणि[160] में हेमचंद्र ने द्यूत आदि व्यसनों की निंदा की है, परंतु इससे इसके अस्तित्व की तो पुष्टि हो ही जाती है। इस प्रकार हम देखते हैं कि शतरंज और द्यूत क्रीड़ा उस समय चाहमान राज्य के साथ-साथ पूरे उत्तर भारत में मनोरंजन के साधन के रूप में प्रचलित थे।

अलबीरूनी उस समय के कुछ कौतुकपूर्ण खेलों का भी वर्णन करता है। वह कहता है कि "कई बार हिंदुओं को इसलिए जादूगर समझा जाता है कि वे ऊंचे घासों पर या कसे हुए रस्सों पर चढ़कर गेंद खेलते हैं, किंतु ऐसे खेल प्रायः सभी देशों में खेलते हैं।[161] इस प्रकार के खेल भारत में आज भी जगह-जगह नट जातियों द्वारा दिखाए जाते हैं। यह खेल निम्न जातियों का परंपरागत खेल रहा है। जो कौतुकपूर्ण होने के कारण समाज में अत्यंत लोकप्रिय रहा।

कुश्ती पोलों आदि युवकों द्वारा खेले जाते थे।[162] बनारस में आज की तरह उन दिनों भी लोगों को कसरत कुश्ती का बड़ा शौक था। उक्तिव्यक्तिप्रकरा से पता चलता है कि मल्ल युद्ध में खूब दांव-पेंच चलते थे।[163] कश्मीर और मध्य भारत में कुश्ती को राजा द्वारा प्रोत्साहन मिलता था।[164] विजई पहलवान को वस्त्र, आभूषण, घोड़े आदि से पुरस्कृत भी किया जाता था। कुश्ती का खेल बहुत पहले से भारतीय समाज में व्यवहृत था। इसका उल्लेख पाणिनी[165]

और बौद्ध साहित्य से मिलता है।[166] उक्ति व्यक्ति प्रकरण के एक मुहावरे 'गंदुआ उलाल'[167] से पता चलता है कि लोग गेंद भी खेलते थे। बच्चों के खेल का मुख्य आकर्षण का केंद्र कपड़े या काठ की बनी हुई गुड़ियों[168] के अतिरिक्त कुदुक क्रीड़ा भी था, विवाहित स्त्रियों के लिए झूला का खेल प्रधान था।[169]

तत्कालीन समाज में नृत्य, गान और नाटक का भी प्रचलन था। लोग नाच-गान में विशेष रुचि लेते थे।[170] नागरिकों के मनोरंजन हेतु नाटक भी खेला जाता था। अभिनय का वास्तविक कार्य नाट्यशालाओं में किया जाता था। उन दिनों के प्रांत अभिलेखों से विभिन्न जगहों पर नाट्यशालाओं के निर्माण की सूचना प्राप्त होती है।[171] स्वयं सम्राट हर्ष ने कई नाटकों की रचना की थी। उस समय स्त्री-पुरुष दोनों नाटकों में भाग लेते थे।[172] श्रावण मास में स्त्रियां कजली गाती तथा झूले पर झूलकर अपना मन-बहलाव करती थीं।[173] उन दिनों सपेरे तथा जादूगरों का भी प्रचलन था, जो गांव-गांव में घूम-घूमकर लोगों का मन-बहलाव करते थे। इसी से ऐसा मालूम होता है कि नचनियों की भी कोई कमी नहीं थी, पर इन्हें लोग अच्छी नजर से नहीं देखते थे। एक कहावत में कहा गया है कि नट अपनी बेटियों को नचाते थे।[174]

यशस्तिलक में संगीत, नृत्य, गान आदि के साथ-साथ सात प्रकार के स्वरों का उल्लेख किया है।[175] निषाद, ॠषभ, गांधार, षड़ज, मध्यम, धैवत और पंचम—ये सात स्वर थे।[176] सोमदेव[177] ने तेइस प्रकार के वाद्ययत्रों का विवरण दिया है। शंख, काह्ला, दुदुंभि, पुष्कर, ढक्का, आनक, भंभा, ताल, करतार, त्रिविला, डमरूक, संजा, घंटा, वेणु, वीणा, झल्लरी, वल्लकी, पणव, मृदंग, भेरी, तूर, पटल और डिंडम। हेमचंद्र ने क्रीड़ा, लीला, केलि, वर्कर (सुखोत्सव) आदि का उल्लेख किया है। पूर्व मध्यकालीन अन्य साहित्यिक ग्रंथों अभियान चिंतामणि,[178] कुमार पाल प्रतिबोध प्रबंध[179] आदि से गायन, वादन, नृत्य पर प्रकाश पड़ता है। संगीत कुमारपाल के दैनिक जीवन का एक अंग था। जब वह राजप्रसाद के मंदिरों में पूजन-अर्चन समाप्त कर लेता था तो नर्तकियां दीप लेकर देवताओं के सम्मुख नृत्य करती थीं। आराधन के उपरांत वह चारणों तथा अन्य लोगों से वाद्यसंगीत और गायन सुनता था।[180] मोहराज पराजय से ज्ञात होता है कि समारोहों के अवसर पर नागरिक सड़कों पर छिड़काव करते थे। तथा मोतियों के द्वार और सुंदर वस्त्रों से अपनी दुकान सुसज्जित करते थे। प्रमुख स्थानों में उन्हें स्वर्णघट रखने पड़ते थे और सुसज्जित रंगमंच पर नर्तकियां नृत्यकला का प्रदर्शन करती थीं।[181]

इसी प्रकार अन्य बहुत से खेलकूद प्रचलित थे, जिनसे जनमानस का मनोविनोद होता था। देश में कई ऐसे त्यौहार और उत्सव, जैसे—'बसंत' और 'होली' थे। जिसमें सभी छोटे-बड़े, अमीर-गरीब, औरत-पुरुष हर्षोउल्लास से झूम उठता था।[182]

चाहमान काल में चित्रशाला का भी उल्लेख मिलता है। संभवतः ये राजाओं के मनोविनोद के लिए बनाई जाती थी। राजकार्यों से निवृत्त होकर राजा इन चि़त्रशालाों में अपना मनोविनोद करते थे।[183] राजप्रासाद के विभिन्न कक्षों में बने चित्रों के उल्लेख भी आए हैं। इनके बनाने

का मुख्य उद्देश्य राजाओं का मनोरंजन था। इनमें शृंगार रस के अनुरूप चित्र होते थे, यथा, नृत्य के दृश्य, गौरेया, हंस, मिथुन आदि राजाओं के मनोरंजन के लिए नृत्य-गान आदि अन्य तरीकों का वर्णन *नैषधचरित* में मिलता है।[184] नैतिकता की दृष्टि से इन राजाओं का जीवन बहुत गिरा हुआ था। वे अनेक प्रदेश की सुंदर स्त्रियों के साथ रंगेलियां मनाने में अपना अधिकतर समय व्यतीत करते थे।[185] कुतंलनरेश परमर्दी नंगी स्त्रियों का नृत्य देखकर अपना मनोविनोद करता था।[186] बंगाल का राजा लक्ष्मणसेन एक चांडाल स्त्री के साथ सहवास करता था।[187] वाराणसी के राजा जयचंद ने एक नागरिक की पत्नी सुहवा का अपहरण करके उसे अपनी पटरानी बनाया था।[188]

कल्हण ने भी कश्मीर के कई राजाओं के व्यभिचारपूर्ण जीवन का विशद वर्णन किया है जो उनके मनोरंजन का एक अंग था। कलश और हर्ष अपना पूरा समय विषयाशक्ति में बिताते थे। हर्ष ने अपनी बहनों तक के सतीत्व को नष्ट किया।[189] गुजरात के कुछ राजा भी दुष्चरित थे, अनेक गणिकाएं उन्हें घेरे रहती थीं।[190] राजा हरिराज ने अपने राज्य की पूरी आय स्त्रियों और नर्तकियों के चक्कर में उड़ा दी थी।[191] *कथासरित्सागर* में राजाओं के नैतिक पतन की अनेक कथाएं हैं।[192]

राजतरंगिणी से ज्ञात होता है कि मनोरंजनार्थ समाज के बुद्धिजीवी वर्ग में वाद-विवाद प्रतियोगिता भी हुआ करती थी।[193] ऐसी एक प्रतियोगिता चाहमान वंश राजा पृथ्वीराज तृतीय के दरबार में खरतर गच्छवासी जिनपति सूरि और उकेशगच्छवासी पद्मप्रभ के बीच 1182 ई. में संपन्न हुई थी जिसमें पृथ्वीराज के दरबारी कवि एवं विद्वान विद्यापति, जनार्दन गौड़, वागीश्वर और मुख्य न्यायाधीश के रूप में महामंडलेश्वर कैमास उपस्थित थे, विद्वत समाज में धर्म व्यापकरण तथा अन्य विषयों पर प्रतिद्वंद्वी विद्वानों में बहस हुई बाद में जिनपति सूरि विजयी हुआ।[194] प्रतियोगिता में विजेता विद्वान को पृथ्वीराज ने विभिन्न पुरस्कारों के साथ 'विजयपत्र' अथवा विजय का प्रमाण-पत्र प्रदान किया।[195]

संदर्भ एवं टिप्पणियां

1. अंगिरस, श्लोक 55-57।
2. *प्रबोध चंद्रोदय*, अंक 2, पृ. 52।
3. *अलबीरूनीज इंडिया*, जि. 2, पृ. 52।
4. प्रबोध चंद्रोदय, पृ. 51।
   धर्मेणा-योन्य भोज्यान्ना द्विजास्तु विदितान्वयाः।
5. मिश्र, केशवचंद्र, *चंदेल और उनका राजत्व काल*, पृ. 195।
6. *प्रबोध चंद्रोदय*, पृ. 51।
7. *बीसलदेव रासो*, 3.81।
8. *ऐंशियेंट एकाउंटस ऑफ इंडिया एंड चाइना*, पृ. 34; देखिए, *ग्यारहवीं सदी का भारत*, पृ. 236।

9. *स्ट्रगल फार इम्पायर,* पृ. 285
10. *कृत्यकल्पतरु,* नियत, पृ. 395 देखिए, मिश्र, जयशंकर, *ग्या.स.भा,* पृ. 237।
11. *कृत्यरत्नाकर,* पृ. 257।
12. *एपि.इं.,* पृ. 57।
13. *रामचरित,* 4.36; देखिए, मिश्र, *ग्या.स.भा.,* पृ. 237।
14. *यश.,* पृ. 515, श्लोक 351 "यवगोधूम प्रार्य रूज्ञ प्रायं च भोजनं कुर्यात"
15. फेरंड-टेक्स्टस जियोग्राफिक्स, 1.238, देखिए, मजूमदार, अ.कु., वही पृ. 354।
16. *मानसोल्लास,* 3.1373-74।
    श्यामाक कइ. गु नीवारगंध शलि सुतंडलैः।
    सरैवष्टित सेवाकैदिवसै लघुविस्तृतः।
    चिनप्रसूत महिषीपयास पायसं पचेत ॥
17. मिश्र, जयशंकर, *प्रा.भा.सा.इति.,* पृ. 393।
18. टामस वाटर्स, *आन युवान-च्वांग ट्रेवेस इन इंडिया,* लंदन, 1905, पृ. 152।
19. सिंह, पारसनाथ, *पृथ्वीराज चौहान और उनका काल,* पृ. 272, 1982।
20. टामस वाटर्स, *आन युवान-च्वांग ट्रेवेल्स इन इंडिया,* पृ. 152।
21. तक्कुसु, रेकर्डस आव द बुद्धिस्ट रिलीजन, पृ. 24, देखिए, मिश्र, *प्रा.भा.सा.इति.,* पृ. 468।
22. मिश्र, जयशंकर, *ग्या.स.भा.,* पृ. 238।
23. अलबीरूनी इंडिया, जि. 2 पृत्र 151; देखिये मिश्र, *प्रा.भ.सा.इति.,* पृ. 469-70।
24. *मनु.,* 5.26; भागवत पुराण, 15.7.8।
25. व्यासस्मृति, 5.53-58
    नाश्नीयाद् ब्राह्मणो मांसमनियुक्त कथंचनः ॥
    क्रतौ श्राद्धे नियुक्तो वा अनश्नन् पतित द्विजः।
    मृगयोपाजितः मांसमभ्यर्च्य पितृदेवताः।
26. *अलबीरूनी इंडिया,* जि. 1, पृ. 204।
27. सुलेमान सौदागर, पृ. 54-55; देखिए, मिश्र, *प्रा.भा.सा.इति.,* पृ. 470।
28. *नियत.,* पृ. 311-17; *गृहस्थ रत्नाकर,* पृ. 380-84; *शारंगपद्धति,* श्लोक 63 (संपा, पीटर्सन), दृष्टव्य, मजूमदार, वी.पी., पृ. 359।
29. *एपि.इं.,* जि. 11, पृ. 44।
30. *इंडियन हिस्टारिकल क्वार्टरर्ली,* 8, पृ. 311।
31. *इ.डा.,* जि. 1, पृ. 1, हि.अनु., पृ. 15।
32. *यशस्तिलक,* उत्तरार्द्ध, पृ. 130।
    तिलसर्वपात्रं यो मांसमश्नाति मानवः।
    स श्वभ्रांत निवर्तेत् यावच्चंद्र दिवाकरौ ॥
33. मिश्र, *ग्यारहवीं सदी का भारत,* पृ. 236।
34. *कत्यकल्पतरु,* नियत., पृ. 304-8
35. मिश्र जयशंकर, *प्राचीन भारत का सामाजिक इतिहास,* पृ. 470।
36. वाटर्स, 1., पृ. 178।
37. *हर्षचरित,* पृ. 285।

38. *राजतरंगिणी*, 5.119; 7.1149 विधिनावधि दुर्बुद्धिर्बुभुजे ग्राम्य सूकरान।
39. *मानसोल्लास*, 3.13. 1420-1547।
40. क.स.सा., 3.9.16।
41. *अलबीरूनी इंडिया*, 2, पृ. 135।
42. *कृत्यकल्पतरु*, नियत का., पृ. 275-84।
43. *गृहस्थ रत्नाकर*, पृ. 352-667।
44. *पुरातन प्रबंध संग्रह*, सि.जे.ग्रं.मा., ग्र. 2, पृ. 102।
45. *महातीहुल उलूम*, पृ. 186।
46. अहसुनत तकासीम फी मारफतिल अकासीम, पृ. 474-82; देखिए, *अ.भा.स.*, पृ. 65।
47. मुरुज्जु जहूब, पृ. 438; देखिए, *अ.भा.स.*, पृ. 63।
48. फ्लीट, गुप्ता इंसक्रिप्शंस, संख्या 18, वाक्य 11-12, देखिए, मिश्र, *ग्या.स.भा.*, पृ. 238।
49. *कुट्टीनीमतम्*, श्लोक 70।
    अंतर्धृततांबूल प्रोच्छनक पोलकलितकरपर्ण अवठंभो तंबोले...।
50. देशी, 1.36।
51. देश., 4.12.4.13।
52. मरूजल जहव, खंड 2, पृ. 84., उद्धृत मिश्र, *ग्या.स.भा.*, पृ. 239।
53. मजूमदार, ऐ.के., *चालुक्याज ऑफ गुजरात*, पृ. 358।
54. *अलबीरूनीज़ इंडिया*, जि. 2, पृ. 152।
55. वही, जि. 1 पृ. 182।
56. *द्वयाश्रय काव्य*, 9.30।
57. नैषध., संपा. शिवदत्त, पृ. 58।
    तांबूलद्‌यम-आसनम् च लभते यः कान्यकुब्जेश्वरात।
58. *बीसलदेव रासो*, 1.22-25।
59. *मनु.*, 11.94।
    सुरा वे मलमन्नानां पाप्मा च मल सुच्यते।
    तस्माद् ब्राह्मण राजन्यो वैश्यश्च न सुरा पिबेत ॥
60. प्रायश्चित प्रकरण, पृ. 40; देखिए, मिश्र, *ग्या.स.भा.*, पृ. 2।
61. *इलियट एंड डाउसन*, जि. 1, पृ. 7, हि.अनु., पृ. 5।
62. वही, जि. 1, पृ. 20, हि.अनु., पृ. 5।
63. नैषध, 16.99।
64. नैषध, 16, 79।
65. *बीसलदेव रासो*, 4.18।
66. वैद्य, चि.वि., *हि.मे.हि.इं.*, जि. 2, पृ. 184-85।
67. *इलियट एंड डाउसन*, जि. 1, पृ. 16, हि.अनु., पृ. 13।
68. *कृत्यकल्पतरु*, नियतकालकांड, पृ. 331।
69. *गृहस्थरत्नाकर*, पृ. 394।
70. *कथासरित्सागर*, 54.170; *राजतरंगिणी*, 8.1866...पिवदिभः पुष्पगंधि च
71. *अलबीरूनीज इंडिया*, जि. 1, पृ. 180।

72. *मानसोल्लास,* 5.10.5-5.3।
73. *शुक्र,* 1.11.6-17।
74. *कृत्यकल्पतरु,* नियतकांड, पृ. 393-94।
75. नैनार, वही, 102 देखिए मजूमदार, अ.कु. पूर्वोद्धृत, पृ. 355।
76. *हर्षचरित* (अनु. कावेल), पृ. 112-14।
77. *कुट्टीनीमतम्,* 414।
78. *एपि.इं.,* 18 पृ. 108. पथ 6।
79. *सदुक्तिकर्णामृत,* पृ. 8; *सूक्तिकुक्तावली,* पृ. 266-767; पृ. *शाइ. धरपद्धति,* पृ. 36, 53।
80. *एपि.इं.,* जि. 4, पृ. 119, जि. 8, पृ. 154; जि. 21., पृ. 95 देखिए, उपाध्याय, वासुदेव, पूर्वोद्धृत, पृ. 92।
81. *प्रबोध चंद्रोदय,* 3.21।
    भिक्षु-मद्यप्रसादः (इति चषकं गृहीत्वा पिवति) अहो सुढयाः सौंदर्यम्।
82. *नैषध.,* 15.48।
83. बीसलदेव रासो, चतुर्थ सर्ग, 8, पुरोहित (पंडित) लोग मुहूर्त भेजने के समय पीला वस्त्र धारण करते थे।
84. वही, चतुर्थ सर्ग, 31।
85. *इ.डा.,* जि. 1, पृ. 22।
86. वही, पृ. 27, हि.अनु., पृ. 30।
87. एक प्रकार का वस्त्र जिससे सिर, वक्ष और गर्दन का ऊपरी भाग ढंका रहता है।
88. *अलबीरूनीज इंडिया,* जि. 1, पृ. 180।
89. मिश्र, जयशंकर, *ग्या.स.भा.,* पृ. 242।
90. *इ.डा.,* जि. 1, हि.अनु., पृ. 15।
91. *ब्रीसलदेव रासो,* द्वितीय सर्ग, 64-65 और 80, कंचुकी (कांचली), तृतीय सर्ग, 6, चतुर्थ सर्ग, 40।
92. टामस वाटर्स, *ऑन युवान च्वांग, ट्रेवेल्स इन इंडिया,* जि. 1, पृ. 151।
93. देशी, 2. 94।
    गेठल्लं गोविल्लं कुप्पा से गेंडिलं चथणसत्ते।... ॥
94. देशी, 1.107।
    जहणत्थवत्थमेस घग्घरमादस्सि यम्मि घरयंदो घणवाही इंदे घरा-घंटो, चडए अ सउलिआ धारी।
95. मुंशी. के. एम., पूर्वोद्धृत, पृ. 426।
96. देशी, 1.6।
97. नैषध., 15.21।
98. वही, 16.8 'की नारायणीय टीका से उद्धृत'।
99. पाटपटौला, वी.रा., प्रथम, सर्ग, 22।
100. *नैषध.,* 11.123. 'उपानहौ ततः पदे रेजतुप्स्य विभ्रती'।
101. *अलबीरूनीज इंडिया,* जि. 1, पृ. 181।
102. *वार्टस,* जि. 1, पृ. 148।
103. वही, पृ. 151।

104. *इ.डा.*, जि. 1, पृ. 11, हि.अनु., पृ. 9।
105. *नैषध.*, 15.58-52।
106. *ऐंशियेंट एकाउंट्स ऑफ इंडिया एंड चाइना*, पृ. 36।
107. *अलबीरूनीज इंडिया*, जि. 1, पृ. 181।
108. *बीसलदेव रासो*, 22, 26, 58, 2, 14, 25, 6, 11, 3, 22।
109. *त्रिशष्टिश्लाकापुष चरित*, पर्व 1, सर्ग 4, श्लोक 243।
110. *कु.च.*, 1, श्लोक 2।
111. *राजतरंगिणी*, 8.2835. '...लीलाग्युधकुंडला'।
112. *यशस्तिलक का सांस्कृतिक अध्ययन*, पृ. 140-151।
113. *हम.म.*, 13.173-180।
114. *रामचरित*, 3,33-34।
115. *समयमातृका*, 7.14-17।
116. *नैषधचरित*, 1.38, 7.80, 9.104, 10.116।
117. *कुट्टनीमतम्*, श्लोक 63, 64, 66 आदि।
118. *बीसलदेवरासो*, 3.3-16।
119. नैषध., 2.77
120. *बीसलदेव रासो*, 3.97।
121. वही, 3.57, 76।
122. *भारत कौमुदी*, जि. 1, पृ. 274।
123. *एपि.इं.*, जि. 1, पृ. 129।
124. *द्व.म.*, सर्ग 13, 20 'कस्तूर्या का च कारिका', *कु.च.*, 2.39।
125. *द्वया.म.*, सर्ग 17, 115।
126. वही, सर्ग 13, 20।
127. वही, सर्ग 15.57 'गोमयासिंह कुंकुमे'।
128. *कु.च.*, 2. 39 'अणतुच्छतयर...'।
129. कर्पूर मंजरी, 2.73, 1.29, 42।
130. *अ.चि.*, 3.314-15, पृ. 276-277।
अज्जनं कज्जलं कंकतः केशमार्जनः।
131. *द्वय.म.*, सर्ग 1, 54।
भूभारं कैशिकमिवोत्ति तारयि घुरागमः ॥
टीका, पृ. 227 'सोमनाथ यात्रयां हि यात्रिकैः केशा उत्तार्यन्ते।'
132. *द्वय.म.*, सर्ग. 19, 68, 12.14।
133. *कु.च.*, 1.76 '...काम तोणीर घोर-कवरीओ'।
134. *द्वय.म.*, 8.13.1।
135. *कु.च.*, 1.81.
136. वही, 3.72।
137. *यशस्तिलक का सांस्कृतिक अध्ययन*, परिच्छेद 9, पृ. 152-60
138. *पृ.वि.*, 5, पृ. 155, और आगे, *ज.य.ए.सो.*, 1913, पृ. 273।

139. *हर्षचरित*, पृ. 132।
140. वाटर्स, *आन युवान-च्वांग ट्रेवेल्स इन इंडिया*, जि. 1, पृ. 314।
141. मिश्र, *प्रा.भा.सा.इति.*, तीसरा संस्करण, पृ. 497।
142. वही, *रत्नावली*, अंक 4, ऐंद्रजालिकोनाम अंकः 1।
143. *अलबीरूनीज इंडिया*, जि. 1, पृ. 195।
144. *मानसोल्लास*, गा.ओ.सि., भा. 84, पृ. 211-25।
145. मिश्र, ग्या.स.भा., पृ. 248-49।
146. वही, पृ. 249।
147. *श.ब्रा.*, 5.4.46; *महाभारत*, 4..1.24; *कादंबरी*, पृ. 13।
148. *राजतरंगिणी*, 8.1740; *कथासरित्सागर* (संपादक टानी), भाग 2, पृ. 225।
149. याकूबी, *अरब-भारत संबंध*, पृ. 49-50।
150. मसूदी, भाग 1, पृ. 101; *अ.भा.स.*, पृ. 151।
151. मिश्र, *ग्या.स.भा.*, पृ. 246।
152. देशीनाममाला, 6.41-42 '...पाउगगौ सबमे पासणिओ पासाणिओ असक्खिम्मि।"
153. मोहराज पराजय, अंक 4, पृ. 86-87।
154. *एपि.इं.*, खंड 2, पृ. 3 (चतुरंग-चभू-प्राचा चार)
155. *मोहराज पराजय*, पृ. 88।
156. वही, पृ. 89-90।
    केविकट्टिय चरण करकन्न, किवि कडिढयनणजय के विनक्क अहरिहि विपज्जिय। किविलूण सव्यावयव केवजिवे खवणय अलज्जिय।
157. वही, 4.22।
158. वही, 4.29।
159. *महावीरचरित*, श्लोक 73।
160. *अ.चि.*, 3.402।
161. मिश्र, *ग्या.स.भा.*, पृ. 246।
162. *मानसोल्लास* (*जा.ओ.सि.जि.*, 4) पृ. 211-25।
    देखिए, *काशी का इतिहास*, पृ. 159।
163. उक्तिव्यक्ति प्रकरण, 34.19 से 39.2 'मलाउझमालु अफोड' और 'मालु मालहिं मोड'।
164. *राजतरंगिणी*, 8.169-174; *मानसोल्लास*, पृ. 225।
165. *अष्टाध्यायी*, 3.3.36।
166. मिश्र, *ग्या.स.भा.*, पृ. 248।
167. उक्तिव्यक्तिप्रकरण, 44.20।
168. *वैजयंती*, 137.11-14; *अभिज्ञानचिंतामणि*, पृ. 404-80।
169. *विक्रमांकदेवचरित*, 7.15-19
170. बी.रा. 3.75; *ह.म.*, सर्ग 3.11-34।
171. *एपि.इं.*, जि. 11, पृ. 54।
172. हर्षचरित, सर्ग 8।
173. *बी.रा.*, 2.47 और 3.18।

174. उक्तिव्यक्ति प्रकरण, 48.4।
175. *यशस्तिलक*, पृ. 319, 'सप्तस्वरैः'।
176. *अमरकोष*, 1.3.1।
177. *यशस्तिलक*, 217. कदाचित नाट्य शालासु।
178. *अभिधान चितामणि*, 2.193-4।
179. *कुमारपाल प्रतिबोध प्रबंध*, पृ. 18।
180. वही, पृ. 38।
181. *मोहराज पराजय*, 4.19।
भो भोः पौराः! महाराजो श्रीकुमारपाल्देवो युष्माामज्ञापपति यज्जिनरथपात्रामहात्सवो भविष्यति। ततः।
पौराः कुर्यविर्पणिपदवीमस्तपांशु पयोभिभुक्ताहारै रुचिरवसनैहर्दृशोभां विदध्युः।
स्थाने स्थाने कनके कलशान् स्थपयेपुभर्वतः
पण्यस्त्रीभिः सुरगृहसखान् मंचकानूभूषयेषुः।
182. *बी.रा.*, 3.13-14 और 87; *ना.प्र.प.*, भाग 2 (न.स.), पृ. 283-84; *रासौसार*, पृ. 238।
183. *पृ.वि.*, 11.24-105; टानी, *प्रबंध चिंतामणि*, पृ. 191।
184. *नैषध*, 18.5-19, 21.7।
185. कलचुरि नरेश युवराज का विलहरी अभिलेख, देखिए, राय, एच.सी., *डा.हि.ना.इ.*, जि. 2, पृ. 760।
186. *प्रबंधचिंतामणि*, (अनु. टानी) पृ. 186।
187. वही, पृ. 183-185।
188. *सिंधी जैनग्रंथमाला*, पृ. 98.189 *राजतरंगिणी*, 7.304-30, 584-889, 1147-48।
190. अभयतिलक गणि, हेमचंद द्वया. का., 7.30, 6.38।
191. *इं.ऐं.*, जि. 8 (1879), पृ. 62।
192. *कथासरित्सागर* (अनुवाद टानी), 1.289; 2.490
193. *राजतरंगिणी*, 7.881.83, 895 और 944।
194. खरतगच्छ वृहद गुर्वावलि, *सि.जै.ग्रं.मा.*, ग्र. 42, पृ. 25-34।
महाराधिराज-श्री पृथ्वीराजः श्री अजयमेरो
निज धवलग्रहे समागत्य ततः स्थानादधस्तिकंधाधिरूढ़ेन जयपत्रेण सहपौषधशालायामागतो ददो च जयपंत्र श्री पूज्यानां हस्ते।
195. *हिंदुस्तानी*, जनवरी 1940, पृ. 77-78।

6. धार्मिक जीवन

चाहमान काल में उत्तर भारत में हिंदू धर्म के अतिरिक्त देश में जैन और बौद्ध धर्मों का भी प्रचार था। राजपूताना और गुजरात में जैन धर्मावलंबियों की बहुलता थी[1] तथा बिहार,[2] बंगाल और नेपाल[3] में बौद्ध धर्म का प्रभाव था।

मानव-जीवन में धर्म का व्यापक महत्व है। आचार्य हेमचंद्र[4] ने *त्रिशष्टि शलाका पुरुषचरित* में लिखा है कि धर्म माता की तरह पालन करता है, पिता की तरह रक्षा करता है तथा सखा की तरह पीड़ा का हरण करता है एवं बंधु की तरह स्नेह करता है। धर्म की महत्ता को स्वीकृत करते हुए *कीर्ति कौमुदी* में कहा गया है कि विधाता की भी जब क्रूर दृष्टि हो जाती है, तब धर्म ही एक ऐसी वस्तु है, जो मनुष्यों की रक्षा करती है। अतएव वही एकमात्र हमारा आराध्य एवं सेवनीय विषय होना चाहिए।[5]

चाहमान राज्य में सामान्य धार्मिक अवस्था

चाहमान राजाओं के अभिलेखों तथा साहित्यिक विवरणों से ज्ञात होता है कि इस समय हिंदू तथा जैन धर्म का व्यापक प्रचार था, किंतु हिंदू धर्म विभिन्न संप्रदायों के कारण अपने स्वरूप का विस्तार कर रहा था। इसके अंतर्गत विभिन्न देवी-देवताओं के लोकप्रिय होने के प्रमाण अभिलेखों में प्राप्त होते हैं, जिसमें विष्णु, शिव, ब्रह्मा, सूर्य, गणेश तथा पार्वती आदि उल्लेखनीय हैं।[6] चाहमान राजाओं के काल में पेड़ों तथा पत्थरों को भी देवत्व प्राप्त था। लोग पीपल, आंवला, वट, तुलसी आदि की पूजा करते थे। इसी प्रकार पर्वतों, नदियों, नागों आदि की पूजा का निर्देश मिलता है।[7] इस प्रकार की पूजा लोकधर्म के अंतर्गत प्रचलित थी। मूर्तिपूजा इस समय पूरी तरह प्रचलित थी। प्रायः सभी पौराणिक देवताओं की प्रतिमाएं मंदिरों में स्थापित हो गई थी।[8] इन देवताओं में ब्रह्मा, विष्णु, शिव, सूर्य, गणेश तथा शक्ति आदि की प्रतिमाएं विशेष रूप से स्थापित की जाती थीं। सी.वी. वैद्य का कहना है कि हिंदू धर्म की विभिन्न शाखाओं में परस्पर भिन्नता होते हुए भी एकता की तरंगें दिखाई देती थीं। ब्रह्मा, विष्णु और शिव के पूजकों में परस्पर एकता के परिणामस्वरूप ही पंचायत पूजा प्रचलित हुई

थी।[9] इस पंचायत पूजा के अंतर्गत ब्रह्मा, विष्णु, शिव, सूर्य तथा गणेश का समायोजन किया गया था। चाहमानों के काल में इन देवताओं की प्रतिमा स्थापित करने के उल्लेख मिलते हैं।[10] यद्यपि चाहमानों के काल में सभी देवता मान्य थे, तथापि विष्णु की पूजा के विशेष विवरण मिलते हैं। इनके पौराणिक अवतारों का इतना अधिक प्रचार था कि उनकी प्रतिमाएं सर्वत्र मंदिरों में स्थापित होती थीं।[11] इस काल में विष्णु 'मुरारि' नाम से पूजे जाते थे।[12]

वैष्णव धर्म के साथ-साथ चाहमानों के काल में शैव धर्म के प्रचलित होने के प्रमाण अभिलेखों में मिलते हैं।[13] शिव के मंदिरों तथा उनके गर्भगृहों के निर्माण के उल्लेख किए गए हैं।[14] शिव की पूजा के निमित्त अनेक शिवलिंगों की भी स्थापना की गई थी।[15] इन शैव मंदिरों में लक्ष्मण, स्वामीन, जागेश्वर, सोमेश्र, जयेंद्र राजेश्वर, अण्हिलेश्वर तथा पृथ्वीपालेश्वर आदि उल्लेखनीय हैं।[16] अभिलेखों में गणेश देवता की चर्चा है। उन्हें शिव का पुत्र कहा गया है। शिव के दूसरे पुत्र कार्तिकेय की पूजा का भी वर्णन मिलता है।[17] चाहमान राज्य में सूर्य के मंदिरों की उपस्थिति सूर्य की लोकप्रियता की सूचक है। सूर्य को जयस्वामी अथवा जगत स्वामी भी कहा गया है[18] तथा अनेक सौर मंदिरों के निर्माण का उल्लेख है।[19]

चाहमान राज्य में जहां पुरुष देवताओं की पूजा होती थी, वहां स्त्री देवियों की पूजा का प्रचलन भी स्वाभाविक था। देवियों में पार्वती शिव की पत्नी के रूप में प्रसिद्ध थीं। उनके अनेक नामों का उल्लेख अभिलेखों में हुआ है। ऐसे नामों में पार्वती देवी, दुर्गा, बहुभुजा माता, शाकंभरी अथवा आशापुरी आदि के निर्देश हुए हैं।[20] अभिलेखों में देवी के विकट स्वरूप का उल्लेख करते हुए उन्हें काली, कराली, कपाली, चामुंडा, चंडी, कात्यायनी आदि कहकर पुकारा गया है।[21] इस प्रकार साहित्यिक तथा अभिलेखीय साक्ष्य इस बात का प्रमाण उपस्थित करते हैं कि हिंदू धर्म के अनेक संप्रदाय चाहमान राज्य में स्वतंत्रतापूर्वक फल-फूल रहे थे।

हिंदू धर्म के साथ-साथ जैन धर्म भी चाहमान राज्य में विद्यमान था। अभिलेखों में जैन देवताओं के निमित्त दान देने तथा उनकी पूजा संबंधी चर्चाएं मिलती हैं।[22] अजमेर में अनेक जैन मंदिर बनवाने,[23] उन्हें स्वर्ण क्लश प्रदान करने[24] और श्वेतांबर तथा दिगंबरों के बीच होने वाले धार्मिक वाद-विवादों, न्यायाधीश का काम चाहमान राजाओं द्वारा करने की सूचनाएं मिलती हैं।[25] डॉ. दशरथ शर्मा का कहना है कि जैन धर्म के प्रभाव के कारण चाहमान राजाओं द्वारा पशुवध निषेध करवाने के उल्लेख भी मिलते हैं।[26] जैन भक्तों द्वारा अनेक सुंदर और अद्भुत मंदिरों के निर्माण तथा उनमें तीर्थंकरों की प्रतिमाओं को प्रतिस्थापित करने के उल्लेख मिलते हैं, जिनमें पार्श्वनाथ, महावीर, धर्मनाथ देव, शांतिनाथ देव आदि के नाम उल्लेखनीय हैं।[27] जैन देवताओं की पूजा तथा जैन महोत्सवों पर राजाओं द्वारा मंदिरों को उदारतापूर्वक दान देने की चर्चाएं प्राप्त हैं।[28]

चाहमानों के समय में बौद्ध धर्म के बारे में कोई विशेष सूचना नहीं मिलती है। संभवतः उस समय तक बुद्ध को विष्णु के अवतार रूप में माना जाने लगा था। अतः यह वैष्णव धर्म में समाहित हो गया था। बौद्धों और जैनियों की भांति वैष्णव लोग विष्णु के 24 अवतारों में विश्वास करने लगे थे, जिसे नया वैष्णव संप्रदाय कहा गया।[29] चार भुजाओं वाले विष्णु अंत

में 24 हाथों वाली प्रतिमा के रूप में उपस्थिति किए जाने लगे। एक ही सिर के अंतर्गत तीन मुख धार्मिक जीवन (एक तरफ वराह, दूसरी तरफ सिंह, तथा बीच में मनुष्य का सिर) धारण करने वाली प्रतिमाओं की स्थापना की जाने लगी।[30]

इस प्रकार चाहमानों राजाओं के समय की धार्मिक अवस्थाओं का अवलोकन करने से ज्ञात होता है कि इस समय ब्राह्मण धर्म के अंतर्गत शैव, वैष्णव, शाक्त, जैन तथा बौद्ध सभी संप्रदाय न्यूनाधिक मात्रा में विद्यमान थे। इनकी पूजा पौराणिक विधि-विधानों के अनुसार होती थी। किसी संप्रदाय के देवता समाज में पूजनीय भाव से देखे जाते थे। उनके प्रति किसी प्रकार का भेदभाव नहीं था।

चाहमानों राजाओं के व्यक्तिगत धर्म एवं धार्मिक नीति

इसमें संदेह नहीं कि सभी चाहमान राजा हिंदू धर्म के कट्टर अनुयायी थे, किंतु अपने व्यक्तिगत रुचि के अनुसार उनका विश्वास शैव या वैष्णव संप्रदाय में था। वाकपतिराज शिव के अनन्य भक्त थे, उनके द्वारा शिव के मंदिर निर्माण के उल्लेख मिलते हैं।[31] चामुंडराज को वैष्णव मंदिर बनवाने का श्रेय दिया गया है।[32]

पृथ्वीराज प्रथम के बारे में कहा गया है कि उसने यश वृद्धि हेतु सोमनाथ के पूजागृह का निर्माण करवाया तथा रणथंभौर के जैन मंदिरों में अनेक कलशों की स्थापना की।[33] अजयराज यद्यपि शिवभक्त था तथापि वैष्णव तथा जैन संन्यासियों का भी आदर करता था। उसके द्वारा अजमेर में जैनियों को जैन मंदिर बनाने की अनुमति देने तथा पार्श्वनाथ के मंदिर हेतु स्वर्णकलश प्रदान करने की आज्ञा दी गई थी। उसके द्वारा श्वेतांबरों तथा दिगंबरों के बीच धार्मिक विवाद में निर्णय देने की चर्चा मिलती है।[34] इससे ज्ञात होता है कि वह जैन धर्म का मर्मज्ञ विद्वान था। अर्णोराज को विष्णु का परमभक्त कहा गया है।[35] किंतु उसके द्वारा धार्मिक विवाद में विजयी एक श्वेतांबर संन्यासी को विजयपत्र देने की सूचना मिलती है।[36] डॉ. दशरथ शर्मा के अनुसार विग्रहराज यद्यपि शैव मतानुयायी था, फिर भी उसने एक जैन मंदिर की स्थापना की तथा जैन आचार्य धर्मघोष के आदेशानुसार एकादशी के दिन पशुवध निषेध करा दिया।[37]

पृथ्वीराज द्वितीय के बारे में सूचना मिलती है कि उसने शैव[38] होते हुए भी एक जैन मंदिर के लिए दान दिया था। सोमेश्वर द्वारा विष्णु के मंदिर के निर्माण की सूचना मिलती है।[39] इतना ही नहीं एक ही मंदिर में ब्रह्मा, विष्णु और शिव की प्रतिमा स्थापित कराने का उल्लेख किया गया है।[40]

धार्मिक नीति

विभिन्न चाहमान शासकों ने अपने अभिलेखों में अपनी व्यक्तिगत निष्ठा जिस धर्म में दिखलाई

है, वह हिंदू धर्म था, उसमें भी वे विशेष रूप से शिव के भक्त दिखलाई देते हैं, किंतु उन्होंने भारतवर्ष के अन्य धर्मावलंबियों के प्रति प्रत्येक प्रकार की सहिष्णुता का परिचय दिया। प्रथम पृथ्वीराज के संबंध में *पृथ्वीराज विजय* की सूचना है कि उसने पुष्कर तीर्थ में ब्राह्मणों को लूटने वाले सात सौ चालुक्यों का वध किया।[41] ये चालुक्य सैनिक भी शैव ही प्रतीत होते हैं, जिनके स्वामी कर्णदेव (1064-1094) और जयसिंह सिद्धराज (1044-1143) भी शैव ही थे अतः चालुक्य सैनिकों के इस धावे को एक शुद्धसैनिक धावा कहा जा सकता है। उसका गुजरात में बसे हुए जैनों से कोई संबंध नहीं था। बारहवीं शताब्दी में लिखे गए कुछ जैन ग्रंथों के आधार पर डॉ. दशरथ शर्मा ने यह सूचना दी है कि पृथ्वीराज प्रथम ने रणथंभौर के जैन मंदिरों के ऊपर अनेक क्लशों की स्थापना की।[42] इसी से यह भी ज्ञात होता है कि यह शैव मत का मानने वाला था।

चाहमानकालीन साहित्यिक तथा पुरातात्विक साक्ष्यों से ज्ञात होता है कि अजयराज से लेकर पृथ्वीराज तृतीय तक केवल अर्णोराज को छोड़कर सभी राज शैव थे, किंतु अपने क्षेत्र में बसे हुए जैनों के प्रति उनका व्यवहार सदा सहायक और सहिष्णुतापूर्ण बना रहा। प्रभावक चरित्र तथा द्वयाश्रय काव्य से यह ज्ञात होता है कि अर्णोराज ने वैष्णव होते हुए भी अपनी पुत्री जल्हणा देवी का विवाह कुमारपाल से कर दिया जो जैन धर्म का अनुयायी था।[43] रविप्रभाचार्य अपने ग्रंथ *धर्मघोष स्तुति* में विग्रहराज चतुर्थ के बारे में कहता है कि उसने अजमेर में एक जैन मंदिर में ध्वज स्तंभ लगवाया, जिसमें मालवा के किसी राजा ने उसकी मदद की थी।[44] उसकी धार्मिक सहिष्णुता का एक प्रमाण यह है कि धर्मघोषसूरि नामक एक जैन आचार्य के कहने पर उसने एकादशी को सारी जीव हिंसा बंद करवा दी।[45] सोमेश्वर के विजोलिया अभिलेख का लेखक एक प्रसिद्ध जैनविद्वान था। सोमेश्वर स्वयं अण्हिलवाड़ के राज दरबार में पला था जो जयसिंह राजा और कुमारपाल के समय प्रसिद्ध जैन विद्वानों का गढ़ था।[46] पृथ्वीराज तृतीय के समय राजदरबार में विभिन्न धर्मावलंबियों के शास्त्रार्थ हुआ करते थे, जिनकी अध्यक्षता के लिए उसका पद्मनात नामक एक मंत्री ही नियुक्त था।[47] उसने स्वयं जिनपतिसूरि और पद्मप्रभसूरि नामक जैन विद्वानों के बीच होने वाले शास्त्रार्थ में अध्यक्षता की थी और पदमप्रभ के विजयी होने पर उसे पुरस्कृत किया था।[48]

इस प्रकार स्पष्ट है कि चाहमान राजा अपने क्षेत्र में रहने वाले जैन विद्वानों की धार्मिक संस्थाओं को पूर्ण संरक्षण देते थे और उनके सांस्कृतिक और बौद्धिक विकास को हर प्रकार को बढ़ावा देते थे। पद्मप्रभसूरि को पृथ्वीराज ने जो आदर प्रदान किया, उसकी तुलना हर्ष द्वारा कन्नौज की धर्मसभा में विजयी होने पर हाथी पर बैठाकर श्वानच्वांग के जुलूस निकालने[49] अथवा सिद्धहेमचंद्र नामक व्याकरण के लिखने पर उसी प्रकार जयसिंह सिद्धराज द्वारा हेमचंद्र को हाथी पर बैठाकर राजधानी के राजमार्गों पर घुमाने जैसी घटनाओं से की जा सकती है। चाहमान राजाओं की धार्मिक नीति सभी धर्मों के प्रति सहिष्णु थी, वे ब्राह्मण धर्मानुयायी होते हुए भी अन्य धर्मो तथा संप्रदायों के प्रति अत्यंत उदार रहते थे।

ब्राह्मण धर्म

भारतवर्ष में प्राचीन काल से हिंदू धर्म प्रचलित था। चाहमान काल में जिस हिंदू धर्म ने पूर्णतया अन्य धर्मों पर अपनी विजयकीर्ति स्थापित की थी, वह पूर्णतया व्यावहारिक तथा सैद्धांतिक रूप से प्राचीन ब्राह्मण धर्म से भिन्न था। इस युग में स्मार्त पूजा का ही प्राबल्य था। स्मार्त शब्द स्मृति से बना है और स्मार्त पूजा स्मृतियों पर आधारित थी।[50] श्रोत सूत्रों में वर्णित यज्ञों का लोप हो रहा था और उनके स्थान पर गृह सूत्रजन्य आडंबरहीन पूजा का प्रचार हो रहा था। जिन देवताओं का प्रचार इस युग में हो रहा था, उनकी अर्चना का भी विधान निश्चित हो चुका था। विशाल मंदिरों के निर्माण तथा प्रचार से धार्मिक जीवन में एक विशेष बल आ गया था। स्मार्त उपासकों तथा पुजारियों के हेतु *गरुड़ पुराण* की रचना की गई। उसमें पंचदेवों की पूजा के विधान के अतिरिक्त उन सभी बातों का उल्लेख किया गया है, जिनका ज्ञान उपासक और पुजारी के लिए उपेक्षित था। *अग्नि पुराण* भी स्मार्तों का एक प्रमुख ग्रंथ था और उसमें भी पंचदेवों की पूजा का विस्तृत विवेचन तथा विधान है।[51]

प्रारंभिक युग में संभवतः किसी सुधारक ने एकता स्थापित करने के लिए विष्णु, शिव, दुर्गा, सूर्य तथा गणेशादि पंचदेवों की पूजा का विधान करके पंचायत पूजा को जन्म दे दिया,[52] जो इस समय विशेष रूप से प्रचलित थी। चाहमान साक्ष्यों से ज्ञात होता है कि ब्राह्मण धर्म मुख्य रूप से याज्ञिक अग्नि और नित्य या शुभ अवसरों पर यज्ञों द्वारा संपादित किया जाता था। इसके मुख्य संपादक ब्राह्मण होते थे। नड्डुल के चाहमान राजा रतनपाल ने अपने सेवाड़ी ताम्रपत्र में[53] यजुर्वेद में उल्लिखित ब्राह्मणों का उल्लेख किया है, जो यज्ञ संबंधी अनुष्ठानों को संपन्न करने के अधिकारी थे। उनमें अवस्थी, अग्निहोत्र, अग्निस्तोम, सौत्रमणि, पशुबंध, चातुरमास्य आदि प्रमुख थे, जो वेद और वेदांगों में पारंगत थे[54] इससे ज्ञात होता है कि स्मार्त धर्म में यज्ञों का विधान भी इस समय प्रचलित था।

ब्राह्मण धर्म की प्रधान विशेषता यज्ञ तथा देवताओं की पूजा थी। यद्यपि पौराणिक धर्म अभ्युदय से यज्ञों की प्राचीन परंपरा का लोप हो गया था। तथापि तत्कालीन राजाओं द्वारा किसी न किसी रूप में इनका संपादन किया जाता था। अलबीरूनी के कथन से प्रतीत होता है कि उस समय यज्ञों का प्रचार था। उसने लिखा है कि दुर्गा, महादेव, क्षेत्रपाल तथा विनायक के उपासक भेड़, भैंसे आदि का फरसे से बलिदान करके अपने इष्टदेव को नैवेद्य चढ़ाते थे।[55] अलबीरूनी के अनुसार यज्ञों को कराने का अधिकार केवल ब्राह्मणों को था।[56] इस अवसर पर वे वेद मंत्र का पाठ करते थे।[57] इससे ज्ञात होता है कि यज्ञों का प्रचलन किसी न किसी रूप में विद्यमान था। वास्तव में इस समय तक ब्राह्मण धर्म परिवर्तित होकर देवप्रधान हो गया था। हिंदुओं में धार्मिक त्यौहारों और अन्य शुभ अवसरों पर पुराणों में वर्णित विभिन्न देवी-देवताओं की भक्ति प्रधान पूजा प्रचलित हो गई थी।[58] प्रत्येक देवता के अपने भक्त तथा उनकी पूजा-पद्धति की प्रणाली भिन्न-भिन्न थी। उनके भक्तगण अपने लोकप्रिय देवी-देवता को ही अन्य देवी-देवतओं की तुलना में श्रेष्ठ मानते थे। यहां तक कि वृक्ष और पत्थरों की भी पूजा

प्रारंभ हो गई थी।[59] इससे विभिन्न धर्म, धार्मिक संप्रदाय तथा उपधार्मिक संप्रदायों का संकेत मिलता है। अलबीरूनी के पूर्ववर्ती लेखक इब्ननदीम (883-84 ई.) के लगभग ने कुछ भारतीय धार्मिक संप्रदायों का निर्देश किया है, जो उस समय विद्यमान थे।[60] किंतु मुतहरिर ने (985-86 ई.) भारत में 900 संप्रदायों का संकेत किया है, जिसमें वह निन्यानबे के बारे में जानकारी की बात कहता है। ये निन्यानबे 45 धर्मों में विभक्त हैं। इनका भी समावेश वह केवल चार सिद्धांतों के अंतर्गत करता है। इनमें भी वह केवल समनी (श्रवण) और वहरमनी (ब्राह्मण) का नामोल्लेख करता है।[61] इससे ज्ञात होता है कि दसवीं शती तक भारत में अनेक धार्मिक संप्रदाय हो गए थे। इनका संबंध किसी न किसी रूप में ब्राह्मण पूजा विधियों से था।

नव-वैष्णव संप्रदाय

चाहमानों के युग तक ब्राह्मण धर्म के अंतर्गत अनेक नए धार्मिक संप्रदायों का विकास हो चुका था, जिनमें वैष्णव तथा शैव संप्रदाय विशेष रूप से विख्यात थे। इनके उपासक क्रमशः विष्णु तथा शिव को आराध्य देवता मानते थे। अतः इनके मानने वाले वैष्णव तथा शैव मतावलंबी कहलाए। गुप्तकाल में पौराणिक धर्म के अंतर्गत विष्णु के अनेक अवतारों का प्रचार हुआ। इन अवतारों की प्रतिमाएं भी बनाई जाने लगीं। गुप्त सम्राट वैष्णव धर्मावलंबी थे और 'परमभागवत', 'परमवैष्णव', 'परमदेवत' आदि उपाधियों से विभूषित थे।[62] पूर्वकाल में वैष्णव धर्म को बौद्ध धर्म से संभवतः कुछ हानि हुई थी पर इस काल में भगवान बुद्ध को विष्णु का अवतार (रूप) मान लिया गया था।[63] चाहमानों के काल तक विष्णु के अवतारों तथा तत्संबंधी पूजन विधियों का निर्माण हो चुका था। फर्क्युहर के कथनानुसार *अग्नि पुराण* वैष्णवों का प्रमुख ग्रंथ है और उसमें पूजा के विधान का विवरण है। *पंचराम संहिता* का भी विशेष महत्व है। इनकी संख्या 108 है और इनका रचनाकाल 600 ई. से 800 ई. तक माना जाता है। इनमें संप्रदायों, उनके सिद्धांतों तथा पूजा के विधान का विवरण है।[64] इससे ज्ञात होता है कि चाहमानों के पूर्व ही वैष्णव धर्म अपनी पूर्णता को प्राप्त हो गया था।

वैष्णव संप्रदाय अनेक नामों से जाना जाता था। पहले यह एकांतिक धर्म कहलाया।[65] वासुदेव के उपासना पद्धति के कारण इसे भागवतमत[66] भी कहने लगे। पुरुष नारायण ने पांचराम सत्र का आयोजन किया। अतः पांचराम अथवा पांचरात्रिक मत भी कहा जाने लगा।[67] वैष्णव नाम का उल्लेख सबसे पहले महाभारत के स्वर्गारोहण पर्व में मिलता है।[68] कालांतर में यही नाम विशेष जनप्रिय हुआ। पूर्व मध्यकाल में वैष्णव मत इन सभी नामों से जाना जाता है, किंतु इन सबमें वैष्णव नाम ही विशेष दिखाई देता है।

वैष्णव धर्म का प्रचार राजपूत युग में उसी प्रकार दिखाई देता है, जिस प्रकार पूर्ववर्ती कालों में था, वैष्णव पंचदेवों की पूजा करते थे, किंतु वे विष्णु को विशेष महत्व देते थे। अवतारवाद वैष्णव मत के विकास का नया सोपान था। पौराणिक साहित्य में विष्णु के असंख्य अवतारों का निरूपण किया गया था।[69] यद्यपि अधिकतम अवतारों की संख्या 34 है और

न्यूनतम 10, तथापि विष्णु के दस अवतार ही अधिक प्रख्यात हुए हैं ये दस अवतार हैं मत्स्य, कच्छप, वराह, नृसिंह, वामन, परशु-राम, राम, बलराम, बुद्ध और कल्कि। इन अवतारों में कृष्ण का नाम नहीं है, क्योंकि कृष्ण स्वयं भगवान के साक्षात् स्वरूप हैं।[70] अवतारवाद के सिद्धांत में एक तथ्य विशेष रूप से ध्यान देने योग्य है कि किसी भी योनि में अवतार लेने के बाद अवतारी पुरुष अपने देवत्व और स्वयं के विष्णु के अंश होने के प्रति सदैव सजग रहता है। वह परमात्मा ईश्वर अथवा विष्णु का ही रूप है, वह अपने अवतार के उद्देश्य से भी परिचित है।[71] इसलिए वह 'पूर्ण पुरुष' और भक्ति उपासना का केंद्र है। अपने कार्य की समाप्ति के बाद वह अपनी लीला समेटकर विष्णु में विलीन हो जाता है।[72] विष्णु के चौबीस अवतारों में सबसे अधिक लोकप्रियता राम और कृष्ण के अवतारों को मिल थी। उनके लोकरंजन रूप ने लोगों को अधिक प्रभावित किया था। राम विष्णु के सातवें और कृष्ण आठवें अवतार थे। कृष्ण गीता के समय[73] तथा राम कालिदास के समय[74] तक अवतार मान लिए गए थे। इनकी देवी लोकिकता से प्रभावित होकर *रामायण* और *महाभारत* काव्यों की रचना हुई थी।

चाहमानों के पूर्व ही विष्णु का स्वरूप पूर्णतः निर्धारण हो गया था। शंख, चक्र, गदा और पद्म से युक्त चतुर्भुज विष्णु श्वेतद्वीप के समान क्षीरसागर में शेषशायी मान लिए गए थे।[75] उनकी उपासना विधियां भी चाहमानों के समय तक निश्चित कर दी गई थीं, जिसके अनुसार लोग उनकी उपासना करते थे।[76] श्री और समृद्धि की देवी चतुर्भुजा लक्ष्मी उनकी पत्नी बन गई थीं।[77] इस प्रकार हम देखते हैं कि वैष्णव धर्म का प्रचार चाहमानों के पूर्व ही हो गया था। विष्णु और लक्ष्मी की प्रतिमाएं मंदिरों में स्थापित होने लगी थीं। इसमें संदेह नहीं कि चाहमानों के युग तक वैष्णव धर्म सभी पूर्ववर्ती धर्मों में प्रधान हो गया था। बौद्ध धर्म के अहिंसा के सिद्धांत को वह महत्व दिया, जो उसे पहले नहीं मिला था। यही कारण था कि इस युग का वैष्णव धर्म नववैष्णव संप्रदाय के रूप में उभरा था और इसके स्वरूप का प्रचार पूरे भारत में हो गया था। विष्णु के विभिन्न अवतारों की उपासना चारों ओर होने लगी थी। युवराज देव के बंधोगढ़ (मध्य प्रदेश रीवां) अभिलेख में विष्णु के अनेक अवतारों की प्रतिमाएं उत्कीर्ण की गई हैं।[78] नागपुर से प्राप्त परमार शाासक के अभिलेख में विष्णु को मत्स्य जैसे अनेक रूपों में दर्शित किया गया है।[79] वाराह अवतार समाज में अधिक प्रचलित था, जिसकी गुप्तकाल में अनेकानेक मूर्तियां भी निर्मित हुई थीं। दसवीं सदी के मेवाड़ के एक अभिलेख में वाराह अवतार का उल्लेख है।[80] नरसिंह[81] अवतार के भी अनेक अभिलेख मिलते हैं। राजपूताना से प्राप्त एक अभिलेख में नरसिंह अवतार का सुंदर चित्रण किया गया है।[82] बंगाल में वामनावतार के उदाहरण मिलते हैं।[83] परशुराम की भी कुछ प्रतिमाएं बंगाल से प्राप्त हुई हैं।[84] भोज के ग्वालियर अभिलेख[85] में राम को विष्णु के अवतार के रूप में विवृत किया गया है। ग्यारहवीं सदी के अरब यात्री अलबीरूनी के स्थानेश्वर के चक्रस्वामी (विष्णु) का उल्लेख किया है।[86] गुजरात में जयसिंह सिद्धराज ने दशावतार का मंदिर निर्मित कराया था, जो सहसलिंग झील के किनारे स्थित था।[87] भीम द्वितीय के एक शासकीय अधिकारी ने केशव

का मंदिर बनवाया।[88] गहड़वाल ताम्रपत्रों से विदित होता है कि काशी के वरुणा और गंगा के तट पर आदिकेशव का मंदिर बना था।[89] इस प्रकार हम देखते हैं कि चाहमानों के काल में वैष्णव धर्म का प्रचार पूरे उत्तर भारत में था तथा लोग विष्णु एवं उनके अवतारों की उपासना करते थे।

चाहमानों के सान्निध्य में रहने वाले मालवा के परमार तथा गुजरात के चौलुक्य राजाओं के विवरणों से ज्ञात होता है कि इस समय वैष्णव धर्म का प्रचार इन राज्यों में विशेष रूप से था। मालवा के अनेक भागों में विष्णु मंदिरों की स्थापना की गई थी। 861 ई. का पठारी अभिलेख दर्शित करता है कि मालवा में विष्णु मुरारी, कृष्ण और हरिनामों से पूजित थे।[90] शंख, चक्र, गदा, माला के चिह्नों से युक्त विष्णु मूर्ति का निर्माण आठवीं-नवीं सदी में धमनार में किया गया था। परमार नरेशों ने विष्णु के वाहन गरुड़ को अपना राजचिह्न बनाया था।[91] वाकपतिराजा द्वितीय ने 'राधा विरहातुरामुरारी' के प्रति सम्मान प्रकट किया था।[92] इस वंश का राजा नरवर्मन विष्णु के विभिन्न अवतारों के प्रति भक्त प्रकट की थी।[93] विष्णु के लिए उपवन लगाकर उन्हें दान में पूजार्थ दिया जाता था। महाराज सुभटवर्मन ने विष्णु के उपयोगार्थ उपवान लगाकर दान में दिया था।[94] मालवा में विष्णु के नृसिंह, मत्स्य, वराह, कूर्म, कृष्ण, परशुराम, राम आदि अवतार पूजित थे। इनके संबंध में कथावार्ताएं भी प्रचलित एवं लोकमान्य थीं। गुजरात में भी विष्णु पूजा का प्रचार था। दशावतार का मंदिर सिद्धराज ने बनवाया था।[95] जयसिंह के मंत्री ने भी गंगनारायण के मंदिर का निर्माण कराया था।[96] इस प्रकार इन क्षेत्रों में विष्णु तथा उनके अवतारों का व्यापक प्रभाव दिखाई देता है।

राजस्थान में चजुर्भुज विष्णु और उनकी भार्या लक्ष्मी का पूजन जनमान्य था। जोधपुर अभिलेख परमेश्वर को चतुर्भुज बताता है। वे शंख, चक्र, गदा, पद्म और कौस्तुभमणि धारण करते हैं, उनकी पत्नी लक्ष्मी भी पूजनीय हैं।[97] इस क्षेत्र में गरुड़ासन विष्णु के साथ ही हल-मूसल से युक्त मस्तक पर फणीश्वर वाले रूप का भी पूजन किया जाता था।[98] ओसिया से प्राप्त मूर्ति वासुदेव-सकर्षण पूजन का समर्थन करती है। इसे नवम सदी का माना गया है।[99]

चौहान राजाओं की वैष्णव धर्म की मान्यता एवं विश्वासों का परिचय राजस्थान संग्रहालय में प्राप्त विष्णु मूर्तियों के अध्ययन से होता है। *पृथ्वीराज विजय* से ज्ञात होता है कि शाकंभरी के राजा चामुंड राज ने नरवर नामक स्थान पर एक विष्णु मंदिर का निर्माण कराया था।[100] राजा अर्णोराज विष्णु भक्त था।[101] चौहान राजा सोमेश्वर ने अपनी राजधानी में भगवान विष्णु के मंदिर का निर्माण करवाया था।[102] पृथ्वीराज द्वितीय और तृतीय अपने को राम का अवतार मानते थे।[103] पृथ्वीराज द्वितीय बाल्यावस्था में अपने गले में विष्णु के दशावतार को आभूषण की तरह धारण करता था।[104] अर्णोराज और अजयराज ने वैष्णव गुरु देवबोधि को आश्रय दिया था।[105] इस वैष्णव गुरु देवबोधि ने वैष्णव धर्म को राजस्थान में व्यापक बनाया था। अभिलेखीय साक्ष्यों से ज्ञात होता है कि पृथ्वीराज द्वितीय विष्णु के विभिन्न रूपों में भगवान मुरारी की स्तुति करता था।[106] नडडुल का राजा रतनपाल विष्णु की पूजा करता था। उसी वंश का राजपुत्र कीर्तिपाल विष्णु को श्रीधर के रूप में पूजता था।[107] कुछ समय के लिए

विष्णु की पूजा अपराजितेश के रूप में की जाती थी।[108] इसी प्रकार हम देखते हैं कि चौहान राज्य में वैष्णव धर्म का व्यापक प्रचार था तथा चौहान (चाहमान) नरेश धार्मिक सहिष्णुता रखते हुए विष्णु के अनेक रूपों की पूजा करते थे।

शैव संप्रदाय

चाहमान वंश का सबसे प्रमुख धर्म शैव था। प्रायः सभी चाहमान शिव की पूजा-अर्चना करते थे। विभिन्न स्थलों पर चाहमानों द्वारा शिव मंदिरों के अवशेष मिलते हैं। यद्यपि भारतीय समाज में इस संप्रदाय के लोग अति प्राचीन काल से शिव का प्रचार करते थे। तथापि पूर्व मध्यकाल में ही शैव धर्म वैदिक धर्म का लोकप्रिय अंग बन सका था।

डॉ. ईश्वरी प्रसाद का विचार है कि पूर्व मध्ययुग में वैष्णव धर्म की तुलना में शैव धर्म पृष्ठभूमि में चला गया था[109] लेकिन ऐसा नहीं है। तत्कालीन धार्मिक परिस्थितियों की समीक्षा करने से ज्ञात होता है कि शिवार्चना की अपेक्षा अग्नहोत्रदि वैदिक मार्ग पृष्ठभूमि में चले गए थे।[110] इस काल में अनेक भव्य शिव मंदिर बने। शैव आगमों की रचना हुई आगमों में शिव को अनादि, निर्विकार तथा सर्वज्ञ कहा गया है।[111] विलसन के अनुसार यह धर्म विंध्याचल के दक्षिण भाग का ही नहीं, वरन समस्त हिंदुओं द्वारा मान्य भारत सार्वलौकिक धर्म बन गया था।[112] वास्तव में इस युग में राजाओं के संरक्षण में आचार्यों द्वारा इस धर्म की दी गई दार्शनिकता और शैव संतों के शिव भक्ति प्रचार ने लौकिक श्रेष्ठ धर्म बना दिया था।

शैव संप्रदाय भारत का प्राचीन संप्रदाय, किंतु इसे पूर्णता गुप्तकाल में प्राप्त हुई थी। इस युग तक शिव के चिह्न, उनके गण, वाहन आदि भी निश्चित हो गए थे। कालिदास शिव के मानवीय रूप, अनेक अलंकार चिह्न चंद्रमा, सर्प, गजाजिन, चिता-भस्मलेप और शिव के दिगंबर होने का स्पष्ट वर्णन करते हैं।[113] शिव परिवार के सदस्यों में पार्वती गणेश, कार्तिकेय, उनकी पत्नियों और वाहनों के निर्देश भी मिलते हैं।[114] अधिकांश पुराणों का संकलन गुप्तकाल की देन मानी जाती है। वायु और मत्स्य पुराणों में शिव की विशेष चर्चा की गई है।[115] अग्नि पुराण में शिवलिंग स्थापना, पूजा-अर्चना के नियम, शिवहोम करते समय 'ओम नमः शिवायः' मंत्र का जाप तथा शिव के अनादि आत्मत्व सर्वव्यापी रूप का विवेचन किया गया है।[116] इन पुराणों की कथाओं ने शिव को इतना लोकप्रिय बनाया कि बाद में कूर्मलिंग तथा *शिव पुराण* भी रचे गए।

शैव धर्म के विकास के साथ ही शिव की विभिन्न प्रकार से पूजा करने वालों का भी विकास हुआ जो अपने विचारों और सिद्धांतों के अनुसार शिव की उपासना करते थे। धीरे-धीरे ऐसे उपासकों के पृथक वर्ग बन गए जो स्वतंत्र शैव संप्रदाय के रूप में प्रतिष्ठित हुए। शैवागम में ऐसे शैव संप्रदायों की संख्या चार बताई गई है—1. शै, 2. पाशुपत, 3. कापालिक एवं 4. कालमुख।[117] *वामन पुराण* में भी शैव धर्म के ये ही चार संप्रदाय बताए गए हैं।[118]

कभी-कभी शासक भी शैव धर्मानुयायी होते थे। इनके विवरण तत्कालीन शिलालेखों तथा साहित्यक ग्रंथों में प्राप्त होते हैं।

चाहमानों के युग तक शैव धर्म के मतानुयायी सारे भारत में फैले हुए थे। उत्तर भारत में मुख्य रूप से लकुलीश-पाशुपत शिव का पूजन किया जाता था।[119] दक्षिण भारत में लिंगायत, कापालिक, कालामुखों का प्रचार था।[120] समस्त भारत में शिव मंदिरों में शिवलिंगों की स्थापना की गई थी, इनमें मांधाता, उज्जैनी, नासिक, एलौरा, रायनाथ के शिवलिंग देवालय मुख्य थे।[121] *स्कंद पुराण* नेपाल, कालिंजर प्रभास वाराणसी के महादेव मंदिरों की शिवपूजा का उल्लेख करता है।[122] इन सबमें सोमनाथ महादेव के शिवलिंग ने सर्वाधिक ख्याति पाई थी।[123] कश्मीरी कवि दामोदर गुप्त ने वाराणसी के शिव मंदिरों की बड़ी प्रशंसा की है।[124] वास्तव में यह नगर शैवधर्म का एक प्रमुख केंद्र था। श्वानच्वांग वाराणसी के एक सौ शैव मंदिरों का उल्लेखं करता है।[125] इससे ज्ञात होता है कि वाराणसी चाहमानों के काफी पहले से ही शैव धर्म के लिए विख्यात थी।

इस समय उत्तर भारत के विभिन्न भागों में विविध राजवंश शासन करते थे। इनके पृथक-पृथक राजा अपनी रुचियों के अनुसार शिव की पूजा करते थे। शिव का स्तवन 'ओम नमः शिवाय' के साथ प्रारंभ होता था।[126] देवाधिदेव महादेव की अत्यंत भावभीनी वंदना और स्तुति की जाती थी, जिसमें उनकी ऐश्वर्य गाथा होती थी।[127] कलचुरि अभिलेख में शिव को परमब्रह्म, देवाधिदेव और जगद्गुरु कहा गया है, जिसकी सेवा में ब्रह्मा और अनेकानेक देव लगे रहते थे।[128] इसी तरह भेड़ाघाट अभिलेख में शिव को कल्याणिताम कहते हुए भाल पर शशि को धारण करने वाला कहा गया है।[129] एक अन्य कलचुरि अभिलेख में शर्व (शिव) अत्यंत मोहक प्रशस्ति की गई है।[130] उदयपुर प्रशस्ति में शंभु को 'भुजंगमाल' 89 से युक्त और गंगांबुसंस्क्ति' अभिव्यंजित किया गया है।[131] इस प्रकार ज्ञात होता है कि इस समय शिव अपने सर्वांगीण रूप में चारों और फैले हुए थे।

चाहमान तथा उनके समकालीन उत्तर भारतीय राजवंशों के अभिलेखों से ज्ञात होता है कि इस समय शैव धर्म लोकजीवन का एक अंग बन गया था। राजाओं से लेकर सामान्य जन तक सभी शिव-पार्वती तथा उनके पारिवारिक जनों की पूजा करते थे। उनकी सेवा में धार्मिक दृष्टि से अत्यंत विशाल मंदिरों का निर्माण करते थे। चालुक्य भीम प्रथम ने सोमनाथ के भव्य मंदिर का निर्माण कराया था[132] जिसे सन् 1025 ई. में महमूद गजनवी के ध्वस्त किया।[133] इस मंदिर के बारे में अलबीरूनी लिखता है कि यहां नित्य गंगा जल का एक कलश और कश्मीर से फूलों की एक टोकरी आती थी। लोगों का विश्वास था कि सोमनाथ का लिंग प्रत्येक वृद्धमूल रोग को शांत कर देता है।[134] महमूद गजनी के तोड़ने के बाद कुमार पाल चालुक्य ने इसका पुनर्निर्माण कराया था।[135] चालुक्यों की तरह मालवा के परमारों ने अनेक शिव मंदिरों का निर्माण कराया था। भोज ने रामेश्वर सुंडीर (पूर्व समुद्र तट पर) केदार तथाा मालवा में महादेव के मंदिरों का निर्माण कराकर अपनी कीर्ति को अमर किया।[136] चंदेल सम्राट धंग शैव धर्मावलंबी था। उसने प्रस्तर एवं मरकत के अनेक शिव मंदिरों को बनवाया।[137]

इस वंश के सम्राट परमार्दिदेव ने अपने को परम महिश्वर की उपाधि से विभूषित किया था।[138] खजुराहो के मंदिरों में शिव के अनेक मंदिर हैं। इनमें कंदरिया महादेव का मंदिर विशेष उल्लेखनीय है।

समकालीन राजाओं की तरह चौहान राजा शिव के अनन्य भक्त थे। इस राज्य में शिव हर्षनाथ के नाम से भी जाने जाते थे। हर्षनाथ शाकंभरी के चौहानों के कुल देवता थे। इस वंश के राजा गूवक प्रथम ने हर्षदेव की सुवर्ण प्रतिमा बनवाई थी।[139] *पृथ्वीराज विजय* से ज्ञात होता है कि वाग्पतिराज प्रथम और उसके पुत्र सिंहराज ने पुष्कर झील के किनारे अत्यंत भव्य शिव मंदिर बनवाए थे, जो पृथ्वीराज तृतीय के काल तक थे।[140] अर्णोराज और उसके पुत्र सोमेश्वर ने भी अजमेर तथा अन्य स्थानों पर शिव मंदिरों का निर्माण करवाया था।[141] राजाविग्रहराज चतुर्थ भी शिव का अनन्य भक्त था।[142] पृथ्वीराज तृतीय के एक लेख से ज्ञात होता है कि वह भी शिव का प्रिय भक्त था।[143]

नडुल के चाहमान शासक भी शिव के पुजारी थे। इन लोगों ने बहुत सारे शिव मंदिरों का निर्माण कराया था। उनके द्वारा निर्मित मंदिरों में लक्ष्मण स्वामी, जगेश्वर, सोमेश्वर, जेंद्रराजेश्वर, अंडिलेश्वर, पृथ्वीपालेश्वर, असलेश्वर और आशापालेश्वर आदि मुख्य हैं।[144] इस प्रकार इस राज्य में असंख्य शिव मंदिर थे, जो चाहमान राजाओं द्वारा समय-समय पर बनवाए गए थे। इनके विवरणों से ज्ञात होता है कि चाहमान राज्य में शैव धर्म का व्यापक प्रभाव था।

ब्रह्मा की पूजा

चाहमानों के काल में ब्राह्मण धर्म के अंतर्गत शिव तथा विष्णु की तरह ब्रह्मा की पूजा प्रचलित थी। प्राचीन काल से ब्रह्मा, प्रजापति के रूप में विख्यात थे।[145] किंतु ब्राह्मण ग्रंथों के समय तक ये ब्रह्मा के नाम से पूजे जाने लगे थे। इन ग्रंथों में ब्रह्मा जगत के सृष्टा के रूप में स्वीकार किए गए।[146] प्राचीन प्रजापति का प्रधान कर्म जगत का सर्जन करना था, इसलिए परवर्ती काल में प्रजापति और ब्रह्मा एक ही माने गए। रामायण में ब्रह्मा को लोककर्ता बताया गया है।[147] प्रजा का पालन करने के कारण उन्हें प्रजापति की संज्ञा मिली है।[148] *मत्स्य पुराण* में भी ब्रह्मा को प्रजापति ही कहा गया है।[149] इससे ज्ञात होता है कि गुप्तों के काल तक प्रजापति का रूपांतरण ब्रह्मा के रूप में हो चुका था तथा वे जगत के सृष्टा के रूप में पूजे जाने लगे थे।

गुप्तों के काल से ब्रह्मा का स्वरूप निश्चित हो गया था। कालिदास के अनुसार ब्रह्मा स्वयंभू (स्वयं उत्पन्न होने वाले), चतुर्मुख (चार मुखों वाले), वागीश और समस्त जगत् के सृष्टा थे।[150] मत्स्य पुराण की कथा में कहा गया है कि प्रारंभ में ब्रह्मा के पांच मुख थे जिनमें से एक मुख को शिव ने काट दिया था।[151] इससे ज्ञात होता है कि कालांतर में शैव धर्म के कारण ब्रह्मा का प्रभाव कम होने लगा। बृहत्संहिता तथा विष्णु धर्मोत्तर पुराण में ब्रह्मा की प्रतिमा

बनाने का निर्देश है। किंतु इनकी प्रतिमाएं उतनी प्राप्त नहीं होतीं, जितनी शिव और विष्णु की प्राप्त होती हैं। ब्रह्मा की अधिकतर मूर्तियां विष्णु तथा शिव के पार्षद रूप में प्राप्त होती हैं।[152] गर्ग वेसले ने ब्रह्मा के मंदिरों तथा प्रतिमाओं का विस्तृत विवेचन किया है। इनके कथनानुसार ब्रह्मा की पूजा पूरे भारत में प्रचलित थी, किंतु इनके मंदिरों को विशेष निर्देश पश्चिमी भारत में प्राप्त होता है।[153] इनके अनेक मंदिर पूर्वी भारत में भी प्राप्त हुए हैं, जिनमें गया के मंदिर विशेष उल्लेखनीय हैं।[154]

चाहमानों के समय ब्रह्मा की पूजा के उल्लेख मिलते हैं। वास्तव में किसी भी धार्मिक कृत्य में अन्य देवताओं के साथ ब्रह्मा का स्थान निश्चित रहता था। अतः तत्कालीन राजाओं ने ब्रह्मा के अनेक मंदिरों का निर्माण कराया। खजुराहो में झील के किनारे चंदेलों द्वारा निर्मित ब्रह्मा का एक प्राचीन मंदिर है।[155] ब्रह्मा का दूसरा मंदिर दुबई में है, यह एक प्राचीन मंदिर है और इसका निर्माण कृष्ण के पुत्र तथा महाराज यशोवर्मन के पौत्र देवब्धि ने करवाया था।[156] इस प्रकार ज्ञात होता है कि चाहमानों के समकालीन चंदेल राज्य में ब्रह्मा की पूजा होती थी।

चाहमानों राजाओं द्वारा ब्रह्मा के अनेक मंदिरों के निर्माण कराए गए थे। अजमेर स्थित पुष्कर के निकट ब्रह्मा का विशाल मंदिर था। *पृथ्वीराज विजय* से ज्ञात होता है कि चाहमान राजा सोमेश्वर ने एक मंदिर में ब्रह्मा की मूर्ति का अनावरण किया था।[157] राजा रतनपाल के सेवाडी ताम्रपत्र से ज्ञात होता है कि राजा ब्रह्मा की पूजा करता था।[158] नडूल के चाहमान राजकुमार कीर्तिपाल भी इष्टदेव ब्रह्मा की स्तुति किया करते थे।[159]

खेड स्थित ब्रह्मा के मंदिर तथा बीठल स्थित सावित्री और ब्रह्मा के मंदिर प्रसिद्ध हैं। इसी प्रकार बसंतगढ़ (सिरोही) के ब्रह्मा में मंदिर में ब्रह्मा की दो भुजाएं और तीन मुख प्रदर्शित किए गए हैं।[160] ब्रह्मा की अन्य प्रतिमाएं सेवाड़ी (जोधपुर), बसगढ़ (प्रतापगढ़, सिरोड) (कोटा), किराटू (जोधपुर), जिलोलिया (मेवाड़) तथा ओसिया में प्राप्त होती हैं।[161] एक जैन ग्रंथ से ज्ञात होता है कि जालौर में ब्रह्मा का एक प्राचीन मंदिर था।[162] इस समय इस मंदिर का कोई पता नहीं चलता राजस्थान में प्राप्त ब्रह्मा के मंदिरों तथा प्रतिमाओं के आधार पर डॉ. दशरथ शर्मा ने यह निष्कर्ष निकाला है कि यद्यपि ब्रह्मा की स्वतंत्र पूजा होती थी, फिर भी चाहमानों के काल में ये त्रिमूर्तियों में विशेष प्रसिद्ध थे।[163] इस प्रकार का स्पष्ट है कि ब्रह्मा ब्राह्मण धर्म के अंतर्गत प्रजापति माने गए थे और चौहान काल में उनकी पूजा ब्रह्मा के रूप में होती थी।

सूर्यपूजा

सूर्यपूजा ब्रह्मा, विष्णु और शिव की पूजा के साथ चौहान काल में सूर्यपूजा का प्रचार भी था। सूर्यपूजकों की दृष्टि में सूर्य की सत्ता सर्वोपरि थी। वे कार्यसिद्धि के कारण और जगत नियंता थे। सूर्य आदित्य और ग्रह के रूप में पूजित थे।[164] चाहमानों के पूर्व ही सूर्यपूजा का व्यापक प्रचार हो चुका था। महाभारत में सूर्य उपासकों को निर्देश मिलता है, जब युधिष्ठर प्रातःकाल

राजभवन से बाहर निकलते थे, तब उन्हें सहस्रों ब्राह्मणों और सूर्य उपासकों के दर्शन होते थे।[165] अभिलेखों से भी ज्ञात होता है कि चाहमानों के पूर्व समाज में सूर्य पूजा होती थी।[166] भारत में मग ब्राह्मणों ने सूर्यपूजा का प्रचार किया था।[167] भंडार का मत है कि सूर्यपूजा फारस से भारत में आई तथा उसी के प्रभाव से यहां सूर्य के अनेक मंदिर बनाए गए, क्योंकि भारतीय सौर संप्रदाय में इसका उल्लेख नहीं मिलता।[168] मुल्तान में सूर्य का एक प्रसिद्ध मंदिर था, जहां देश के प्रत्येक कोने से देश के दर्शनार्थी आते थे। ह्वेनसांग के कथानुसार यह सूर्य प्रतिमा सोने की थी। वह अनेक बहुमूल्य धातुओं से अलंकृत थी। मंदिर में हर समय विभिन्न देशों के लोग उपस्थित रहते थे। स्त्रियां नृत्य, संगीत, धूप, दीप, पुष्प, गंध आदि से सूर्यदेव की पूजा करती थीं।[169]

अरब यात्रियों ने भी सूर्यपूजा का उल्लेख किया है। मुलतान के सूर्यमंदिर के बारे में अलबीरूनी लिखा है कि सूर्य को अर्पित की गई उसकी सबसे बड़ी मूर्ति आदित्य कहलाती थी। वह लकड़ी की थी और चमड़े से ढकी थी। उसकी दोनों आंखों में दो लाल पद्मराग थे। कहा जाता है कि वह पिछले कृतयुग में बनी थी।[170] इसी प्रकार के मिलते-जुलते विवरण अलकाजविनी[171] और मफ्ददसी[172] जैसे अरब लेखकों ने भी दिए हैं। अलबीरूनी के कथानुसार जब करमातियों में मुल्तान जीता तो राज्य अपहरणकार्ता अलमइब्नशैवान ने यहां की मूर्ति को टुकड़ों में तोड़ डाला और उसके पुजारियों को मार डाला।[173]

चाहमानों के युग में सूर्यमंदिर तथा उनकी पूजा का प्रचार सारे भारत में प्राप्त होता है। पूर्व मध्यकालीन उत्तर भारतीय राजवंशों ने सूर्य संप्रदाय को अत्यधिक प्रश्रय प्रदान किया।[174] ऐलोरा की गुफा[175] और खजुराहो के मंदिर[176] में सूर्य की मूर्तियां पूजन हेतु उत्कीर्ण की गई थीं। खजुराहो में तो सूर्य की अनेक आकार-प्रकार की कई प्रतिमाएं मिलती हैं।[177] सन् 1026-27 ई. में गुजरात में मोढेरा में सूर्यमंदिर का पूजन हेतु निर्माण किया गया।[178] उड़ीसा का कोणार्क सूर्यमंदिर, पूर्वी भारत में सूर्यपूजन का समर्थन करता है।[179] मध्यभारत में भी सूर्यपूजा हेतु मन्खेरा में प्रतिहारों ने मंदिर बनवाया था।[180] ग्वालियर, मंदसौर और राजस्थान के चित्तौड़ तथा ओसिया के सूर्यमंदिर इस क्षेत्र में सूर्यपूजा का समर्थन करते हैं। सूर्य की उपासना तरूणादित्य देव[181], इंद्रादित्य देव[182], गंगादित्य[183], लोलार्क[184] आदि नामों से की जाती थी। गुजरात में सूर्योपासना का प्रचलन था।[185] प्रतिहार नरेश रामभद्र और विनायक पालदेव आदित्य के भक्त थे।[186] गहड़वाल वंश भी सूर्योपासना का आदर करता था। गहड़वाल नरेश जयचंद ने लोलार्क भगवान के नाम पर आधा गांव दान में दिया था।[187] इस प्रकार यह स्पष्ट है कि चाहमानों के युग में प्रायः सारे भारत में सूर्य की पूजा प्रचलित थी।

चाहमानों के अभिलेखों तथा साहित्यिक विवरणों से ज्ञात होता है कि इस राज्य में सूर्यपूजा का व्यापक प्रचार था। अनेक स्थानों पर सूर्यमंदिर बनवाए गए थे, जहां लोग श्रद्धापूर्वक दर्शन-पूजन करते थे। नवीं सदी में चाहमान शासक चंद्रमहासेन द्वारा 'भास्वत' नामक एक सूर्यमंदिर धौलपुर में बनवाया गया था।[188] औसिया का सूर्य मंदिर सामान्यतया दसवीं सदी का माना जाता है।[189] इस सूर्य प्रतिमा का लग्वाकोट, सिर पर बड़ा वस्त्र तथा

पैर में लंबा जूता, दर्शनीय हैं। अभिलेखीय साक्ष्यों से ज्ञात होता है कि नड्डूल के चाहमानों के राज्यांतर्गत श्रीमाल नामक स्थान पर एक सूर्यमंदिर बना था। इस मंदिर के देव का नाम जयस्वामी या जगतस्वामिनि था।[190] भीनमल[191] और सिरोही के वर्मन ग्राम[192] में भी जगतस्वामिन (सूर्य) के मंदिर का उल्लेख मिलता है। राजा भट्टपट्ट द्वितीय ने प्रतापगढ़ अभिलेख से ज्ञात होता है कि प्रतापगढ़ के चाहमान राजकुमार इंद्रराज ने वहां एक सूर्यमंदिर का निर्माण करवाया था।[193] चाहमानों की राजधानी अजमेर के पास ही मुलतान का प्रसिद्ध सूर्यमंदिर था जो सारे भारत में प्रसिद्ध था। चाहमान राज्य में सूर्य की पूजा अन्य नामों के अतिरिक्त 'भैलसवामदेव' के नाम से भी होती थी।[194] पूर्व मध्ययुग (7वीं से 13वीं सदी तक) सौर संप्रदाय के चरम विकास का युग था। इस संप्रदाय से संबद्ध कुछ शास्त्र जैसे, *सूर्यपुराण, सौरधर्म, सौरधर्मोत्तर पुराण* आदि की रचना इसी युग की देन है।[195] इस प्रकार यह ज्ञात होता है कि ब्राह्मण धर्म के अंतर्गत सूर्य एक महत्वपूर्ण देवता थे तथा भारत के अन्य भागों की तरह चाहमान राज्य में भी इनकी पूजा होती थी।

गणेश पूजा

चौहान काल में एक अन्य देवता गणेश की पूजा का प्रचार मिलता है। गणेश को पंचायतन देवों में सम्मिलित कर लिया गया था।[196] याज्ञवल्क्य स्मृति में गणेश पूजा का निर्देश है। गणेश को पुरातन ब्रह्म कहा गया है।[197] गणेश और कार्तिकेय दोनों शिव-पार्वती के पुत्र थे, किंतु कार्तिकेय की अपेक्षा गणेश अधिक जनप्रिय देवता थे।[198]

गणेश की पूजा विभिन्न नामों से प्रचलित थी। इनमें प्रसिद्ध नामों में विनायक, वक्रतुंड, एकदंत, गणपति, विघ्नेश्वर, अखुरथ, सिद्धिदात, हेरम्ब, लंबोदर, द्विदेहक, गजानन और बालगणपति आदि विशेष प्रचलित थे।[199] पूर्व मध्ययुग में गणेश संप्रदाय के छह भेद हो गए थे। ये महागजपति, हरिद्रागणपति, स्वर्णगणपति, संतानगाणापत्य, नवनीत तथा उन्मत्त-उच्छिष्ट कहलाते थे। ये गणपति की विभिनन रूपों में उपासना करते थे।[200] कार्यसिद्धिदेव होने के कारण बौद्धों जैनों ने भी पूर्व मध्ययुग में उन्हें अपना लिया था।[201]

गणेश इतने प्रसिद्ध देवता थे कि इनका प्रचार सारे भारत में हो गया था। गुर्जर-प्रतिहार राज्य सारे भारत में हो गया था। गुर्जर-प्रतिहार राज्य सीमा में ये विनायक गणेश के नाम से पूजे जाते थे।[202] बुंदलेखंड की जनता और वहां का चंदेल राजवंश भी गणेश का उपासक था। खजुराहो के देव मंदिरों में गणेश की विभिन्न आसनों और मुद्राओं की अनेक मूर्तियां उत्कीर्ण की गई हैं।[203] गुजरात में भी गणेश के भक्त थे।[204] राजस्थान में इनकी उपासना 'ओम विनायकाय नमः' करके की जाती थी।[205] मूर्ति बनाकर भी इनकी पूजा होती थी।[206] डॉ. शर्मा का कहना है कि गणपति देव का सिर पूरा हाथी के सदृश होता था तथा उन दिनों राजस्थान में उसे सभी आपत्तियों का नियामक तथा सभी आकांक्षाओं का पूर्तिकर्ता माना जाता था।[207] हर्ष शिलालेख में गजानन देव की वंदना तथा उनके अद्‌भुत शक्ति की चर्चा की गई

है।[208] एक अन्य अभिलेख में गणेश के साथ कार्तिकेय की भी पूजा का निर्देश मिलता है।[209] वास्तव में गणेश किसी भी शुभकार्य के पहले पूजे जाते थे। चाहमान राज्य में भी इस प्रकार की परंपरा पूर्वकाल से ही प्रचलित थी।

देवी पूजा

चाहमान युग में शैव-वैष्ण्व संप्रदायों के अतिरिक्त शक्ति पूजा का भी प्रचार भी था। अनेक देवियां शक्ति की प्रतीक मानी जाती थीं। हिंदू देवियों में शिव की पत्नी पार्वती प्रमुख थी, जिसकी पूजा पार्वती या गौरी दुर्गादेवी, बहुभुजा माता, शाकंभरी या आशापुरी देवी के नाम से की जाती थी।[210]

चाहमानयुगीन भारत के अन्य भागों में भी देवी पूजा का व्यापक प्रचार था। भेड़ाघाट के निकट 64 योगिनी का मंदिर है, जिसमें 800-1000 ई. के देवी की प्रतिमाएं गढ़ी गईं, उसमें शक्ति की 44 प्रतिमाएं हैं, जो प्रधानतः दुर्गा और सप्तमात्रिकाओं की है, उनमें कुछ पर अभिलेख भी खुद हैं।[211] इसी तरह के मंदिर खजुराहो और सुराडार में भी हैं।[212] राजस्थान और मध्य प्रदेश जैसे कुछ अन्य स्थानों में सप्तमात्रिकाओं के अतिरिक्त दुर्गा की भी मूर्तियां मिलती हैं।[213] प्रतिहार शासक महेंद्र पाल के अभिलेख में दुर्गा की विभिन्न नामों से अभिहित किया गया है। मूर्ति को यक्षिणी देवी कहा गया है तथा स्तुति के प्रारंभ में दुर्गा को महिषासुरमर्दिनी के रूप में स्मरण किया गया है।[214] एक अन्य अभिलेख में उन्हें कांचन देवी सर्व मंगलादेवी या अंबा की संज्ञा दी गई है।[215] उनकी स्तुति में अपार गुणगान किया गया है।[216] इस प्रकार सप्त मात्रिकाओं तथा दुर्गा देवी की पूजा शक्ति-पूजा की परंपरा को दर्शित करता है।

वास्तव में देवी पूजा में शक्ति स्वरूप सभी देवताओं की दिव्यता समाहित ज्ञात होती है, क्योंकि देवी की उत्पत्ति देवताओं के तेज पुंज शक्ति से बताया गया है। महाभारत में देवी को महिषासुरमर्दिनी, यशोदा के गर्भ से जन्म लेने वाली, विंध्याचल निवासिनी, नारायण की परमप्रिया और वासुदेव की भगिनी कहा गया है।[217] मार्कण्डेय पुराण में आया है कि महिषासुर को मारने के लिए विष्णु, शिव, ब्रह्मा, इंद्र, चंद्र, वरुण, सूर्य आदि विभिन्न देवताओं के मुख से निकले हुए तेज से शक्ति का उद्भव हुआ। यही तेज महिषासुरमर्दिनी के रूप में ख्यात हुआ। उस देवी को सभी ने अपने-अपने अस्त्र प्रदान किए।[218] मत्स्य पुराण के अनुसार देवताओं के कार्य संपन्न करने के निमित्त उमा के शरीर से देवी की उत्पत्ति हुई।[219] पुराणों में इस प्रकार के वर्णनों से स्पष्ट है कि देवी शक्ति की परंपरा प्राचीन समय से प्रचलित थी और लोग उनकी पूजा करते थे। सांभर की खुदाई से दसवीं सदी के कुछ पत्थर के टुकड़े प्राप्त हुए हैं, जो चतुर्भुज दुर्गा के सदृश है, उनके ऊपर की भुजाओं में त्रिशूल और ढाल और बाएं हाथ में घंटी लिए हुए एक स्त्री का चित्र है, जो भैंसे के सिर पर अपना दायां पैर रखे हुए हैं।[220] बीसलदेव रासो से ज्ञात होता है कि विवाहादि के शुभ अवसरों पर मातृका पूजन लोगों में प्रचलित था।[221] डॉ. भंडारकर के अनुसार मातृदेवियां सात थीं, जिनका नाम—ब्राह्मी,

माहेश्वरी, वैष्णव, कौमारी, वाराही, नरसिंही एवं ऐंद्रिय था।[222] कुछ भयंकर और रुद्रशक्तियों की कल्पना भी की गई, जिनमें से कुछ नाम ये हैं—काली, कराली, कपाली, चामुंडा और चंडी।[223] इनका संबंध कापालिकों और कालमुखों से है।[224] कुछ शांत देवियों में आनंद भैरवी, त्रिपुरी सुंदरी और ललिता आदि को भी रखा गया है। इस प्रकार स्पष्ट है कि देवी पूजा का प्रचार चाहमान राज्य में था।

तीर्थाटन

धार्मिक जीवन में तीर्थ यात्राओं का बहुत महत्व है। पुरातन युग से ही तीर्थ यात्राओं और तीर्थ-स्थलों का धार्मिक महत्व स्वीकार किया गया। सामान्यतया धर्मप्राण जनता इन तीर्थों की यात्रा करती थी, क्योंकि इन स्थानों के दर्शन को ही लोग मोक्ष का साधन मानते थे ऐसा विश्वास था कि पवित्रता के जिन स्थानों से बुद्धि उत्कृष्ट होती है वे बहुत ही मूल्यवान माने जाते हैं।[225] पूर्व मध्ययुग में तीर्थ-स्थानों का महत्व यथावत् था। तीर्थ पवित्र नदियों के तट पर अवस्थित थे। वहां किसी प्रसिद्ध देवी-देवता का मंदिर रहता था। अलबीरूनी के अनुसार हिंदुओं के लिए तीर्थ यात्राएं वांछनीय ही नहीं वरन अनुमत और श्लाध्य हैं। एक मनुष्य पवित्र स्थान के लिए, किसी महत्वपूर्ण पूजनीय मूर्ति के लिए अथवा कुछ पवित्र नदियों के लिए चल पड़ता है। उनमें वह पूजन विधि संपन्न करता है, व्रत रख, ब्राह्मणों, पुरोहितों तथा अन्यों को दान देते हैं वह सिर मुड़ाकर घर लौटता है।[226] यह सब पूर्वजों के श्राद्ध आदि के निमित्त भी किया जाता था।

तीर्थों में वाराणसी अथवा काशी का सर्वश्रेष्ठ स्थान था वह ब्रह्मा की बनाई दूसरी अमरावती तथा नंदनवन मानी गई जहां मोक्षदायी गंगा तथा बड़े-बड़े विद्वान निवास करते थे।[227] काशी शिक्षा का विशेषकर संस्कृत ज्ञान का भारत का विख्यात केंद्र था, स्वयं शंकराचार्य ने भी वहां की यात्रा विशेष अध्ययन हेतु की थी।[228] वह पृथ्वी पर सर्वोत्कृष्ट मुक्ति क्षेत्र थी।[229] वहां पर मरने पर कैवल्य प्राप्त होता था। अतः धर्मप्राण लोग शरीरांत तक वहां रहना चाहते थे, ताकि मृत्यु के बाद उन्हें उत्तम पुरस्कार मिले, वह हिंदुओं का काबा कहा जाता था।[230]

कृष्ण की जन्मभूमि मथुरा भी अत्यंत पवित्र स्थल के रूप में वैष्णवों के मध्य विशेष स्थान रखती थी। पद्म एवं वाराह पुराणों ने भी इसके महत्व का प्रतिपादन किया।[231] पूर्व मध्ययुग में यहां अनेक भव्य मंदिर थे।[232] अलबीरूनी भी मथुरा को ब्राह्मणों से भरा तीर्थ एवं वासुदेव की जन्मस्थली निरूपित करता है।[233]

स्थाणीश्वर भी महत्वपूर्ण तीर्थ है अलबीरूनी के अनुसार लोग यहां की तीर्थयात्रा करते थे।[234] थानेश्वर अथवा कुरुक्षेत्र महाभारत के समय से ही पवित्र तीर्थस्थल माना जाता था।[235] बल्लालसेन के अनुसार पवित्र स्थान होने के कारण यहां लोग दान आदि करते थे।[236] लक्ष्मीधर ने पुराणों के आधार पर इसे पवित्र तीर्थस्थान घोषित किया है।[237]

चाहमानों के युग में प्रसिद्ध सरोवरों ने भी तीर्थों की ख्याति पा ली थी। अलबीरूनी लिखता है कि तालाब, विशेषकर पवित्रता के लिए, इस कारण प्रसिद्ध हो जाते हैं कि या तो वहां कोई महत्वपूर्ण घटना घटित हुई या पवित्रत ग्रंथों अथवा परंपरा से उनका संबंध है।[238] मुल्तान या मूलस्थान अपने सूर्यकुंड[239] और सूर्य मंदिर के कारण ही पवित्र तीर्थ था, जहां भारत भर से हजारों की संख्या में भक्त जाते थे।[240] सूर्यकुंड में हिंदू स्नान करते थे।[241] इस प्रकार अनेक सरोवर-तालाब भारत भर में भारतीयों द्वारा निर्मित किए गए थे, जहां वे विशिष्ट पर्वों, उत्सवों पर स्नानार्थ आया करते थे।[242]

सोमनाथ प्रभासपट्टन भी भारत की धर्मप्राण जनता की श्रद्धाभक्ति का अनुपम तीर्थ माना जाता था। वहां कश्मीर से पुष्पों[243] की टोकरी और गंगाजल[244] प्रतिदिन पूजार्थ लाया जाता था। प्रतिदिन हजारों की संख्या में तीर्थयात्रा हेतु भक्तजन आते थे।[245] सन् 1026 ई. में महमूद गजनी सोमनाथ मंदिर ध्वस्त कर मंदिर की समस्त संपत्ति गजनी उठा ले गया।[246] इस भव्य मंदिर का पुनर्निर्माण चालुक्य नरेश कुमारपाल ने कराया।[247]

भारत के द्वादश ज्योर्तिलिंग, भारत के प्रमुख तीर्थ मान लिए गए थे।[248] *स्कंद पुराण* भारत में स्थित 68 शिवलिंगों की पूजा का विवरण देता है।[249] इनमें सेतुबंध, रामेश्वरम्, त्र्यंबकेश्वर, केदारनाथ आदि थे। अयोध्या, मथुरा, गया, काशी, कांची, द्वारकावती, अवंतिकापुरी को मोक्षदायिनी नगरियां घोषित किया गया था।[250] अतः इन तीर्थ-स्थानों की यात्रा हिंदू अवश्य करते थे। इस युग के तीर्थ-स्थलों में कश्मीर का शारदादेवी का मंदिर भी विख्यात था।[251] अतः दूरवर्ती भारतीय वहां की यात्रा करते थे।[252] गौड नरेश के अनुयायियों ने शारदा देवी के दर्शन करने के बहाने कश्मीर में प्रवेश किया था।[253] जौनराज ने अपने द्वितीय *राजतरंगिणी* में शारदा देवी के मंदिर की स्थिति और ख्याति का उल्लेख किया है।[254] इसमें ज्ञात होता है कि यह मंदिर भारत के प्रसिद्ध तीर्थ मंदिरों में एक था।

भारत के अन्य तीर्थों में प्रयाग तीर्थराज था। यह अपने संगम गंगा, जमुना, सरस्वती के कारण अत्यंत लोकप्रिय था।[255] इसी प्रकार गया अपने श्राद्ध पक्ष के कारण लोकप्रिय हो गया था।[256] गंगा भारत की प्रसिद्धतम धार्मिक नदी थी। तीर्थयात्री गंगा स्नान हेतु जाते रहते थे। ऐसे यात्रियों को गंगायात्री कहा जाता था।[257] धर्मप्रिय लोग गंगा किनारे प्राण त्यागना श्रेष्ठ मानते थे, क्योंकि वह सभी पापों से मुक्त करती थी।[258] इस प्रकार हम देखते हैं कि चाहमान युग में अनेक पवित्र तीर्थस्थल थे, जहां तीर्थयात्रा की जाती थी।

चाहमान साक्ष्यों से ज्ञात होता है कि इस प्रदेश के व्यक्ति धार्मिक तीर्थस्थलों की यात्रा करते थे। चौहान सम्राट पृथ्वीराज के समय में गंगा अलौकिक शक्ति की स्रोत के रूप में गृहीत हुई थी।[259] उत्तर भारत के पवित्र तीर्थ प्रायः इसी नदी के किनारे थे। *पृथ्वीराज विजय* में सोमनाथ का उल्लेख मिलता है।[260] बीसलदेव रासो से ज्ञात होता है कि वाराणसी इस समय की पवित्र तीर्थस्थली थी।[261] चाहमान राज्य का पवित्र तीर्थस्थल पुष्कर था, जहां हजारों तीर्थयात्री तीर्थयात्रा करते थे। वाकपतिराज ने यहां एक विशाल शिव मंदिर का निर्माण कराया था, जो कैलाश की भांति था।[262] इसका अस्तित्व 1182 ई. तक रहा। इसी प्रकार इस राज्य

की देवी शाकंभरी अत्यंत प्रसिद्ध थी, यह चाहमानों की कुल देवी मानी जाती थी।

धार्मिक पर्व

चाहमानकालीन धार्मिक जीवन के अंतर्गत त्यौहारों की परंपरा प्राचीनकाल से ही प्रचलित जान पड़ता है। वास्तव में त्यौहार पौराणिक धर्म के मुख्य अंग थे, जिनका प्रचलन पुराणों के विकास के साथ हुआ। पुराणों और अन्य धार्मिक ग्रंथों ने अनेक धार्मिक कृत्यों, त्यौहारों, व्रतों तथा मेले आदि निर्धारित कर दिए।[263] इन सबको धार्मिक स्वरूप दिया गया था। विभिन्न देवी-देवताओं तथा ग्रहों से संबंधित कथात्मक आकलन कर निश्चित तिथियों पर त्यौहारों का आयोजन किया जाने लगा था। इन तिथियों पर समारोहपूर्वक उत्सव प्रतिवर्ष मनाए जाते थे।[264] इस प्रकार त्यौहारों का प्रचलन चाहमान काल के पहले ही ज्ञात होता है।

चाहमानयुगीन अभिलेखीय साक्ष्यों से ज्ञात होता है कि उन दिनों दीपोत्सव, महाशिवरात्र, बसंत, होली, अक्षयतृतीया, तीज, रथयात्रा या यात्रा महोत्सव और श्रावणी चतुर्दशी आदि त्यौहार बड़े धूमधाम से मनाए जाते थे।[265]

अलबीरूनी ने बड़े ही विस्तार से सालभर मनाए जाने वाले त्यौहारों का विवरण दिया है। जिनमें कुछ की पहचान की जा सकती है।[266] कुछ त्यौहारों को बड़े धूमधान से मनाया जाता था। ऐसे शुभअवसरों पर लोग ब्राह्मणों को दान दिया करते थे। कुछ ऐसे भी त्यौहार मनाए जाते थे जो देवताओं के नाम पर उपवास आदि रखकर पूजन-अर्चन किया जाता था। इस प्रकार एक व्रत एकादशी था। *प्रबंध चिंतामणि* से ज्ञात होता है कि पृथ्वीराज तृतीय ने एकादशी का व्रत समाप्त करने के बाद ही तराईन के युद्ध में पहुंचा था।[267] एक चालुक्य सामंत के 1173 ई. के अभिलेख से ज्ञात होता है कि उसने एकादशी के शुभ अवसर पर उपवास किया था।[268] *हरिभक्ति विलास* से ज्ञात होता है, इस त्यौहार का दूसरा नाम प्रबोधिनी एकादशी था। इस अवसर पर श्रीकृष्ण का जुलूस निकलता था।[269] इसे कार्तिक मास का देवीत्थान एकादशी भी कहा जाता था। *बीसलदेव रासो* में हरवासर एकादशी की चर्चा मिलती है।[270]

दीपावली समाज के सभी वर्गों, वर्णों और जातियों के लोग धार्मिक भेदभाव भुलाकर सोल्लसा कार्तिक मास में मनाते थे।[271] इस त्यौहार का उल्लेख वात्सायन के कामसूत्र में मिलता है।[272] जिससे ज्ञात होता है इसका प्रचलन गुप्तकाल के पहले से ही था। *नीलमत पुराण*[273] *स्कंद*[274], पद्म[275] वाराह और भविष्य की उद्धृत करते हुए *हेमाद्रि*[276] *नागनंद*[277] ने इसका विस्तार से वर्णन किया है। *ब्रह्म पुराण* का उद्धरण देते हुए लक्ष्मीधर और चंडेश्वर ने इस त्यौहार को सुखसप्तिका के नाम से अभिहित किया है।[278] सोमदेव के अनुसार इस पर्व पर सभी स्थान पर दीपमालिकाओं से सुसज्जित और आनंदविभोर रहते थे।[279] रात्रि में प्रत्येक घर में दिए जलाए जाते थे।[280] इस अवसर पर महालक्ष्मी का पूजन भी होता था।[281] दीपावली पर जुआ खेलना और उसमें हार-जीत भाग्य-अभाग्य का द्योतक माना जाता था।[282]

इसी प्रकार दीपावली इस युग का प्रसिद्ध त्यौहार था।

महाशिवरात्रि का पर्व भी लोग मनाते थे। रातभर शिव का पूजन कर जागरण होता था।[283] नृत्यगायन के साथ ही शिव संबंधी कथाओं को सुनाया जाता था।[284] लक्ष्मीधर और चंडेश्वर ने फाल्गुन कृष्ण के चौदहवें दिन शिवपूजा करने की व्यवस्था दी।[285] जिसमें रात्रि जागरण का पर्व मनाया जाता था। राजपूताना, मध्य प्रदेश और उत्तरी भारत में यह विशेष जनप्रिय था।[286] लोग इस पर्व पर दान आदि भी करते थे।

हिंदुओं का सर्वप्रिय त्यौहार होली था। यह त्यौहार भी गुप्तकाल के पहले से मनाया जाता था।[287] *कामसूत्र* के व्याख्याकार यशोधर ने इसे मदनोत्सव के नाम से अभिहित किया था।[288] इस अवसर पर रंग गुलाल का उपयोग खुलकर किया जाता था। ग्राम नगर के बाहर होलिका दहन की व्यवस्था समाज द्वारा की जाती थी।[289] मदरीजी ने इसे होली नाम से फारसी में अनूदित किया है।[290] इस प्रकार यह त्यौहार प्राचीन समय से मनाया जाने वाला एक प्रसिद्ध त्यौहार था।

दुर्गापूजा का त्यौहार आश्विन में मनाया जाता था। इसे नवरात्र भी कहते हैं।[291] इस अवसर पर बलि की प्रथा भी प्रचलित थी। चालुक्य नरेशपाल ने इस प्रथा को बंद कर दिया था।[292] इस प्रकार के अनेक ऐसे त्यौहार थे, जो चाहमान काल में मनाए जाते थे।

धार्मिक कृत्य एवं प्रचलित विश्वास

चाहमान काल में अनेक धार्मिक कृत्यों का प्रचलन प्राप्त होता है। प्रबंध चिंतामणि[293] तथा बीसलदेव रासो[294] से ज्ञात होता है कि उन दिनों नवरात्र पूजन पिंडदान, श्राद्ध आदि संस्कार विशेष लोकप्रिय थे। *पृथ्वीराज विजय* से ज्ञात होता है चूड़ाकरण संस्करण उन दिनों एक प्रमुख धार्मिक संस्कार था।[295] नामकरण संस्कार के प्रचलन का भी निर्देश मिलता है।[296] अपने पुत्र हरिश्चंद्र के नामकरण संस्कार के उत्सव पर गहड़वाल नरेश जयचंद ने दान में दो ग्राम महापंडित ऋषिकेश शर्मन को दिए थे।[297] अलबीरूनी के कथनानुसार इस समय गर्भाधान, पुंसवन, सीमन्तोनयन, जातकर्म, नामकरण, चूड़ाकरण, कर्णविध, उपनयन, विवाह तथा अंत्येष्टि संस्कार का प्रचलन समाज में प्राचीन काल से ही था।[298] इस प्रकार इस युग में अनेक धार्मिक कृत्य प्रचलित थे। जो समाज में बड़े-छोटे सबके लिए आवश्यक माने जाते थे।

धार्मिक कृत्यों के साथ-साथ अनेक ऐसे विश्वासों का प्रचलन था, जो धार्मिक दृष्टि से अत्यंत महत्वपूर्ण थे, ऐसे विश्वासों को लोकधर्म का अंग माना जा सकता है, लोग भिन्न-भिन्न जादू-टोनों तथा भूत-प्रेम आदि में विश्वास करते थे। *पृथ्वीराज विजय* से ज्ञात होता है कि पृथ्वीराज तृतीय[299] को बाल्यावस्था में बुराइयों से बचने के लिए दशावतार विष्णु प्रतिमा की ताबीज बांधा गया था। पुरुष की दाईं आंख का फड़कना शुभ तथा बाईं आंख का फड़कना अशुभ का सूचक था।[300] गौडवही के आधार पर ओझा जी का कहना है कि उन दिनों लोग देवताओं को खुश करने के लिए पशुबलि की प्रथा विद्यमान थी। राजा लोग विजय प्राप्त करने

के लिए मारण यंत्रों का प्रयोग भी करवाते थे।[301] अलबीरूनी के अनुसार इस युग के समाज में जादू-टोना आदि में लोगों का विशेष विश्वास था।[302]

पक्षियों की उड़ान तथा जानवरों द्वारा रास्ता काटना भी शुभ-अशुभ का सूचक माना जाता था। बीसलदेव रासो से ज्ञात होता है।[303] कि लोमड़ी, हिरण, सिंह, सियार, सांप, बिल्ली द्वारा रास्ता काटना, शुभ अथवा अशुभ का शकुन का सूचक माना जाता था। इसी प्रकार पक्षियों की बोली भी शुभ-अशुभ का सूचक थी। इस प्रकार हम देखते हैं कि इस युग में अनेक विश्वास प्रचलित थे।

बौद्ध धर्म

भारत में बौद्ध धर्म का प्रचार अत्यंत प्राचीन है। बौद्ध धर्म का उदय हिंदू धर्म के प्रतिपक्षी धर्म के रूप में हुआ था। इसके आदि प्रवर्तक गौतम बुद्ध थे। इसकी दो प्रधान शाखाएं हीनयान (श्रावकयान) और महायान[304] (बोधिसत्वायान) थीं, यों तो इसके अस्तित्व में आने से पहले हिंदू धर्म की प्रधानता थी। इसका वैभव, सम्राट अशोक के काल से आरंभ हुआ और इनके काल में इस धर्म को अनेक सुविधाएं प्राप्त हुईं। अशोक ने देश-विदेश में इसका प्रचार कराया। फलतः यह धर्म विश्वविख्यात हो गया। अशोक ने लंका, पश्चिम के देशों, एशिया,[305] मिस्र और पूर्वी यूरोप में धर्म प्रचारक भेजे।[306] परंतु इसकी लोकप्रियता स्थायी न रह सकी। गुप्तकाल तक हिंदू धर्म पुनः प्रबल होकर भारत में छा गया। बौद्ध मठों, चैत्यों, विहारों के स्थान पर जगह-जगह विभिन्न देवी-देवताओं के मंदिर स्थापित होने लगे। हर्ष के काल में हिंदू धर्म की तुलना में बौद्ध धर्म ने अंतिम रोशनी फैलाई[307], एक बार पुनः बौद्ध धर्म ने हिंदू धर्म को दबाने का प्रयास किया। किंतु उसका उत्थान अशोक के काल की तरह नहीं हो सका, परिणामतः सातवीं सदी के बाद से बौद्ध धर्म पतन की ओर उन्मुख हो गया।

चाहमान युग तक स्मार्त तथा शक्तिपूजा के प्रचार से बौद्ध धर्म का स्वरूप अपने मूल रूप से काफी परिवर्तित हो गया था। पूर्व मध्ययुग के आरंभ में अनेक दार्शनिक विद्वान तथा धार्मिक सुधारक भी हुए, जिन्होंने अपने धर्म का प्रचार किया। कुमारिल तथा शंकराचार्य आठवीं शताब्दी में हुए।[308] उन्होंने केवल ब्राह्मण धर्म का प्रचार ही नहीं किया बल्कि बौद्ध मत का खंडन भी किया।[309] वज्रयान अथवा तांत्रिक बौद्ध मत के प्रचार से भी बौद्ध धर्म की प्रतिष्ठा को ठेस पहुंची।[310] ओझा जी ने इसके कारणों को विवेचित करते हुए लिखा है कि चीनी यात्री इत्सिंग के समय में बौद्ध धर्म के 18 भेद हो चुके थे। पीछे से राज्य का सहारा टूट जाने के कारण बहुत शीघ्रता से बौद्ध धर्म की अवनति होने लगी और हिंदू धर्म बहुत तेजी से उन्नति पथ पर अग्रसर होने लगा, क्योंकि उसे राज्य की भी पर्याप्त सहायता मिल रही थी।[311] इस प्रकार हम देखते हैं कि सातवीं सदी के बाद बौद्ध धर्म पतनोन्मुख हो गया था और शंकराचार्य के बाद तो उसे अपना अस्तित्व बताना भी कठिन हो गया।

बौद्ध मतांतर्गत तंत्र विद्या हिंदुओं की तंत्र विद्या के ही समान थी। बौद्धमतावलंबी भी

हिंद देवी-देवताओं की पूजा करते थे। महायान शाखा के अंतर्गत अनेक देवी-देवताओं की पूजा हिंदू देवी-देवताओं की भांति होती थी।[312] इन देवी-देवताओं की पूजा के प्रचार से हिंदू सुधारकों को हिंदू तथा बौद्ध धर्म के एकीकरण में बड़ा योगदान मिला। बौद्ध धर्म की अनेक अच्छी-अच्छी बातों का समावेश हिंदू धर्म में कर लिया गया। बुद्ध विष्णु के अवतार बन गए।[313] इस प्रकार चाहमानों के काल तक बौद्ध धर्म का वास्तविक स्वरूप परिवर्तित होकर हिंदू धर्म में ही समाहित होने लगा।

चाहमानयुगीन समाज में बौद्ध धर्म का उत्कर्ष नहीं दिखाई देता क्योंकि तत्कालीन नरेशों में से किसी ने भी इस धर्म को नहीं अपनाया और यह निश्चित बात है कि जिस धर्म को राज्य स्तर पर मान्यता नहीं प्राप्त होती वह सर्वव्यापी नहीं हो सकता या तो वह राज्य धर्मनिरपेक्ष घोषित कर दिया जाए, वैसे तत्कालीन नरेश धर्म सहिष्णु थे, वे कभी भी किसी धर्म के प्रचार में विघ्न नहीं डालते थे। इस उपर्युक्त तथ्य के आधार पर यह प्रश्न उठता है कि क्या तद्युगीन समाज बौद्ध धर्म को जानता ही नहीं था? उत्तर स्पष्टः है नहीं। बौद्ध धर्म के बारे में अलबीरूनी[314] ने लिखा है कि मैंने बौद्ध ग्रंथ कभी नहीं पाया और न कभी किसी बौद्ध को जानता था, जिससे मैं उसके विषयगत सिद्धांतों को जान पाता। जो कुछ भी उनमें है कि चाहमानों के काल तक बौद्ध धर्म समाप्त प्रायः हो चला था।

इस काल तक बौद्ध धर्म के कुछ अवशेष मध्य प्रदेश, मगध, बंगाल तथा कश्मीर आदि में विद्यमान थे। सम्राट हर्ष की मृत्यु के बाद मध्य प्रदेश के बौद्ध तीर्थों तथा मठों की दशा ठीक न थी। किंतु चाहमानों के समकालीन हिंदू होते हुए भी बौद्धों के प्रति अत्यंत सहिष्णु थे। महाराज गोविंदचंद्र की रानियां बसंतादेवी तथा कुमार देवी बौद्ध थीं।[315] उनकी प्रसन्नता हेतु गोविंद चंद्रदेव ने शाक्य, भिक्षुसंघ को 6 ग्राम दान में दिए थे।[316] जयचंद भी बौद्ध भिक्षु श्रीमित्र का बहुत आदर करता था।[317] इसी काल में कई चीनी यात्री भारत आए और उन्होंने वहां इस क्षेत्र में स्तूपों की स्थापना भी कराई थी।[318] दसवीं शताब्दी में कश्मीरी बौद्ध विद्वान धनपाल धर्मप्रचार हेतु चीन गया था।[319] ग्यारहवीं सदी में एक अन्य कश्मीरी श्रमण ने बोधि वृक्ष की शाखा चीनी सम्राट को भेंट की थी।[320] कश्मीर की नदी वितस्तता के किनारे इस समय अनेक बौद्ध विहार थे।[321] कश्मीरी मंत्री रिल्हण की पत्नी सुसाला ने बौद्ध छात्रों के निवास हेतु अनेक कक्षों का निर्माण कराया था।[322] इस प्रकार ज्ञात होता है कि मध्यदेश तथा कश्मीर में अनेक बौद्ध विहार थे, जहां बौद्ध भिक्षु रहते थे।

चाहमानों के समकालीन चंदेल राज्य में बौद्ध धर्म की वही स्थिति रही, जो अन्य राजाओं में भी खजुराहो से प्राप्त हुए बुद्ध प्रतिमा के पादपीठ में उत्कीर्ण बौद्ध मंत्र की प्राप्ति से ज्ञात होता है कि वहां बौद्ध धर्म का प्रचार था।[323] खजुराहो में अनेक ध्वसांवशेष मिलते है, जो बौद्ध विहारों के खंडहर हैं, उसमें शतधारा ध्वंसावशेष विशेष उल्लेखनीय हैं।[324] महोबा में प्राप्त[325] उत्कृष्ट बौद्ध मूर्तियों से प्रतीत होता है कि किसी समय वहां बौद्ध धर्म अपने उत्कर्ष पर था, उनमें सिंहनाद अवलोकितेश्वर की मूर्ति उल्लेखनीय है।[326]

अरब यात्रियों के विवरणों में भी बौद्ध धर्म का उल्लेख मिलता है। अलबीरूनी अनेक

अनुयायियों को 'शमनीय' कहता है।[327] उसने उन्हें लाल वस्त्रों में विचरण करते हुए देखा था।[328] उसके पहले के अरब लेखक शायद अधिक प्रभावशाली न लगे, फिर भी सारनाथ[329] जेतवन[330] आदि में कुछ न कुछ कार्य चलता रहा। मालवा[331] तथा कालंजर[332] में भी बौद्धों को संरक्षण मिला। उज्जैन के बौद्ध तंत्र लुईया ने काफी नाम कमाया। धमनार ग्यारसपुर में भी बौद्ध स्तूप आदि बने।[333] इस प्रकार ज्ञात होता है कि मालवा, राजस्थान आदि में बौद्ध धर्म का अस्तित्व था, किंतु वह हिंदू धर्म के आगे नहीं के बराबर ही ज्ञात होता है।

जैन धर्म

किसी भी प्रचलित सिद्धांत में जब कुछ न्यूनता के चिह्न नजर आने लगते हैं तब उन्हीं तत्वों में से ही प्रतिक्रिया स्वरूप कुछ नवीन सिद्धांतों के बीज अंकुरित होकर धीरे-धीरे एक नवीन धारा के रूप में पल्लवित एवं विकसित होने लगते हैं। इस प्रतिक्रिया में प्रतिशोध की भावना की अपेक्षा सुधारवादी दृष्टिकोण की भावना का विकास अधिक होता है। जब किसी मूल सिद्धांत की त्रुटियों को सुधारकर जिन विचारों के द्वारा उसे एक नया मोड़ दिया जाता है, वही नया सिद्धांत कहलाता है। ठीक इसी प्रतिक्रिया स्वरूप भारत में अन्य धर्मों जैसे 'जैन धर्म' एवं 'बौद्ध धर्म' का प्रादुर्भाव हुआ।

जैन मतानुयायियों के अनुसार जैन धर्म प्रागैतिहासिक युग में भी विद्यमान था। उनका तर्क है कि मोहनजोदड़ो की खुदाई में जो योगी की प्रतिमा प्राप्त हुई है, वह उनके प्रथम तीर्थंकर ऋषभदेव की हैं। इतना ही नहीं बल्कि वेदों में आए शब्दों को भी तीर्थंकरों से जोड़ा जाता है। ऋग्वेद में आए 'ॠषभ'[334] शब्द और अथर्ववेद एवं गोपथ ब्राह्मण में आए 'स्वयंभू काश्यम' शब्दों को ऋषभदेव से समीकृत किया जाता है।[335] जो किसी ठोस प्रमाण के अभाव में शत-प्रतिशत सही नहीं माना जा सकता। वैसे इस धर्म का बहुमुखी विकास छठी सदी ई. पू. में ही हुआ, जब इसके अंतिम तीर्थंकर महावीर स्वामी ने अपने क्रांतदर्शी विचारों से इसे नव जीवन दिया। जैन धर्म में तीर्थंकरों का अस्तित्व ईश्वर के समान माना जाता है। यद्यपि इस धर्म में ईश्वर के लिए कोई स्थान नहीं है, जिस तपस्वी को सिद्धि प्राप्त होने पर 'कैवल्य' की प्राप्ति हुई, वहां तीर्थंकर कहा गया।[336] जैन धर्मानुयायियों के अनुसार उनमें चौबीस तीर्थंकर हुए थे जिन्होंने कालक्रमानुसार जैन धर्म का प्रचार और प्रसार किया। इस धर्म के अंतर्गत दो प्रमुख शाखाएं दिगंबर तथा श्वेतांबर थी, इनके सिद्धांतों में अत्यधिक अंतर नहीं था। दिगंबर संप्रदाय के लोग अवश्य ही मोक्ष में अत्यधिक विश्वास करते थे। लेकिन स्त्रियों के संबंध में नहीं ये लोग जैनी तीर्थंकरों की मूर्तियों की पूजा, पुष्प, धूप, वस्त्र के साथ नहीं करते थे। जैसा कि श्वेतांबर संप्रदाय के लोग करते थे।[337]

चाहमानों के युग में बौद्ध धर्म की अपेक्षा जैन धर्म विशेष उन्नत अवस्था में था। इस समय इसका प्रमुख केंद्र राजपूताना और गुजरात था। दक्षिण में जैनों को शैवों की कड़ी प्रतिद्वंद्विता का सामना करना पड़ता था। संभवतः इसलिए उत्पीड़न से त्रस्त होकर कुछ जैन

गुजरात तथा राजस्थान में आ गए थे।[338] इस युग के जैन धर्म के प्रमुख आचार्य हरिभद्रसूरि (700-770) थे, जिन्होंने जैन धर्म को अन्य धर्मों की अपेक्षा अत्यधिक मानवीय समझकर अपनाया[339] तथा इसके विकासार्थ यथासंभव प्रयत्न किया। जिस समय इस विद्वान ब्राह्मण ने जैन धर्म को अंगीकार किया। उस समय इसकी स्थिति दयनीय थी तथा वह सभी क्रिया-कलाप होता था, जो जैन धर्म के अंतर्गत वर्जित था।[340] हरिभद्रसूरि ने इस पाखंड के विरुद्ध आवाज उठाई और सच्चे जैन धर्म की शिक्षाओं के तरफ ध्यान आकृष्ट कराया। ऐसा भी कहा जाता है कि उसने जैन धर्म पर 1,400 पुस्तकें लिखीं। संभवतः यह अति शयोक्ति हो, फिर भी इतना तो मानना ही पड़ेगा कि जैन धर्म के प्रचार हेतु जो कुछ उन्होंने किया वह किसी भी जैन धर्म प्रचारक से कम नहीं था।[341] हरिभद्रसूरि ने जिस कार्य का शुभारंभ किया, उसके शिष्य उद्योतन और सिद्धर्षि सूरि ने आगे बढ़ाया।[342]

इस युग में गुजरात और विशेष रूप से वल्लभी श्वेतांबर जैनियों का केंद्र था।[343] गुजरात के चालुक्य वंश पूरी तरह से जैन धर्म के प्रति उदार थे, ऐसा कहा जाता है कि इस वंश के संस्थापक मूलराज ने अन्हिल वाडपाटन में मूलपष्ठिका नामक जैन मंदिर का निर्माण कराया था।[344] हरिभद्र ने आठवीं शताब्दी में जैन धर्म के प्रचार के लिए गुजरात में विशेष प्रयत्न किए।[345] हस्तिकुंडीवंशी राष्ट्रकूट नरेश विदग्धराज ने राजस्थान और गुजरात में कई जैन मंदिरों का निर्माण कराया। मूलराज के उत्तराधिकारी चामुंडराज ने भी 'जिन भवन', 'जिनबिंब' और 'जिनपूजा' हेतु दान दिया था।[346] मूलराज के दरबार में 1024 ई. में जिनेश्वर और चैत्यवासियों में शास्त्रार्थ हुआ था जिसमें जिनेश्वर ने चैत्यवासियों को हराया दुलर्भराज ने जैन धर्म के प्रति श्रद्धावनत ही जिनेश्वर को खरतर (तीव्र बुद्धि) की उपाधि से विभूषित किया।[347] अल्हडवाड पाटन के प्रसिद्ध व्यापारी ने ऋषभदेव के मंदिर का निर्माण कराया था।[348] प्रतिहार शासक वत्सराज ने कन्नौज तथा ग्वालियर में महावीर स्वामी की भव्य मूर्तियों की स्थापना की थी। जैन ग्रंथ में उन्हें अम्मा नाम से संबोधित किया गया था।[349] गिरनार श्वेतांबर जैनों का मुख्य तीर्थ था। सपादलक्ष, त्रिभुवनगिरि, अर्वुदाचल आदि में जैन अच्छी संख्या में रहते थे। भीम प्रथम के शासनकाल में उनके दंडनायक विमल ने वर्द्धमान सूर्य की प्रेरणा से आबू में सन 1031 ई. में आदिनाथ का प्रसिद्ध जैन मंदिर बनवाया।[350] विमल को अपने शासनकाल का उदार संरक्षण और स्वीकृति निश्चय ही प्राप्त होगी। जयसिंह सिद्धराज और उसके उत्तराधिकारी कुमारपाल चालुक्यों के काल में जैन धर्म गुजरात में और अधिक प्रभावशाली हो गया। सिद्धराज ने सोमनाथ से लौटते समय नेमिनाथ मंदिर के दर्शन किए।[351] तथा शत्रुंजय तीर्थ की आर्थिक सहायता दी।[352] उसने सिद्धपुर में महावीर चैत्य भी बनवाया[353] इस प्रकार हम देखते हैं कि पूर्व मध्यकाल में (चालुक्य) गुजरात में जैन धर्म की विशेष उन्नति हुई।

परमार काल में मालवा भी जैन धर्म का केंद्र बन गया था। मालवा नियाड के धार, मांडव, नालंदा, उज्जैन, ऊन आदि में कई जैन परिवार बसे हुए थे। दसवीं सदी में धार, उज्जैन, ऊन तथा मालवा के कई जैनों ने ऋषभ देव की पूजा हेतु शत्रुंजय तीर्थ की यात्रा की थी।[354]

परमार नरेश नरवर्मनदेव (1135 ई.) के काल में जैन धर्म मालवा में विशेष प्रगतिशील था। यह राजा आचार्य वल्लभसूरि का बड़ा आदर करता था।[355] मालवा के जैन तीर्थंकरों के नाम पर उत्सवों और पर्वों का आयोजन भी करते थे। तीर्थंकर नेमिनाथ के नाम पर सन् 1134 ई. में एक उत्सव का भी आयोजन किया गया।[356] इस प्रकार मालवा जैन धर्म का केंद्र ज्ञात होता है।

राजस्थान में जैनों का अच्छा प्रभाव था। आबू और कुंभारिया के मंदिर इसके साक्षी हैं। कई जैन राजस्थान के राजवंशों की सेवा में थे। उज्जैन के जैनाचार्य माधवाचंद्र द्वितीय ने बरन (कोटा राजस्थान) को अपना केंद्र बनाया। कुछ जैनाचार्य चित्तौड़ भी जा बसे थे। इनकी एक शाखा बघेरा में भी रहने लगी।[357] हरिभद्र और उनके समर्थकों ने कई पीढ़ियों तक राजस्थान को अपना कार्य क्षेत्र बनाए रखा, फिर भी वहां चैत्यवासिन तथा उनके समर्थक विद्यमान थे।[358]

चाहमानकालीन जैन आचार्यों में गुजरात के प्रसिद्ध आचार्य हेमचंद की बड़ी गहरी छाप थी। इस आचार्य ने राजस्थान के धार्मिक राजनीतिक तथा सांस्कृतिक इतिहास को प्रभावित किया। अनेकों चाहमान शासकों तथा मंत्रियों ने जैन धर्म के प्राचारार्थ सहयोग प्रदान किया। चौहान नरेश पृथ्वीराज प्रथम ने रणथंभौर के जैन मंदिर पर स्वर्णकलश चढ़ाया था।[359] पृथ्वीराज प्रथम के पुत्र अजयराज ने भी अजमेर के पार्श्वनाथ मंदिर को स्वर्ण कलश भेंट स्वरूप दिया था। अजमेर ने जैनियों को नए मंदिर बनाने की अनुमति प्रदान की[360] तथा श्वेतांबर गुरु धर्मघोष सूरि और दिगंबर गुरु गुणचंद्र के मध्य वाद-विवाद प्रतियोगिता में न्यायाधीश का भी कार्य किया। अर्णोराज यद्यपि शैव मतावलंबी था, फिर भी अन्य धर्मों के प्रति दयालु था, उसने पुष्कर में एक वाराह मंदिर बनवाया[361] तथा खरतर गच्छ अनुयायियों का अजमेर में जैन मंदिर बनाने हेतु भूमि प्रदान किया।[362] उसने श्वेतांबर जैन विद्वान धर्मघोषसूरि को आश्रय प्रदान किया। विग्रहराज चतुर्थ ने अपनी राजधानी अजमेर में न केवल एक जैन बिहार का निर्माण करवाया था। अपितु अपने धर्मगुरु धर्मघोष सूरि के आदेशानुसार एकादशी के दिन पशुवध निषेध की आज्ञा भी प्रसारित किया।[363]

चाहमान वंश के अधिकांश शासक शैव धर्म के थे, लेकिन फिर भी उन्होंने शिव और विष्णु मंदिरों के पास जैननाथ और पार्श्वनाथ के मंदिर बनाने की अनुमति प्रदान करके अपनी उदारता एवं सहिष्णुता का परिचय दिया। अजमेर और नडुल के चाहमान शासकों ने जैन धर्म को काफी संरक्षण प्रदान किया। सी.वी. वैद्य के अनुसार ग्यारहवीं-बारहवीं शताब्दी में राजस्थान, गुजरात, मालवा, कच्छ, काठियावाड में जैन धर्म का काफी प्रचार हुआ।[364] जो विभिन्न आचार्यों एवं हेमचंद्र के कार्यों का फल था।

संदर्भ एवं टिप्पणियां

1. मिश्र, जयशंकर, *ग्यारहवीं सदी का भारत*, पृ. 179।

2. मजूमदार, आर.सी., *हिस्ट्री ऑफ बंगाल*, संबद्ध अध्याय देखिए वांगलाय बौद्धधर्म।
3. रेग्मी, *हिस्ट्री ऑफ नेपाल*, देखिए संबंद्ध अध्याय।
4. *त्रि.श.पु.*, पर्व 1, सर्ग. 1, श्लोक 147-51।
   धर्मों मातेव पुष्णाति, धर्मः पाति पितेव च।
   धर्मः सखेव प्रीणाति, धर्मः स्निह्यति बंधुवत ॥
   धर्मादार्हंतमाप्नोति, किं.कि. न धर्मानन सिद्धयति ॥
5. *कीर्ति कौमुदी*, सर्ग 8, 56।
   विधौ विध्यति सक्रोधे वर्म धर्मः शरीदिणाम्।
   स एवं केवलं तस्मादस्माकं जायतां गतिः ॥
6. *एपि इंडिका*, भाग 9, पृ. 63, 67, 74, 75; *पृथ्वीराज विजय*, 4, पृ. 67।
7. *इलियट एंड डाउसन*, पूर्वोद्धृत, भाग 1, पृ. 76।
8. *पृथ्वीराज विजय*, 5, पृ. 37-38; गौरीशंकर हीराचंद औझा, *मध्यकालीन भारतीय संस्कृति*, पृ. 30
9. सी.वी. वैद्य, *हिस्ट्री ऑफ मिडिवल इंडिया*, भाग 2, पृ. 13-14।
10. *पृथ्वीराज विजय*, 8, पृ. 65।
11. *जर्नल ऑफ एशियाटिक रिसर्च एशियाटिक सोसायटी ऑफ बंगाल*, जि. 55, खंड 1, पृ. 68।
12. *पृथ्वीराज विजय*, 8, पृ. 68।
13. *एपि.इं.*, जि. 2, पृ. 119.20।
14. *पृथ्वीराज विजय*, 5, पृ. 43 और 45।
15. वही, पृ. 37-38।
16. *एपि.इं.*, जि. 11, पृ. 305।
17. *इंडियन हिस्टोरिकल क्वार्टरर्ली*, पृ. 570, 1940।
18. *एपि.इं.*, जि. 11, पृ. 56।
19. वही, जि. 14, पृ. 179-88।
20. वही, जि. 9 पृ. 71; जि. 11, पृ. 32
    पृथ्वीराज विजय, 4, पृ. 64-67 (चाहमान राजा आशापुरी की भक्ति और प्रशंसा करते थे, विग्रहराज द्वितीय भडौच में इस देवी का सुंदर मंदिर बनवाया था)।
21. *एपि.इं.*, जि. 9, पृ. 71-74।
22. वही, जि. 11, पृ. 28, 35, 36।
23. खरतर गच्छ पट्टावली, पृ. 16।
24. वही, पृ. 16-17।
25. *कैटलॉग ऑफ मैन्यूस्क्रिप्ट्स इन पाटन भंडार*, जि. 1 पृ. 369, *गायकवाड़ सीरीज*।
26. शर्मा, दशरथ, *अ.चौ.डा.*, पृ. 64-65।
27. *एपि.इं.*, जि. 26, 105।
28. वही, जि. 11, पृ. 41, 47-53।
29. औझा, *मध्यकालीन भारतीय संस्कृति*, पृ. 20।
30. सिंह, रामवृक्ष, *हि. ऑफ चाहमानज*, पृ. 377।
31. *पृथ्वीराज विजय*, 5, पृ. 43।

32. वही, पृ. 68।
33. वही, पृ. 82।
34. कैटलॉग ऑफ मेन्युस्क्रिप्ट इन पाटन भंडार, जि. 1, पृ. 368।
35. *जनरल ऑफ ए. सो. ब.*, जि. 55, खंड 1, पृ. 42।
36. *कै.मै. इन पा. भंडार*, जि. 1, पृ. 395।
37. शर्मा, दशरथ, *अ.चौ.डा.*, पृ. 64-65।
38. *इं.ऐ.*, जि. 41, पृ. 19।
39. *एपि.इं.*, जि. 26, पृ. 105 (बिजोलिया अभिलेख)।
40. *पृथ्वीराज विजय*, 8, पृ. 65 और आगे।
41. वही, 5, पृ. 81।
42. शर्मा, दशरथ, *अ.चौ.डा.*, पृ. 38, नोट 37।
43. *प्रभावकचरित*, 22.4.9-22; *द्वयाश्रय काव्य*, 19.21-24।
44. पाठक, विशुद्धानंद, *उ.भा.रा.इति.*, पृ. 468।
45. शर्मा, दशरथ, *अ.चौ.डा.*, पृ. 64-65।
46. *पृ.वि.*, 6.11।
47. वही, 12.58।
48. पाठक, विशुद्धानंद, *उ.भा.रा.इति.*, पृ. 489।
49. त्रिपाठी, आर.एस., *हिस्ट्री ऑफ कन्नौज*, पृ. 156-7।
50. काणे, पी.वी., *हिस्ट्री ऑफ धर्मशास्त्र*, भाग 1, पृ. 134।
51. *अग्नि पुराण*, अध्या. 21, 23, 68, 71,73, 74।
52. फक्यूर्हर, *रिलीजियस क्वेस्ट ऑफ इंडिया*, पृ. 179।
53. *एपि.इं.*, जि. 11, पृ. 306।
54. वही।
55. इलियट एंड डाउसन, भाग 1, पृ. 11।
56. सचाऊ, *अलबीरूनी इंडिया*, भाग 1, पृ. 100; भाग 2, पृ. 133।
57. वैद्य, सी.वी., *हि.मि.हि. इंडिया*, जि. 3, पृ. 418।
58. एपि.इं., जि. 9, पृ. 63, 67, 74; जि. 11, पृ. 305; *इंडियन ऐंटीक्वेरी*, 1913, पृ. 57।
59. इलियट एंड डाउसन, वही, जि. 1, पृ. 76।
60. *कितावुल फिहरिस्त*, पृ. 345-49, देखिए *इस्मालिक क्लचर हैदराबाद*, भाग 8, 1934, पृ. 130।
61. *कितावुल विद अवत तारीख*, भाग 4 पृ. 9-10 देखिए, मिश्र, जयशंकर, ग्या. सदी का भारत, पृ. 181।
62. *जे. एन. एस. आई.*, जि. 10, पृ. 104।
63. *नैषध*, 21.27-87।
64. फर्क्यूहर, *रिलीजियस क्वेस्ट ऑफ इंडिया*, पृ. 167।
65. भंडारकर, आर.जी., *वैष्णव, शैव एवं अन्य धार्मिक मत*, पृ. 15।
66. गोखले, वी.जी., *एंशियेंट इंडिया*, पृ. 157।
67. द एज ऑफ *इंपीरियल यूनिटी*, पृ. 434।
68. *महाभारत*, 5.97.12।

69. *विष्णु पुराण*, 2.2.3।
एकानेक स्वरूपाय स्थूल सूक्ष्मात्मने नमः।
अव्यक्तव्यक्त रूपाय विष्णवे मुक्ति हेतवे।
भागवत पुराण, 1.3.27
अवतारा ह्यसंख्येया हरेः सत्वनि घेद्विजाः!
यथाऽविदासिनः कुल्याः सरसः स्थुसह स्रशः ॥
70. *भागवत पुराण*, 1.3.6-25; 2.7.1-45; 1.3.28।
ऐते चासकलाः पुंसः कृष्णवस्तु भगवानूस्वयू।
71. *गीता*, 4.7-8।
72. *भागवत पुराण*, 11.31.44-45।
73. *गीता*, 10.73, 11.45।
74. *रघुवंश*, 10.44।
75. वही, 10.26।
76. *वृहद हारीत स्मृति*, 10.5.145।
हेमाद्रि चतुर्वर्गचिंतामणि, व्रत. पृ. 1034।
77. *अग्निपुराण*, 3.12-15।
78. फ्लीट, *कार्पस इंस्क्रिप्शंस इंडिकेरम*, भाग 4, पृ. 184-86, 91।
79. *एपि.इं.*, भाग 2, पृ. 182।
80. *इं.ऐ.*, भाग 58, पृ. 161।
81. *एपि.इं.*, भाग 19, पृ. 244; भाग 11 पृ. 190।
82. वही, भाग 11, पृ. 190।
83. ईस्टर्न इंडियन स्कूल ऑफ मेडिकल स्क्रप्चरर्स, प्लेट 45।
84. वही, प्लेट 46।
85. *एपि.इं.*, भाग 18, पृ. 106।
86. मिश्र, जे.एस., *ग्यारहवीं सदी का भारत*, पृ. 185।
87. द्वयाश्रय काव्य, 15.119; *इं.ऐ.*, भाग 10, पृ. 158।
88. *एपि.इं.*, भाग 2, पृ. 439।
89. त्रिपाठी, आर.एस., *हिस्ट्री ऑफ कन्नौज*, पृ. 353।
90. *एपि.इं.*, भाग 9, पृ. 248।
91. जै, के.सी., *मालवा दि एजेज*, पृ. 415।
92. उदयपुर प्रशस्ति, *इंडियन* ऐ. भाग 14, पृ. 160।
93. नागपुर प्रशस्ति, *एपि.इं.*, भाग 2, पृ. 182।
94. *एपि.इं.*, भाग 9, पृ. 109।
95. *द इंडियन हिस्ट्री कांग्रेस*, 1938, भाग 3, प. 491।
96. दोहद अभिलेख, *इंडियन ऐंटीक्वेरी*, भाग 10, पृ. 158।
97. *एपि.इं.*, भाग 2, पृ. 482।
98. पांडेय, विमलचंद, *प्राचीन भारत*, पृ. 136।
99. भंडारकर, आर.जी., *वैष्णव, शैव एवं अन्य धार्मिक मत*, पृ. 52।

100. *पृथ्वीराज विजय,* 5.68।
101. *ज. ऑफ एशिया सो.बं.,* जि. 55, भाग 1, पृ. 42।
102. *पृथ्वीराज विजय,* 8.65, 68।
103. वही, 1.33, 6.35, 46; 7.5, 8-10।
104. वही, 8.33-34।
105. प्रभाचंद, *प्रभावक चरित्र,* पृ. 282-83।
106. *इं.ऐ.,* 1912, पृ. 17।
107. *एपि.इं.,* जि. 11, पृ. 305।
108. *पृथ्वी, वि.,* 8.65. *एपि.इं.,* जि. 9, पृ. 74।
109. प्रसाद, ईश्वरी, *मेडिवल इंडिया,* भूमिक, पृ. 31।
110. वैद्य, सी.वी., *पूर्वमध्य युगीन भारत,* भाग 2, पृ. 286 (मराठी)।
111. भंडारकर, आर.जी., *वैष्णविज्म एंड शैविज्म,* पृ. 177।
112. विल्सन, एन.एच., *रिलीजन ऑफ द हिंदूज,* भाग 1, पृ. 220।
113. कुमारसंभव, 5.65-73।
114. *रघुवंश,* 1.1; *कुमारसंभव,* 1.16, 5.1, 6.80; *रघुवंश,* 2.36, 6.4; *कुमारसंभव,* 7.36, 49।
115. *वायु पुराण,* अध्याय 43।
    मत्स्य पुराण, अध्याय 146-160।
116. *अग्नि पुराण,* अध्याय 53-54, 74,-75, 79, 97।
117. पाठक, वी.एस., *हि. ऑफ शैव कल्टस इन नार्दर्न इंडिया* (600-1200 ई.) पृ. 3।
118. *वामन पुराण,* 6.12-15।
119. *एपि.इं.,* भाग 1 पृ. 274।
120. शास्त्री, एन.के., *हि. ऑफ साउथ इंडिया,* पृ. 29-31।
121. पार्जिटर, एफ.इ., *इंट्रोडक्शन टू मार्कण्डेय पुराण,* पृ. 6।
122. *स्कंद पुराण,* 107.12-18।
123. *अलबीरूनी,* भाग 3, पृ. 136 (अनुवाद संतराम)।
124. गुप्त, दामोदर, *कुट्टीनीमतम्,* श्लोक, 3-5।
125. वील, *आनश्वांनच्वांग,* भाग 2, पृ. 44-45।
126. *एपि.इं.,* भाग 21, पृ. 48।
127. वही, भाग 21, पृ. 44।
    घृत गमन सिघुपट्ट शैलसुता शालभंजिका सुभगः
    जयति जग त्रय मंडप मूलस्तभो महादेवः ॥
128. *एपि.इं.,* भाग 2, पृ. 18।
    ओम ज्ञाना नंदम्, परम ब्रह्म ब्रह्मादि सुरसेवितम्।
    बंदमहि महादेवं देवदेव जगद्गुरुम ॥
129. वही, भाग 2, पृ. 10।
    कल्याणपितामं विकलां भवता तातोतु।
    भाले कलानिधिकला शशिशेखरस्य ॥
130. वही, भाग 21, पृ. 149।

फणिश्वास श्यार्मेस्तन दमरनद्यम्भसि च।
कवालानां माला तुलयसि च सर्वो विजयते ॥

131. वही, भाग, पृ. 233।
गंगांबुसंसिक्त भजंग माल वाले कले द्वारमलांकुराना
यन्मर्द्धिन नम्रेहित्कल्प वलभ्या मातीव भत्यै स तवास्तु शंभुः ॥
132. भावबृहस्पति की परवल प्रशस्ति, *एपि.इं.*, भाग 11, भाग 12, पृ. 208।
133. *अलबीरूनी*, भाग 3, पृ. 134 (अनुवाद संतराम)।
134. *अलबीरूनी इंडिया*, भाग 2, पृ. 104।
135. वरवल प्रशस्ति, *एपि. इंडिया*, भाग 11-12, पृ. 209।
136. *एपि.इं.*, भाग 1, पृ. 336।
केदार रामेस्व (श्व) रसोमनाथ (सुं) डीरकालानलरूद्रसत्कैः
सुराश्रं (ये) र्व्याव्य चयः समन्ताद्यथार्थ संज्ञा जगतीं चकार ॥
137. *एपि.इं.*, भाग 1, पृ. 138।
138. वही, भाग 4, पृ. 153।
139. हर्षशिलालेख, *इं.ऐं.*, 1913, पृ. 57-58।
140. *पृथ्वीराज विजय*, 5.43, 45।
141. वही, 6.26-28, 8.63-70।
142. *इं.ऐं.*, जि. 20 पृ. 201-15।
143. शर्मा, दशरथ, *अर्ली चौ.* डा., पृ. 107।
144. *एपि.इं.*, जि. 11, पृ. 26-27, 38-39।
145. *ऋग्वेद*, 10.121.15-16।
146. *शतपथ ब्राह्मण*, 2.6.3.4 'प्रजापतिः प्रजां असृजत'
147. *रामायण*, 1.1.5 अब्रुबॅल्लोककत्तारं ब्रह्माणं वचनं ततः।
148. *वायु पुराण*, 5.29-36।
पार्तिर्यस्मात्प्रजाः सर्वाः प्रजापतिरतः स्मृतः।
149. *मत्स्य पुराण*, 3.33।
अहोरूपमहो रूपमिति चाह प्रजापतिः।
150. *कुमारसंभव*, 2.1, 3.17।
151. *मत्स्य पुराण*, 183. 81-82।
आसीत्पूर्व वरारोहे ब्रहफ्मणस्तु शिरोवरम।
पंचम श्रंणु सुश्रोणि जातं काचमसम प्रभम ॥
ततः क्रोधपरीतने संस्क्तनमनेव च।
वामांगुंठनखाग्रेणच्छिन्नं तस्य शिरोगया ॥
152. भट्टाचार्य, टी., *द कल्ट ऑफ ब्रह्मा*, पृ. 138।
153. गर्ग वेसले, *द माइथोलॉजी ऑफ ब्रह्मा*, पृ. 24-25।
154. वही, पृ. 29-30।
155. *आर्कियोलॉजी सर्वे रिपोर्ट*, भाग 21, पृ. 56; भाग 10, पृ. 93-94।
156. वही।

157. *पृथ्वीराज विजय*, 8.68।
158. *एपि.इं.*, जि. 11, पृ. 305।
159. वही, जि. 9, पृ. 67।
160. सिंह, पी.एन., *पृथ्वीराज चौहान और उनका काल*, पृ. 228।
161. अग्रवाल, रतनचंद्र, *राजस्थान के प्राचीन मंदिर तथा मूर्तियां*, मरूभारती, जि. 2, संख्या 3।
162. कान्हड़ेडेप्रबंध, 5.21.10
आसापुरी आदि योगिनो देव चतुर्मुख मणमति अनी।
कान्ह स्वामी गिरूआ प्रासाद शिघर तजेवडिलागवाद ॥
163. शर्मा, दशरथ, *अ.चौ.डा.*, पृ. 258।
164. अवस्थी, रामाश्रय, *खजुराहो की देव प्रतिमाएं*, पृ. 161।
165. *महाभारत*, 7.82.14-16।
166. *कार्पस इंस्क्रिप्शंस इडिकेरम*, जि. 3, पृ. 209-10 आदित्यसेन और जीवित गुप्त द्वितीय के अभिलेखों में सूर्यपूजा का उल्लेख मिलता है।
167. *एपि.इं.*, जि. 2, पृ. 333।
शाकद्वीपस्य दुग्धाम्बुनिधि बलियतो यत्र विप्रो मगाख्या।
168. भंडारकर, आर.जी., *वैष्णविज्म एंड शैविज्म*, पृ. 177. ओझा, *मध्यकालीन भारतीय संस्कृति*, पृ. 24-25।
169. बील, *बुस्टि रिकार्ड्स ऑफ वेस्टर्न वर्ल्ड*, भाग 11, पृ. 274-75. वाटस्, *आन ह्वेनसांग*, भाग 2, पृ. 254।
170. सचाऊ, *अलबीरूनीज इंडिया*, भाग 2, पृ. 296. देखिए, मिश्र जयाशंकर, *ग्या.स.भा.*, पृ. 187।
171. *असस्उल-विलाउद*, पृ. 91; देखिए, मिश्र जयशंकर, वही, पृ. 188।
172. *असन-उत-तकासीम*, पृ. 483; देखिए, वही, पृ. 188।
173. सचाऊ, *अलबीरूनी इंडिया*, भाग 1 पृ. 116।
174. श्रीवास्तव, वी.सी., सन वरशिप इन एंशियेंट इंडिया, पृ. 376।
175. *द एज ऑफ इंपीरियल कन्नौज*, पृ. 333।
176. अवस्थी, रामाश्रय, *खजुराहो की देव प्रतिमाएं*, पृ. 170-83।
177. *आर्कियोलॉजिकल सर्वे रिपोर्ट*, भाग 2, पृ. 422।
178. वर्गीस, जे., *आ.सर्वे ऑफ वेस्टर्न इंडिया*, भाग 10, पृ. 113।
179. मजूमदार, आर.सी., *द स्ट्रगल फार एम्पायर*, पृ. 652।
180. कृष्णदेव, ऐंशियेंट इंडिया, *आ.सर्वे ऑफ इंडिया*, पृ. 44।
181. *एपि.इं.*, भाग 9, पृ. 1-5।
182. वही, भाग 14 पृ. 180-185।
183. वही, भाग 4, पृ. 121-23।
184. वही, भाग 5, पृ. 116-17।
185. मजूमदार, ऐ.के., *चालुक्याज ऑफ गुजरात*, पृ. 330।
186. पांडे, विमलचंद, *प्राचीन भारत का राजनीतिक और सांस्कृतिक इतिहास*, पृ. 236।
187. मोतीचंद, *काशी का इतिहास*, पृ. 212-13।
188. *जाइलिफ्ट डेर डायत्सेन मोर्गेनलैडिंशेन गेसेलशाफ्ट*, जि. 40, पृ. 38।

189. आ.सर्वे ऑफ इंडिया रिपोर्ट, *वेस्टर्न सर्किल*, 1908-8, पृ. 101-15।
190. *एपि.इं.*, जि. 11, पृ. 56।
191. ओझा, *जोधपुर का इतिहास*, पृ. 1. 52।
192. वही, *सिरोही का इतिहास*, पृ. 22-23।
193. *एपि.इं.*, जि. 14, पृ. 187।
194. *जर्नल ऑफ एशियाटिक सोसायटी ऑफ बंगाल*, जि. 31, पृ. 112।
195. श्रीवास्तव, वी.सी., *सन वर्शिप इन ऐंशियेंट इंडिया*, पृ. 354, 362।
196. उपाध्याय, वासुदेव, *पूर्व मध्यकालीन भारत*, पृ. 338।
197. *याज्ञ.*, 16.148।
198. *द एज ऑफ इंपीरियल कन्नौज*, पृ. 344।
199. जेट्टी, ए., गणेश, पृ. 25।
200. बनर्जी, जे.एन., *डेवलपमेंट ऑफ हिंदू आइक्नोग्राफी*, पृ. 356।
201. उपाध्याय, वासुदेव, *पूर्वमध्य का. भा.*, पृ. 338।
202. पांडे विमलचंद्र, *प्रा.भा.राज.सा.इति.*, पृ. 141।
203. अवस्थी, रामाश्रय, *खजुराहो की देव प्रतिमाएं*, पृ. 38-51।
204. मजूमदार, ए.के., *चालुक्याज ऑफ गुजरात*, पृ. 300।
205. भंडारकर, *वै. शैव एवं अन्य धार्मिक मत*, पृ. 169।
206. *एपि.इं.*, भाग 9, पृ. 277।
207. शर्मा, दशरथ, *अ.चौ.डा.*, पृ. 264।
208. *इं.ऐ.*, 1973, पृ. 561।
209. *एपि.इं.*, जि. 8, पृ. 109-114।
210. वही, जि. 9, पृ. 71; जि. 11, पृ. 32।
211. मिरासी, वासुदेव, *कलचुरी नरेश और उनका काल*, पृ. 86।
212. कनिंघम, *आर्कियोॉजिकल सर्वे रिपोर्ट*, भाग 2, पृ. 407।
213. शर्मा, दशरथ, राजस्थान थ्रू द एजेज, पृ. 221।
214. *एपि.इं.*, भाग 14, पृ. 166-84।
215. वही, जि. 9, पृ. 325।
216. वही, भाग 1, पृ. 334।
    दुर्गा जयाढर्ये प्रबल सुरौच्चर्विध्वंसनो स्त्रोत परंपराभिः
    दुर्गोस्तुवन्नेष सदैव भक्तया कृतांजलि पुण्यतमातुपास्ते।
217. *महाभारत*, विराट, 6.15-16।
218. मार्कंडेय पुराण, 74.1.19।
    ततः समस्त देवानां तेजो राशि समदभयाम्।
    तां विलोक्यमुदं प्रापुरमरामहिषार्दितोः।
    ततो देवाददुस्तपैस्वानिस्वान्या दुधानि च।
    अचुर्जय जयेव्युघैर्जयंतीतेजयो षिणः॥
219. *मत्स्य पुराण*, 157.15-16।
220. *आर्कियोलॉजिकल रिमेंस एंड एक्सकेवेशन ऐट सांभर*, पृ. 21-22।

221. बीसलदेव रासौ।
222. भंडारकर, वैष्णविज्म, *शैविज्म एंड अदर माइनर सेकटस*, पृ. 143।
223. *ऐपि.इं.*, जि. 9, 12, पृ. 56।
देखिए, ओझा, *मध्यकालीन भारतीय संस्कृति*, पृ. 21; शर्मा, वी.एन., *सोशल लाइफ इन इंडिया*, पृ. 223 और आगे।
224. ओझा, *म.का.भा.सं.*, पृ. 21।
225. मिश्र, कृष्ण प्रबोध चंद्रोदयम, 43-47।
226. अलबीरूनी, भाग 2, पृ. 142; देखिए, मिश्र जयशंकर, *ग्या. सदी का भारत*, पृ. 190।
227. गुप्त, दामोदर, *कुट्टनीमतम्*, श्लोक 17।
228. अय्यर, कृष्णस्वामी, सी.एन., शंकर, पृ. 33।
229. मिश्र, कृष्ण प्रबोधचंद्रादयम, अंक 2 सत्र पृथिव्यां परम मुक्ति क्षेत्रम वाराणसी नाम नागरीय।
230. *अलबीरूनीज इंडिया*, भाग 2, पृ. 146-47।
231. *पद्मपुराण*, 21.46।
232. अल-उतवी, *किताब-ए-यामिनी*, भाग 1, पृ. 225।
233. अलबीरूनी, *तहकीक-ए-हिन्द*, भाग 2, पृ. 147-48।
234. अलबीरूनी, *तहकीक-ए-हिन्द*, भाग 2, पृ. 146-47।
235. *महाभारत*, वनपर्व, 81.1-6।
236. बल्लालसेन, *दानसागर*, पृ. 37।
237. लक्ष्मीधर, *कृत्यकल्पतरु*, तीर्थ विवेचन, पृ. 175-76।
238. अलबीरूनी, *तहकीक-ए-हिंद*, भाग 2, पृ. 145।
239. *भविष्य पुराण*, 17.25-26. *पद्मपुराण*, 1.13.22।
240. बील, *बुद्धिस्ट रिकार्ड्स*, भाग 11, पृ. 275।
241. अलबीरूनी, *तहकीक-ए-हिंद*, भाग 2, पृ. 145।
242. अलबीरूनी, *तहकीक-ए-हिंद*, भाग 2, पृ. 144-45।
243. वही, भाग 2, पृ. 104।
244. अलकाजिनवी, *असर-उल-विलाउद*, भाग 1 (अनुवाद इलियट), पृ. 97-98।
245. मिश्र, जयशंकर, *ग्या.स.भा.*, पृ. 196।
246. अलबीरूनीज इंडिया, भाग 2, पृ. 103।
देखिए, मिश्र, जयशंकर, *ग्या.स.भा.*, पृ. 196।
247. वही।
248. *शिव पुराण*, ज्ञान संहिता, 39, *जर्नल ऑफ दि बांबे ब्रांच आफ रायल एशियाटिक सोसायटी*, भाग 10, पृ. 45।
249. *स्कंदपुराण*, नागर, खंड 107.28-35।
250. *वृहद धर्मपुराण*, 54.5.12।
अयोध्या मथुरा माया काशी कांची अवंतिका।
पुरी द्वारकावती चैव सप्तैता मोक्षदायिका ॥
251. मिश्र, जयशंकर, *ग्या.स.भा.*, पृ. 193।
252. अलबीरूनीज, *इंडिया*, भाग 2, पृ. 148।

253. *राजतरंगिणी*, पृ. 325।
शारदा दर्शनभिषान्कश्मीरान्सप्रविष्यते।
मध्यस्थ देवावसथं सहताः समवेष्टयन।
254. *द्वितीय राजतरंगिणी*, 1056, 1061।
कलौपातिकां पुंसां स्पर्श दर्शन वि कृला।
अवश्य शारदा देवी तदांत धमिनयात्रयत् ॥
नदीं मधुमतीं स्नानपाना ऽयांफलपन्नयम्।
शारदाक्षेत्रमसदीत्सीदयरिष दाकुलम् ॥
255. बील, *बुद्धिस्ट रेकार्ड्स*, भाग 4, पृ. 234; *अग्नि पुराण*, 3.1-14।
256. *अग्निपुराण*, 144.22-141।
257. इब्ननदीम, *किताब-उल-फिहरिस्त*, पृ. 345-49।
258. *राजतरंगिणी*, 8.2355-56।
259. सिंह, पी.एन., *पृथ्वीराज चौहान और उनका काल*, पृ. 235।
260. *पृथ्वीराज विजय*, 5.82।
261. *बीसलदेव रासो*, 11.10 और 35।
262. *पृथ्वीराज विजय* 5.43।
263. *विष्णु पुराण*, 224-25। शर्मा, जवाहरलाल, *श्रीमद भागवत का सांस्कृतिक अध्ययन*, पृ. 120-21।
264. पगारे, शरद्, *पूर्व मध्ययुगीन धार्मिक आस्थाएं—एक ऐतिहासिक सर्वेक्षण*, पृ. 160-61।
265. *एपि.इं.*, जि. 11, पृ. 41. 43. 54; *बसीलदेव रासो*, 3.13-14, 87।
266. मिश्र, जयशंकर, *ग्या.स.भा.*, पृ. 196-218।
267. टानी, *प्रबंध चिंतामणि*, पृ. 190।
268. *इं.ऐ.*, जि., 18. पृ. 83।
269. *हरिभक्ति विलास*, 16.176-98।
270. *बीसलदेव रासो*, 2.55।
271. मिश्र, जयशंकर, *ग्या.स.भा.*, पृ. 292।
272. वात्स्यायन का *कामसूत्र*, 1.14.43।
273. *नीलमत पुराण* (लाहौर संस्करण), श्लोक 405-15, पृ. 422।
274. *स्कंद पुराण*, वैष्णव खंड, 9.20-25।
275. *पद्मपुराण*, उत्तर खंड, 122.16-19।
276. चतुर्वर्गचिंतामणि, *काल निर्णय*, पृ. 114-15।
277. नागानंद, 4.28-29।
278. *कृत्यकल्पतरु*, नियतकालकांड, 421-23. *कृत्यरत्नाकर*, पृ. 110-11।
279. मिश्र, जयशंकर, *ग्या.स.भा.*, पृ. 211।
280. गोडे. पी. के., *सम नोट्स ऑन द हिस्ट्री ऑफ दिवाली फेस्टीवल एनल्स ऑफ द भंडारकर ओरियंटल रिसर्च इंस्टीट्यूट*, भाग 26. पृ. 237।
281. चंडेसर, *कृत्यरत्नाकर*, पृ. 411।
282. *इं.ऐं.*, भाग 17, पृ. 83।
283. वही, पृ. 84।

284. *अग्नि पुराण*, 113. 1-6; *एपि.इं.*, भाग 11, पृ. 31-32; भाग 21, पृ. 150।
285. *कृत्यकल्पतरु*, नियत., पृ. 440; *कृत्यरत्नाकर*, पृ. 520-521।
286. *अलबीरूनी*, भाग 2, पृ. 184।
    देखिए, मिश्र जयशंकर, *ग्या.सं.भा.*, पृ. 217।
287. द्विवेदी, हजारी प्रसाद, *प्राचीन भारत के कलात्मक मनोविनाद*, पृ. 147।
288. *कामसूत्र*, 1.4.26 सुवसंतो मदनोत्सवः तत्रनृत्यगीवाद्यप्राया क्रीड़ाः।
289. भोज, *राजमार्तंड*, पृ. 332, श्लोक 227-28।
290. गर्दिजी, *जैन-उल-अकबर*, पृ. 220।
291. हेमचंद्र, *द्वयाश्रय काव्य*, 3.6।
292. *कुमारपाल चरित*, 7.109-10; राजशेखर, प्रबंध कोश 'हेमसूरिप्रबंध', 47; जीन मंडल, कुमारपाल प्रबंध, 61।
293. *प्रबंध चिंतामणि*, पृ. 23।
294. *बीसलदेव रासो*, 2.53, 56।
295. *पृथ्वीराज विजय*, 8.45।
296. वही, 8.29.30।
297. इं.ऐं., जि. 18, पृ. 129-34।
298. मिश्र, जयशंकर, *ग्या.स.भा.*, पृ. 218-227।
299. *पृथ्वीराज विजय*, 8.43-44।
300. *नागानंद*, अंक 1, श्लोक 10 *पृ.वि.*, 12.52।
301. ओझा, *मध्यकालीन*, भारतीय संस्कृति, 1928, पृ. 50-51।
302. *अलबीरूनीज इंडिया*, भाग 2, पृ. 192।
303. *बीसलदेव रासो*, 2.75-76।
304. स्वामी, आनंद कुमार, *बुद्ध एंड दी गोस्पेल ऑफ बुद्धिज्म*, पृ. 223, 228; देखिए हॉपकिंस, *दि रिलीजन ऑफ इंडिया*, पृ. 586।
305. राय चौधरी, *स्टडीज इन इंडिया*, ऐंटीक्वटीज, पृ. 139-40।
306. मजूमदार, आर.सी., *आउट लाइन ऑफ एंशियेंट इंडियन हिस्ट्री एंड सिविलाइजेशन*, पृ. 208।
307. मुकर्जी, आर.के., *मेन एंड थाट इन एंशियेंट इंडिया*, पृ. 179।
308. *जर्नल ऑफ बिहार एंड उड़ीसा रिसर्च सोसायटी*, 1892, पृ. 226।
309. सकर, दिग्विजय, 12.82।
    श्रुत्यर्थ धर्मविमुखान सुगतान निहन्तु जातं गुहं भुषि भवतमहं न जाने
310. *बौद्ध धर्म के 2500 वर्ष*, पृ. 249-50।
311. ओझा, *मध्यकालीन भारतीय संस्कृति*, पृ. 3।
312. विंटरनित्स, *हिस्ट्री ऑफ इंडियन लिटरेचर*, पृ. 228।
313. पगारे, शरद, *पूर्व मध्ययुगीन धार्मिक आस्थाएं सर्वेक्षण*, पृ. 147।
314. *अलबीरूनीज इंडिया*, जि. 1, पृ. 249।
315. *एपि.इं.*, भाग 9, पृ. 321।
316. पांडे, वि.च., *प्राचीन भारत का राज. सा. इतिहास*, भाग 2, पृ. 160।
317. *इंडियन हिस्टोरिकल क्वार्टरर्ली*, भाग 8, पृ. 215।

318. बरुआ, वी.एम., *गया एंड बोधगया,* भाग 1, पृ. 199।
319. मजूमदार, आर.सी., *द स्ट्रगल फार एम्पायर,* पृ. 419।
320. बागची, पी.सी., *इंडिया एंड चाइना,* पृ. 55-56।
321. बौद्ध धर्म 2500 वर्ष, पृ. 250. *राजतरंगिणी,* 8.241. 6-18।
322. कल्हण, *राजतरंगिणी,* 7.121; 8.246, 250; 1171-72।
323. *आर्कियोलॉजिक,* सर्वे रिपोर्ट, भाग 2, पृ. 425।
324. वही, भाग 2, पृ. 425।
325. *मेम्वायर्स ऑफ द आर्कियोलॉजिकल सर्वे ऑफ इंडिया,* संख्या 8, पृ. 1।
326. *अलबीरूनीज इंडिया,* भाग 1, पृ. 40।
327. वही, पृ. 158.।
328. अलफेहस्ति, *इब्ननदीम,* पृ. 345; अ.भा.सं., पृ. 180।
329. मजूमदार, बी., *गाइड टू सारनाथ,* पृ. 28-36।
330. *एपि.इं.,* भाग 11, पृ. 423।
331. मजूमदार, द *स्ट्रगल फार एम्पायर,* पृ. 425।
332. आर्कियोलॉजिकल सर्वे ऑफ इंडिया, रिपोर्ट 1929-30, पृ. 129-30।
333. जैन, के.सी., *मालवा थ्रू द एजेज,* पृ. 397-99।
334. *ऋग्वेद,* 1.89.6; देखिए, मिश्र जयशंकर, *प्राभा.सा.इति.,* पृ. 666।
335. *अर्थर्ववेद,* 11.5.24-26; *गोपथ ब्राह्मण,* 2.8; देखिए, मिश्र जयशंकर, वही, पृ. 666।
336. मिश्र जयशंकर, *प्रा.भा.सा.इति.,* प्र.सं., पृ. 666।
337. टामस वार्टर्स, आन युवानच्वांग ट्रेवेल्स इन इंडिया, जि. 1, पृ. 25।
338. शर्मा, मथुरालाल, *भारतीय संस्कृति का विकास,* पृ. 264।
339. लोकतत्व निर्णय, श्लोक 32-33; देखिए, शर्मा, *अ.चौ.डा.,* पृ. 249।
340. हरिभद्रसूरि, संबोध प्रकरण, श्लोक 27, 34, 46, 49, 61, 63, 68 इत्यादि।
341. हरिभद्रसूरि की प्रमुख पुस्तकों के नाम इस प्रकार हैं। समराइच्चकहा, धूर्ताख्यान, द्विवजनवदनचेपटा स्वापज्ञ वृत्ति संहिता, अनेकांतजय पताका, अनेकांतवाद प्रवेश, आवश्यकसूत्र वृहद्वृत्ति, दशवैकालिकसूत्रवृत्ति, नंदीसूत्रवृत्ति, अनुयोगद्ववार सूत्रवृतित, अष्टक प्रकरण, उपदेश प्रकरण, पंचाशकप्रकरण, पंचसत्रप्रकरणटीका, लोकत्वनिर्णय, शास्त्रवार्तासमुच्चय, संबोधप्रकरण, योगविंद, योगदृष्टिसमुच्च, षडदर्शनसमुच्च, न्याय-प्रवेशसूत्रवृत्ति, धर्मबिंदु, धर्मसंग्रहणी।
342. उपमितिभवप्रपंचकथा तथा कुवलयमालकहा का लेखक था।
343. कल्पनाथ शास्त्री, *भारत और मुस्लिम आक्रमण,* पृ. 121; वैद्य, चि.वि., *हि.मे.हि.इ.,* जि. 3, पृ. 411।
344. मजूमदार, द *स्ट्रगल फार एम्पायर,* पृ. 426।
345. *आर्कियोलॉजिकल सर्वे ऑफ गुजरात,* पृ. 235।
346. भारतीय विद्या, 1.73. हिंदी।
347. शर्मा, दशरथ, खरतरगच्छ पदावली—*इंडियन हिस्टोकिरल क्वार्टली,* भाग 11, पृ. 248।
348. *द एज ऑफ इंपीरियल कन्नौज,* पृ. 289-90।
349. *प्रभावक चरित्र,* सिंधी जैन सीरिज, पृ. 85।
350. *एपि.इं.,* भग 9, पृ. 149।

351. *द्वयाश्रय महाकाव्य*, 15.69-75।
352. मुनिजिनविजय, राजर्षि कुमार पाल, पृ. 6।
353. *द्वयाश्रय महाकाव्य*, 16.115-18।
354. *द एज ऑफ इंपीरियल कन्नौज*, पृ. 295।
355. लूनिया, वी.एन., *युग युगीन धार*, पृ. 24-25।
356. *एपि.इं.*, भाग 2, पृ. 80।
357. जैन, के.सी., *मालवा थ्रू द एजेज*, पृ. 400।
358. शर्मा, दशरथ, *अ.चौ.डा.*, पृ. 251-52।
359. जिनपाल कृत खरतरगच्छ पट्टावली, पृ. 16।
360. वही।
361. ओझा, श्री लेक्चरर्स ऑन अजमेर एंड वन ऑन पुष्कर, पृ. 136।
362. अपभ्रंश काव्यत्रयी, गजधर सार्धसतक, वृहदवृत्ति भूमिका, पृ. 46।
363. शर्मा, दशरथ, *अ.चौ.डा.*, पृ. 64-65।
364. वैद्य, सी.वी., *हि.मि. हिंदू इंडिया*, जि. 3, पृ. 411।

7. आर्थिक जीवन

राजपूत काल में बार-बार मुस्लिम आक्रमणों के कारण आर्थिक जीवन को आघात लगता रहा तथा समय-समय पर बाधा उत्पन्न होती रही। चाहमान राज्य भी इससे अछूता नहीं रहा। तत्कालीन चाहमानकालीन समाज की आर्थिक स्थिति कृषि और विभिन्न उद्योग धंधों पर निर्भर करती थी। अधिकतर लोगों का जीवन कृषि से संबंधित था और वे विभिन्न प्रकार के अन्न उत्पादित करते थे।

कृषि

भारत की प्राचीन परंपराओं और कार्य करने की अभिरुचियों के परिणामस्वरूप चाहमानों के शासनकाल में अधिकतर लोग कृषि कार्य करते थे इस युग तक कृषि का सुव्यवस्थित विकास हो चुका था। यह देश के अधिकांश लोगों का व्यवसाय था। अन्नोत्पादन खूब होता था। उल्लेख है कि एक बार बीज बोकर उसका फल ग्यारह बार काटा जा सकता था।[1] तत्कालीन अभिलेखों तथा साहित्यिक ग्रंथों से ज्ञात होता है कि इस समय अनेक प्रकार के चावल, गेहूं, मूंग, ज्वार, बाजरा, जौ, चीण, लाट, चना मूंगफली, कोदो, सरसों प्रियंगु, जर्तिल, निवार आदि के साथ अनेक साग-सब्जियों की खेती की जाती थी।[2] डॉ. दशरथ शर्मा ने दिल्ली क्षेत्र के आसपास गेहूं, ईख, चावल, राजमाश, मुदंग और जीरा आदि के पैदावर का उल्लेख किया है।[3] यद्यपि चौहानकालीन साक्ष्यों में धान्यों का विशेष विवरण नहीं मिलता, तथापि अन्य साक्ष्यों से ज्ञात होता है कि इस समय सत्रह प्रकार के अन्न उत्पन्न किए जाते थे।[4] इस समय कपूर और अगरू मूल्यवान पदार्थ माने जाते थे।[5] शर्करा और इक्षु खंड मिठाइयां थीं, जिन्हें लोग बड़े चाव से खाते थे।[6] हलायुध के अभिधान रत्नमाला से ज्ञात होता है कि इस समय उपजाऊ (उर्वरा), बंजर (हरिण), परती, (खिल), रेतीली (मरू), उच्च (मृत्सा), शाडवाल, नइवल, काली और पीला आदि अनेक प्रकार के भूमिखंड थे, जिनकी अपनी पृथक-पृथक विशेषताएं थी।[7] अपनी इन्हीं विशेषताओं के कारण उन भूमिखंडों विशेष पदार्थ बोए जाते थे। शाणि, ब्रीहि, कोद्रव, मुदग, माष, सरसों, भंग, अलसी, बाजरा, सब्जी आदि विशेष भूमि में बोए जाते थे।[8]

हेमचंद्र ने धान्य अथवा फसल उत्पन्न होने वाली भूमि को 'क्षेत्र'[9] तथा बोई जाने वाली भूमि को 'केदार' (कदाराण्यश्च)[10] और सूखी भूमि को 'उसर'[11] कहा है। उसने कुछ ऐसी भूमि का उल्लेख किया है, जिसे कृषि योग्य बनाया जा सकता था।[12] संभवतः यह परती अथवा बंजर भूमि रही होगी। बैजनाथ पुरी के अनुसार वनस्पतियों से रहित इस प्रकार के मैदान गांव के बाहर होते थे।[13] अरब लेखकों ने भी पश्चिमी भारत को भूमि को अत्यधिक उपजाऊ बताया है।[14] नारियल, बादाम, संतरा, अंगू, नींबू आम आदि का विवरण उन लेखकों ने दिया है।[15] गहड़वाल अभिलेखों[16] में भी गन्ना, आम, महुआ आदि वृक्षों का उल्लेख हुआ है जिससे ज्ञात होता है कि अन्न के साथ फलों की पैदावार में भी लोग संलग्न थे।

उक्ति व्यक्ति प्रकरण में आए मुहावरों और कहावतों से तत्कालीन कृषि जीवन पर भी थोड़ा प्रकाश पड़ता है। खेत की जुताई[17] तथा फसल होने पर उसकी रखाई[18] आज की तरह बाहरवीं शताब्दी में भी होती थी। "हालि खेतु पांस'[19] से पता चलता है कि हलवाले खेत पांसते थे। खेत हंसिए ब्रीहि लवित कमारे[20] मजदूर धान के खेत में हंसिया से लवनी करते थे। बैलों को दागने 'बलदहि, कटुं आंक'[21] की भी प्रथा थी। 'राड वलद जोड़'[22] से पता चलता है कि बैलों के रद्दे जोते जाते थे। शब्दानुशासन के अनुसार जोतने को कर्ष कहते थे। कभी-कभी आवश्यकतानुसार दो-तीन बार भी खेत जोते जाते थे।[23] खेत जोतने में हल को उल्टा और तिरछा करके भी चलाया जाता था। लोहे के फल लगे हुए हल को 'शम्ब' कहते थे, इससे गहरी जोताई होती थी।[24] इस प्रकार लोहे के फल वाला हल साधारणतया अन्य हलों से बड़ा होता था तथा उससे जुताई गहरी और व्यवस्थित होती थी। भूमि के विस्तार के अनुसार एक ही खेत में कई-कई हल भी चलते थे। हल जोता हुआ बैल 'हालिक' या 'सारिक' कहा जाता था।[25]

कृषि के लिए पशु पालन का काफी महत्व था। राजशेखर ने जहां जोतने के लिए बैलों को रखना आवश्यक बताया है।[26] वहीं दूध, दही, घी और मक्खन आदि भोज्य पदार्थों की प्राप्ति में गाय, भैंस, भेड़, बकरी के पोषण का भी सम्मान किया[27]। प्रायः प्रत्येक कृषक परिवार इन पशुओं को अपनी कृषि का आवश्यक अंग मानकर पालता था। बोझ ढोने के लिए या आने-जाने के लिए बैलगाड़ियों के अतिरिक्त साधारण घोड़े भी कृषकों के पालतू पशु थे।[28] हर्षचरित में यह उल्लिखित है कि सामानों को एक स्थान से दूसरे स्थान पर ले जाने के लिए ऊंट को भी पाला जाता था। संभवतः यही स्थिति चाहमानों के काल में भी रही होगी। चाहमान समाज में आज के ही समान पशु मेले का भी आयोजन किया जाता था। जहां पर दूर देश के व्यापारी आकर पशुओं का क्रय-विक्रय करते थे, चाहमान शासक अल्लट के एक अभिलेख[29] (953 ई.) से यह उल्लेख मिलता है कि राजस्थान में आहड भी घोड़े के व्यापार के लिए काफी महत्वपूर्ण था। यहां कर्नाटक, मध्य प्रदेश, लाट और टक्क के व्यापारी अपने पशुओं को बेचने के लिए आते थे। इन पशुओं में प्रधानतः घोड़े और हाथी थे। चाहमान शासक अश्वक के वाली अभिलेख[30] से यह पता चलता है कि बलाही (राजस्थान के गोडवार जिले में स्थित आधुनिक वाली) में भी घोड़े के मेले का आयोजन किया जाता था। इस प्रकार ज्ञात होता है

कि इस समय फसलें प्रायः अच्छी होती थीं और पशुपालन भी अपने उन्नत अवस्था में था।

राजशेखर ने अपने ग्रंथ *काव्य मीमांसा* में जल सिंचन की क्रिया के लिए 'प्रत्यावायः' शब्द का प्रयोग किया है। सिंचाई के प्राकृतिक साधन वर्षा, नदी, झील इत्यादि थे। कृत्रिम सिंचाई तालाब, सोतों, कुओं और कूल्या अर्थात्, कृत्रिम नदी (संभवतः बांध या नाले) द्वारा की जाती थी।[31] उन दिनों फसलें प्रायः अच्छी होती थी, इसका कारण सिंचाई की सम्यक तथा प्रचुर व्यवस्था के साथ ही कृषकों की लगन तथा उनका अनवरत परिश्रम भी था। उन दिनों वर्षा की स्थिति का यद्यपि स्पष्ट उल्लेख हमें कहीं नहीं मिलता तथापि खाद्यान्नों के प्रभूत उत्पादन के आधार पर यह अनुमान लगाया जा सकता है कि वर्षा प्रायः समय तथा पर्याप्त मात्रा में होती रही होगी। फिर भी, कृषक वर्ग प्रायः वर्षा की अनियमितताओं से परिचित था और संभवतः इसीलिए वह अपनी फसलों की सिंचाई के लिए कृत्रिम जल साधनों की पर्याप्त व्यवस्था किए थे। यह व्यवस्था यदाकदा राजा तथा संपन्न व्यक्तियों की ओर से भी सर्वजनहिताय की जाती थी।[32]

राजकीय आय का प्रमुख स्रोत होने के कारण कृषि पर राज्य सम्यक ध्यान देता था।[33] राज्य की ओर से कृत्रिम जल साधनों के निर्माण के अनेक उल्लेख मिलते हैं। आरंभिक काल में सिंचाई के लिए राज्य के द्वारा किए गए प्रशंसनीय कार्यों में नंद राजाओं द्वारा गंगा से नहर निकालकर कलिंग तक ले जाने का संदर्भ है तथा काठियावाड़ में सुदर्शन नामक झील के निर्माण का उल्लेख मिलता है।[34] कश्मीर में अवंतिमवर्मन के मंत्री ने सिंचाई के लिए नहरें खुदवाई थीं और बाढ़ रोकने के लिए वितस्ता नदी की धार तक बदलवा दी थी। कल्हण के अनुसार सूयूप (अवंतिवर्मन का मंत्री) ने नदियों को इस तरह नचाया जैसे सपेरा सांप को नचाता था।[35]

चाहमान शासकों ने भी इस ओर काफी ध्यान दिया था। चाहमान राजा अर्णोराज ने आनासागर नामक एक विशाल झील का निर्माण करवाया था।[36] इस झील से पर्याप्त मात्रा में खेतों की सिंचाई होती थी, उसके पुत्र विसलदेव ने भी अजमेर में 'वीसलसर' नामक झील का निर्माण करवाया था[37] जो बहुत प्रसिद्ध था। इसी प्रकार परमार शासकों द्वारा भी सिंचाई के लिए किए गए समुचित प्रबंधों का उल्लेख मिलता है। वाकपतिराजमुंज ने मुंजसागर नामक तालाब, भोज ने भोजसागर नामक तालाब तथा एक विस्तृत झील और उदयादित्य ने उदय सागर का निर्माण करवाया था। नरवर्मन के समय में भी एक तालाब का निर्माण किया गया था।[38] गहड़वाल नृपति गोविंद चंद ने राजसागर नामक एक विशाल तालाब का निर्माण करवाया था।[39]

राज्य के अतिरिक्त समाज के संपन्न तथा धार्मिक प्रवृत्ति के लोगों ने भी इस काल में अनेक तालाब एवं जलाशयों का निर्माण कराया था।[40] यद्यपि प्रत्यक्षतः इनका उद्देश्य धार्मिक होता था, किंतु इनके द्वारा आसपास के कृषिगत क्षेत्रों की सिंचाई भी की जाती थी, जिन स्थलों पर तालाबों तथा नहरों से सिंचाई नहीं हो पाती थी, वहां कूप खुदवाकर सिंचाई की व्यवस्था थी।[41] कूपों से जल ऊपर निकालने के लिए एक प्रकार के 'अरहट' नामक यंत्र का प्रयोग होता था।[42] संभवतः यह आधुनिक रहट का ही रूप रहा होगा। राजपूताने के एक

चाहमान लेख में आधुनिक वैज्ञानिक तकनीक के अभाव में अरहट (रेंहट) भी सिंचाई का मुख्य साधन था।[43] प्रत्येक अरहट की सिंचाई के लिए हाटक (हरा अन्न का एक माप), अन्न (यव) करके रूप में दिया जाता था।

इस प्रकार स्पष्ट हो जाता है कि राजा तथा प्रजा दोनों की ओर सिंचाई के लिए समुचित व्यवस्था की गई थी तथा समय-समय पर उनके निर्माण कार्य पर समुचित धन व्यय किया जाता था। जब सिंचाई की व्यवस्था कृषक स्वयं करते थे, उन्हें किसी प्रकार का कर नहीं देना पड़ता था। सिंचाई प्रणाली की एक विशिष्ट व्यवस्था का चयन चाहे वह तालाब हो, कुआं हो अथवा वह क्षेत्र के भौगोलिक स्थिति तथा उसके वातावरण पर निर्भर करता था।[44]

भू-स्वामित्व

भू-स्वामित्व के प्रश्न को लेकर प्राचीन काल से ही भारतीय विचारकों तथा विद्वानों में मत वैभिन्न रहा है। भूमि पर प्रत्यक्षतः राजा का स्वामित्व था या किसान का, या इन दोनों का, कहना कठिन है, कुछ उदाहरण ऐसे हैं, जिनसे यह सिद्ध होता है कि भूमि पर कृषकों का स्वयं का स्वामित्व था।[45] इसके विपरीत इस बात के भी प्रमाण कम नहीं है, जिनसे राजकीय भू-स्वामित्व का परिचय मिलता है।[46]

घोषाल[47] ने मेधातिथि को उद्धृत करते हुए यह विचार व्यक्त किया कि मेधातिथि ने भूमि-स्वामित्व को लेकर एक ही साथ परस्पर दो विरोधी मत प्रकट किए हैं। एक स्थल पर उन्होंने यह लिखा है कि राजा संपूर्ण भूमि का स्वामी अथवा प्रभु है, किंतु अन्यत्र वे लिखते हैं कि "भूमि उस व्यक्ति की व्यक्तिगत संपत्ति है, जो उसे कृषि योग्य बनाता है।' मेधातिथि ने अधिकतर व्यक्तिगत स्वामित्व का ही उल्लेख किया है। इस प्रकार देशोपदेश[48] सुभाषित रत्नकोष[49] तथा मानसोल्लास[50] आदि में भी व्यक्तिगत भू-स्वामित्व की ओर ही संकेत करता है। व्यक्तिगत अधिकार को स्वीकार करते हुए पूर्व मध्यकालीन निबंधकार लक्ष्मीधर ने *कृत्यकल्पतरु* में यह मत व्यक्त किया है कि व्यक्ति भूमि संबंधी सभी कार्य करने और दान देने का अधिकारी है। इस संबंध में किए जाने वाले हस्तक्षेप पर वह उसके विरुद्ध वैधानिक कार्य कर सकता था।[51] व्यक्तिगत भू-स्वामित्व के संबंध में अभिलेखीय प्रमाण उपलब्ध है। चाहमान अभिलेखों, यथा—भुवनेश्वर अभिलेख[52], लिंगराज मंदिर अभिलेख[53] तथा दवोक अभिलेख[54] से व्यक्तिगत भू-स्वामित्व का पता चलता है। विभिन्न गहड़वाल अभिलेखों, यथा—चंद्रावती अभिलेख[55] बसही दानपत्र[56] बुजर्ग ताम्रपत्र[57] तथा कमौली अभिलेख[58] से भी इस बात की पुष्टि होती है। प्रतिहार अभिलेखों से भी व्यक्तिगत भू-स्वामित्व की पुष्टि होती है।

इसके विपरीत भूमि पर राजा के स्वामित्व का भी उल्लेख मिलता है। आपस्तंब के अनुसार भूगर्भ से निकली हुई संपत्ति पर राजा का अधिकार था न कि खोदने वाले का[59] इस कथन से स्पष्ट है कि भूमि पर राजा का अधिकार था। कौटिल्य का भी विचार राजा के भूमि स्वामित्व के पक्ष में है। उसके अनुसार राजा भूमि कर के साथ जल कर भी प्राप्त करने का

अधिकारी था।[60] कृषि ठीक से नहीं हो पाती थी, तो उस व्यक्ति से भूमि ले ली जाती थी। यह उल्लेख इस बात का प्रमाण है कि भूमि पर राजा का अधिकार होता था। मनु के अनुसार, "पृथ्वी में गड़े हुए धन (विभिन्न धातुएं) का आधा भाग राजा प्राप्त करे, क्योंकि वह पृथ्वी का स्वामी है।"[61] मेघातिथि ने भी राजा भू-स्वामित्व को स्वीकारा है।[62] सोमेश्वर ने भी मनु के विचारों के आधार पर राजा के भूस्वामित्व का समर्थन किया है।[63] भूमि पर राजा के स्वामित्व को कात्यायन ने भी स्वीकार किया[64] जिसका उद्धरण लक्ष्मीधर ने अपने *कृत्यकल्पतरु* में गृहीत किया।[65] कल्हण की *राजतरंगिणी* से भी राजा के भूमि स्वामित्व को अनुमोदन होता है।[66] साथ ही कतिपय परमार[67], चंदेल[68], प्रतिहार[69] तथा गहड़वाल[70] अभिलेखों में भी राजकीय भू-स्वामित्व का उल्लेख मिलता है।

उपर्युक्त उद्धरणों के आधार पर हम यह कह सकते हैं कि कुछ ही भूमि पर राजा का स्वामित्व था। अधिकांश भूमि पर कृषकों का ही स्वामित्व था। इस संबंध में कुछ विद्वानों का कहना है कि राजाओं द्वारा भूमिदान इस बात का कतई प्रमाण नहीं हो सकता कि वह भूमि का स्वामी था। उसका आशय मात्र भूमि विशेष के कर से है, भूमिदान के बाद उस भूमि से मिलने वाला कर राजाओं को न मिलकर दान प्राप्तकर्ताओं को मिलने लगता है। इस प्रकार भूमिदान से अभिप्राय मात्र कर के हस्तांतरण से है।[71]

उद्योग एवं व्यवसाय

चाहमान राज्य में उद्योगों के संबंध में विस्तृत वर्णन नहीं मिलता, तथापि हम यह मान सकते हैं कि प्राचीन काल से चले आ रहे भारत के प्रमुख उद्योग इस काल में भी प्रचलित थे। अधिकांश उद्योग-धंधे को राजकीय संरक्षण प्राप्त था और देश की समृद्धि अर्थव्यवस्था में इनका प्रमुख योगदान था। इस काल के अनेक साहित्यक तथा अभिलेखी साक्ष्यों में कुछ महत्वपूर्ण उद्योग धंधों का उल्लेख मिलता है। कान्हण दे प्रबंध[72] के अनुसार जालौर नगर में चार वर्णों के अतिरिक्त 18 और वर्ण भी थे, जिनमें जूता बनाने वाले (मोची), लोहार, रंगरेज आदि का उल्लेख है, निःसंदेह यह 18 वर्ण प्राचीन भारत की 19 श्रेणियां थीं, जिनमें इनके अतिरिक्त पत्थर का काम करने वाले कुम्हार, सोनार, तेली टोकरी बनाने वाले, महाजन (कर्ज देने वाले), माली (माला बेचने वाले), फूल बेचने वाले, नाई, मछुआ लोग काफिला व्यवसायी, ठठेरा (पीतल के बर्तन बनाने वाले) आदि सम्मिलित थे।[73] *अपराजितपृच्छा* में भी दंत कर्म का उल्लेख है[74]। *ब्रह्मवैवर्त पुराण*[75] से भी नापित, मोदक, तांबूलिक, स्वर्णकार, मालाकार, शंखकार सूत्रकार, चित्रकार आदि वर्गों का उल्लेख मिलता है। अलबीरूनी ने भी धोबी, मोची, टोकरी और ढाल बनाने वाले, माझी (नाविक), मछली मारने वाले (मछुआ), शिकारी और बुनकरों का उल्लेख किया है[76] इसके अतिरिक्त रथकार, लकड़हारा, तेली, तांबुलिक, मालाकार, कलाल (मदिरा बेचने वाले) आदि के उद्योग प्रमुख थे।[77] रंगरेजों के विद्यमान होने से प्रतीत होता है कि यहां कपड़े भी निर्मित होते थे। यद्यपि इसका प्रत्यक्ष वर्णन अनुपलब्ध है। लेकिन

एक शिलालेख से रेशमी ग्राम में एक कपड़े के व्यवसायी के अस्तित्व की जानकारी होती है।[78] इससे स्पष्ट प्रतीत होता है कि राजस्थान में कपड़े का उद्योग प्रचलित था। मूलफूजत-ए-तिमूरी से भी ज्ञात होता है[79] कि दिल्ली को लूटने के समय कीमती सिल्क और किमखाब प्राप्त हुए थे। संभवतः ये बाहर से मंगाए जाते थे। यहां ऊन[80] का उद्योग भी विकसित था, जिसमें ऊंटों के बालों का विशेष उपयोग का जूता बनाने वालों का प्रभूत उल्लेख निश्चय ही यह स्पष्ट करता है कि उत्तर भारत जूते के उद्योग के लिए विख्यात रहा होगा।[81]

दूध और घी तथा इनसे निर्मित सामग्रियां भी तैयार होती थीं।[82] चारागाह भी एक महत्वपूर्ण व्यवसाय था।[83] जोधपुर तथा बीकानेर ताम्र उद्योग के लिए विख्यात थे।[84] संभव है इस क्षेत्र में सीसा और जस्ता के उत्पादन[85] ने लोगों का ध्यान इस ओर आकृष्ट किया हो। राजस्थान संगमरमर और लाल पत्थरों के लिए विख्यात है।[86] यह कहना अनुचित न होगा कि लोग इन पत्थरों के तोड़ने-काटने और उपयुक्त बनाने का कार्य भी करते रहे होंगे। इस युग में मंदिर उच्च कोटि के पत्थर उद्योग के प्रमाण हैं। आबू पर्वत का संगमरमर मंदिर इसका ज्वलंत प्रमाण है।[87] पत्थरों की कारीगरी युक्त मूर्तियां भी निर्मित हुईं। अपराजितपृच्छा का कहना है कि प्रत्येक नगर में ऐसे शिल्पी समुदायों का निवास आवश्यक था[88], सांभर नगर इस प्रकार के शिल्प तथा उद्योग के लिए विख्यात था। अहार अभिलेख[89] में पक्की ईंटों के भव्य भवनों के निर्माण का उल्लेख है। यह साक्ष्य निश्चय ही इस बात का प्रमाण है कि राजस्थान के कुछ इलाकों में पक्की ईंटों का प्रयोग भवनों के अतिरिक्त कुएं और तालाबों के निर्माण में भी होता था।

चर्म उद्योग का भी संकेत मिलता है। जूता बनाने वालों[90] का उल्लेख यह स्पष्ट करता है कि भारत जूते के उद्योग के लिए विख्यात था। कलचुरियों के अभिलेखों में देवपाल नामक एक मोची का नाम आया है।[91] सांभर[92] झील राजस्थान के प्रमुख नमक उद्योग का एक स्रोत थी। कन्हड़ दे प्रबंध में कुम्हारों की चर्चा इस बात को निर्दिष्ट करती है कि मृदभांड उद्योग भी प्रचलित था। उत्खनन से प्राप्त मृदभांड टुकड़ों से भी इसकी पुष्टि होती है।

चाहमानों के काल में लौह वस्तुओं का निर्माण एक उद्योग के रूप में प्रचलित ज्ञात होता है। इस समय युद्ध में प्रचलित ज्ञात होता है। इस समय युद्ध प्रयुक्त होने वाले अस्त्र-शस्त्रों और कृषि संबंधी औजारों का निर्माण होता था। हरविलास सारडा ने लिखा है दमिश्क के तेज धार वाले औजारों को बड़ी प्रशंसा की जाती है, परंतु यह क़ला फारस ने भारत से सीखी थी और वहां से अरब वालों ने इसका ज्ञान प्राप्त किया था।[93] अलबीरूनी ने धातु के खड्ग, बाण, भाले आदि का संकेत दिया है।[94] शुक्र ने तो हलके यंत्र, बाण, तोप के गोले, खड्ग आदि का भी संकेत दिया है।[95] अल-उत्वी लिखता है कि आनंद पाल के पुत्र ब्राह्मणपाल के सैनिक श्वेत खड्ग, नीला भाला और पीत वर्ण का कवच धारण करते थे।[96] श्वेत लोहा अकलुष इस्पात (स्टेनलेस स्टील) की तरह होता था, जो उस समय लोहे की अत्युत्तम कोटि मानी जाती थी। चाहमान राजाओं द्वारा विशाल सेना का रखना तथा निरंतर युद्ध में संलग्न रहा इस बात का द्योतक है कि शस्त्रागत निर्माण में बहुत से कार्य लगाए होंगे।

इस युग में सोने-चांदी के आभूषणों की[97] की अधिकाधिक मांग इस बात की परिचायक है कि इन वस्तुओं का निर्माण तथा व्यापार विशेष रूप से प्रचलित था। पूर्व मध्यकाल में धातुओं के अतिरिक्त कांच का भी काम बहुत उत्तम ढंग से होता था। ओझा के अनुसार खिड़कियों तथा दरवाजों में भी कांच लगते थे और दर्पण भी बनाए जाते थे। हाथी दांत के शंख की भी चूड़ियां आदि उत्तम पदार्थ बनते थे तथा उन पर तरह-तरह के कारीगरी का काम होता था।[98]

शिल्पसंघों का संगठन

देश को आर्थिक दृष्टि से संपन्न तथा व्यावसायिक कलाओं में निपुण बनाने के श्रेणियों और निगमों ने महत्वपूर्ण योगदान दिया। ये व्यावसायिक संघ अपनी आंतरिक स्वाधीनता और स्वायत्त प्रशासन के कारण शक्ति के केंद्र, उदार संस्कृति और प्रगति के घर और समाज के आभूषण बन गए थे।[99] व्यापार तथा वाणिज्य का संगठन 'श्रेणी' के रूप में होता था। विभिन्न उद्योगों की अपनी अलग-अलग श्रेणियां थीं। चाहमान काल में भी श्रेणियों का संगठन क्रियाशील रहा है। पूर्व मध्ययुगीन साहित्यिक एवं अभिलेखीय दोनों साक्ष्यों से भिन्न-भिन्न व्यवसाय अपनाने वाली श्रेणियों का उल्लेख मिलता है। वैजयंती में श्रेणी को एक जाति और पेशे से संबंधित व्यक्तियों का समुदाय बताया गया है।[100] मेधातिथि के अनुसार शिल्पियों, व्यापारियों, साहूकारों, गाड़ी चलाने वालों आदि की अलग-अलग श्रेणियां थीं।[101]

मिताक्षरा[102] में घोड़े बेचने वालों, जुलाहों, जूता बनाने वालों और तमोलियों की श्रेणियों का उल्लेख हुआ है। अलबीरूनी[103] के अनुसार धोबियों, चमारों, मदारियों, टोकरी और ढाल बनाने वालों, मल्लाहों, मछेरों, शिकारियों, चीड़ीमारों और जुलाहों की अलग-अलग श्रेणियां थीं। डॉ. आर.एस. शर्मा तथा रोमिला थापर[104] ने भी कुमारगुप्त के मंदसौर अभिलेख के आधार पर श्रेणी संगठन पर प्रकाश डाला है। जिसके अनुसार रेशम बुनकरों की एक श्रेणी द्वारा एक सूर्य मंदिर का निर्माण कर दिया गया था। अभिलेख में उल्लिखित है कि जब श्रेणी के सदस्य रेशम की बुनाई से अपना कार्य नहीं चला सके तो इसके कुछ सदस्यों ने भारत के अन्य भागों की ओर प्रस्थान किया और अनेक प्रकार के व्यवसायों को अपनाए, जिनमें कुछ धनुर्धारी, कुछ विद्वान, कुछ भाट तथा कुछ विद्वान हुए। व्यापारिक समुदायों ने अपनी सुरक्षा तथा लाभ वृद्धि हेतु अनेक प्रकार के निगमों अथवा संघों की स्थापना की थी। जिन्हें श्रेणी व्यवहारीजन श्रेणी अथवा रेणी कहा जाता था।[105] अभिलेखीय साक्ष्यों से ज्ञात होता है कि शाकंभरी में श्री मम्मट देशी (संघ) उन दिनों अस्तित्व में था।[106] नडडूल राज्य में अभिनवपुरी, वदाई और नडलाह के वणीजारकों में भी देशी का उल्लेख मिलता है।[107] नडडुल के चौहान राजा रायपाल के नडुलाई प्रस्तर अभिलेख से ज्ञात होता है[108] कि व्यापारियों की श्रेणी में विभिन्न नगरों के व्यापारी तथा उद्योगों के लोग स्वेच्छा से सम्मिलित होते किंतु एक श्रेणी में एक तरह ही तरह के व्यापार तथा उद्योग के व्यक्ति सम्मिलित होते थे। श्रेणी के कार्य को चलाने के लिए

एक कार्यकारिणी बनाई जाती थी जिसे गोष्ठी कहा जाता था तथा गोष्ठी के सदस्यों को गोष्ठिक कहा जाता था।[109] गोष्ठिकों के कर्तव्य एवं दायित्व को निभाने हेतु उनके अपने नियम, कानून और रीति-रिवाज होते थे, जिनका अनुसरण गोष्ठिकों के लिए अनिवार्य था। गोष्ठी का एक अध्यक्ष होता था, जिसे संघपति, संघाधिपति अथवा श्रेष्ठिन कहा जाता था।[110] श्रेणी के अध्यक्ष पद पर संघ के सबसे जिम्मेदार व्यक्ति को नियुक्त किया जाता था। पद की उच्चता के कारण न केवल यह संघ का नेतृत्व करता था, अपितु राजनीतिक क्षेत्र में भी उसकी बात का सम्मान किया जाता था।

श्रेणी का अध्यक्ष या प्रधान की सदस्यता के लिए दो, तीन या पांच प्रबंध अधिकारी होते थे।[111] श्रेणी की वास्तविक शक्ति उसकी कार्यकारिणी में निहित थी। श्रेणियों के अधिकारी अपने अधिकारिक रूप में व्यक्तिगत सदस्यों के ऊपर अपना अत्यधिक प्रभाव तथा रोबदाब रखते थे। बृहस्पति के अनुसार यदि कोई व्यक्ति कर्तव्य को समर्थ होते हुए भी पूरा न करता था तो उसकी संपूर्ण संपत्ति छीन ली जाती तथा उसे नगर से बाहर कर दिया जाता था।[112] प्रबंध अधिकारियों तथा कार्यकारी परिषद् द्वारा इस प्रकार के उच्च अधिकार का प्रयोग के बावजूद इस काल के श्रेणी संगठनों में जनतंत्रात्मक तत्व बिलकुल स्पष्ट थे।[113] कुछ अन्य गौण नियमों से यह स्पष्ट है कि इन संस्थाओं में किस प्रकार जनतंत्रात्मक भावनाएं विद्यमान थीं।[114]

सभी सदस्यों के शोषण होते थे तथा समूह का निर्णय मान्य होता था। मुख्यों को दंडित करने का अधिकार समूह को ही प्राप्त है। डॉ. मजूमदार के अनुसार समूह किसी भी पदाधिकारी को हटा सकता था, जो किसी बड़े अपराध के लिए उत्तरदायी थी, जो फूट डालता था अथवा जो गण की संपत्ति का नाश करता हो।[115] इस प्रकार हम देखते हैं कि लोकतांत्रिक कार्य करते थे, परंतु विशेष परिस्थिति में राजा हस्तक्षेप कर सकता था।[116] अन्यथा श्रेणियों का संगठन अपने मामलों का निर्णय स्वयं करता था। सिर्फ निर्णय की सूचना राजा के पास भेज देता था। राजा श्रेणियों को आदर तथा प्रतिष्ठा के साथ देखता था।

गांव में प्रत्येक उद्योग की अलग श्रेणियां होती थीं। जिले में इन श्रेणियों की कोई एक संगठित परिषद् नहीं होती थी, किंतु नगरों की श्रेणियों का प्रभाव अत्यधिक होता था।

प्रत्येक वस्तु के व्यापारी तथा उद्योगकर्ता अपना पृथक संघ बनाते थे। तत्कालीन ग्रंथों तथा अभिलेखों में अनेकानेक श्रेणियों का वर्णन मिलता है। व्यवहारिजन श्रेणी, अन्नविक्रेता, तिलपिषक (तौलिक श्रेणी), उद्यान वाले (मालिक श्रेणी), घोड़े के व्यापारी (उत्तरापक्षीय हेडविक), पान विक्रेता (तांबुलिक) मांस के व्यापारी इत्यादि[117] अधिकांश के पास उनका एक कार्यालय होता था, जहां वे उपस्थित होकर अपने संघ के संबंध में विचार-विमर्श किया करते थे। नारद के अनुसार सदस्यों की उपस्थिति के लिए साधारण नियम निश्चित थे। इनके नियमों को राजा की मान्यता प्राप्त होती थी।[118] मित्र मिश्र[119] की व्याख्या से प्रतीत होता है कि ढोलक या अन्य वादक यंत्रों को बजाकर सदस्यों को सूचित किया जाता था कि वे श्रेणी भवन में उपस्थित होकर मामले पर विचार-विमर्श करें।

श्रेणियों के कार्य

तत्कालीन अर्थव्यवस्था में श्रेणियों की महत्वपूर्ण भूमिका थी। वे अपने पृथक नियम बनाते थे जिनका उल्लंघन दंडनीय होता था। श्रेणी संगठनों के विभिन्न कार्य थे। वे एक प्रकार के न्यायालयों के रूप में भी मान्य था। जहां खेत, उद्यान आदि से संबंधित विवादों का निर्णय करते थे।[120] श्रेणियों के प्रतिनिधि गांवों अथवा परिषदों में स्थान प्राप्त करते थे और राजा को व्यापार तथा वाणिज्य के संबंध में अपने सलाह दिया करते थे।[121]

व्यापार और वाणिज्य के कार्यों के साथ-साथ जन कल्याणकारी कार्य भी श्रेणियां करती थीं। वे सभागृह विश्रामगृह, मंदिर, कुंड और बगीचा आदि का निर्माण करती थी। दीन-दुखियों तथा निर्धनों के संस्कार करने अथवा यज्ञ अनुष्ठान करने हेतु श्रेणियों द्वारा सहायता प्रदान की जाती थी।[122] दुर्भिक्ष में पीड़ितों की रक्षा करने में भी ये सहायक होती थी।[123] श्रेणियों द्वारा जनकल्याण किए जाने के अनेक अभिलेख मिलते हैं। मंदसौर अभिलेख से ज्ञात होता है कि अन्य विक्रेताओं की श्रेणी द्वारा हौज का निर्माण कराया गया था।[124]

श्रेणियों तथा निगमों द्वारा बैंकों का भी प्रबंध किया जाता था। इन बैंकों का उपयोग जनसाधारण भी कर सकते थे।[125] वे आधुनिक बैंकों की भांति कुछ सेवाएं देती थीं।[126] ये उद्योगकर्ताओं, व्यापारियों और दूसरे लोगों को उनकी साख के अनुसार ऋण देने के कार्य करती थीं। लोगों द्वारा धन एक निश्चित ब्याज पर जमा किया जाता था। कुछ अभिलेखों से ज्ञात होता है कि धन ईश्वर के खजाने में जमा किया जाता था तथा उसके ब्याज से नित्य पूजा (दिवसवलि) और अन्य कार्यों हेतु भुगतान किया जाता था। इस प्रकार की व्यवस्था 'व्यास', 'अवोटि' श्रेष्ठि और गोष्ठी के सदस्यों के निरीक्षण में संपन्न होती थी।[127] विभिन्न वर्ग के बैंकरों अथवा व्यक्तिगत अभिलेखों में प्राप्त होता है।[128] इस प्रकार के बैंकर महाजन नाम से जाने जाते थे। ये व्यावसायिक रूप से बड़े व्यापारी अथवा उद्योगपति होते थे। इस प्रकार के श्रेणियों द्वारा बैंकिंग का कार्य होने के साथ ही साथ स्थानीय क्षेत्रों में महाजनों द्वारा व्यक्तिगत बैंकिंग की भी व्यवस्था थी। बाद में नियमित रूप से कर्ज देने और उससे निश्चित व्यापारिक श्रेणियां कभी-कभी अपनी मुद्राएं भी चलाती थीं। अपने सिक्कों को ढालने का कार्य निगम नहीं करते थे।

तक्षशिला से प्राप्त ईसा पूर्व दूसरी सदी की कुछ मुद्राओं पर 'निगम' एवं 'पंचनिगम' शब्द अंकित हैं। कोशांबी से 'गंधिकनं' लेख वाला एक सिक्का प्राप्त हुआ है। इसे गंधिक श्रेणी द्वारा प्रचलित माना गया है।[129] नालंदा, कौशांबी तथा वैशाली (जिला–मुजफ्फरपुर, बिहार), से गुप्तकालीन मिट्टी की मुहरें प्रचुर संख्या में मिली हैं। इन मुहरों में शिल्पियों तथा व्यापारियों के निकायों की भी अनेक मुहरें हैं सबसे अधिक संख्या वैशाली से प्राप्त मुद्राओं की हैं[130]। इनमें श्रेष्ठियों सार्थवाहों और कुलिकों के निगमों की मुहरें अधिक हैं। इन्हें देखने से ज्ञात होता है कि कुमारामात्य, नगर श्रेष्ठि आदि उच्च पदाधिकारियों के समान सार्थवाहों तथा निगमों को भी अपनी मुद्रा जारी करने का अधिकार प्राप्त था। डॉ. आर.सी. मजूमदार

इन मुहरों का अध्ययन कर इस निष्कर्ष पर पहुंचते हैं कि गुप्तकाल में पाटलिपुत्र जैसे कुछ बड़े शहरों में वर्तमान 'चैंबर ऑफ कामर्स' के समान व्यवसायों के बड़े-बड़े संघ विद्यमान थे।[131] जिसके आधार पर कुछ विद्वानों ने यह माना है कि निगमों द्वारा सिक्कों की ढलाई का कार्य भी संपन्न होता था।[132] परंतु चाहमान काल में ऐसा कोई प्रमाण नहीं मिलता है, जिसके आधार पर हम यह कह सकें कि उन दिनों सिक्कों को ढालने का काम निगमों द्वारा संपन्न होता था। डॉ., रामवृक्ष सिंह सुझाव दिए हैं कि उन दिनों राजा सिक्कों को ढालने में विशेष रुचि नहीं लेता था। अतएव वह सिक्कों को ढालने का कार्य राज्य की देखरेख मे निगमों को सुपुर्द कर देता था।[133]

इस प्रकार हम कह सकते हैं कि श्रेणियां और व्यापारिक संस्थाएं अनेक प्रकार के उपयोगी सामाजिक और आर्थिक कार्य करती थी, परंतु उन दिनों देशों में राजनीतिक अव्यवस्था के कारण पहले की तरह कार्य करते हुए भी श्रेणियां उतना ही संगठित न हो सकी थीं।

वाणिज्य एवं व्यापार

चाहमानकालीन समाज के आर्थिक उत्कर्ष का कारण कृषि के साथ-साथ व्यापार एवं वाणिज्य भी था। चाहमानों के कई शताब्दी पूर्व से ही भारत देशी तथा विदेशी व्यापार में अपनी जड़ें जमा चुका था। चाहमानों के काल में भी व्यापार के यह दोनों रूप द्रुतगति से चलते रहे। देशी व्यापार अधिकतर स्थलमार्ग से ही होता था।[134] ऊंट तथा बैल प्रमुख व्यापारिक भारवाहक पशु थे, जिनके माध्यम से व्यापारियों के माल देश के एक कोने से दूसरे कोने तक ले जाए जाते हैं।[135] वे अपने समान प्रायः घोड़ों, गधों और बैलगाड़ियों पर लादकर चलते थे।[136] कभी-कभी स्थल मार्ग से ही व्यापारी झुंड अथवा कारवां बनाकर भारवाहक पशुओं को साथ लेकर देशांतर व्यापार भी करते थे। इस प्रकार व्यापार में उन्हें अच्छी आमदनी हो जाती थी।[137] अभीष्ट स्थान तक पहुंचने में उन्हें महीनों लग जाते थे।[138] स्थल मार्ग के अतिरिक्त नदियों द्वारा भी आंतरिक व्यापार होता था। नदियों में व्यापारिक माल ढोने हेतु नौकाओं का प्रयोग होता था। चाहमान राज्य की भौगोलिक स्थिति के कारण वहां के व्यापारियों को नदियों द्वारा व्यापारिक सुविधा कम थी। फिर भी वे अन्य प्रदेशों में दूरस्थ नदियों का उपयोग व्यापार हेतु करते थे। नदियों की तरह समुद्री व्यापार की सुविधा भी चाहमान साम्राज्य के व्यापारियों को अपेक्षाकृत कम प्राप्त थी। इनके लिए समीपस्थ द्वारगुजरात का समुद्र तट था, जहां से वे जहाजों के माध्यम से विदेशी व्यापार करते थे।[139] अरब फिनीशिया, फारस, मिस्र, ग्रीस, रोम, चंपा, जावा, सुमात्रा आदि के साथ भारत का व्यापार होता था।[140] हिंद महासागर और प्रशांत महासागर में अनेक व्यापारिक पोत चला करते थे। मिस्र होकर जलपोत भारत आते तथा भारत से चीन और पूर्वी द्वीप समूह तक जाया करते थे। अरब लेखकों ने चीन के जलपोतों को अदन की ओर जाते हुए उल्लिखित किया। अबुजैद के उल्लेख से

विदित होता है कि नवीं सदी के आठवें दशक में चीन कुछ आंतरिक संघर्ष में पड़ा हुआ था, जिससे उसका सामुद्रिक व्यापार अस्त-व्यस्त हो गया था।[141]

अलमसूदी[142] ने लिखा है कि भारत के पोत वस्रा, सिरक, ओमन, जावा और चंपा से होकर खनफु (कैंटन) तक जाते थे। इस प्रकार स्पष्ट है कि तत्कालीन युग में भारत का संबंध पश्चिम और पूरब दोनों ओर के देशों से अत्यंत सुखद था, परंतु चाहमानों का पड़ोसी राज्यों के साथ प्रायः अच्छे राजनीतिक संबंध नहीं थे, इसलिए उन्हें इन राज्यों के बंदरगाहों से व्यापारिक सुविधा अपेक्षाकृत कम उपलब्ध हुई होगी। इस प्रकार हम कह सकते हैं कि चाहमानों के काल में विदेशी व्यापार की अपेक्षा देशी व्यापार अधिक उपयोगी था।

आयात-निर्यात की जाने वाली वस्तुएं

भारत का विदेशों से व्यापार बहुत पहले से होता था। 550-750 ई. के बीच भारत का व्यापार, चीन, पेरिस, पर्सिया, अरब, जावा, सुमात्रा, बोर्निया, कंबोडिया आदि दूर के देशों से होता था।[143] हरि भद्रसूरि (678-728 ई.) द्वारा लिखित समराच्चकहा से भी यह उल्लेख मिलता है कि भारत का विदेशों से व्यापार होता था।[144] तत्कालीन व्यापारिक वस्तुओं की विस्तृत सूची राज्य के आर्थिक संपन्नता की ओर संकेत करती है। उन दिनों भारत देश रेशम तथा छपाई के कपड़ों के लिए प्रसिद्ध था, जिसकी मांग विदेशों में होती थी।[145] इसके अतिरिक्त अन्य वस्तुएं भी थीं, जिनकी मांग विदेशों में थी, जैसे—अदरक, गोंद, कालीमिर्च, धनिया इत्यादि।[146] चाहमानों के राज्य में नमक[147] और अन्य अनेक पदार्थों को वंजारक, बैलगाड़ी, बैल तथा ऊंट पर लादकर विभिन्न स्थलों पर लगने वाले बाजारों में ले जाकर बेचा करते थे। कुछ ऐसे भी पदार्थ थे, जिनका प्रयोग पूजा हेतु किया जाता था। खरीद बिक्री होने वाली वस्तुओं की सूची में उनका भी नाम था। इस प्रकार की वस्तुएं घृत, नैवेद्य, मूंग, अगर की लकड़ी, कपूर, केसर, फूल, पान के पत्ते तथा सुपारी इत्यादि थे।[148] अभिलेखों में तेल यंत्रों के उल्लेख से प्रतीत होता है कि तेलों की भी बिक्री बाजारों में होती थी।[149] अन्य व्यापारिक वस्तुओं में लोहे निर्मित अस्त्र, कृषि, संबंधित औजार और आवास निर्माण संबंधी सामग्रियां, विभिन्न धातुओं से निर्मित बर्तन और सोने-चांदी तथा अन्य कीमती धातुओं से निर्मित सुंदर आभूषण प्रमुख थे।[150]

राज्य की ओर से व्यापारियों की सुरक्षा का विशेष ध्यान रखा जाता था। राज्य की ओर से चोरों, डाकुओं आदि से व्यापारियों की सुरक्षा की पूर्ण व्यवस्था थी।[151] फिर भी इनके द्वारा व्यापारी यदा-कदा लूट लिए जाते थे।[152] बाजार में आने वाली तथा बाजार से जाने वाली वस्तुओं पर राज्य की तरफ से, कर वसूल किया जाता था, जो मंडपिक नामक कर कहलाता था, जो या तो नकद अथवा समान के रूप में होता था। बाजारों में व्यापारियों को निर्मित दुकानें राज्य अथवा श्रेणियों द्वारा आवंटित की जाती थी।[153] उन दिनों अनेक छोटे-छोटे राज्य थे, जिनसे होकर व्यापारी अपने माल को एक स्थान से

दूसरे स्थान पर ले जाया करते थे। इन राज्यों से गुजरने पर व्यापारियों को सीमा-शुल्क देना पड़ता था।[154]

चीनी यात्री श्वानच्वांग ने सातवीं सदी में पश्चिमोत्तर प्रदेश में कपिशा नामक एक नगर का उल्लेख किया है, जहां देश के अनेक भागों से सामान आता था और ईरान होते हुए यूरोप तक जाता था।[155] पूर्व में ताम्रलिप्ति नामक प्रसिद्ध बंदरगाह था, जहां से दक्षिण पूर्व एशिया को माल भेजा जाता था।[156] रोमिला थापर के अनुसार 12वीं-13वीं सदी में दक्षिण पूर्वी एशिया से इतना अधिक व्यापार होता था कि वह इस नगर को व्यस्त रखने के लिए पर्याप्त था। इस व्यापार के कारण ही मुद्रा का प्रचलन भी पर्याप्त मात्रा में हुआ और धीरे-धीरे सेन राजाओं के समय भूमिकर नगद वसूल किया जाने लगा।[157] श्वानच्वांग[158] ने ओड (उड़ीसा) में चरित्र नाम के नगर का उल्लेख किया है, जहां देश और विदेश के व्यापारियों को आना-जाना लगा रहता था। कादंबरी में उल्लिखित है कि पारसीक देश के राजा ने इंद्रायुध नामक अश्व भेजा था।[159] बाण ने लिखा है कि तत्कालीन समाज में 'चीनांशुक' नामक रेशमी वस्त्र बहुत अधिक लोकप्रिय था।[160] यह चीन से भारत आता था। यह वस्त्र पूर्व मध्ययुग में भारत आता रहा, क्योंकि इस युग में भारतीय लोग चीन के रेशमी कपड़े उपयोग में लाते थे। स्वर्ण, रजत और अन्य धातुएं भी चीन से भारत को आती थी।[161] सुमात्रा, जावा, बोनियां आदि द्वीप समूहों से अन्याय मसालों के अतिरिक्त गोलमिर्च, सुगंधित लकड़ी, लौंग, तमाल, मंदार आदि मसाले आते थे।[162] इस काल में अरब से खजूर और घोड़े, मिश्र की अंगूठियां मूंगा और शराब, ईरान के केवड़ाजल, गुलाबजल तथा तलवारें, चीन से रेशम और मिट्टी के बर्तन तथा पूर्वी द्वीपों से मोती, सोना और मसाले बड़ी मात्रा में भारत आयात करता था।[163]

ग्यारहवीं शताब्दी के उत्तरार्द्ध में विदेशी लेखक अल इद्रीसी काबुल का वर्णन करते हुए कहता है--इन पर्वतों में बढ़िया कुमारी की लकड़ी उत्पन्न होती है और आसपास से यहां नारियल और हारीतिक आती है, जो पहाड़ियों पर पैदा होती है और काबुली कहलाती है, वह काबुल से आती है। नीचे के खेतों में 'केसर' बोई जाती है, इसका निर्यात खूब होता है।[164] नवीं सदी के एक अरबी यात्री ने लिखा है कि सेराफ के जहाज लाल सागर होकर मिस्र नहीं जाते, बल्कि वे जद्दा से लौटकर भारत चले आते हैं, क्योंकि भारत और चीन के समुद्र में मोती और अंबर होते हैं, पहाड़ों में रत्न और खानें हैं, वही हाथी दांत है, पैदावार में आवनूस, बेंत, जट, कपूर, लौंग, जायफल, वक्कम, चंदन, अनेकानेक सुगंधित द्रव्य होते हैं। तोते और मोर जैसे पक्षी हैं तथा वहां की भूमि में मुश्क या कस्तूरी मिलती है।[165] भारत से अरब जाने वाली वस्तुओं का उल्लेख नवीं सदी के लेखक इब्नखुर्दाज्वा ने किया है, उसके अनुसार चंदन, कपूर, लौंग, जायफल, कवाबचीनी, नारियल, सन के कपड़े रूई के मखमली कपड़े, हाथी दांत लाल मोती, बिल्लौर, मालाबार से काली मिर्च, गुजरात से शीशा, दक्षिण से बक्कम और सिंध से कुट, बांस और बेंत इराक और अरब जाते थे।[166] इन विवरणों से स्पष्ट प्रतीत होता है कि चाहमानों के काल में आयात-निर्यात प्रचुर मात्रा में होता था।

शुल्क

राज्य की आय का प्रमुख स्रोत कर था, जो शुल्क कहा जाता था। कृषि वाणिज्य तथा व्यापार संबंधी विभिन्न वस्तुओं पर कर लगाया जाता था। इससे राज्य को समुचित आय होती थी। शुल्क (कर) अति प्राचीन काल से लिया जाता रहा। 'कर' शब्द का सर्वप्रथम उल्लेख उत्तर वैदिक युग में भूमिकर के रूप में मिलता है।[167] चाहमानों के ऐतिहासिक स्रोतों से करों की चर्चा नहीं मिलती है, लेकिन समकालीन राजवंशों के अभिलेखों में विभिन्न प्रकार के करों का उल्लेख मिलता है, जो संभवतः चाहमानों के काल में भी विद्यमान रहा होगा।

1133 ई. के प्रतिहारकालीन इगनौड़ा शिलालख में गोडेश्वर महादेव के मंदिर के लिए अगसिया गांव को हिरण्य भाग आदि करों के साथ दिए जाने का उल्लेख है।[168] गहड़वाल[169] और परमार[170] अभिलेखों में भी इस कर का उल्लेख मिलता है। फ्लीट के अनुसार भागभोग कर को मनोरंजन कर के नाम से अभिहित किया जाना चाहिए।[171] किंतु कुछ विद्वानों ने इसे स्वंतत्र कर न मानकर भाग, भोग और कर नामक तीन वर्गों में विभक्त किया है।[172]

घोषाल, अल्तेकर एवं कीलहार्न के अनुसार–अन्न के रूप में राजा को दिए जाने वाले उपज की मात्रा को भाग कहते थे।[173] विभूति भूषण मिश्र भी इसी मत से सहमत है।[174] डॉ. जयशंकर मिश्र के अनुसार राजा को भाग भूमि की सुरक्षा प्रदान करने के लिए दिया जाता था।[175] मनु ने लिखा है कि राजा को कृषक से भूमि की उपज का छठा, आठवां या बारहवां भाग कर के रूप में लेना चाहिए।[176] बौधायन, वशिष्ठ, नारद और विष्णु के अनुसार राजा उत्पादन का छठा भाग प्राप्त कर सकता है।[177] प्रायः उपज का छठा भाग ही राजा किसानों से लेता रहा।

समयानुसार फल-फूल, लकड़ी आदि वस्तुओं के रूप में प्रतिदिन वसूल किया जाने वाला कर 'भोग' के नाम से जाना जाता था।[178] उसकी वसूली के लिए स्थानीय अधिकारी नियुक्त किए जाते थे, जो वस्तुओं के रूप में प्रतिदिन वसूल करते थे।[179]

राज्यांश का तीसरा वर्ग 'कर' के नाम से अभिहित था। आर.के. दीक्षितार के अनुसार स्थानीय कर ही 'कर' कहा जाता था, किंतु इस मत की ग्राह्यता के विषय में कुछ कहना कठिन है।[180] लक्ष्मीधर के अनुसार कृषकों से धन की जो निश्चित राशि वसूली की जाती थी, उसे 'कर' कहा जाता था।[181] हेमचंद्र के अनुसार राज्य की भूमि पर खेती करने वाले कृषक उपज का जो अंश राजा को देते थे, उसे 'कर' कहा जाता था।[182]

डॉ. घोषाल के अनुसार भूमि को अस्थायी रूप से जोतने वालों से लिया जाने वाला कर उपरिकर कहलाता था।[183] फ्लीट, हार्नले और बरुआ का यह मत है कि दूसरे की भूमि पर कृषि करने वालों से यह कर लिया जाता था। विभूति भूषण[185] मिश्र का भी यही मत है। परमार अभिलेखों में इस प्रकार के कर का उल्लेख मिलता है।[186]

परमार[187] और गाहड़वाल[188] लेखों में हिरण्यकर का उल्लेख हुआ है। वेणी प्रसाद, आर.डी. बनर्जी और पुष्पा नियोगी के अनुसार सोने आदि की खानों से लिए जाने वाले कर को

'हिरण्यकर' कहा जाता था।[189] किंतु घोषाल का यह मत है कि विशेष प्रकार की उपजों पर नकद पैसों के रूप में दिए जाने वाले कर को 'हिरण्यकर' कहते थे।[190] गौतम, विष्णु, मनु आदि धर्मशास्त्रकारों का कथन है कि राजा द्वारा 'हिरण्य' तथा अन्य वस्तुओं का निश्चित 'भाग' कर के रूप में प्राप्त किया जाना ही 'हिरण्य कर' था जो वस्तु का पचासवां भाग होता था।[191]

गाहड़वाल अभिलेखों[192] में प्रवणिकर का उल्लेख हुआ है, जिसे घोषाल ने व्यापारियों पर लगा हुआ कर माना है।[193] राज्य की ओर से व्यापारिक वस्तुओं पर अत्यंत प्राचीन काल से शुल्क लिया जाता रहा है। मनु के अनुसार व्यापार की वस्तुओं पर कर उसके समुचित लाभ और फल को देखकर लगाया जाता था।[194] पंतजलि ने भी राज्य द्वारा लगाए गए कर का उल्लेख किया है।[195] कौटिल्य ने ऐसी वस्तुओं का उल्लेख किया, जिन पर कर नहीं लिया जाता था, जैसे—वैवाहिक कार्य के संपादन, नवविवाहिता को मिले उपहार तथा यज्ञ आदि से संबंधित वस्तुएं।[196] सोमदेव ने लिखा है पैष्ठास्थान (बड़ी-बड़ी मंडियों) में अनेक वस्तुएं बेची जाती थीं, जहां अनेक देशों के व्यापारी एकत्र होते थे। राज्य की ओर से वहां समुचित शुल्क लिया जाता था।[197] हेमचंद ने भी व्यापारिक कर का उल्लेख किया है। चुंगी के रूप में प्राप्त होने वाली यह आय 'शौलशालिक' के नाम से जानी जाती थी।[198] व्यापारियों की रक्षा हेतु राज्य को शुल्क प्राप्त होता था।[199] चाहमान लेखों[200] से प्रत्येक रहट की सिंचाई के लिए एक हाटक कर (जलकर) राजा को देने का उल्लेख मिलता है। बागड़ के परमार शासन चामुंडराज के समय भी प्रत्येक रहट पर एक हाटक कर या जल कर राजा को देय था।[201] इस कर को वसूल करने वाला अधिकारी 'घट्टपति' कहा जाता था।[202] कौटिल्य के अनुसार नदी, सरोवर, तड़ाग अथवा कुएं से सिंचाई करने वाला कृषक राजा को उपज का पांचवा भाग, अपने कंधे पर ले जाने वाला उपज का चौथ भाग तथा राजकीय नदी से सिंचाई करने वाला उपज का तृतीयांश प्रदान करता था।[203] जहां सिंचाई की व्यवस्था कृषक स्वयं करते थे, वहीं करों की छूट थी।[204]

राज्य में स्थित प्रत्येक घर से एक ड्रम (भवन कर) कर स्वरूप लिया जाता था।[205] इसका संदर्भ-परमार शासक अर्जुन वर्मा के एक लेख से मिलता है।[206] संभवतः यह संपत्ति कर था।

कूटक्कर कृषि के लिए प्रयुक्त किए जाने वाले हरवर लगने वाला कर था, क्योंकि 'कूट' का अर्थ था खेत जोतना और 'कूटक' का अर्थ था खेत जोतने वाला।[207] अनेक अभिलेखों[208] में 'कूटक्कर' का उल्लेख हुआ है, जिससे स्पष्ट होता है कि यह कर व्यवहार में था। इसके अलावा द्युतकर (जुआ खेलने की प्रथा) का भी प्रमाण मिलता है। परमार शासक चामुंड राजा ने जुआ घर पर कर लगाया था।[209]

माप, तौल और मूल्य

चाहमानयुगीन आर्थिक व्यवस्था को देखने से यह प्रतीत होता है। उन दिनों वस्तुओं के माप,

तौल तथा मूल्य निर्धारण की समुचित व्यवस्था थी, इस प्रकार की व्यवस्था का उल्लेख प्राचीन काल से मिलता है। क्रय-विक्रय की वस्तुएं निश्चित माप के अनुसार तौली जाती थीं और तत्पश्चात उनके निर्धारित मूल्य ग्रहण किए जाते थे। यह व्यवस्था वैदिक युग में भी वर्तमान थी। ऋग्वैदिक काल में वस्तुओं के भाव के संबंध में तर्क-वितर्क करने के बाद सौदा पक्का किया जाता था तथा उसका मूल्य दिया जाता था।[210]

कौटिल्य ने तौल और माप की सविस्तार चर्चा की है। उसके अनुसार तौल की माप (वटखरे) लोहे के बनते थे या मगध या मेकर से प्राप्त पत्थर की। शंख जैसी वस्तु के भी बटखरे बनते थे, जिन पर पानी या लेप का कोई असर नहीं होता था। प्रथम श्रेणी के काटे हुआ आयाम 66 अंगुल होता था और द्वितीय श्रेणी के काटे का आठ अंगुल। सभी कांटों में दोनों ओर तुलने वाले सामान और बांट एक साथ रखने के लिए शिक्य (सिकहर) जैसे दो पलड़े बने रहते थे।[211] मनु के अनुसार तुलमान, प्रतिमान और तराजू को राजा अच्छी तरह जांच कर परीक्षा करे तथा प्रति छह माह पर उसकी जांच करता रहे।[212] याज्ञवल्क्य ने भी तौल और माप पर राज्य को दृष्टि रखने की सलाह दी है।[213]

हेमचंद के अनुसार वजन और संख्या को निश्चित करने का नाम 'मान' था जो दो प्रकार का होता था, संध्या और परिमाण[214] कभी-कभी वस्तुओं की अदला-बदली करके भी दूसरी वस्तुएं प्राप्त की जा सकती थीं। हेमचंद्र के समय जौ की अपेक्षा मट्ठे का मूल्य आधा था। एक सेन जो देने पर दो सेर मट्ठा प्राप्त होता था। यही मट्ठे के परिवर्तन का आधार मूल्य था।[215]

चाहमानयुगीन भारत में तोलों एवं मापों में एकरूपता नहीं थी हथुंडी के राष्ट्रकूट शायक बालादित्य के बीजापुर अभिलेख में पल, कर्ष आढ़क, द्रोण और कलश का उल्लेख मिलता है। इनमें से कुछ का उल्लेख चाहमान अभिलेखों में भी मिलता है। यथा—कुमार-द्रोण और द्रोणी।[216] पांच द्रोण के बराबर एक द्रोणी, गोणी या वाह होता था।[217] तालिका के रूप में ये तौल इस रूप में दिए जा सकते हैं—

4 कर्ष	=	1 पल
256 पल	=	1 आढ़क
4 आढ़क	=	1 द्रौण या कलश
4 द्रोण	=	द्रोणी, गोणी या वाह

एक वर्ष 97 रत्ती यानी एक तोले के बराबर था।[218]

एक दूसरे प्रकार की प्रणाली का उल्लेख गाहड़वाल अभिलेखों में मिलता है, जिसके आधार पर डी.आर. भंडारकर निम्न निष्कर्ष पर पहुंचते हैं।[219]

4 पाइला	=	1 पाइली
5 पाइली	=	1 मणा

4 मणा	=	1 सेई
2 सेई	=	1 मण

श्रीधर के गणितसार के विवरणों में भी साम्यता दिखलाई पड़ती है।[220].

4 पावला	=	1 पाइली
4 पाइली	=	1 मण
4 मण	=	1 सेई
12 मणा	=	1 पदक
4 पदक	=	1 हारी
4 हारी	=	1 माणी

दशरथ शर्मा के अनुसार श्रीधर का गणितसार संपूर्ण राजस्थान के लिए मान्य नहीं था।[221] संभवत यह उन दिनों राजस्थान के पश्चिमी भागों में प्रचलित था। उन दिनों राजस्थान के माप तौल इस प्रकार थे।[222]

4 करपुटी	=	1 पाई
4 पाई	=	1 माणक
4 माणक	=	1 सेई
16 सेई	=	1 प्रस्थ

ठाकुर फेरू ने दो तालिकाएं दी हैं, जो इस प्रकार हैं।[223]

प्रथम

6 गुंजा	=	1 माणक
4 मासा	=	1 टंक
10 टंक	=	1 पल
6 पल	=	1 सेर
40 सेर	=	1 मण

द्वितीय

16 यव	=	1 भाषक
4 मासा	=	1 टंक
5 टंक	=	1 तौला

ठक्कुर फेरू की द्वितीय तालिका का उपयोग संभवतः जौहरी और सुनार सोना, चांदी तथा अन्य बहुमूल्य धातुओं को तोलने के लिए करते थे। ठक्कुर फेरू ने जिस प्रकार तौल

के माप दिए हैं, उसी प्रकार उसने जीन को नापने का पैमाना भी बताया है, जो इस प्रकार हैं।[224]

24 अंगुल	=	1 हस्त
4 हस्त	=	1 दंड
2000 दंड	=	1 कोश
4 कोश	=	1 योजन

संभवतः ठांक्कुर फेरू द्वारा उल्लिखित माप और तौल की व्यवस्था चाहमान काल में भी प्रचलित थी। ठक्कुर फेरू उन्हीं क्षेत्रों में रहा था। जहां चाहमान शासक पृथ्वीराज ने शासन किया था। इसी तौल के आधार पर वस्तुओं का मूल्य निर्धारित किया जाता था। वि.सं. 1306 के उदय सिंह के भीनमल अभिलेख से ज्ञात होता है कि उन दिनों एक ट्रम्स में इतनी खाद्य सामग्री मिल सकती थी।[225]

गेहूं	=	8-1/2 पाइली
चालव	=	2/3 पाइली
मूंग	=	1 पाइली
घी	=	2/3 पाइली

इससे यह स्पष्ट प्रतीत होता है कि 8-1/2 पाइली गेहूं देकर, 2/3 पाइली चावल अथवा 1 पाली मूंग अथवा 2/3 पाइली घी लिया जा सकता था। जैन अभिलेखों से ज्ञात होता है कि एक ट्रम्स में एक हायल युग धरी (ज्वार बाजरा, इत्यादि का बीज) प्राप्त था।[226]

उन दिनों दिवली, हांसी और नरहड़ क्षेत्रों में खेतों की उत्पादन क्षमता प्रायः अच्छी थी। ठक्कुर फेरू की कृति से ज्ञात होता है कि एक बीघा क्षेत्र की उत्पादन क्षमता विभिन्न वस्तुओं के सिलसिले में भिन्न-भिन्न थी।[227]

कोद्रव	=	60
चौला	=	11 मण
चावल	=	15-1/4 या 18-3/ 4मण
कांगड़ी	=	20 मण
ज्वार	=	40 मण
गन्ना	=	10 मण
मोठ	=	24 मण
मूंगफली	=	18 मण
तिल	=	16 मण
कपास	=	16 मण
सन	=	10 मण

गेहूं	=	45 मण
मटर, मसूर आदि	=	32 मण
सरसों, अली करड	=	10 मण
जीरा धनिया	=	10 मण
साबुदान	=	56
बटुला अरहड़	=	14 मण

यहां एक मण 2,400 तौला के बराबर होता था। इस प्रकार की उपज तत्कालीन समाज के सुदृढ़ ढांचे को प्रदर्शित करती है। ऐसा लगता है चाहमानों के राज्य की भूमि काफी उपजाऊ थी जिससे अन्नाभाव की संभावना अत्यल्प प्रतीत होती थी।

जमीन की पैमाइश का भी उल्लेख मिलता है।[228] भूमि को दान देते समय दानकर्ता के लिए क्षेत्र की सीमा तथा उसके नाप का स्पष्ट उल्लेख आवश्यक था। जिस भूमि को दानग्रही स्वीकार करता, उसी क्षेत्रफल से 'कर ग्रहण करता था तथा आवश्यकता पड़ने पर उसे बंधक भी रख सकता था। यही कारण है कि खेत को माप कर ही दान दिया जाता था। गुप्त युग से बारहवीं सदी तक के दान पत्रों (ताम्रपत्रों) में माप का दो रूपों में उल्लेख मिलता है। पहली श्रेणी में खेत की लंबाई-चौड़ाई नापने का साधन का नाम उल्लिखित है, जो लेखों में विभिन्न नाम से उत्कीर्ण है, जैसे हल, पादावर्त, निवर्तन, नल या नालक।[229] द्वितीय श्रेणी में पैमाइश के उस साधन के नाम हैं, जो बीज बोने के माप से वर्णित किए गए हैं, जैसे—पाटक, द्रोण, मणि, कुल्यवाप आदि[230] इसी माप का उपयोग करके भूमि दान में दी जाती थी।

सिक्के

राजस्थान में निखात निधि के रूप में सांभर, अजमेर तथा जालौर, नाडौल के चाहमान राजाओं के अनेक चांदी व तांबे के सिक्के प्राप्त हुए हैं। इनका समय ग्यारहवीं से तेरहवीं सदी तक माना गया है।[231] चाहमानों के शिलालेखों में इन सिक्कों के लिए 'द्रम्मः' विशेषांक, रूपक, दीनार आदि नामों का प्रयोग किया गया है। हर्षनाथ का लेख (सं. 1030) मेनाल अभिलेख (सं. 1225), घोठ अभिलेख (सं. 1288) तथा जालौर का लेख (सं. 1339) इन लेखों में प्रमुख हैं।[232] *पृथ्वीराज विजय* में भी वर्णित है कि अजयराज ने भी संपूर्ण पृथ्वी को रूपकों तथा चांदी के सिक्कों से परिपूर्ण कर दिया। इन सिक्कों पर विशलप्रिय, द्रम्म, अजयदेव, द्रम्म, अजयप्रिय रूपक आदि नागरी लिपि में अंकित मिलता है। चाहमान नरेशों में अजयराज, सोमेश्वर और पृथ्वीराज तृतीय तथा जालौर शाखा के कीर्तिपाल और नाडौल के कल्हण के सिक्के विशेष प्रसिद्ध हैं।[233] इन सिक्कों में विशेष रूप से अग्रभाग में वृषभ और अश्वारोही के चित्र अंकित मिलते हैं और पृष्ठभाग पर राजाओं के नाम नागरी लिपि में लिखे प्राप्त होते हैं। ऐसे सिक्के अजमेर म्यूजियम एवं कलकत्ता म्यूजियम में सुरक्षित देखे गए हैं।[234] स्मिथ के अनुसार यह रजत धातु का है किंतु पी.सी. राय इसे तांबे पर चांदी का पत्थर चढ़ा

हुआ मानते हैं।[235] संग्रहालय में विद्यमान अन्य आठ सिक्के मिश्रित ताम्र धातु के हैं।[236] कनिंघम ने भी मिश्रित धातु के तीन सिक्के प्रकाशित किए है।[237] इसी प्रकार टामस ने भी एक ताम्र मिश्रित रजत सिक्का प्रकाशित किया।[238] अजयदेव की रानी सोमलेखा द्वारा चांदी की मुद्रा का तथा सोमेश्वर द्वारा वृषभशैली तथा अश्वारोही शैली के सिक्कों का प्रचलन प्रमाणित होता है,[239] स्वयं अजयदेव ने 'अजयदेव द्रम' का प्रचलन अपने नाम पर किया था।[240] महाराज विसल देव द्वारा प्रचलित 'विसल देव प्रियद्रम' का उल्लेख भी मिलता है।[241] यह सिक्का गुजरात और मारवाड़ में मिलता था। सियाडोनी अभिलेख में 'पंच्चायक द्रम' नामक एक अन्य सिक्के का उल्लेख हुआ है।[242] इन सिक्कों की शैली तथा बनावट के आधार पर यह ज्ञात होता है कि चाहमानों के काल में मिश्रित सिक्कों का प्रचलन विशेष रूप से था।

चाहमान वंशी अंतिम सम्राट पृथ्वीराज तृतीय के जो सिक्के पाए गए हैं वे भी मिश्रित धातु के हैं।[243] बोथम ने आसाम संग्रहालय स्थित पृथ्वीराज के सिक्के को मिश्रित धातु का बतलाया है।[244] र्शाट द्वारा प्रकाशित पृथ्वीराज के सिक्के मिश्रित रजत धातु के हैं।[245] पृथ्वीराज के संयुक्त शासन के सिक्के मिश्रित धातु के हैं[246] और एक ताम्र मिश्रित रजत का है।[247] अतः यह कहा जा सकता है कि पृथ्वीराज के सिक्के मिश्रित रजत, विलन (मिश्रित धातु) रजत पत्तर और तांबे के हैं। रजत पत्तर के सिक्कों की परंपरा प्राचीन है, जिसका उज्ज्वल प्रमाण गुप्तों की रजत पत्तर मुद्राएं हैं।[248] उपर्युक्त सभी सिक्के प्रथम के हैं। अधिकांश सिक्कों का प्राप्ति स्थल अज्ञात है किंतु टामस और कनिंघम द्वारा प्रकाशित सिक्के क्रमशः मुरादाबाद और कुतान वाला से प्राप्त हुए हैं। भारतीय संग्रहालय के रजत पत्तर सिक्के की तौल 52 ग्रेन है और मिश्रित ताम्र मुद्रओं की तौ 47.4, 50, 50.6, 50.8, 51, 52, 52.8, 53 और 53.8 ग्रेन है। कनिंघम द्वारा प्रकाशित मुद्रा की तौल 52.0 ग्रेन है। इनमें से अधिकांशतया लगभग 50 ग्रेन के हैं। मिश्रित रजत सिक्के की तौल 52, 52.3 ग्रेन है। ये सिक्के 'दम्म'[249] तौल पर आधारित हैं। आकार में मिश्रित रजत एवं रजत पत्तर सिक्के 6" है और बिलन ताम्र सिक्के 6", 61", 62", 64" और 65" के हैं। दो संयुक्त बिलन मुद्राओं की तौल 50. 5 और 50.7 ग्रेन ज्ञात है और ये आकार में 0.6" के हैं। मिश्रित रजत संयुक्त मुद्रा की तौल 3 ग्रेन है।

पृथ्वीराज की पराजय के बाद चाहमान सिक्कों के अनुरूप मुहम्मद गौरी ने देवनागरी में अपना नाम 'मुहम्मद विनशाम' अंकित कराकर सिक्के तैयार करवाए, जिससे विदेशी शासक प्रजा के लिए प्रिय बन सके।[250] इस्लाम मतानुयायी होते हुए भी उसने नंदी को सिक्कों पर अंकित कराया। इन अंकनों के अतिरिक्त पृष्ठभाग पर देवनागरी में 'हम्मीर' शब्द को भी अंकित करवाया गया।[251] इन सिक्कों की पट की ओर अरबी में 'अस्सुलतान-अल-आजममुईनद्दीन-वा-दीन-अबूमुजफर' अंकित रहता था। इससे ज्ञात होता है कि पृथ्वीराज की पराजय के बाद भी मुहम्मद गोरी ने इन सिक्कों का प्रचलन चाहमानों की परंपरा में जारी रखा। इस विषय में विद्वानों ने विस्तृत रूप से विचार किया है।[252] इस प्रकार हम देखते हैं

कि चाहमानों के समय में चांदी, कांसा, तांबा आदि के मिश्रित सिक्के प्रचलित थे। इसका अनुसरण मुस्लिम विजेताओं ने भी किया था।

ऊपर के वर्णन से स्पष्ट है कि चाहमानों के काल में राज्य की आर्थिक स्थिति सुदृढ़ थी तथा लोग कृषि, उद्योग एवं व्यापार जैसे धंधे भी करते थे। उन्हें चाहमान राजाओं का सहयोग भी प्राप्त था। उद्योगों के समुचित विकास के लिए प्रशासन द्वारा ध्यान दिया जाता था। व्यापारियों तथा शिल्पसंघों में लगे लोगों के हितों की भी रक्षा की जाती थी।

सामंतवाद

चाहमान युग की विशेषताओं में सामंतवाद का स्पष्ट रूप दिखाई देता है। चाहमान सामंत अपने आंतरिक मामलों में पूर्ण स्वाधीन थे, किंतु वे अपने अधिनायकों की महत्ता स्वीकार करते थे। वे समय-समय पर अपने अधिनायकों को उपहार आदि देकर सदा प्रसन्न रखने की कोशिश करते थे।[253] नाडील चित्तौड़, जालौर, विजौलिया, मंडलगढड़ तथा जहाजपुर आदि के राजा चाहमानों के सामंत थे।[254] 1192 ई. के तराइन के युद्ध में मुहम्मद गोरी के विरुद्ध पृथ्वीराज की ओर से लड़ने वाले लगभग 150 सामंत राजा अपनी सेना के साथ सम्मिलित थे।[25] इससे ज्ञात होता है कि चाहमान साम्राज्य में सामंत राजाओं की अधिकता थी जो अपने अधिनायक राजा का समय-समय पर योगदान देते थे।

वास्तव में सामंतवाद का अभ्युदय गुप्तोत्तर भारत की एक प्रमुख विशेषता थी। कौटिल्य का अर्थशास्त्र, अशोक के अभिलेखों, मनुस्मृति तथा याज्ञवल्क्य स्मृतियों में सामंत का अर्थ पड़ोसी व्यक्ति अथवा स्वतंत्र पड़ोसी राज्य माना गया है।[256] राजनीतिक अधीनस्थ के रूप में उस शब्द का व्यवहार छठी शती के अनंत वर्मा नामक मखौली राजा के एक लेख में प्राप्त होता है। वहां उसके पिता को सामंतचूड़ामणि कहा गया है।[257] वाणभट्ट ने *हर्षचरित* में 'करदीकृत महासामंत' का उल्लेख किया है।[258] इन निर्देशों से ज्ञात होता है कि सामंत राजाओं का अभ्युदय छठी शताब्दी तक हो गया था। बाद में उनके राजनीतिक अधिकारों का विस्तार होने लगा। धीरे-धीरे सामंत सम्राटों की विजय यात्राओं में उनके शत्रुओं के विरुद्ध लड़ने के लिए अपनी सेनाओं के साथ संलग्न होने लगे।[259] इस प्रकार के अनेक उल्लेख गुर्जरप्रतिहार, चंदेल, चाहमान, चालुक्य तथा परमारों के अभिलेख में मिलते हैं।[260] धनपालकृत *तिलकमंजरी* से ज्ञात होता है कि परमारों के सामंत उनके युद्धों में सर्वदा उनके साथ रहते थे।[261] प्रतिहार शासक वत्सराज के साथ चाहमान सामंत दुर्लभराज गौड़राज के विरुद्ध लड़ा था।[262] नागभट्ट द्वितीय के साथ मुद्‌यगिरि के युद्ध में धर्मपाल और चक्रायुध के विरुद्ध जोधपुर का प्रतिहार सामंत कक्क भिड़ा था।[263] गुजरात के बाहूक धवल चालुक्य तथा गुहिलवंशी शंकरगण नामक सामंतों में भी उस युद्ध में भाग लिया था।[264] इसी प्रकार के निर्देश गहड़वाल चौहान तथा चंदेल सामंतों के भी मिलते हैं।

आठवीं शताब्दी के बाद सामंतगण अपने अभिलेखों में अपने सम्राटों का भी उल्लेख

करते हुए पाए जाते हैं। वे स्वयं अपनी राजधानियों में बड़े-बड़े समारोहों का आयोजन करते थे। इसमें वे हाथी, घोड़े, चंवर, पालकी तथा अन्य सवारियों का प्रयोग करते थे।[265] कल्याणी के चालुक्य राजा तृतीय सोमेश्वर-कृत मानसोल्लास से ज्ञात होता है कि बड़े सामंत 'पंचमहाशब्द' की उपाधि धारण करते थे। ऐसी उपाधि धारण करने वाले सामंतों को शृंग तम्मट, शंख, भेरी और जयघंटा नामक बाजाओं को बजाने की स्वतंत्रता प्राप्त थी।[266] इसकी पुष्टि अभिलेखीय साक्ष्यों से भी होती है।[267] इस प्रकार ज्ञात होता है कि चाहमान युग तक सामंतों की अनेक कोटियां हो गई थीं जिनके आधार पर उन्हें राजा, महाराज, राजराजानक, राजपुत्र, ठक्कुर, सामंत, महासामंतधिपति, महासामंताराणक तथा मांडलिक आदि भी होती थी।[268] बाद में ये सम्राटों से स्वतंत्र होकर स्वयं सम्राट बन जाते थे। इस प्रकार मध्यकाल में सम्राट तथा सामंतों का बनना निरंतर जारी था।

चाहमानकालीन भारत में सामंतों के उत्पन्न होने के सामाजिक तथा धार्मिक कारण भी थे। इस काल में राजे-महाराजे ब्राह्मणों, धर्म संस्थानों, मंदिरों, विहारों तथा संघारामों को प्रचुर मात्रा में भूमि दान देते थे। भूमिदान देते समय शासन के संपूर्ण अधिकार दानग्रहिता को हस्तांतरित हो जाते थे।[268] परिणामस्वरूप दानग्रहिता अत्यंत शक्ति संपन्न होकर अधिकाधिक भूमिस्वामित्व की आकांक्षा से सामंत बन जाते थे तथा उस भूमि से संबंधित सभी प्रकार के अधिकारों का प्रयोग करते थे। चाहमान युग तक दान प्राप्तकर्ताओं को कर वसूल करने, कर निर्धारित करने, भूमि की व्यवस्था करने, अपराधियों को दंडित करने तथा सेना आदि रखने का भी अधिकार प्राप्त हो गया था।[270] वास्तव में इस युग में ब्राह्मणों तथा धार्मिक संस्थाओं के अतिरिक्त राजकीय अधिकारियों, सैनिक कर्मचारियों को भी वेतन तथा पारिश्रमिक स्वरूप भूमि दिए जाने के उल्लेख मिलते हैं।[271] इसके परिणामों की विवेचना कते हुए रोमिला थापर ने लिखा है कि साधारण कृषकों और केंद्रीय शासन के बीच एक ऐसे भौमिक जमींदार वर्ग का विकास हो गया जो शासितों और शासकों के बीच मध्यवर्ती अथवा दीवार का काम करने लगा। साधारण कर वसूली और प्रशासन के अतिरिक्त बेगार (विष्टि) लेने की भी उन्हें सुविधा हो गई थी।[272] चूंकि इस प्रकार के दान अथवा भूमि प्रबंधों का अधिकार सामंतों अथवा दान प्राप्तकर्ताओं को भी था, इसलिए प्रशासन का प्रखंडीकरण और भी बढ़ गया। आर.एस. शर्मा के अनुसार चाहमान युग तक यह अपने चरमोत्कर्ष पर पहुंच गया था।[273]

चाहमान युग तक सामंत इतने शक्तिशाली हो गए थे कि उनका नियंत्रण कठिन हो गया। वे आर्थिक तथा सैनिक दृष्टि से राज्य को संचालित करते थे। युद्ध के समय अपने सम्राटों की सहायता करते थे।[274] किंतु करों की वसूली तथा प्रशासन के मामले में वे स्वतंत्र थे। कभी-कभी उनके द्वारा विद्रोह भी कर दिया जाता था। ऐसे विद्रोहों को दबाना सम्राटों के लिए कठिन होता था। चाहमानों के सामंत प्रायः उनकी अधीनता में ही उपहार आदि देते हुए वर्णित हुए हैं। विग्रहराज के हड़हा लेख में उन उपहारों का वर्णन, है जो उसे अपने सामंतों से प्राप्त हुए थे। इसमें भौक्तिक माला, उत्तम अश्व, सुंदर वस्त्र, शस्त्रास्त्र, कर्पूर तांबूल, चंद,

प्रभूत स्वर्ण, हाथी आदि का निर्देश मिलता है। इस प्रकार हम देखते हैं कि चाहमान युग में सामंतों का विशेष महत्व था।

संदर्भ एवं टिप्पणियां

1. मजूमदार, अम.आर., *माधवानल कामंदकला,* पृ. 3, 12-13।
2. *एपि.इं.,* जि. 11, पृ. 26, *वी.रासो,* 3, 6, 15, 32, 55 एवं 81; पंडित दामोदर, उक्ति व्यक्ति प्रकरण, 39.845.8; *गा. ओ. सी.,* जि. 19, पृ. 18।
3. शर्मा, दशरथ, *अ.चौ.डा.,* पृ. 333।
4. मेधातिथि, *मनु.,* 8.320।
5. वही, 8.320।
6. वही, 8.321।
7. हलायुध अभियान 7 रत्नमाला, 2.3-6।
8. वही, 2.6-9।
9. *शब्दानुशासन,* 7.1.7.8 क्षेत्रान्यादीनामुत्पत्याधार भूमिः।
10. वही, 6, 2. 13 'केदाराण्यश्च'।
11. वही, 7.2.26 'उषरक्षेत्रम'।
12. *शब्दानुशासन,* 7.2.27 'कृषमत्क्षेत्रम।
13. देखिए, पुरी वैजनाथ, *हि.ऑफ गुर्जर प्रतिहारज,* पृ. 134।
14. *इलियट एंड डाउसन,* भाग 1, पृ. 15-16-24।
15. मिश्र, जयशंकर, *ग्यारहवीं सदी का भारत,* पृ. 236-237।
16. *एपि.इं.,* जि. 16, पृ. 13।
17. उक्ति व्यक्ति प्रकरण, 46.15।
18. वही, 45.30।
19. वही, 39.16।
20. वही, 13.22।
21. वही, 47.22।
22. वही, 40.6।
23. हेमचंद्र, *शब्दानुशासन,* 7.2.135।
24. वही, 7.2.135।
25. वही, 7.1.6, 'हलं वहतीति हालिकः सैनिकः'
26. *उपमितिभव प्रपंच कथा,* पृ. 17, 190।
27. वही, 12.136।
28. का.मी., 12.136 "द्व त्रैवीनादौ कृत्वाभवति तुरंगों याद दवधिः"।
29. इ.ए., जि. 38, पृ. 162, *ज.ए.इ.हि.,* जि. 14, 198-84, पृ. 196।
30. *एपि.इं.,* जि. 11, पृ. 32.33।
31. *काव्यमीमांसा,* 3.94; 18.225, 18.250।

32. उक्ति व्यक्ति प्रकरण, 21.14-16; *एपि.इ.*, जि.11, पृ. 49-51; देखिए, ओझा, *मध्यकालीन भा. संस्कृति*, पृ. 129-30।
33. *गा.ओ.सी.*, जि. 19, पृ. 18 और उसके बाद राज्य की ओर से बीज वितरण का उल्लेख मिलता है।
34. *राजतरंगिणी*, 5.73, 80.91, 110.112।
35. देखिए, थापर, रोमिला, *पास्ट एंड प्रेजेंट्स*, पृ. 59-60।
36. *पृ.वि.*, 6.21-25।
37. *पृ. रासो*, आदिपर्व, छंद 364।
38. *आ.स.रि.*, 1923-24, पृ. 135।
39. उक्ति व्यक्ति प्रकरण 1, 21. 14-16।
40. *जगडू चरित*, सर्ग 1, *ना.प्र.प.*, जि. 4 (न.स.), पृ. 225।
41. ओझा, *मध्यकालीन भारतीय संस्कृति*, पृ. 129।
42. *एपि.इं.*, जि. 11, पृ. 28-32 और 49; जि. 181, पृ. 81; देखिए, ओझा, *मध्यकालीन भारतीय संस्कृति*, पृ. 29-30।
43. 'अरहट प्रति प्रदत्तं द्रां', *एपि.इं.*, जि. 11, पृ. 33, शर्मा, आर.एस., *इंडियन फ्यूडलिज्म*, पृ. 253।
44. थापर, रोमिला, पूर्वोद्धृत, पृ. 61।
45. *एपि.इं.*, 33, पृ. 178-80।
46. कौटिल्य, 2.24, मानसोल्लास 1, पृ. 4.5.40।
47. *हिस्ट्री ऑफ इंडियन पोलिटिकल आइडियाज*, पृ. 426।
48. क्षेमेंद्र देशोपदेश, 2-6।
49. *सुभाषित रत्नकोष*, 5.1175।
50. *मानसोल्लास*, 1, पृ. 4.5.40।
51. *कृत्यकल्पतरु*, व्यवहार कांड, पृ. 153, गृहस्थकांड, पृ. 182।
52. *एपि.इं.*, जि. 30, पृ. 160-161।
53. *इंडियन कल्चर*, जि. 3, पृ. 126।
54. *एपि.इं.*, जि. 20, पृ. 123-25।
55. वही, जि. 14, पृ. 197-200।
56. *इ.ए.*, जि. 14, पृ. 103।
57. *एपि.इं.*, जि. 13, पृ. 304।
58. वही, जि. 4, पृ. 117-20।
59. *आ.ध.सू.*, 2.11.28; 1.6.8।
60. कौटिल्य, 2.24।
61. निधीनांतु पुराणानां धातूनानेव चक्षितो।
    अर्धमाग्रक्षणाद्राज भूमेरघिपतिर्हि सः ॥—*मनु.*, 8.39।
62. मेधातिथि, *मनु.*, 8.39।
63. *मानसोल्लास*, 1. 361-62।
64. कात्यायन, 16.17।
65. *कृत्यकल्पतरु*, राजधर्मकांड, पृ. 90।

66. ईशो नृपाणां निःशेक्षक्ष्माकेदार कुटंबिनाम्।
स समात्रिशतं भूमृद्धनिस्त्रिंशाशयोऽभवत् ॥–*राजतरंगिणी*, 3.10।
67. *एपि.इं.*, जि. 32, पृ. 148-56।
68. वही, जि. 20, पृ. 135-36।
69. वही, जि. 18, पृ. 322-24।
70. *एपि.इं.*, जि. 33, पृ. 178-80।
71. लल्लनजी गोपाल जी, *द इकोनॉमिक लाइफ ऑफ नार्दर्न इंडिया*, पृ. 7-12, : नियोगी, *दि इकोनॉमिक हिस्ट्री ऑफ नादर्न इंडिया*, पृ. 50-66।
72. *कान्हण दे प्रबंध*, खंड 4, श्लोक 9.20।
73. शर्मा, दशरथ, *अ.चौ.डा.*, पृ. 335।
74. *अपराजितपृच्छा*, पृ. 179।
75. *ब्रह्मवैर्वत पुराण*, ब्रह्म खंड, 10.17-136; देखिए शर्मा, आर.एस., *पूर्व मध्यकालीन भारत में सामाजिक परिवर्तन*, पृ. 24।
76. देखिए, मिश्र, जयशंकर, *ग्या.स.का.भा.*, पृ. 175।
77. *एपि.इं.*, जि. 11, पृ. 35, 41-43; वी.रा., 2.41, 60, 73, 76 और 3.57।
78. टाड, *ए.ए.रा.*, जि. 2, पृ. 1729; शर्मा, *गो.ना.*, *ऐतहासिक निबंध राजस्थान*, पृ. 12।
79. *इ.डा.*, जि. 3, पृ. 446।
80. शर्मा, दशरथ, *अ.चौ.डा.*, पृ. 333।
81. *कान्हड दे प्रबंध*, खंड 4, श्लोक 9-20।
82. शर्मा, दशरथ, *अ.चौ.डा.*, पृ. 333।
83. वही, पृ. 333.34।
84. ओझा, *हिस्ट्री ऑफ जोधपुर*, जि. 1, पृ. 8; *हिस्ट्री ऑफ बीकानेर*, जि. 1, पृ. 15-16।
85. शर्मा, दशरथ, *अ.चौ.डा.*, पृ. 333।
86. वही, पृ. 333-34।
87. यादव, वी.एन.एस., *सोसायटी एंड कल्चर इन नार्दर्न इंडिया*, पृ. 266।
88. *अपराजितपृच्छा*, पृ. 180, श्लोक 47।
89. *एपि.इं.*, जि. 19, पृ. 52-54।
90. *का. प्रबंध*, खंड 4, श्लोक 9-20; अलबीरूनीज इंडिया, जि. 1, पृ. 101।
91. मिराशी, वा.वि., *कलचुरि नरेश और उनका काल*, पृ. 64।
92. *पृ.वि.*, 5.1-3; इ.ए., 1913, पृ. 60; देखिए, शर्मा, दशरथ, *राजस्थान थ्रू द एजेज*, जि. 1 पृ. 490।
93. हरविलास सारडा, *हिंदू सुपीरियोरिटी*, पृ. 355; देखिए, ओझा, मध्य. भा.सं., पृ. 134।
94. मिश्र, जे.एस., ग्या.सा.का.भा., पृ. 10।
95. *शुक्र.*, 2.196-97।
96. *इ. एंड डा.*, जि. 2, पृ. 33।
97. वही, जि. 1. पृ. 11; हिंदी अनुवाद, पृ. 9; *अलबीरूनीज इंडिया*, जि. 1, पृ. 181; देखिए *नैषध*, 10.76-100
98. ओझा, *मध्य.भा.स.*, पृ. 135-36
99. मजूमदार, आर.सी., *कारपोरेट लाइफ इन ऐंशियेंट इंडिया*, पृ. 68।

100. बैजयंती, 6.5.90 'सजातिशिल्पसंहत्यामवखंड, श्रेणी रावलौः।
101. मेधातिथि, *मनु.*, 8.41।
102. विज्ञानेश्वर, *याज्ञ.*, 2.30।
103. *अलबीरूनीज इंडिया*, जि. 1, पृ. 101।
104. देखिए, शर्मा, आर.एस., *इंडियन सोसायटी हिस्टोरिकल प्रोविंग्स*, पृ. 119; थापर, रोमिला, *एंशियेंट इंडियन सोशल हिस्ट्री*, पृ. 145. शर्मा, दशरथ, *राजस्थान थ्रू द एजेज*, जि. 1, पृ. 490।
105. शर्मा, दशरथ, *राजस्थान थ्रू द एजेज*, जि. 1, पृ. 490।
106. *इ.ए.*, 1913, पृ. 60।
107. *एपि.इं.*, जि. 11, पृ. 42।
108. वही, जि. 11, पृ. 41-43।
109. *एपि.इं.*, जि. 11, पृ. 53-56।
110. वही, जि. 11, पृ. 32, 31, 53, 56 और 60; *ना.प्र.प.*, जि, 4, पृ. 222।
111. *बृहस्पति स्मृति*, 17.9।
112. मजूमदार, *कारपोरेट लाइफ इन एंशियेंट इंडिया*, 1922, पृ. 52।
113. वही, पृ. 53।
114. वही, हि.अनु., पृ. 54।
115. मजूमदार, *कारपोरेट लाइफ इन एंशियेंट इंडिया*, पृ. 57।
116. वही, पृ. 53।
117. *जगडू चरित*, 6.79, ना.प्र.प., जि. 4, पृ. 223-24।
118. *नारद*, 10.3।
119. जिवानंद विद्यासागर द्वारा संपादित *वीरामित्रोदय*, पृ. 430।
120. मिश्र, जयशंकर, *प्रा.भा.का.सा. इतिहास*, पृ. 570।
121. ओझा, *मध्यकालीन भारतीय संस्कृति*, पृ. 170।
122. *जगडूचरित्र*, सर्ग 6, *ना.प्र.प.*, जि. 4, पृ. 222-23।
123. वीरमित्रोदय, पृ. 423।
124. मिश्र, जयशंकर, *प्रा.भा.का सा. इति*, पृ. 571।
125. वाजपेयी, के.डी., *भारतीय व्यापार का इतिहास*, पृ. 117।
126. ओझा, *मध्यकालीन भारतीय संस्कृति*, पृ. 170।
127. *एपि.इ.*, जि. 11, पृ. 56।
128. वही, पृ. 39 और 58।
129. वाजपेयी, के.डी., *जे.एन.एस.आई.*, जि. 1, पृ. 45-46।
130. *आ.स.रि.*, 1903-4, पृ. 107 और आगे, 1913-24, पृ. 138 और आगे
131. मजूमदार, आर.सी., *का.ला. इन एंशियेंट इंडिया*, पृ. 45, पा.टि.।
132. मिश्र, जयशंकर, *प्रा.भा.सा.इति.*, पृ. 571-72।
133. सिंह, *हि.आ.चा.*, पृ. 408, पा.टी., 47।
134. अलबीरूनी ने भारत के विभिन्न प्रदेशों और नगरों को जोड़ने वाले मार्गों की विस्तृत चर्चा की है, उसके अनुसार वारी से गंगा के पूर्व किनारे पर होती सड़क अयोध्या (25 फसरंग), बनारस (20 फरसंग), गोरखपुर, पटना और मुंगेर होती हुई गंगा सागर चली जाती थी, अलबरूनी इंडिया,

जि., 1, पृ. 22; देखिए, मिश्र, *ग्यारहवीं सदी का भारत,* पृ. 42-57; रशीउद्दीन के *जमिल-उत्त-तवारिख* में इस सड़क का कुछ और वर्णन आया है। उसके अनुसार 'गंगा पर स्थित वारी से चलकर सड़क पूर्व होती हुई अयोध्या पहुंचती थी और फिर वहां से बनारस जाती थी। वहां से दक्षिण-पूर्व 30 फारसंग पर सरजू पार (गोरखपुर) पड़ता था। वहां से पाटिलपुत्र 10 फरसंग था और वहां से मुंगेर 15 फरसंग और चंपा (भागलपुर) 30 फरसंग था। चंपा से दमकपुर 50 फरसंग और गंगा सागर वहां से 30 फरसंग। यह रास्ता बराबर तुर्क सुल्तानों के समय में भी चलता था और इस पर होकर अकसर दिल्ली के सुल्तान बंगाल या बिहार जाया करते थे। यह वही प्राचीन जनपथ है, जिसका उपयोग ताम्रलिप्ति जाने में होता था। *इलियट एंड डाउन,* पूर्वोद्धृत, जि. 1, पृ. 56।

135. *एपि.इं.,* जि. 11, पृ. 38, 42 और आगे।
136. मिश्र जयशंकर, *प्राचीन भारत का सा.इति.,* 1974, पृ. 557।
137. *ना.प्र.प.,* जि. 4, अंक (नं.स.), पृ. 218।
138. *कथासरित्सागर,* पृ. 85-88।
139. *जगडूचरित्र,* जि. 4, पृ. 218।
140. ओझा, *मध्यकालीन भारतीय संस्कृति,* पृ. 131।
141. *एंशियेंट एकाउंट्स ऑफ इंडिया एंड चाइना,* पृ. 172।
142. *दि एज ऑव इंपीरियल कन्नौज,* पृ. 40।
143. सहाय, एस.एन., *फॉरेन, ट्रेड इन एंशियेंट इंडिया,* फ्राम 550 ई. 750 ई. देखिए *ज.वि.रि.सो.,* जि. 57, 1971, पृ. 38।
144. *समराइच्चकहा,* पृ. 264, 398, 510. देखिए, *ज.वि.रि.सो.,* जि. 57, 1971, पृ. 23।
145. ओझा, *मध्यकालीन भारतीय संस्कृति,* पृ. 169।
146. *एपि.इं.,* जि. 11, पृ. 42।
147. *पृथ्वीराज विजय,* 4.80-88।
148. *एपि.इं.,* जि. 11, पृ. 56।
149. वही, पृ. 35-41 'तेलि सारिसव पेल' 'ति सोधे वास'।
150. वी.रा., प्रथम सर्ग, 22, 26।
151. *एपि.इं.,* जि. 11, प. 38-39।
152. उक्ति व्यक्ति प्रकरण, 44.11 'भंडारू ल्हुस'।
153. *एपि.इं.,* जि. 11, पृ. 60।
154. सिंह, आर.बी., *हि. ऑफ चा.,* पृ. 404।
155. *बील लाइफ ऑफ ह्वेनसांग,* लंदन 1911, जि. 2, पृ. 205।
156. वाटर्स, जि. 2, पृ. 194।
157. थापर रोमिला, *भारत का इतिहास,* पृ. 191।
158. *वाटर्स,* जि. 2, पृ. 194।
159. *कादंबरी,* पृ. 62।
160. *हर्षचरित्र,* पृ. 82।
161. मिश्र, *प्रा.भा.सा. इति.,* पृ. 552।
162. *तिलक मंजरी,* पृ. 133-135, 137; समराइच्चकहा, 6, पृ. 41।

163. वाजपेयी, के.डी., *भा.व्यापार का इतिहास*, प्र.सं., पृ. 202।
164. इलियट एंड डाउसन, पूर्वोद्धृत, पृ. 162।
165. *अबूजैद सैराफी*, पृ. 135; देखिए, मिश्र, जयशंकर, *प्रा.भा.सा.इति.*, पृ. 642।
166. मिश्र जयशंकर, *प्रा.भा.सा.इति.*, पृ. 551-52।
167. नियोगी, पुष्पा, पूर्वोद्धृत, पृ. 177, पा.टि.1।
168. *इ.ए.*, जि. 16, पृ. 55-56; देखिए शर्मा, गोपीनाथ, पूर्वोद्धृत, पृ. 80।
169. चंद्रावती प्लेट, *एपि.इ.*, जि. 14, पृ. 195; कमौली प्लेट, *एपि.इ.*, जि. 4, पृ. 104।
170. *एपि.इ.*, जि. 18, पृ. 322; जि. 9,पृ. 113; जि. 3, पृ. 49; *इं.ए.*, जि. 19, पृ. 348; जि. 14, पृ. 160; जि. 16, पृ. 255।
171. *का.इ.ई.*, जि. 3, पृ. 254, पा.टि., 4।
172. त्रिपाठी, आर.एस., *हिस्ट्री ऑफ कन्नौज*, पृ. 348; *ज.यू.पी.हि.सो*, जि. 23, पृ. 243; *एंटीक्वीटीज, ऑफ कम्ब स्टेट*, पृ. 167-68।
173. *हिंदू रिवेन्यू सिस्टम*, पृ. 214, 290; रा.दे.वे., पृ. 214-16; *एपि.इं.*, जि. 7, पृ. 160।
174. मिश्र वि.भू., गुट *प्र.दे.ता.*, पृ. 68।
175. मिश्र जयशंकर, *प्रा.भा.सा. इति.*, पृ. 551।
176. *मनु.*, 7.130 'धान्यानाष्टमो भाग षष्टो द्वादश एव वा'।
177. *बो.ध.सू.*, 1.10.18.1; *व.ध.सू.*, 1.42; नारद., 18.48; *विष्णु*, 3.22।
178. मजूमदार, अ.कु., *चौ. आ.गु.*, पृ. 348; अल्तेकर, *रा.दे.ता*, पृ. 214-16; *हिस्ट्री ऑफ धर्मशास्त्र*, जि. 3, पृ. 16।
179. लल्लन जी गोपाल, *द इकोनॉमिक लाइफ ऑफ नार्दर्न इंडिया*, पृ. 32।
180. *ज.यू.पी.हि.सो.*, जि. 23, पृ. 243; लल्लन जी गोपाल, पूर्वोद्धृत,पृ. 37।
181. कृत्य गृहस्थ, पृ. 255 'करः कारूकृषी बलेभ्यो नियतघना दानम्'ः।
182. *द्वया.का.*, 3.18।
183. *हिंदू रिवेन्यू सिस्टम*, पृ. 210।
184. *का.इ.ई.*, जि. 3, पृ. 98, पा.टि. 1, *ज.ए.सो.व.*, जि. 36, पृ. 128; *ए कल्चरल हि. ऑफ आसाम*, पृ. 81।
185. मिश्र वि.भू., पूर्वोद्धृत, पृ. 68।
186. *इ.ए.*, जि. 19, पृ. 348; जि. 14, पृ. 160; जि. 16, पृ. 255; *एपि.इ.*, जि. 18, पृ. 323; जि. 9, पृ. 112; जि. 11, पृ. 183; *इ.हि.क्वा.*, जि. 8, पृ. 312।
187. *इ.ए.*, जि. 19, पृ. 348; जि. 16, पृ. 256; जि. 14, पृ. 160; जि. 18, पृ. 323; जि. 9, पृ. 12; *इ.हि.क्वा.*, जि. 8 पृ. 312; *ज.ए.सो.बं.*, जि. 7, पृ. 738।
188. कमोली प्लेट, देखिए, *एपि.इं.*, जि. 4, पृ. 113
189. *स्टेट इन ऐंशियंट इंडिया*, पृ. 302; *एपि.इं.*, जि. 14, पृ. 324-330; जि. 15, पृ. 293; नियोगी, पुष्पा, पूर्वोद्धृत, पृ. 182-83।
190. *हिंदू रिवेन्यू सिस्टम*, पृ. 62।
191. *गौ.ध.सू.*, 10.25; *विष्णु*, 3.25; *मनु.*, 7.130।
192. कमौली प्लेट, देखिए, *एपि.इं.*, जि. 4 पृ. 104 'भागभोग प्रवणिकर कटूक'
193. *हिंदू रिवेन्यू सिस्टम*, पृ. 62।

194. मनु., 7.127।
195. महाभाष्य, 5.1-47 देखिए–जयशंकर मिश्र, *प्रा.भा.सा.इति.*, पृ. 614।
196. अर्थशास्त्र, 2.21 'वैवाहिकमन्वायनमोपायनिकयज्ञ कृत्य'।
197. *यशस्तिलक*, उत्तरार्द्ध, पृ. 345।
198. *शब्दानुशासन*, 6.4.158, 'शुल्कशालाय अवन्नय शौल्कशालिका'।
199. वही, 6.4.158 'वणिजां रक्षानिवेशों राजभागः शुल्कम्'।
200. *एपि.इ.*, जि. 11, पृ. 33।
201. *एपि.इ.*, जि. 14, पृ. 310।
202. *का.इ.ई.*, जि. 4, भाग, पृ. 142।
203. देखिए, मिश्र, जयशंकर, प्रा.भा.सा.इति, पृ. 553।
204. थापर, रोमिला, *पास्ट एंड प्रजेन्ट्स*, पृ. 61।
205. *एपि.इं.*, जि. 14, पृ. 309, पृ. 75।
206. *ज.अ.ओ.सो.*, जि. 7, पृ. 27।
207. नियोगी, रोमा, पूर्वोद्धृत, पृ. 183; लल्लनजी गोपाल, पूर्वोद्धृत, पृ. 54।
208. *एपि.इं.*, जि. 2, पृ. 360. 'भाग भोग कूटकः'; कमौली प्लेट देखिए, *ऐपि.इं.*, जि. 4, पृ. 104 'भागभोगकरप्रवणिकर कूटक'।
209. *एपि.इं.*, जि. 14, पृ. 308।
210. ऋग्वेद, 4.24.10; 1.126.2।
211. *कौटिल्य*, 2.19।
212. *मनु.*, 8.403।
213. *याज्ञ.*, 2.240।
214 शब्दानुशासन, 5.3.81।
215. वही, 7.1.153।
216. अल्हण का अभिलेख, सं. 1205; उद्धृत, शर्मा, *अ.चौ.डा.*, पृ. 305-6।
217. उपरोक्त अभिलेख, पंक्ति 8.15।
218. देखिए–शर्मा, *अ.चौ.डा.*, पृ. 342।
219. *एपि.इं.*, जि. 11, पृ. 41, 42, 50, 56।
220. *ज.न्यू.सो.*, इ., 8, 138 और आगे।
221. शर्मा, दशरथ, *अ.चौ.डा.*, पृ. 343।
222. शर्मा, पृथ्वीराज तृतीय, *और उनका युग*, पृ. 77।
223. *गणितसार इन दि विशाल भारत*, 1947, पृ. 394-95।
224. शर्मा, दशरथ, *पृथ्वीराज तृतीय और उनका युग*, पृ. 77।
225. वही, पृ. 77-78।
226. जिनविजय, *जैन इंस्क्रिप्शंस*, संख्या 429।
227. शर्मा, *अ.चौ.डा.*, पृ. 335।
228. वैद्य, चि.वि., हिंदू भारत का अंत, पृ. 712।
229. *एपि.इं.*, जि. 1, पृ. 101, 106, 167; जि. 3, पृ. 128; जि. 4, पृ. 249; जि. 11, पृ. 47; जि. 18, पृ. 15; जि. 20, पृ. 129।

230. वही, जि. 1, पृ. 159; जि. 4, पृ. 158; *इंहि.क्वा.*, जि. 4, पृ. 53; जि. 6, पृ. 53; देखिए, *इंडि.ए.*, जि. 39, पृ. 195; जि. 20, पृ. 61।
231. शर्मा, गोपीनाथ, *राजस्थान के इतिहास के स्रोत-पुरातत्व*, भाग 1, राजस्थान हिंदी, ग्रंथ, अकादमी, जयपुर, 1973।
232. *एपि.इं.*, जि. 33, पृ. 46-49।
233. राय, रामकुमार, *भारतीय इतिहास के स्रोत सिक्के*, पृ. 73।
234. स्मिथ, *कैटलॉग ऑफ क्वायंस ऑफ इंडियन म्यूजियम*, कलकत्ता, जि. 1, पृ. 261।
235. राय, पी.सी., *हेरिटेज ऑफ इंडिया* (सं. उपेंद्र ठाकुर), पृ. 246, 1978।
236. स्मिथ, *कै.क्वा.इं.म्यु.*, जि., पृ. 262।
237. कनिंघम, *क्वायंस ऑफ मिडिवल इंडिया*, 46।
238. टामस, *क्रोनिकल्स ऑफ पैठान किंग्य ऑफ डेल्ही*, पृ. 64।
239. *इ.ऐ.*, 1913, पृ. 57-58।
240. वही, जि., 14, पृ. 209।
241. *एपि.इं.*, जि. 11, पृ. 56।
242. वही, जि. 1, पृ. 162।
243. सिंह, पी.एन., *पृथ्वीराज चौहान और उनका काल*, पृ. 212।
244. *कैटलॉग ऑफ द प्राविंशियल क्वान*, कैबिनट, आसाम, 1930, पृ. 38।
245. *न्यू.क्रो.*, 1956, पृ. 322।
246. *क्वा.मि.इ.*, पृ. 86, सिक्का संख्या 11, *द क्वायनेज एंड मेट्रोलॉजी ऑफ सुल्तान ऑफ डेल्ही*, पृ. 12, सि. सं. 37-38।
247. *क्रो.पै.कि.डे.*, पृ. 18, सिं.सं., 15।
248. अल्तेकर, *कवायनेज ऑफ द गुप्ता इंपायर*, पृ. 232-34।
249. *एपि.इं.*, जि. 11, पृ. 32, 44, 47 और 56।
250. कनिंघम, वही, पृ. 86।
251. सिंह, पी.एन., *पृथ्वीराज चौहान और उनका काल*, पृ. 215।
252. अल्तेकर, *जर्नल ऑफ न्यूमिसमेटिक सोसायटी ऑफ इंडिया*, जि. 15, पृ. 234-235, देखिए, नागरी प्रचारिणी पत्रिका, 'परमेश्वरी लाल गुप्त का लेख', पृ. 271-75।
253. दिल्ली शिवालिक अभिलेख, *इं.ऐं.*, भाग 19,पृ. 216।
254. शर्मा, दशरथ, पूर्वोद्धृत, पृ. 181।
255. पाठक, वी.एन., *उत्तर भारत का राजनीतिक इतिहास*, पृ. 486।
256. अर्थशास्त्र, 1.6; अशोक का द्वितीय प्रस्तर लेख, मनुस्मृति, 8 286-89, *याज्ञवल्क्य स्मृति*, 1.152-53।
257. फ्लीट, *कार्पस इंस्क्रिप्शंस इंडिकेरम*, भाग 3, पृ. 233 सं. 48।
258. *हर्षचरित*, पृ. 100 (निर्णय सागर प्रेस)।
259. चौधरी, राधाकृष्ण, *प्राचीन भारत का आर्थिक इतिहास*, पृ. 85।
260. *एपि.इं.*, जि. 17, पृ. 22-23. देखिए, शर्मा, *रामशरण भारतीय सामंतवाद*, पृ. 170।
261. *तिलक मंजरी*, पृ. 17, 32, 80।
262. *पृथ्वीराज विजय*, 5.20।

263. *जर्नल ऑफ रायल एशियाटिक सोसायटी*, 1894, पृ. 4-5।
264. *एपि.इं.*, भाग 12, पृ. 12 देखिए, मजूमदार, आर.सी., *जर्नल ऑफ दि डिपार्टमेंट ऑफ लेटर्स कलकत्ता*, भाग 10, पृ. 40।
265. अल्तेकर, *राष्ट्रकूट्स एंड देयर टाइम्स*, पृ. 263।
266. *मानसोल्लास*, 3.1336।
267. *इं.ऐं.*, भाग 12, पृ. 96।
268. चौधुरी, राधाकृष्ण, *जर्नल ऑफ इंडियन हिस्ट्री*, जि. 26, पृ. 386।
269. शर्मा, रामशरण, *भारतीय सामंतवाद*, पृ. 9.77।
270. शर्मा, दशरथ, *अर्ली चौहान डायनेस्टी*, पृ. 189. देखिए, वासदेव विष्णु मिराशा, *कलचुरि नरेश और उनका काल*, पृ. 57।
271. रोमानियोगी, *दि हिस्ट्री ऑफ दि गाहड़वाल डायनेस्टी*, पृ. 150-52।
    पांडेय, अयोध्या प्रसाद, *चंदेल-कालीन बुंदेलखंड का इतिहास*, पृ. 215।
272. थापर, रोमिला, *सोशल हिस्ट्र ऑफ एशियंट इंडिया*, पृ. 137-39।
273. शर्मा, आर.एस., *भारतीय सामंतवाद*, पृ. 170-71।
274. *एपि.इं.*, भाग 12, पृ. 101-102।

8. शिक्षा, साहित्य एवं कला

चाहमानों के युग में शिक्षा साहित्य एवं कला का जो स्वरूप दिखाई देता है, वह तत्कालीन अभिलेखों एवं साहित्य ग्रंथों में निर्दिष्ट है। इस युग में शिक्षा की क्या अवस्था थी? किस प्रकार की शिक्षा विद्यार्थियों को दी जाती थी? यह पूर्णतया स्पष्ट नहीं हो पाता, किंतु विद्यार्थी गुरु आश्रम में रहकर विद्याध्ययन करता था, यह अनेक साक्ष्यों से स्पष्ट हो जाता है। संभवतः इस युग में विशेष रूप से विद्यार्थियों को वेद, पुराण, धर्म-दर्शन, व्याकरण, तर्कशास्त्र, आयुर्वेद आदि की शिक्षा दी जाती थी।[1] इस प्रकार की शिक्षा नैतिक और आध्यात्मिक उन्नति में सहायक होती थी। सुभाषित रत्न भंडार के अनुसार शिक्षा के अनेक उद्देश्य थे। विद्या से विद्यार्थी के बुद्धि का विकास होता है। उसे भले-बुरे की पहचान का बोध होता है। उसमें नैतिकता की भावना दृढ़ होती है। वह दूसरों के प्रति सहानुभूति और तर्कसंगत व्यवहार करता है। डॉ. जे.एस. मिश्रा ने शिक्षा के उद्देश्यों में मनुष्य की धार्मिक वृत्तियों का उत्थान, उसके चरित्र का उत्थान, उसके व्यक्तित्व का उत्थान, उसके सामाजिक उत्तरदायित्वों का निष्पादन आदि का विस्तृत रूप से विवेचन किया है।[2] पूर्व मध्यकाल में इन्हीं उद्देश्यों की पूर्ति के लिए शिक्षा की परंपरा प्रचलित थी। प्रस्तुत अध्याय में चाहमानकालीन शिक्षा, साहित्य और कला का विस्तृत विवेचन किया गया है।

शैक्षणिक संस्कार और ब्रह्मचर्याश्रम

चाहमान युग की प्रवृत्तियों को दर्शित करने वाले धर्मशास्त्रीय ग्रंथों से ज्ञात होता है कि विद्या का आरंभ 5 वर्ष की अवस्था से आरंभ किया जाता था। यह एक संस्कार था, और इस समय बालक को अक्षर और वर्णमाला का ज्ञान कराया जाता था। अपरार्क और स्मृतिचंद्रिका ने मार्कंडेय पुराण को उद्धृत करते हुए संतान के विद्यारंभ की अवस्था पांच वर्ष निर्देशित की है।[3] संस्कार प्रकाश और संस्कार रत्नमाला में भी विद्या का आरंभ उपनयन के पहले पांच वर्ष की अवस्था से माना गया है।[4] विद्यारंभ में बालक गुरु की वंदना करता और उनके प्रति निष्ठा व्यक्त करता था। चाहमान युग के पहले यह संस्कार चौलकर्म के साथ संबंद्ध था।

कौटिल्य के उल्लेख से ज्ञात होता है कि चौल कर्म के साथ लिपि का ज्ञान कराया जाता था।[5] कालिदास ने भी चौलक्रिया के साथ लिपिज्ञान का निर्देश किया है।[6] उत्तररामचरित से ज्ञात होता है कि लव-कुश के चौलकर्म के साथ ही विद्या का प्रारंभ हो गया था।[7] विद्यारंभ के समय तथा संस्कारजनित कृत्यों का संकेत ह्वेनसांग तथा इत्सिंग के विवरणों से भी प्राप्त होता है।[8] इन निर्देशों के आधार पर यह कहा जा सकता है कि प्राचीन भारत में पांच वर्ष की अवस्था से बालक का विद्यारंभ किया जाता था। चाहमान युग में यद्यपि यह संस्कार पूर्व की तरह नहीं रह गया था, फिर भी उसकी परंपरा विद्यमान थी।

प्रारंभिक शिक्षा के छात्र को लिखने के लिए काली पटिया और खड़िया दी जाती थी। वह लंबवत् पाटिया (तख्ती) पर बाएं से दाएं खड़िया से लिखने का अभ्यास करता था। अलबीरूनी लिखता है कि वे बालकों के लिए विद्यालय में काली तख्ती प्रयोग में लाते थे। इस पर लंबाई की ओर से न कि चौड़ाई की, बाएं से दाएं सफेद वस्तु से लिखते थे। इस युग में भी प्राचीन गुरुकुल की परंपरा प्रचलित थी, जहां उपनयन के बाद विद्यार्थी जाकर दिन-रात गुरु की सेवा करते थे।[9] मध्यकालीन अनेक लेखकों से ज्ञात होता है कि इस समय गुरुकुल की परंपरा सजीव थी।[10] इस समय समाज में आचार्य अथवा गुरु का स्थान अत्यंत आदरयुक्त और प्रतिष्ठित था। अपरार्क का कहना है कि गुरु दीपक के उस आवरण को हटाकर ज्ञान की किरणें विकीर्ण कर देता है।[11] वास्तव में इस युग में भी गुरु तथा गुरुकुल की महिमा पूर्ववत थी।

जो गृहस्थ विद्वान शिक्षा प्रदान करता था, वह गुरु की श्रेणी में आता था। मनु का कथन है कि जो शास्त्रानुसार गर्भाधानादि संस्कारों को करता था और अन्नादि के द्वारा अपने परिवार का संवर्द्धन करता था, वह ब्राह्मण गुरु कहा जाता था।[12] समाज में ऐसे शिक्षक भी थे जो अपने परिवार का भरणपोषण भी करते थे और शिष्यों को शिक्षा भी प्रदान करते थे। जो ब्राह्मण विद्वान शिष्य का यज्ञोपवीत संस्कार कर उसे कल्प (यज्ञविद्या) तथा रहस्यों (उपनिषदों) के सहित वेद शाखा पढ़ाता था, उसे आचार्य कहा जाता था।[13] जो ब्राह्मण वेद के एक देश (मंत्र तथा ब्राह्मण) को तथा वेदाइयों को जीविका के लिए पढ़ाता था, वह उपाध्याय कहा जाता था।[14] इस प्रकार गुरुओं को अनेक श्रेणियां थीं जो चाहमान युग तक प्रचलित थीं।

चाहमान काल में गुरु और शिष्य का संबंध बहुत घनिष्ठ था। शिष्य का यह कर्तव्य था कि वह गुरु की दिन-रात सेवा करे और गुरु का यह कर्तव्य था कि वह स्नेहपूर्वक शिष्य से पुत्रवत प्रेम करे तथा उसकी समस्त जिज्ञासाओं का समाधान करे। किसी भी अध्यापक को यह उचित नहीं था कि वह किसी विद्यार्थी को अपेक्षित ज्ञान से वंचित रखता, बल्कि वह शिष्य को अनेकानेक ज्ञान-विज्ञान की शिक्षा देता था।[15] यह परंपरा पूर्व काल से प्रचलित थी। कालिदास ने गुरु-शिष्य के पारस्परिक संबंध को 'गुरुवोगुरुप्रियम' कहा है।[16] *दशकुमारचरित* में गुरु की प्रशंसा की गई है तथा शिष्य को उसका अनुवर्ती होने का संकेत किया गया है।[17] इससे ज्ञात होता है कि गुरु-शिष्य का संबंध पुत्रवत था और वह प्राचीन काल से चाहमान युग तक निरंतर बना रहा।

मेधातिथि ने प्राचीन स्मृतिकाओं की परंपरा का अनुसरण करके दो प्रकार के विद्यार्थियों का उल्लेख किया है 'नैष्ठिव' जो जीवन भर शिक्षा प्राप्त करते थे और 'उपकुवणि' जो शिक्षा समाप्ति पर गुरु-दक्षिणा देकर गृहस्थ जीवन बिताने घर लौट आते थे।[18] *नारदीय पुराण*[19] के अनुसार जीवनभर विद्यार्थी रहना और *आदित्यपुराण*[20] के अनुसार दीर्घकाल तक विद्यार्थी शिक्षा समाप्ति के बाद घर लौट आते थे। इस युग में भी विद्यार्थियों द्वारा भिक्षार्जन कर भोजन करने का उल्लेख मिलता है।[21] मनु की व्यवस्था के अनुसार वह श्रेष्ठ लोगों के घर में भिक्षा मांगता था अथवा योग्य गृहों के अभाव में मौन धारण करके, महापातकियों के घर को छोड़कर पूरे ग्राम से शिक्षा मांगता था।[22] चाहमान युग तक इस भिक्षार्जन में कुछ परिवर्तन हो गया था। इस समय दोपहर में भिक्षार्जन मना किया गया है। स्मृतिचंद्रिका के अनुसार यह काल अपवित्र था।[23]

मेधातिथि ने विद्यार्थियों के उन सभी कार्यों का उल्लेख किया है जो शिष्य द्वारा गुरु के घर पर किए जाते थे इन कार्यों में घड़ों में पानी भरना, शरीर की मालिश करना आदि सम्मिलित था, किंतु घर में झाड़ू लगाना, उसका जूठा खाना आदि अपमानजनक माना जाता था।[24] *वाराह पुराण* के अनुसार जो ब्राह्मण अध्यापन कार्य के लिए शुल्क लेता था उसे श्राद्ध में नहीं बुलाया जाता था।[25] किंतु *मत्स्य पुराण* के अनुसार अध्यापकों को शुल्क लेने की अनुमति थी।[26] मेधातिथि के अनुसार यदि कोई अध्यापक पढ़ाने के लिए यदि पहले शुल्क निश्चित कर लेता था तो यह पाप माना जाता था, शिक्षा समाप्ति पर यदि शिष्य अध्यापक को कुछ शुल्क देता था तो यह धर्म विरुद्ध नहीं माना जाता था।[27] इन विवरणों से ज्ञात होता है कि इस युग में कुछ ऐसे अध्यापक थे, जो शुल्क लेकर पढ़ाते थे, किंतु अधिकतर शिष्यों द्वारा विद्या समाप्ति पर गुरु-दक्षिणा के रूप में ही शुल्क दिया जाता था।

इस युग में ऐसे भी उल्लेख मिलते हैं जिनसे ज्ञात होता है कि आचार्य प्रायः दान-दक्षिणा पर निर्भर रहा करते थे। सोमेश्वर ने लिखा है कि राजकुमार अपनी शिक्षा पूरी करने के बाद आचार्य को वस्त्र, स्वर्ण भूमि और कभी-कभी गाएं दक्षिणा में प्रदान कर दिया करते थे।[28] इस युग में ऐसे अनेक ऐसे शासक हुए, जिन्होंने विद्वानों को दान में भूमि दी थी। कल्हण ने भी दान प्रवृत्ति की प्रशंसा की है।[29] सौराष्ट्र के शासक गोविंदराज ने अपने शिष्यों की देखभाल करने वाले ब्राह्मण आचार्यों को अनेक भूमिखंड दान में प्रदान किए थे।[30] चंदेल अभिलेख में अनेक विद्वान ब्राह्मण आचार्यों को ग्रामदान देने के उल्लेख मिलते हैं।[31] इसी प्रकार के निर्देश चाहमान, चालुक्य, परमार तथा गहड़वाल अभिलेखों में भी मिलते हैं, जिनका उल्लेख धार्मिक विवेचन में यथास्थान किया गया है।

चाहमान युग तक आचार्यत्व का आधार वर्ण अथवा जाति हो गई थी। स्मृतिचंद्रिका के अनुसार विद्यार्थी को ब्राह्मण आचार्य से ही शिक्षा प्राप्त करनी चाहिए। केवल आपत्ति के समय में वह क्षत्रिय या वैश्य अध्यापक से शिक्षा प्राप्त कर सकता है।[32] किंतु *पालकाव्य संहिता* को उद्धृत करते हुए संस्कार प्रकाश में लिखा है कि ब्राह्मण अध्यापक तीनों वर्णों के, क्षत्रिय अध्यापक दो वर्णों के और वैश्य एक वर्ण के विद्यार्थियों को पढ़ाने के अधिकारी हैं।[33] इससे

ज्ञात होता है कि इस काल में भी कुछ क्षत्रिय और वैश्य अध्यापक होते थे। *यम*[34] और *कूर्म पुराण*[35] ऐसे अध्यापकों की निंदा करते हैं, जो अपने पास एक वर्ष से रहने वाले विद्यार्थी को शिक्षा नहीं देते। विद्यार्थी इस समय विनीत, शीलवान और प्रतिभासंपन्न होते थे। वे शास्त्र के अध्ययन के पात्र माने जाते थे।[36] मेधातिथि के अनुसार उद्दंड विद्यार्थी को पहले समझाया जाता था। उस पर भी न मानने पर उस पर धीरे से डंडे का प्रयोग किया जाता था।[37] इस प्रकार यह ज्ञात होता है कि इस युग में प्राचीन गुरुकुल की परंपरा प्रचलित थी।

पाठ्य विषय

चाहमानयुगीन साहित्य और अभिलेखों से ज्ञात होता है कि इस युग में वेद, वेदांग, शास्त्र और दर्शनों की शिक्षा दी जाती थी। तर्कशास्त्र, पुराणों, नाटकों, स्मृतियों और काव्यग्रंथों का भी अध्ययन प्रचलित था। व्याकरण, साहित्य और तर्कशास्त्र की शिक्षा पर आवश्यकता से अधिक जोर दिया जाता था।[38] इस युग के मान्य लेखक अलबीरूनी ने ज्ञान-विज्ञान के विविध विषयों और विभिन्न ग्रंथों का उल्लेख किया है। उसने चारों वेदों, अठारह पुराणों, स्मृतियों, रामायण, महाभारत, गौड़कृत ग्रंथ, पंतजलिकृत ग्रंथ, कपिलकृत न्यायभाषा, जैमिनिकृत मीमांसा, बृहस्पतिकृत लोकायत, अगस्त कृत अगस्त्यमत, शर्ववर्मनकृत कातंत्र, शशिदेव कृत उगभूतिकृत शिष्यहितावृत्ति, पुलिश का गणित विषयक सिद्धांत, वाराहमिहिर, आर्यभट्ट आदि के विभिन्न विषयगत मतों और ग्रंथों का उल्लेख किया है, जिनके यह ज्ञात होता है कि तद्‌युगीन भारत में अनेकानेक विषयों की शिक्षा दी जाती थी। गरुड़ पुराण से स्पष्ट होता है कि इस युग में कुछ विद्यार्थी नाट्यकला, चित्रकला, फलितज्योतिष, कुक्कुट विद्या, अश्व विद्या, हस्तविद्या, राजनीतिविज्ञान, ज्योतिष व्याकरण, गणित, सैन्य विद्या और पराविद्या की भी शिक्षा प्राप्त करते थे।[39] इस प्रकार इस युग में अनेक विषयों का अध्ययन प्रचलित था। संभवतः इन विषयों की विविधत को देखकर ही अलबीरूनी ने लिखा है कि विज्ञान और साहित्य को अन्य अनेक शाखाओं का विस्तार हिंदू क़रते हैं तथा उनका साहित्य सामान्यतः अपरिसीम है। इस प्रकार मैं अपने ज्ञान के अनुसार उनके साहित्य सामान्यतः अपरिसीम है। इस प्रकार मैं अपने ज्ञान के अनुसार उनके साहित्य को न समझ सका।[40] निश्चय ही किसी एक व्यक्ति के लिए इन विविध विषयों एव ग्रंथों का अध्ययन करना बहुत कठिन था।

पाठ्यक्रम में सबसे पहले वेद का अध्ययन कराया जाता था। वेदों के अध्ययन के लिए गुरु का सान्निध्य आवश्यक था। वस्तुतः वेदों का पाठ ज्ञान गुरु के बिना संभव नहीं था। मेधातिथि विश्वरूप, अपरा़र्क आदि पूर्व मध्ययुगीन लेखकों के अनुसार छात्र को गुरु के सानिन्ध्य में रहकर वेद का वास्तविक ज्ञान प्राप्त करना अपेक्षित था। इसके साथ ही धर्म की समस्त धाराओं को समझा जा सकता था।[41] लक्ष्मीधर ने बृहस्पति को उद्धृत करते हुए लिखा है कि ब्राह्मणों का पहला कर्तव्य है कि वेद पढ़े, तदनंतर स्मृति और सदाचार का अनुपाल करे।[42] अलबीरूनी के अनुसार भी केवल ब्राह्मण ही वेद पढ़ सकता था।[43] यद्यपि लक्ष्मीधर

तथा अलबीरूनी ने केवल ब्राह्मणों के वेद पढ़ने का उल्लेख किया है, किंतु मानसोल्लास से ज्ञात होता है कि क्षत्रिय राजकुमार भी वेद की शिक्षा ग्रहण करते थे। इनके सैनिक शिक्षा लेने का उल्लेख भी मानसोल्लास में किया गया है। वेद, तर्कशास्त्र, धर्मशास्त्र, व्याकरण, ललितकलाओं, धनुष आदि के प्रयोग आदि में भी राजकुमारों की परीक्षा ली जाती थी।[44] *स्मृतिचंद्रिका*[45] और *कृत्यकल्पतरु*[46] के अनुसार एक वेद का अध्ययन करना ही यथेष्ठ था, जो बारह वर्ष में पूरा होता था। लक्ष्मीधर के अनुसार ब्राह्मण वेद की शिक्षा देता था।[47]

वशिष्ठ और कात्यायन स्मृतियों के अनुसार विद्यार्थी को केवल अपनी ही शाखा का वैदिक साहित्य पढ़ना चाहिए।[48] किंतु मेधातिथि का मत है कि विद्यार्थी को एक वेद की एक, दो या तीन जितनी शाखाओं के साहित्य को वह भली-भांति पढ़ सके पढ़ना चाहिए।[49] इससे ज्ञात होता है कि इस युग के कुछ धर्मशास्त्रकार विद्यार्थियों के अध्ययन का क्षेत्र बहुत ही सीमित करना चाहते थे। अलबीरूनी के अनुसार इस युग तक अनेक लोगों ने वेदों की लिखित न होने के कारण भुला दिया था।[50] इस समय तक वेदों के मौखिक ज्ञान का प्रचलन था।[51] वेदों का अध्ययन न मार्ग में, न नगर में और न शूद्र के सम्मुख पढ़ा जाता था, बल्कि इसका अध्ययन उन्मुक्त स्थान पर किया जाता था।[52] इस प्रकार हम देखते हैं कि चाहमान युग तक वेदों का अध्ययन मुख्य था तथा इसे श्रुति परंपरा में ब्राह्मण द्वारा योग्य विद्यार्थियों को पढ़ाया जाता था।

वेदों के अतिरिक्त धर्मशास्त्र, पुराण, ज्योतिष, व्याकरण, विज्ञान भौतिक और रसायन आदि का अध्ययन भी इस युग में प्रचलित था। जैनेंद्र का तंत्र और हेमचंद्र के व्याकरण के नवीन समुदाय का प्रभाव बढ़ गया था।[53] आश्वालायन, छांदोग्य, सांख्य आदि की अपनी अलग-अलग शाखाएं थीं।[54] *ऋग्वेद, यजुर्वेद* और *सामदेव* का अध्ययन प्रायः किया जाता था।[55] वेदों के अध्ययन के आधार पर ब्राह्मण द्विवेदी, त्रिवेदी और चतुर्वेदी कहे जाते थे।[56] त्रिवेदी को त्रिपाठी भी कहते थे। वेदांग के अंतर्गत शिक्षा, निरुक्त, छंद, व्याकरण, कल्प और ज्योतिष का नियोजन किया जाता था।[57] स्वयं अलबीरूनी ने अपनी पुस्तक में स्थान-स्थान पर विभिन्न भारतीय पुस्तकों के उद्धरण दिए हैं, जिनसे स्पष्ट होता है कि उस काल में अनेक भारतीय विषयों की शिक्षा दी जाती थी। मीमांसा, सांख्य, चार्वाक सिद्धांत आदि दर्शनशास्त्रों का अध्ययन किया जाता था।[58] अध्ययन-अध्यापन में व्याकरण का बड़ा महत्व था। प्राचीन काल से इसके अध्नन के प्रति बुद्धिजीवियों की अपार रुचि थी। वस्तुतः भाषा और साहित्य की गरिमा और प्रतिष्ठा व्याकरण से ही होती थी। व्याकरण उग्रभूमि का उल्लेख अलबीरूनी ने किया है, जिनसे 'शिष्य हितावृत्ति' की रचना की थी।[59] चंदेल अभिलेखों में देश के अनेक वैयाकरणों का उल्लेख मिलता है।[60] में देदु वैयाकरणी का उल्लेख मिलता है। उसके पुत्र माधव ने यशोवर्मन के खजुराहो शिलालेख की रचना की थी। देववर्मा के ननयौरा ताम्रलेख में ब्राह्मण अभिमन्यु का उल्लेख है जो वेदांग का पूर्ण ज्ञाता था।[61] इस प्रकार स्पष्ट है कि इस युग में अनेक विषयों के अंतर्गत वेद, वेदांग व्याकरण तथा साहित्य का अध्ययन विशेष रूप से किया जाता था।

इस काल की स्मृतियों में तकनीकी शिक्षा का वर्णन नहीं मिलता, किंतु 'भविसयत्तकहा' से ज्ञात होता है कि धनी व्यापारियों के पुत्र इस काल में भी पढ़ने के लिए गुरु के घर जाया करते थे।[62] *नारदस्मृति* से तत्कालीन औद्योगिक शिक्षा-प्रणाी का परिचय मिलता है। विद्यार्थी अपने पिता की अनुमति लेकर शिल्पी के पास जाता था। वह शिल्पी के घर उस शिल्प की शिक्षा प्राप्त करता था। शिल्पी उसके साथ अपने पुत्र की तरह व्यवहार करता था। काम सीखने के बाद विद्यार्थी शिल्पी को कुछ धन उपहार के रूप में देता था।[63] इससे ज्ञात होता है कि औद्योगिक शिक्षा प्रचलित थी। मेधातिथि ने लिखा है कि वैश्य विद्यार्थी को जानना चाहिए कि मणियां, मोती, मूंगा, तांबा, लोहा, कांसा, कपड़ा, इत्र किस प्रदेश में किस ऋतु में अधिक मूल्य पर बिकते हैं। उसे यह भी जानना चाहिए कि किसी मिट्टी में बीज पास-पास बोना चाहिए और किस मिट्टी में दूर-दूर बोना चाहिए। किस मिट्टी में कौन फसल अच्छी हो सकती है।[64] इससे ज्ञात होता है कि इस समय कृषिविषयक तकनीकी शिक्षा दी जाती थी। मेधातिथि के अनुसार वैदिक साहित्य के विद्यार्थी को विवाह के बाद भी इन शास्त्रों में अधिक निपुणता प्राप्त करने के लिए विदेश जाना चाहिए।[65] कुट्टनीमतम् की एक उपमा से भी इस बात की पुष्टि होती है कि इस काल के विद्वान यह भली-भांति जानते थे कि विश्व यात्रा से मनुष्य साधारण बातों का बहुत ज्ञान प्राप्त कर सकता है।[66] तकनीकी शिक्षा के अंतर्गत इस समय आयुर्वेद तथा धनुर्वेद का विशेष प्रचलन था। हरविलास सारडा ने आयर्वेद के अंतर्गत अनेक प्रकार की औषधियों तथा शल्यक्रियाओं की जानकारी का विस्तृत विवरण दिया है।[67] मानसोल्लास से ज्ञात होता है कि इस समय राजकुमारों को सैन्य शिक्षा दी जाती थी, जिसमें अनेक प्रकार की शस्त्राधि चलाने की प्रणाली सम्मिलित थी।[68] *पृथ्वीराज विजय* से ज्ञात होता है कि पृथ्वीराज धनुर्विधा से अत्यंत निपुण था। इसके अनुसार तत्कालीन योद्धाओं में इस विद्या के ज्ञान में उसका कोई प्रतिस्पर्धा नहीं थी।[69] पृथ्वीराज रासौ से ज्ञात होता है कि उसने शब्दबेधी बाण से मुहम्मद गोरी को मारा था।[70] इससे ज्ञात होता है कि इस समय धनुर्वेद की शिक्षा राजपूतों में विशेष रूप से प्रचलित थी। इस युग के वैज्ञानिक विकास को देखते हुए अनेक विद्वानों को मान्यता है कि, शैक्षणिक दृष्टि से इस समय तकनीकी शिक्षाओं का विशेष प्रचार था। भारत के अनेक, ज्ञान-विज्ञान के क्षेत्र विकल कर लिया था।[71] इस प्रकार हम देखते हैं कि इस युग में वैज्ञानिक शिक्षा का विकास हो गया था। इस युग में व्यावहारिक शिक्षा के अंतर्गत नृत्य, गीत, संगीत, चित्रकला तथा नाट्यकला आदि की शिक्षा का विशेष प्रचलन था। किंतु इन कलाओं में स्त्रियां विशेष रूप से रुचि लेती थीं। समराइगणसूत्रधार से ज्ञात होता है कि इस समय संगीतशाला, नृत्यशाला, चित्रशाला तथा नाटकशाला आदि भी विद्यमान थे, जहां लोग अपनी रुचि के अनुसार कला में शिक्षा प्राप्त कर सकते थे।[72] वीणा, नगाड़ा, आदि का वादन शास्त्रीय रूप में प्रचलित था।[73] इस युग के संगीत, नृत्य तथा चित्रकलाओं को देखने से यह स्पष्ट हो जाता है कि प्रत्येक राजदरबार में इसके शास्त्रीय मर्मज्ञ रखे जाते थे, जो समय-समय पर इसका प्रदर्शन करते थे।[74]

इस काल के कोशों में कहीं भी अध्यापिकाओं का उल्लेख नहीं है। मेधातिथि लिखता

है कि उसके समय स्त्रियां संस्कृत नहीं जानती थीं। किंतु राजशेखर के ग्रंथों से ज्ञात होता है कि इस युग में भी अनेक स्त्रियां शास्त्रों में निपुण होती थीं।[76] राजशेखर की पत्नी अवंतीसुंदरी स्वयं संस्कृत साहित्य में पारंगत थी। जल्हण ने अपने ग्रंथ *सुक्तिमुक्तावली* में राजशेखर के कुछ श्लोक उद्धृत किए हैं, जिनमें उसने शीलभट्टारिका, विकटनितंबा, विजयंका, प्रभुदेवी और सुभद्रा देवी नाम की पांच कवियत्रियों की प्रशंसा लिखी है।[77] राजशेखर के नाटकों से ज्ञात होता है कि राजसभा की स्त्रियां और रानियों की सेविकाएं संस्कृत और प्राकृत में मनोहर श्लोकों की रचना कर सकती थीं। उपमितिभवप्रपंचकथा में दी हुई कथाओं से स्पष्ट है कि अनेक राजकुमारियां संगीत, नृत्य तथा चित्रकला में निपुण होती थीं।[78] अतः इस युग में स्त्रियों को व्यावहारिक शिक्षा दी जाती थी।

साहित्य संरक्षण

चाहमानों का युग साहित्य समृद्धि के दृष्टि से सर्वाधिक महत्वपूर्ण था। चाहमान तथा अन्य समकालीन राजाओं ने विविध विषयों के विद्वानों को संरक्षण प्रदान कर उन्हें साहित्य निर्माण का योगदान दिया था। वास्तव में इस युग के पूर्व ही साहित्य, व्याकरण, आयुर्वेद, ज्योतिष, गणित, विज्ञान, कलाकौशल आदि सभी विषय अपनी उन्नति की चरम सीमा पर पहुंच चुके थे।[79] इस युग में एक ओर जहां संस्कृत साहित्य अत्यधिक संपन्न हुआ, वहां दूसरी ओर जैनों तथा बौद्धों ने भी साहित्य निर्माण कर उनकी संपन्नता में महान योगदान दिया। इस युग की सबसे बड़ी विशेषता स्थानीय भाषाओं का विकास था। इसके अंतर्गत अनेक ग्रंथ लिखे गए जो हिंदी साहित्य के आदिग्रंथ माने जाते हैं।[80] इस समय प्राकृत भाषा का विशेष प्रचार था। यही इस युग की बोलचाल की भाषा थी। इसके विद्वानों का भी राजदरबारों में समुचित सम्मान होता था।[81] इस समय तक इसमें देश भेद के कारण इसके अलग-अलग नाम हो गए थे। इन नामों से मागथी, शौरसेनी, महाराष्ट्री, पैशाची, आवंतिक और अपभ्रंश नामों का उल्लेख मिलता है।

चाहमान राजाओं के समय के साहित्य के अध्ययन से पता चलता है कि संस्कृत भाषा को उनके काल में विशेष संरक्षण मिलता था।[82] वे विद्वानों औरर कवियों का आदर करते थे। इस वंश के राजाओं में अजयजरा, अर्णोराज, विग्रहराज चतुर्थ साहित्य-प्रेमी और विद्वान कवियों के महान आश्रयदाता थे। अजयराज के दरबार में जैन धर्म के श्वेतांबर और दिगंबर संन्यासियों के बीच धार्मिक वाद-विवाद तथा राजा द्वारा स्वयं निर्णायक के रूप में कार्य करने की सूचना मिलती है।[83] विग्रहराज चतुर्थ को 'कविबांधव' अथवा कवियों का मित्र सभी विद्वान स्वीकार करते हैं, उसने स्वयं 'हरिकेलि' नाटक की रचना की थी, जिसमें अर्जुन की श्रद्धा भक्ति तथा शिव के साथ उसके युद्ध का वर्णन है। इसकी मूल पांच कृतियां हैं, जिसमें केवल एक *क्रौंचविजय* का उल्लेख एक अभिलेख (संवत् 1210) के रूप में प्राप्त है।[84] विग्रहराज चतुर्थ का दरबारी कवि सोमदेव की रचना *ललितविग्रहराज नाटक* भी एक ऐतिहासिक

ग्रंथ है जिसमें कवि ने इंद्रपुर की कुमारी देसलदेवी के साथ विग्रह राजा के प्रेमालाप तथा साथ ही गजनी के हम्मीर से युद्ध का भी उल्लेख किया है।[85] सोमदेव के अतिरिक्त एक और कवि पद्मनाथ का भी उल्लेख मिलता है, जिसका कार्य पंडितों और कवियों की सभा का आयोजन करना था। श्री देसाई का कहना है कि पृथ्वीराज के समय में भी इसको यही कार्य प्रदान किया गया था।[86] पृथ्वीराज तृतीय के दरबार में दो जैन आचार्यों जिनपति सूरि तथा पदमप्रभसूरि के बीच धार्मिक वाद-विवाद होने तथा राजा द्वारा विजेता को पुरस्कृत करने का उल्लेख मिलता है।[87] चाहमान अभिलेखों के लिखने वाले लेखक भी अत्यंत विद्वान थे। इनका संरक्षण भी चाहमान राजाओं द्वारा किया जाता था। बिजौलिया अभिलेख का लेखक अच्छा विद्वान था। इस अभिलेख में शब्दालंकारों का विशेष प्रयोग होने से इसके समझने में कठिनाई अवश्य होती है, पर साथ ही लेखक की विद्वता स्पष्ट हो जाती है।[88] सुंधा अभिलेख का लेखक जयमंगल था। इसके रूपक भी काफी अच्छे हैं। इसने कवि होने के लिए एक ग्रंथ की रचना भी की थी, जिसका नाम सर देसाई 'कवि शिक्षा' बतलाते हैं। अपभ्रंश में उसकी *महावीर जैनाभिषेक* नामक कृति मिलती है।

प्राचीन परंपराओं से ज्ञात होता है कि पृथ्वीराज तृतीय के दरबार में अनेक कवि और प्रशस्तिकार रहते थे। इन कवियों में चंदवरदाई मुख्य था। उसने अपभ्रंश में पृथ्वीराज रासो नामक काव्य लिखा जो चाहमान वंश का ऐतिहासिक ग्रंथ माना जाता है।[90] श्री केशवचंद्र मिश्र के अनुसार राजपूत दरबारों में उस समय एक परंपरा स्थापित हो चली थी कि कवि युद्धक्षेत्र में उनके साथ जाते थे। ये वीररस की कविता से राजाओं को प्रेरणा प्रदान करते थे। चंदेलों के दरबार में गदाधर इसी प्रकार के कवि थे। जो स्थान महाकवि चंदवरदायी का पृथ्वीराज चौहान के यहां था, वही स्थान गदाधर का परमार्दिदेव के यहां था।[91] आचार्य रामचंद्र शुक्ल *पृथ्वीराजरासो* को हिंदी साहित्य के आरंभिक काल का लघु महाकाव्य तथा *बीसलदेवरासो* को गाथागीत के रूप में स्वीकार करते है, किंतु कालक्रम की दृष्टि से वे *खुमानरासो* को और भी प्राचीन मानते हैं।[92] इन तीनों ग्रंथों में *पृथ्वीराजरासो* अपेक्षाकृत अधिक *साहित्यिक* मूल्य का है। यह उल्लेखनीय है कि इन ग्रंथों की रचना चाहमानों के अंतिम काल में ही हुई। *बीसलदेव रासो* की रचना कवि नृपति नाल्ह ने की थी। उसके कथन से ज्ञात होता है कि यह ग्रंथ उसने संवत् 1272 ज्येष्ठबदी नवमी दिन बुधवार को लिखना आरंभ किया था।[93] किंतु सत्यजीवन वर्मा ने इसे संवत् 1212 की रचना स्वीकार किया है।[94] पृथ्वीराज चौहान की समकालीन रचना जयानककृत *पृथ्वीराज* विजय है, जो अपने ढंग का एक अनोखा ग्रंथ है। डॉ. बुहलर[95], डॉ. हीराचंद्र ओझा[96] और डॉ. दशरथ शर्मा[97] *पृथ्वीराज विजय* को पृथ्वीराज की मृत्यु के पूर्व की रचना मानते हैं। जयानक पृथ्वीराज का दरबारी कवि था। इसलिए यह रचना पृथ्वीराज के जीवनकाल में हुई। इसी के समकालीन राजा परमर्दि के दरबार में प्रसिद्ध कवि जगनिक रहता था। इसी ने लोकप्रिय ग्रंथ *आल्हाखंड* और *महोबाखंड* की रचना की थी।[98] आल्हा आज भी महोबा तथा उत्तर भारत के घर-घर का लोकप्रिय ग्रंथ है, जो महोबा के दो वफादार सरदारों आल्हा और ऊदल की वीरगाथाओं से ओत-प्रोत है। इस प्रकार यह ज्ञात होता है कि चाहमान

राजा विद्वानों तथा कवियों के महान आश्रयदाता थे। इनके संरक्षण में अनेक संस्कृत, जैन तथा लोकग्रंथों की रचना हुई थी।

चाहमान और उनके समकालीन राजपूत शासकों की दानशील और उदार प्रवृत्ति के फलस्वरूप मातृभाषाओं की उन्नति के साथ-साथ संस्कृत में विविध विषयों पर अनेक मौलिक ग्रंथों की रचना हुई। इस युग में जिन विषयों पर ग्रंथ रचे गए उनमें साहित्य, व्याकरण, ज्योतिष, आयुर्वेद, धर्मशास्त्र, संगीत आदि मुख्य थे। वास्तव में इस युग के राज्यों में चाहमानों के अतिरिक्त गहड़वाल, चंदेल, चालुक्य, परमार, कलचुरि, सेन तथा कश्मीर के लोहार वंश मुख्य थे। इन राजवंशों के राजाओं द्वारा विद्वान और सुयोग्य पंडितों को भूमि प्रदान की जाती थी। अधिकतर विद्वानों तथा कवियों का संरक्षण इन राजदरबारों में होता था। अतः इन विद्वानों ने जो भी रचना की वे किसी न किसी राजा के संरक्षण में की। यहां जिन विषयों से संबंधित ग्रंथों की रचना इस युग में हुई, उनका संक्षिप्त विवरण इस प्रकार है।

विभिन्न संप्रदायों के अनुयायियों ने अपने इष्टदेवताओं की स्तुति में इस युग में बड़ी संख्या में पुस्तकें लिखीं। शिव की उपासना में सन् 926 ई. में उत्पल देव ने *स्तोत्रावलि* लिखी। उसी सदी में विष्णु की उपासना में वैष्णव कुल शेखर ने *मुकुंदमाला* लिखी।[99] ग्यारहवीं सदी में लीलांसुक ने *कृष्णकणामृत* लिखा जो भारतवर्ष में विख्यात हुआ। बारहवीं सदी के कुछ कवियों ने कृष्ण की स्तुतियां लिखीं, जो लक्ष्मण सेन के सभासद महाकवि जयदेव के समकालीन थे।[100] इस युग के संग्रह ग्रंथों में श्रीधरदास द्वारा रचित *सदुक्तिगर्णामृत* विशेष प्रसिद्ध है। यह पृथ्वीराज चौहान तथा परमार्दिदेव का समकालीन था।[101] यद्यपि ए.वी. कीथ ने अन्य अनेक संग्रह ग्रंथों का उल्लेख किया है, किंतु वे आज प्राप्त नहीं होते।

चाहमान युग के साहित्य के अंतर्गत आख्यायिका, नाटक और चंपू ग्रंथों का उल्लेख किया है, किंतु वे आज प्राप्त नहीं होते।

चाहमान युग के साहित्य के आख्यायिका, नाटक और चंपू ग्रंथों का विशेष निर्माण हुआ। पंचतंत्र और तंत्राख्यायिकाओं से जो निष्कर्ष निकलता है, उससे ज्ञात होता है कि उपदेशात्मक आख्यायिकाओं की रचना सन् 1100 ई. और सन 1199 ई. के बीच पश्चिमी भारत में जैन कवियों ने की। मध्य भारत के प्रसिद्ध लेखक सोमदेव ने अपना *कथासरित्सागर* ग्रंथ सन् 1063 ई. और 1081 ई. के बीच लिखा।[102] कीथ के अनुसार इस युग में प्रणयलीला संबंधी आख्यानों की रचना विशेष रूप से हुई।[103] इस युग के चंपू काव्यों में त्रिविक्रमभट्ट का नलचंपू सबसे प्राचीन है। इसका समय 915 ई. माना जाता है। अन्य चंपू ग्रंथों में *यशस्तिलक चंपू, उदयसुंरी कथा, कीर्तिकौमुदी* आदि मुख्य हैं।[104] इस युग के प्रमुख नाटकों में कृष्णमिश्र का *प्रबोधचंद्रोदय* विशेष उल्लेखनीय है। इसकी रचना चंदेलों के संरक्षण में हुई थी।[105]

इनके अतिरिक्त बहुत से संस्कृत काव्य इस युग में लिखे गए थे। प्रसिद्ध कवि क्षेमेंद्र ने *रामायणमंजरी, भारतमंजरी, दशावताचरित, समय-मातृका, जातकमाला, कविकंठाभरण, चतुर्वर्गसंग्रह* आदि छोटे-बड़े अनेक ग्रंथ लिखे थे। कुमारदास का *जानकीहरण, हरदत्तविरचित*

राघवनैषीधीय, मंख कवि लिखित *श्रीकंठचरित*, हर्षकृत *नैषधचरित*, राजाजनक जयरथ प्रणीत *हर्षचरित चिंतामणि*, राजारत्नाकर का *हरविजयमहाकाव्य*, दामोदर विरचित *कुट्टनीमत*, वाग्भट्टकृत *नेमिनिर्माण*, संध्याकरनंदी का *रामचरित*, विल्हण प्रणीत *विक्रमांकदेव चरित*, पद्मगुप्त प्रणीत *नवसाहसांक चरित*, हेमचंद्र का *द्वयाश्रमहाकाव्य* तथा कल्हण विनिर्मित *राजतरंगिणी* आदि मुख्य हैं।[106]

इन काव्य-ग्रंथों के अतिरिक्त इस युग में कुछ ऐतिहासिक काव्यों का निर्माण भी प्राप्त होता है। नीतिमान जैन साधु हेमचंद्र ने 1088 ई. से सन् 1172 ई. के बीच *कुमारपालचरित* लिखा। इसका दूसरा भाग आठ अंकों का है और प्राकृत में लिखा गया है। ऐतिहासिक महत्व के साथ श्री केशवमिश्र जी ने इसका निश्चित लक्ष्य व्याकरण ही माना है।[107] आचार्य हेमचंद्र ने शाकवयन के व्याकरण से भी अधिक विस्तृत *सिद्धहेम* नामक व्याकरण ग्रंथ लिखा। व्याकरण से संबंध रखने वाले कुछ अन्य ग्रंथों के नाम श्री ओझा जी ने इस प्रकार निर्दिष्ट किए हैं। वर्धमान प्रणीत *गणरत्नमाहोदधि*, भासर्वक्ष-कृत *गणकारिका*, वामन विरचित *लिंगानुशासन*, हेमचंद्र विरचित *उणादिसूत्रवृत्ति*, *धातुपाठ*, *धातुपारायण*, *धातुमाला*, *शब्दानुशासन* आदि[108] इस युग के ऐतिहासिक काव्यों में *कीर्तिकौमुदी* तथा *रामपालचरित* भी उल्लेखनीय हैं। संस्कृत की काव्य परंपरा में लक्ष्मण सेन के दरबारी कवि जयदेव का गीतगोविंद काव्य अत्यंत महत्वपूर्ण हैं।

कीथ ने इन्हें संस्कृत की काव्यपरंपरा का अंतिम महाकवि माना है।[109] चाहमान युग की मान्य रचनाओं में धर्मशास्त्रीय टीका ग्रंथों का विशेष महत्व है। इस युग में मनु तथा याज्ञवल्क्य स्मृतियों पर अनेक व्याख्या ग्रंथ लिखे गए। इसी काल में *मनुस्मृति* के प्रसिद्ध भाष्यकार मेधातिथि ने मनुस्मृति की विस्तृत टीका लिखी। याज्ञवल्क्य के भाष्यकार विज्ञानेश्वर ने मिताक्षरा टीका लिखी।[110] दायभाग के रचयिता जीमूतवाहन इसी काल में उत्पन्न हुए थे। असहाय, विश्वरूप, धारेश्वर, भावदेवभट्ट, देवनभट्ट तथा हेमाद्रि जैसे प्रकांड व्याख्याकार इसी समय उत्पन्न हुए, जिनके ग्रंथ आज भी समाद्रित हैं। बारहवीं सदी के ग्रंथों में *कृत्यकल्पतरु*, *स्मृतिचंद्रिका*, *चतुर्वर्गचिंतामणि*, *वीरमित्रोदय* आदि मुख्य हैं। डॉ. वी.पी. काणे का मत है कि धर्मशास्त्र के व्याख्याकारों के इतिहास में यह काल सुवर्ण युग कहा जा सकता है। इस युग के भाष्यकार तथा टीकाकार सरलीकरण की पद्धति का अनुगमन करते थे और विरोधी मतों की व्याख्या करते हुए स्मृतियों की रचना द्वारा व्यवस्था देना चाहते थे।[111] इसी प्रकार इस युग के धार्मिक ग्रंथों में इन भाष्यकारों के भाष्य अत्यंत ही महत्वपूर्ण हैं।

इन धर्मशास्त्रीय भाष्यों तथा टीका ग्रंथों के साथ अनेक शब्दकोशों में अमरकोश के भाष्यकार क्षीरसवामी, वैजयंती, त्रिकांडिशेष, हलायुध अभिधान रत्नमाला, नामामला, अनेकार्थकोश अभिधानचिंतामणि तथा नानार्थसंकल्प आदि के नाम उल्लेखनीय हैं।[112] ललितकला के क्षेत्र में महाराज भोजदेव द्वारा विचरित *समराइ*, *गणसूत्रधार*, *संगीतरत्नाकार* आदि ग्रंथ इसी काल में लिखे गए।[113] इस काल की साहित्यिक उपलब्धि को प्रकाशित करते हुए सी.वी. वैद्य ने लिखा है कि *काव्यप्रकाश*, प्रबोध चंद्रोदय, *सिद्धांतशिरोमणि*, नैषधमहाकाव्य तथा विश्व का

ललितमयमेष काव्य *गीतगोविंद* इस युग में अप्रतिम साक्षी है। सचमुच इन ग्रंथों के लेखकों की आकाशगंगा ने भारत वर्ष के इतिहास को पर्याप्त ज्योतिर्मान बना दिया है।[114] इस प्रकार यह युग साहित्य की दृष्टि से अत्यंत समृद्ध ज्ञात होता है।

चाहमानकालीन कला

चाहमानयुगीन बौद्धिक और सांस्कृतिक विकास का ज्ञान उस युग के भव्य भवनों, मंदिरों, मूर्तियों तथा चित्रकलाओं से होता है। इस युग की कला मुख्यतः धर्म तथा आध्यात्मवाद से जुड़ी हुई है। देवताओं के चित्रण में कलाकार मुख्यतः अपने आध्यात्मिक विचारों को ही महत्व देते दिखाई देते हैं। तदनुसार ही देवताओं की मूर्तियां स्थापित की गई हैं। पर्सीब्राउन ने इस युग के स्थापत्य कला के बारे में विचार व्यक्त करते हुए कहा है कि इस युग के स्थापत्य कला का उद्देश्य धार्मिक विश्वास को मूर्त रूप देना, कलाकारों का उद्देश्य मनोभावों को चट्टानों, ईंटों तथा पत्थरों के माध्यम से प्रदर्शित करना है। पत्थरों को खोदकर या काटकर देश के प्राचीन धार्मिक देवताओं क्रो विभिन्न धार्मिक कर्मों में तल्लीन दर्शाया गया है। इस प्रकार की असंख्य मूर्तियां अपनी सांकेतिक भाषा में एक अत्यंत आकर्षक तथा लंबी कहानी प्रस्तुत करती हैं।[115] मिस्टर हैबेल ने लिखा है किसी भी जाति के शिल्प का ठीक-ठीक अनुमान करने में उस जाति ने दूसरों से क्या सीखा है, यह सोचने की हमें आवश्यकता नहीं। उसने अन्य जातियों को क्या सिखलाया है। इस दृष्टि से देखने से भारतीय शिल्पकला का स्थान यूरोप और एशिया की सब शैलियों में सर्वोच्च है। भारत ने जो कुछ बाहर वालों से सीखा है, उससे सौ गुना बाहर वालों को सिखलाया है।[116] मिस्टर कहीं भी मेरे देखने में नहीं आया कि कारीगर ने पत्थर को आवश्यकता से कुछ भी अधिक काटा हो।[117] प्रो. हीरन लिखते हैं कि चतुरस स्तंभों पर खुदाई के काम और स्त्री की आकृति वाले स्तंभों को बनान में हिंदू लोग ग्रीस और मिस्र वालों से बहुत बढ़े-चढ़े थे।[118] इसी प्रकार हैवले का विचार है कि भारतीय शिल्प की मूर्ति में प्रदर्शित जो गहराई तथा आंतरिक भाव दिखाई पड़ते हैं, वे ग्रीस में नहीं पाए जाते।[119] इस प्रकार यह ज्ञात होता है कि भारतीय शिल्पकला की परंपरा विश्वशिल्प कला से अत्यंत विकसित थी जो मध्यकाल तक विद्यमान रही।

सम्राट हर्षवर्द्धन के बाद भारतीय साम्राज्य की विश्रृंखला तथा विकेंद्रीकरण की प्रवृत्ति के बाद भी धार्मिक तथा आध्यात्मिक जगत में कमी नहीं आई। अतः राजाओं के भवन-निर्माण तथा मंदिरों की स्थापना अनवरत रूप से जारी रखी। कला को सभी राजाओं का उचित सहयोग मिलता रहा। राजनीतिक महत्वाकांक्षाओं के साथ-साथ राजाओं ने कला में काफी रुचि दिखाई। उन्होंने अपने लिए भवन, राजप्रासाद आदि का निर्माण करवाया तथा उसे अपनी-अपनी रुचि के अनुसार विभिन्न कलात्मक दृश्यों से सजाया। राजाओं के दिनचर्या में धर्म का प्रमुख स्थान था। अतः अपने वैभव प्रदर्शन तथा ख्याति के लिए देवताओं के भव्य मंदिरों का निर्माण भी करवाया।[120] इनके साथ-साथ राजाओं के मंत्रियों तथा धनी वर्गों ने भी भवनों तथा मंदिरों

का निर्माण करवा कर तत्कालीन कलात्मक धार्मिक अभिरुचि का परिचय दिया।[121] इनके द्वारा बनवाए भवनों, दुर्गों, मंदिरों, तड़ागों आदि के जो अवशेष प्राप्त होते हैं उनसे उनकी स्थापत्य कला की अच्छी जानकारी प्राप्त होती है। इसी प्रकार मंदिरों में विभिन्न देवी-देवताओं की प्रतिमाओं का स्वरूप तत्कालीन मूर्तिकला को प्रतिबिंबित करता है। चाहमान युग तक वास्तुशास्त्र के अंतर्गत अनेक ग्रंथों का निर्माण हो चुका था। राजा भोज ने *समराइ, गणसूत्रधार* की रचना की थी।[122] इसी प्रकार *विष्णुधर्मोत्तर पुराण* में चित्रसूत्र प्रकरण तथा *अग्निपुराण* में वास्तु-निर्माण की अनेक विधियों का शास्त्रीय निरूपण किया गया था।[123] *मानसोल्लास, शिल्परत्न* तथा *विष्णुधर्मोत्तर पुराण* में चित्रका की विधिवत सांगोपांग व्याख्या प्राप्त होती है। इसके पूर्ववर्ती ग्रंथ कामूसूत्र में चित्र के षट् अंग माने गए हैं।[124] राजपूत युग की चित्रकला इसी परंपरा में दिखाई देती है। इन वास्तुशास्त्रीय ग्रंथों नगर, दुर्ग आदि के लिए उचित भूति का वर्णन, नगर बसाने उसके चारों और खाई बनाने, राजाओं के विभिन्न भिन्न प्रकार के महल, उद्यान, तड़ाग, मंदिर तथा मूर्तियों आदि के बनाने के तरीकों से ज्ञात होता है कि चौहानयुग तक इन कलाओं की शास्त्रीय विधियों का समुचित विकास हो गया था और कलाकार इनके अनुसार अपने कला का प्रदर्शन करते थे।

यद्यपि इस युग की कलाकृतियां विदेशियों द्वारा नष्ट कर दी गई हैं, तथापि अवशिष्ट कला उस युग की उच्च स्थापत्य तथा मूर्तिकला का परिचय देते हैं। अतः इनका क्रमशः विवेचन किया जा रहा है।

स्थापत्य कला

चाहमान युग में स्थापत्य कला के जो स्वरूप दिखाई देते हैं, उनका विस्तार भवनों, मंदिरों, दुर्गों, जलाशयों, कूपों, तड़ागों, उद्यानों तथा राजपथों आदि में भी प्राप्त होता है। विद्वानों ने स्थापत्य शिल्प के सामान्यतया चार विभाग किए हैं—गुफा, मंदिर, स्तंभ और प्रतिमा।[125] इन शिल्पकलाओं को शिल्पशास्त्र के अंतर्गत तीन शैलियों में विभक्त किया गया है, जिसमें नागर शैली, बेसर शैली तथा द्राविड़ शैली मुख्य है। नागर शैली उत्तर भारत में हिमालय से लेकर विंध्य तक फैली हुई थी। *अपराजिपृच्छा* से पता चलता है कि नागर शैली मध्यप्रदेश में प्रचलित थी तथा लाटी शैली लाटदेश में प्रचलित थी।[126] इसका विस्तार देश के विभिन भागों में दिखाई देता है। सुविधा की दृष्टि से इसे पांच भागों में रखा जा सकता है—उड़ीसा, खजुराहो, राजपूताना एवं मध्यभारत, गुजरात एवं पश्चिमोत्तर भारत और दक्षिण भारत।[127] इन भागों की वास्तुकला अत्यधिक गृहनिर्माण की है जो स्थानीय विशेषताओं से युक्त है।

नागर शैली की दो प्रमुख विशेषताएं हैं। 1. अनुविक्षेप, 2. उद्‌विक्षेप—पृथ्वी पर इसका आधार वर्गाकार रूप में होता था, जो चारों और बढ़ाकर उसी आकार में परिवर्तित कर दिया जाता था, जो उसके मध्यबिंदु से वर्ग का आकार था। परंतु इसकी बड़ी विशेषता उसका वह शिखर था जो सामने से देखने पर आकाश को छुवा प्रतीत होता था। और धीरे-धीरे नीचे को

झुका सा रहता था।[128] वैसे इस शैली में प्रत्येक जगह की परिस्थितियों, स्थानीय रीतिरिवाजों और जलवायु के हेरफेर के शिखर की बनावट उत्तरी भारत के प्रत्येक मध्यकालीन मंदिर में मिलती है।[129] इस प्रकार के मंदिर प्रायः आठवीं सदी से बारहवीं सदी तक बनते रहे। एक अन्य विवरण के अनुसार लाटदेश के मंदिर नागर शैली से मिलते-जुलते हैं, किंतु उनकी बनावट में थोड़ा अंतर होता है। स्तंभों के नीचे की चौकी तथा उसकी रूपरेखा वर्गाकार होती है।[130] परंतु इस अंतर से नागर शैली और लाठी शैली का अंतर स्थापित करना अत्यंत कठिन है। यह स्थानीय विभिन्नता के कारण भी उत्पन्न हो सकता है।

मंदिर वास्तु

चाहमान वास्तुकला की मुख्य विशेषता राजस्थान के मंदिरों के शिखर थे। गुजरात के शिल्पशास्त्रों के अनुसार उस युग में चौबीस प्रकार के शिखर पाए जाते थे।[131] प्रारंभिक मंदिरों में शिखर की रेखा का झुकाव पहले सीधे चलकर अंदर की ओर होता था, परंतु बाद में मंदिरों में उसका विभाजन छोटे-छोटे शिखरों में अथवा अंगशिखरों में होने लगा था। इस युग के अनेक जैन तथा हिंदू मंदिर आज भी विद्यमान हैं, इनकी रचना में बहुत कुछ साम्यता है। किंतु जैन मंदिरों में स्तंभों, छतों आदि में बहुधा जैनों से संबंध रखने वाली मूर्तियां तथा कथाएं अंकित हैं, वहां हिंदुओं के मंदिरों में ब्राह्मण धर्म संबंधी चित्रांकन प्राप्त होते हैं। हिंदुओं के मुख्य मंदिरें के साथ कहीं-कहीं चारों कोनों में छोटे-छोटे मंदिर होते हैं, जिन्हें पंचायत मंदिर कहते हैं।[132] ब्राह्मणों के मंदिरों में विशेषकर गर्भगृह रहता है, जहां मूर्ति स्थापित होती है, उसके आगे मंडप होता है। जैन मंदिरों में कहीं-कहीं दो मंडप और एक विस्तृत वेदी भी होती है। दोनों शैली के मंदिरों में गर्भगृह के ऊपर शिखर और उसके सर्वोच्च भाग पर आमलक नाम का बड़ा चक्र होता है। आमलक के ऊपर कलश रहता है। और वहीं ध्वजदंड भी होता है।[133] इन मंदिरों के अतिरिक्त शैव तथा वैष्णव मतावलंबियों के मंदिरों को पर्सीब्राउन ने कुछ भिन्न बताया है। शिव मंदिरों की पहचान उनके शिखर पर लगे नुकीले त्रिशूल तथा गर्भगृह पर स्थापित शिवलिंग से होता था। इस प्रकार के मंदिरों के आगे द्वार पर नंदी की प्रतिमा बनाई जाती थी। वैष्णव मंदिरों के अर्द्ध भाग के चक्रम तथा मुख्य भाग में देवता की प्रतिमा स्थापित की जाती थी।[134] इस प्रकार ज्ञात होता है कि इस युग में जितने प्रकार के मंदिर थे, उनमें कुछ अंतर के साथ समानता दिखाई देती है।

चाहमान राजाओं ने अपने राजत्वकाल में अनेक भव्य मंदिरों का निर्माण करवाया था। *पृथ्वीराज विजय* से ज्ञात होता है कि चाहमान राजा चंद्रराजा की रानी रुद्राणी देवी ने पुष्कर झील के किनारे हजारों शिवलिंगों की स्थापना करवाई थी।[135] इससे अनुमान लगाया जा सकता है कि यहां अनेक शिव मंदिरों का निर्माण हुआ होगा। सन् 917 से 944 ई. तक शासन करने वाले राज वाक्पतिराज तथा सन् 944 ई. से 971 ई. तक शासन करने वाले उनके पुत्र सिंहराज ने पुष्कर तीर्थ में अनेक सुंदर भवन[136] कुल देवी आशापुरी के मंदिर का निर्माण

करवाया था।[137] इसी परंपरा में चामुंडराज के नरवर का विष्णु मंदिर[138] तथा उनके पुत्र अर्णोराज द्वारा निर्मित अजमेर का शिव मंदिर[139] उल्लेखनीय है। पर्सीब्राउन के कथनानुसार सोमेश्वर ने अजमेर में पांच मंदिरों का निर्माण करवाया था जिसमें वैद्यनाथ और त्रिदेव (ब्रह्मा, विष्णु और शिव) का मंदिर सम्मिलित था। उनके अनुसार उसने अपने पिता के नाम पर एक नगर बसाया था।[140] विग्रहराज चतुर्थ कला का अत्यंत प्रेमी था और उसने अजमेर में अनेक मंदिरों और दुर्गों का निर्माण करवाया था। उसके जीवन का सबसे महत्वपूर्ण भवन सरस्वती मंदिर है, जो आजकल 'अढ़ाई दिन का झोपड़ा' नाम से प्रसिद्ध है। कजेंस महोदय उसमें निर्मित मूर्तियां महाकाली, शिव, पार्वती और कुबेर की बताते हैं।[141] यहां से प्राप्त एक अभिलेख से ज्ञात होता है कि यह एक ब्राह्मण मंदिर था और इसका निर्माण विग्रहराज ने करवाया था।[142] वास्तव में विग्रहराज द्वारा निर्मित यह सरस्वती मंदिर राजा भोज द्वारा धारा नगरी में बनवाए 'सरस्वतीकंठाभरण विद्यालय' की तरह था, जिसे मुस्लिम आक्रमणकारियों द्वारा तोड़ दिया गया। अपने समय का यह अत्यंत भव्य प्रासाद कहा जा सकता है।

चाहमानकालीन राजस्थान के मंदिरों का वास्तुशास्त्र की दृष्टि से अध्ययन करने पर ज्ञात होता है कि इस युग में निर्मित हरिहर मंदिर तथा सूर्यमंदिर अपने कला वैशिष्ट्य के लिए अत्यंत भव्य हैं। इन्हें पंचायतन विधि का माना जाता है। सूर्य के मंदिर का मंडप अतिशय भव्य स्तंभों पर समाधारित है। स्तंभ पर्याप्त ऊंचे हैं।[143] इन्हीं विशेषताओं के कारण ये जैन मंदिरों से कुछ भिन्न हो गए हैं।

बाडोली के मंदिर की प्रशंसा करते हुए कर्नल टॉड ने लिखा है कि उसकी विचित्र और भव्य रचना का यथावत वर्णन करना लेखनी की शक्ति से बाहर है। यहां मानो हुनर का खजाना खाली कर दिया गया है। उसके स्तंभ छत और शिखर का एक-एक पत्थर छोटे से मंदिर का दृश्य बतलाता है। प्रत्येक स्तंभ पर खुदाई का काम इतना सुंदर और बारीकी के साथ किया गया है कि उसका वर्णन नहीं हो सकता।[144] आबू पर्वत के मंदिरों का वर्णन करते हुए फर्गुसन ने लिखा है कि संगमरमर के बने आबू के मंदिरों में अत्यंत परिश्रम सहने वाली हिंदुओं की टॉकी से फीते जैसी बारीकी के साथ ऐसी मनोहर आकृतियां बनाई गई हैं जिसकी नकल कागज पर बनाने में कितने ही समय और परिश्रम से भी सफलता नहीं मिल सकी।[145] हैलेबिड के मंदिर के विषय में विसेंट स्मिथ का कहना है कि यह मंदिर धैर्यशील मानव-जाति के श्रम का अत्यंत आश्चर्यजनक उदाहरण है। इसके सुंदर कारीगरी के काम को देखते-देखते आंखें तृप्त नहीं होतीं।[146] इसी मंदिर के विषय में प्रो. ए.ए. मैकडॉनल का कथन है कि संसार भर में शायद दूसरा कोई ऐसा मंदिर न होगा, जिसके बाहरी भाग में ऐसा अद्भुत खुदाई का काम किया गया हो। नीचे की चौतरफ हाथियों वाली पंक्ति में दो हजार हाथी बनवाए गए हैं। जिनमें आकृति में कोई भी दो परस्पर नहीं मिलते।[147] विद्वानों द्वारा प्रस्तुत विचार चाहमानयुगीन राजस्थान की शिल्पकला का मनोरम स्वरूप उपस्थित करते हैं।

वास्तुकला की दृष्टि से 'अढ़ाई दिन का झोपाड़ा' एक महत्वपूर्ण भवन रहा है। इसकी प्रशंसा करते हुए टाड ने लिखा है कि वह हिंदू शिल्प कला का प्राचीनतम और पूर्ण परिष्कृत

नमूना है।[148] जनरल कनिंघम के अनुसार भारत में ऐसे भव्य भवन अनुपलब्ध हैं, जिनका इतना महत्वपूर्ण ऐतिहासिकता और पुरातात्विक महत्व हो। इसके सौंदर्यपूर्ण कारीगरी के बारे में उनका कहना है कि अलंकार पर भव्य अपव्यय, वास्तुकला की अद्भुत प्रचुरता, अंतिम सजावट हेतु अद्भुत लालित्य, कारीगरी की अष्टसाध्य यथार्थता विवरण की भरमार, सर्वगुण संपन्न जो हिंदुओं के लिए आवश्यक था, यह अद्भुत भवन अब तक संसार के निर्मित सभी भवनों से सुंदर था।[149]

चाहमानों के एक अन्य सुंदर मंदिर का वर्णन विलासपुर में मिलता है। संभवतः पृथ्वीराज तृतीय के समय में बना था। यह मंदिर नागर शैली का है तथा शिखर अंतराल, मंडप और बरामदा से युक्त है। उसकी प्रत्येक चौरस दीवारों से सटा हुआ 10 फीट का अंतराल है।[150] इसके भीतर छत को देखने से प्रतीत होता है कि यह पूर्णतया हिंदू शैली से युक्त है। अंतराल और मंडप दोनों की ऊंचाई समान है तथा खंभों का आधा भाग छतों से संलग्न है। मंडप की छतपूर्ण कलाकारों से युक्त है। इसमें नर्तकियों का सुंदर चित्रांकन किया गया है। भवन के मध्य में शिवलिंग पारंपरिक है जिन्हें गोकर्णेश्वर के नाम से अभिहित किया जाता है।[151] इस प्रकार यह ज्ञात होता है कि चाहमानों की वास्तुकला शिल्प की दृष्टि से तत्कालीन शिल्पकला से अत्यंत उत्कृष्ट एवं सुंदर है।

मंदिर स्थापत्य के अतिरिक्त चाहमानों की कला राजप्रसादों, दुर्गों, भवनों तथा जलाशयों आदि में भी दिखाई देती है। यद्यपि उनके भवनों के अवशेष आज उपलब्ध नहीं हैं, तथापि उनके अभिलेखों तथा साहित्यिक ग्रंथों में इनके संकेत मिलते हैं। चाहमानों का निवास नगर शाकंभरी नृपति वासुदेव द्वारा छठी शताब्दी में बसाया गया था।[152] अजमेर नगर की स्थापना सातवीं शताब्दी में हुई थी।[153] अजयराज द्वितीय ने बारहवीं सदी के प्रथम चरण में अजमेर राज्य स्थापित किया, जिसकी राजधानी अजमेर थी। इनके समय में यह नगर अनेक भवनों, अट्टालिकाओं, जलाशयों तथा झीलों से सुशोभित था।[154]

अजमेर के पुरातात्विक अवशेषों में अजयमेरु दुर्ग विशेष उल्लेखनीय है। यह दुर्ग तारा दुर्ग के नाम से प्रसिद्ध था। सातवीं सदी में निर्मित यह दुर्ग लगभग 80 एकड़ में विस्तृत एक ऊंची पहाड़ी की चोटी पर बनाया गया था।[155] इसके अवशेषों से ज्ञात होता है कि राजनीतिक परिवर्तनों के अतिरिक्त स्थापत्य कला की दृष्टि से इसका महत्व सदा बन रहा।

इस नगर की सबसे बड़ी उपलब्धि अनासागर झील है, जो अर्णोराज द्वारा दो छोटी पहाड़ियों के मध्य बनवाया गया था। एक अन्य झील बीसल सर नाम से प्रसिद्ध है, जिसे विग्रहराज चतुर्थ ने बनवाया था। इसके चारों ओर भव्य मंदिर और भवन बनवाए गए थे। इसके मध्य में टापू पर राजा का एक महल बनवाया गया था, जो आक्रमणकारी मुसलमानों द्वारा विध्वंस कर दिया गया था।[156] इसके अवशेषों से ज्ञात होता है कि यह झील अपने कलात्मक सौंदर्य के लिए अत्यंत प्रसिद्ध थी। इस प्रकार हम देखते हैं कि चाहमानों की वास्तुकला केवल मंदिरों तक सीमित न रहकर दुर्गों, झीलों आदि तक विस्तृत थी।

मूर्तिकला

इसमें संदेह नहीं कि चाहमान युग की मूर्तिकला अपने विशिष्ट सौंदर्य एवं निर्माण की दृष्टि से अत्यंत महत्वपूर्ण रही, किंतु मुस्लिम आक्रमणकारियों द्वारा पूर्णतः विध्वंस कर दिया गया। चाहमान शासकों के काल में दिल्ली, अजमेर, नाडोल तथा राजस्थान के अन्य स्थानों पर अनेक मंदिरों तथा मूर्तियों का निर्माण हुआ था। उनके खंडित अवशेष अजमेर, नाडोल (पाली), लाडजूं (नागोर) और विजोलिया से जो प्राप्त हुए हैं, उनसे ज्ञात होता है कि चाहमान मूर्तियां पूर्ण विकसित मध्यकालीन मूर्तियां थीं।[157] इनमें अलंकरण, सज्जा एवं लाक्षणिक विवरणों की प्रधानता स्पष्ट देखी जा सकती है।

वास्तव में चाहमानों की स्थापत्य तथा मूर्तिकला को विभाजित नहीं किया जा सकता। *पृथ्वीराज विजय* से ज्ञात होता है कि पृथ्वीराज के पिता सोमेश्वर (सन् 1169-78 ई.) ने वैद्यनाथ मंदिर का निर्माण कराया था, जिसमें दो मूर्तियां भी उत्कीर्ण थीं। इनमें एक उसके पिता की थी, जो घोड़े पर सवार दिखाई गई थी तथा दूसरी स्वयं उसकी ही थी। दोनों प्रतिमाएं एक-दूसरे के अन्योन्मुख थी।[108] सांभर की खुदाई से दो स्त्री प्रतिमाएं प्राप्त हुई हैं जो एक छोटे शिलाखंड को काटकर बनाई गई हैं। एक अन्य प्रतिमा विष्णु की है, जिसका बायां पैर एक भैंसे के सिर पर है, जिस पर एक स्त्री विद्यमान है।[159] साहनी ने एक और दुर्गा की प्रतिमा महिषासुर को मारते हुए दिखलाया है। इस प्रतिमा में दुर्गा शास्त्रधारी मुद्रा में खड़ी हैं और उनका बायां हाथ उसके कंधे को कसकर पकड़े हुए है। यह मूर्ति सफेद रुंधे हुए मिट्टी से निर्मित है।[160] उसके कटिभाग के नीचे वस्त्र तथा उसकी कमर में छह लरों की सिकड़ी तथा पैर में वजनी झब्बा लटक रहा है। यह आकृति स्पष्टतः गुप्त शैली की देन है। इन मूर्तियों के अध्ययन से ज्ञात होता है कि चाहमान युग में इनका निर्माण पूर्णतया शास्त्रीय विधि से होता था।

बिजोलिया (मेवाड़) से प्राप्त दो बैकुंठ विष्णु की मूर्तियां विशेष रूप से उल्लेखनीय हैं। इन मूर्तियों के मध्य मुख सामान्य मानव मुख के स्थान पर अश्वमुख है, जो विष्णु के हयग्रीव स्वरूप से संबंधित प्रतीत होता है।[161] इन बैकुंठ मूर्तियों के पार्श्ववर्ती दोनों मुख परंपरानुरूप सिंह और वराह मुख है। चाहमान कला स्थलों से शिव एवं विष्णु के विभिन्न स्वरूपों की स्वतंत्र एवं संयुक्त मूर्तियों के उदाहरण मिलते हैं, जिनमें शेषशायी विष्णु, लक्ष्मी-नारायण, हरिहर, उमा-महेश्वर, नाटराज, रेवंत, मातृकाओं, पार्वती, महिषमर्दिनी आदि स्वरूपों की मूर्तियां मुख्य हैं।[162]

नाडोल के चाहमान शासकों के समय में नाडोल में नेमिनाथ, शांतिनाथ एवं पद्मप्रभ के मंदिरों का निर्माण हुआ। रेवाड़ी (जोधपुर) के महावीर मंदिर के लेख (1155 ई.) में कटुकराज के शांतिनाथ के पूजन हेतु वार्षिक अनुदान देने का उल्लेख है। कीर्तिपालन ने नडडूलडागिका (नपडूलई) के महावीर मंदिर को 1160 ई. में दान दिया था। कीर्तिपाल के पुत्रों लखनपाल एवं अभयपाल ने रानी महाबलीदेवी के साथ शांतिनाथ का महोत्सव मनाने के लिए दान दिया था।[163] कल्हण के शासनकाल के 6 जैन अभिलेखों में भी विभिन्न जैन मंदिरों को दिए गए दान का

उल्लेख मिलता है। कल्हण की माता ने भी महावीर मंदिर के लिए भूमिदान किया था। सांभर से दो मनोज्ञ स्त्री आकृतियों के अतिरिक्त चतुर्भुज दुर्गा और विष्णु की दो मूर्तियां मिलती हैं।

चाहमान क्षेत्र में तीर्थंकर पार्श्वनाथ की पूजा विशेष लोकप्रिय थी। बिजोलिया लेख (1169 ई.) से ज्ञात होता है कि लोलार्क नाम के एक दिगंबर ने पार्श्वनाथ के एक मंदिर का निर्माण कराया था, जिसे पृथ्वीराज द्वितीय और बाद में पृथ्वीराज तृतीय के पिता सोमेश्वर ने एक-एक ग्राम दान में दिया था।[164] नाडोल में तीर्थंकर पदप्रभ, नेमिनाथ और शांतिनाथ को समर्पित ग्यारहवीं-बारहवीं सदी ई. के तीन श्वेतांबर जैन मंदिर हैं, जिनमें स्त्री दिक्पालियों के अतिरिक्त सामान्य दिकपालों एवं कृष्ण की मूर्तियां तथा सर्वानुभूति (कुबेर) यक्ष और अंबिका यक्षी एवं व्रजाकंशा, गौरी, वज्रश्रृंखला, अपतिचक्रा, महाकाली आकर काली जैसी महाविधाओं और यजलक्ष्मी तथा सरस्वती की मूर्तियां उत्कीर्ण हैं।[165]

चाहमान कला के उत्कृष्टतम उदाहरण के रूप में बीकानेर स्थित पल्लूग्राम से प्राप्त समान लक्षणों वाली संगमरमर में बनी लगभग 1050 ई. की सरस्वती की दो जैन मूर्तियां विशेषतः उल्लेखनीय हैं जो क्रमशः राष्ट्रीय संग्रहालय दिल्ली[166] और गंगा गोल्डेन जुबिली संग्रहालय बीकानेर[167] में सुरक्षित हैं। इन ओजपूर्ण मूर्तियों में अत्यंत सूक्ष्मता से काटकर धातुशिल्प की शैली में बनाए गए आभूषणों से सज्जित देवी त्रिभंग मुद्रा में खड़ी हैं। चतुर्भुजी देवी के मुख का सौम्य भाव तथा हाथों के आयुध स्पष्टतः उसके विद्या की देवी होने का भाव व्यक्त करते हैं। वीणावादिकाओं की आकृतियों से वेष्टित सरस्वती के हाथों में वरदाक्ष, पद्म, पुस्तक और कमंडल है।[168] देवी की अंगरचना में नारी सुलभ सौंदर्य और मृदुता द्रष्टव्य है। अलंकरणों और भंगिमा की दृष्टि से भी ये मूर्तियां अत्यंत आकर्षक है, किंतु शारीरिक रेखाओं के प्रवाह में किंचित कड़ापान दिखाई देता है।[169] अलंकरणों के अतिरिक्त हाथों की अंगुलियां, नेत्र, तीक्षण एवं लंबे नाक, नेत्र और ठुड्डी तथा किंचित अंडाकार छोटा चेहरा अत्यंत भव्य हैं।[170] ये दोनों ही सरस्वती मूर्तियां न केवल चाहमान वरन भारतीय मूर्तिकला की श्रेष्ठतम कृतियां हैं। इनमें कलाकार की तकनीकी दक्षता तथा शरीर रचना एवं भंगिमा की स्वाभाविकता और जीवंतता तथा पैरों की स्थिति से देवी की लयात्मक गतिशीलता का आभास होता है। पीठिका पर हंसवाहन तथा शीर्षभाग में तीर्थंकर की छोटी आकृति भी उकेरी है। श्रीवास्तव जी के कथनानुसार संपूर्ण आकृति संपूर्ण नारी सौंदर्य का साकार रूप प्रस्तुत करती है।[171] बीकानेर संग्रहालय के उदाहरण में सरस्वती मूर्ति के प्रभामंडल के तोरण पर 16 महाविद्याओं का अंकन भी विशेषतः उल्लेखनीय है। देवी के करों में प्रदर्शित पद्म, पुस्तक, अक्षमाला और कमंडल भी अलंकृत किंतु स्वाभाविक रूप से दिखाए गए हैं। इसी प्रकार की एक अन्य मूर्ति लाडलूं से प्राप्त हुई है, जिसमें अलंकरण पल्लू की सरस्वती मूर्तियों के समान सूक्ष्म और आकर्षक नहीं है।[172] इसमें देवी की भंगिमा भी कुछ अस्वाभाविक दिखाई देती है। इस मूर्ति में एक ओर वीणवादिनी और दूसरी वणुवादिनी नारी आकृतियों का अंकन दिखाई देता है। इस प्रकार चाहमानयुगीन मूर्तियों के अध्ययन से ज्ञात होता है कि ये मूर्तियां मूर्तिकला की दृष्टि से अत्यंत ही मनोरम हैं।

चित्रकला

वास्तुकला तथा मूर्तिकला के अतिरिक्त चाहमान युग की चित्रकला का विवरण भी तत्कालीन साक्ष्यों में प्राप्त होता साहित्यिक ग्रंथों के आधार पर इस काल की चित्रकला को धार्मिक तथा आध्यात्मिक दो रूपों में विभाजित किया जा सकता है। *पृथ्वीराज विजय* से ज्ञात होता है कि पृथ्वीराज तृतीय राजकीय क्रिया-कलापों से थक जाने के बाद मनोरंजन हेतु अपनी 'चित्रशाला' में जाता था। इस चित्रशाला में रामायण के विभिन्न घटनाओं का चित्रण किया गया था। इसमें तिलोत्तमा अप्सरा तथा कामदेव के प्रणय लीलाओं का भी चित्रण विद्यमान था।[173] इससे ज्ञात होता है कि चाहमान राजदरबार में चित्रकला को यथोचित स्थान प्राप्त था।

दूसरे प्रकार के चित्रों में आध्यात्मिक तथ्यों का चित्रण किया जाता था। इसमें प्राकृतिक घटनाएं, घटनास्थल और दृश्यों, संघर्ष और प्रेम, नायक और नायिका, सुधारक और संतों तथा अन्य विभिन्न युगों के महापुरुषों का चित्र बनाया जाता था। प्रबंध चिंतामणि से ज्ञात होता है कि पृथ्वीराज तृतीय की चित्रशाला में म्लेच्छों को सुअर के रूप में दिखाया गया था जिसमें मांस को कुत्ते खा रहे थे। जब मुहम्मद गोरी ने इसे देखा तो उसे बहुत क्रोध हुआ और उसने पृथ्वीराज का वध कर दिया।[174]

चौहानयुगीन चित्रकला का विवरण तत्कालीन अन्य साहित्यिक ग्रंथों में मिलता है। कुट्टनीमतम की सम्मति है कि विदुषी कहलाए जाने के लिए वारवनिताएं चित्रकर्मकर सकती है, किंतु मनबहलाव के लिए नहीं[175] कर्पूरमंजरी नाटक में भीतों पर बनाए हुए चित्रों का उल्लेख मिलता है।[176] नैषधचरित का कथन है कि नल के प्रमोद भवन के भीतों पर जो चित्र बने हुए थे, वह बहुधा जीते-जागते जान पड़ते थे तथा उनकी रंगावट भी अनोखी थी। किंतु इन चित्रों में सुरुचि का परिचय नहीं मिलता है। दारूवन में ऋषि कन्याओं के बीच में शिवजी ब्रजभूमि में गोपियों के साथ कृष्ण-लीला और अप्सराओं ने जिस रीति से बड़े-बड़े ऋषि-मुनियों को बहकाया था—यह सद दृश्य बने हुए थे।[177] *कथासरित्सागर* में आया है कि महामंत्री योगंधारायण पद्मावती को महादेवी वासवदत्ता के यहां छोड़कर स्वयं चला गया। महादेवी तथा पद्मावती के साथ अपने चित्रित मूर्ति को देखकर थोड़ी बहुत ढांढस प्राप्त की।[178] भुक्तिपुर की राजकुमारी रूपलता के प्रति अपना प्रेम प्रदर्शित करने के लिए चित्रकार कुमारिदत्त के हाथ राजा पृथ्वीराज ने अपना चित्र भेजा था।[179] परिव्रजिका कात्यायनी चित्रकला में अत्यंत निपुण थी। राजकुमारी मंदरावती का सजीव चित्र अंकित कर उसने राजकुमार सुंदरसेन के आगे रख दिया। फिर कुमार के मित्रों के कहने से उसने राजकुमार का चित्र भी बना दिया था।[180] वास्तव में चित्रकला की परंपरा भारत में बहुत पहले से प्रचलित थी, किंतु चौहान युग तक इसके सैद्धांतिक ग्रंथ निर्मित हो गए थे। *विष्णुधर्मोत्तर पुराण* चित्रकला के सर्वांगीण स्वरूप को विवेचित करता है। इसके अनुसार त्रिलोक की नकल उतारने का नाम चित्र है। यही ध्येय नृत्यकला का भी है।[181] चित्रों का मुख्य उद्देश्य सभी का ध्यान आकर्षित करके मन बहलाना है।[182] चित्रों में उरेहे हुए पात्रों के चार भेद बताए गए हैं। सत्य-शरीर व्यवच्छेद विद्या के

अनुसार यथार्थवादित्व; वैणिकः जितना स्थान उपलब्ध है, उसके अनुपात में चौकोर पृष्ठभूमि के साथ सुंदर सुठाम, परिपूर्ण और लंबोतरा अंग-प्रत्यंग वाली मूर्तियां; नागर; शरीर का गठित, वर्तुल या मोटा-ताजा और थोड़ा-बहुत माल्याधारी और मिश्रः मिला जुला।[183] इस प्रकार ज्ञात होता है कि इस समय चित्रकला अत्यंत विकसित रूप से प्रचलित थी।

सोमेश्वर ने मानसोल्लास में व्रजलेप, तूलिका या कूची और नाना प्रकार के रंग बनाने के तरीके दिए गए हैं। उनका कहना है कि आधारित रंगकुल चार हैं—सफेद, लाल, पीला और काला। शेष अन्य मिश्र वर्ण हैं। चित्र बनाने के पहले नाप जोख कर लेने की विधि का वर्णन भी सोमेश्वर ने किया है। प्रत्येक स्थान के लिए शरीर के भिन्न अंग्र-प्रत्यंगों की नाम-जोख जितनी होनी चाहिए, उसका भी निर्देश मानसोल्लास में मिलता है।[184] बस संदर्भ में यह उल्लेखनीय है कि इस युग की कुछ चित्रित पांडुलिपियां गुजरात में पाई जाती हैं। मोतीचंद के अनुसार सबसे पहली चित्रित पांडुलिपि विक्रम संवत् 1157 की है।[185] निशिथचूर्णी की पांडुलिपि पर ज्यामिति ढंग से चित्र बनाए गए हैं। इस पर कुछ मनुष्यों की आकृतियों एक हाथी पर सवार मनुष्य, दो माला पकड़ी अप्सराएं भी चित्रित मिलती हैं।[186] चाहमान युग के कुछ पत्थरों पर देवताओं के चित्र अंकित पाए जाते हैं। इनका संग्रह राजपूताना म्यूजियम में प्राप्त होता है।[187] इनसे ज्ञात होता है कि चाहमान युग में चित्रकला व्यापक रूप से प्रचलित था और इसे राज्य द्वारा प्रोत्साहित किया जाता था।

संगीत कला

चित्रकला की तरह संगीतकला का चौहान युग में व्यापक प्रचार था। इसके अंतर्गत नृत्य, गीत और वाद्य की परंपरा पूर्व काल से प्रचलित थी। चाहमान युग के विद्वानों ने इस कला में महत्वपूर्ण योगदान दिया था। ऐसे विद्वानों में सारंगधर एक गणमान्य विद्वान थे। इन्होंने अपने ग्रंथ *संगीतरत्नाकर* में संगीत कला का सर्वांगीण वर्णन किया है। इनके ग्रंथ में वर्णित संगीत कला का उपयोग अजमेर के चौहानों के दरबार में किया जाता था। इसमें सात शुद्ध स्वरों, बारह अशुद्ध स्वरों, चार वाद्यों और क्रमवार रागों, स्वरों, तालों और नृत्यों आदि का वर्णन मिलता है।[188] इसमें अनेक पूर्व संगीताचार्यों का नामोल्लेख हुआ है, जो इस रचना के पूर्व भारतवर्ष में विख्यात थे।[189] इनके द्वारा वर्णित कुछ आचार्यों का उल्लेख दामोदर गुप्त ने किया है।[190] संगीत रत्नाकर ने रुद्रट नान्यदेव, राजा भोज, परमर्दी, सोमेश, जगदेकमहल आदि नाम प्रमुख कवियों में लिया गया है।[191] इसमें वर्णित सोमेश को डॉ. गोरीशंकर ओझा ने चौहान राजा सोमेश्वर माना है।[192] यदि यह सत्य माना जाए तो ज्ञात होता है कि सोमेश्वर संगीत का में पूर्ण दक्ष थे।

चाहमान युग में प्रचलित संगीत कला की परंपरा का वर्ण ब्राह्मण तथा जैन पुराणों से प्राप्त होता है। मार्कंडेय पुराण में सगीत के अंतर्गत सात स्वर, सात ग्राम, सात वर्ण सात गीति, सात मूर्छना, 49 ताल, 3 ग्राम, चार प्रकार के पर, तीन प्रकार के ताल, तीन प्रकार के लय,

तीन प्रकार के यदि और चार प्रकार के तोघों का उल्लेख मिलता है।[193] इसी परंपरा में *स्कंद पुराण* के काशी खंड में सात स्वर, तीन ग्राम, 21 मूर्छना, 49 तान, 101 ताल, 6 राग और प्रत्येक राग की पांच-पांच पत्नी रागिनियों का उल्लेख हुआ है। पुनः यह भी कहा गया है कि कहीं-कहीं राग-रागनियों की कुल संख्या 65 है।[194] इसी पुराण के प्रभास क्षेत्र माहात्म्य में तीन ग्राम, सप्त स्वर, तीन यति, सात धातु, छह जाति, तीन गुण, चार वर्ण, सात अलंकार और तीन लयों का उल्लेख किया गया है।[195] इस पुराण के नागर खंड में राग-रागनियों के विस्तृत वर्णन मिलते हैं।[196] इनसे ज्ञात होता है कि इस युग तक राग-रागनियों का व्यापक प्रचार हो गया था।

जैन पुराणों में तत्कालीन वाद्ययंत्रों का निर्देश मिलता है। जैन हरिवंश में वाद्ययंत्रों के तत-अवरुद्ध-धन-सुषिर नाम के चार भेद बताए गए हैं। इसमें राग-रागनियों, स्वरों, तालों, अलंकारों आदि के विस्तृत वर्णन प्राप्त होते हैं।[197] अवदान कल्पलता में संगीत मंडली का उल्लेख मिलता है। इसमें नर्तकियां भी अपनी कला प्रदर्शित करती हुई दिखलाई गई हैं।[198] मेरूतुंग के *प्रबंधचिंतामणि* में राजाओं द्वारा राजदरबारों में संगीत का आयोजन तथा कलाकारों को पारितोषिक देने का उल्लेख मिलता है।[198]

परिशिष्टपर्वन में गणिकाओं में नृत्यकला का वर्णन हुआ है।[200] इस युग में ग्रंथों में लोकगीतों का परिचय भी मिलता है। *पद्मचरित* में नगर की स्त्रियां गीत गाती हुई दिखाई गई हैं।[201] *अवदानकल्पलता* में विद्याधरों की स्त्रियों द्वारा आंगन में नाच-गान के आयोजन का निर्देश है।[202] *कुमारपाल चरित* में स्त्रियों द्वारा ईख तथा चने-मटर के खेतों की रखवाली गीत गाकर की जाती थी, ऐसा उल्लेख मिलता है।[203] इस प्रकार यह ज्ञात होता है कि इस युग में संगीत के अंतर्गत, नृत्य, वाद्य तथा गीत का व्यापक प्रचार था। इसका आयोजन मनोविनोद के दृष्टिकोण से भी किया जाता था।

चाहमानयुगीन साहित्यिक ग्रंथों तथा अभिलेखों में संगीत का आयोजन राजदरबारों में करने का उल्लेख मिलता है। *राजतंरगिणी* से स्पष्ट होता है कि रात्रि में सभाभवन के अंदर विद्वतापूर्ण वाद-विवाद, संगीत और नृत्य किए जाते थे।[204] लेखों में त्यौहारों के अवसर पर वाद्य, संगीत तथा नृत्य आदि राज्य द्वारा कराए जाने के उल्लेख हुए हैं। इनमें नर्तकी बालिकाएं अथवा वेश्याएं अपने शूलपालों के साथ भाग लेती थीं।[205] *पृथ्वीराज रासो* से ज्ञात होता है कि उन दिनों राजाओं के दरबारों में पेशेवर नर्तकियों के नाच-गान का प्रदर्शन एक सामान्य बात थी।[206] संगीत के प्रमुख वाद्यों में वीणा, मृदंग, तंबरू, दुंदुभि, भरी और पटल आदि प्रचलित थे।[207] इस काल के अभिलेखों में सभाभवन के अंतर्गत प्रेक्षागृहों का उल्लेख विशेष रूप से मिलता है। इन विवरणों से ज्ञात होता है कि संगीत कला अपने विकास के चरमोत्कर्ष पर थी और राजाओं तथा सामान्य जनों द्वारा इसका आयोजन दरबारों तथा प्रत्येक मांगलिक अवसरों पर किया जाता था।

इस प्रकार इस युग के शिक्षा, साहित्य और कला के विवेचन से ज्ञात होता है कि इस युग में इनका प्रचार पूर्व परंपरा के अनुसार था। चाहमानों ने इसमें भरपूर योगदान दिया था।

ब्राह्मण धर्मानुयायी तथा भारतीय संस्कृति के पोषक होने के कारण चाहमान राजा शिक्षा, साहित्य और कला को विशेष प्रोत्साहित करते थे।

संदर्भ एवं टिप्पणियां

1. मुकर्जी, आर.के., *एंशियंट इंडियन एजुकेशन,* पृ. 385-86।
2. मिश्र, जे.एस., *प्राचीन भारत का सामाजिक इतिहास,* पृ. 428।
3. अपरार्क, याज्ञ. 17.131; *स्मृतिन्द्रिका,* भाग 1, पृ. 26।
4. *संस्कारप्रकाश,* पृ. 221-25; *संस्काररत्नमाला,* पृ. 904-7।
5. *अर्थशास्त्र,* 1.2 'वृत्तचौलकर्मालिपिं संख्यानं चोपपुंजीत'।
6. *रघुवंश,* 3.7 'सवृत्तश्चौलश्चलकाकवक्षकैरमात्यापुत्रैः सवयोभिरविन्तः।
   लिपेर्यथावदग्रहणेन वाङ्मय नदी मुखैनवसमुद्रामाविशत।
7. *उत्तमरामचरित,* अंक 2 लवकुशयोर्निवृत्तचौलकर्मणोश्च तयोस्त्रयी वर्जमिरास्तिनो विद्याः सावधानेन मनसा परिनिष्ठापिताः।
8. वाटर्स, *ऑन ह्वेनसांग,* भाग 1, पृ. 155। *रेकार्ड ऑफ दि बुद्धिस्ट रिलीजन,* पृ. 165।
9. मिश्रा, जे.एस., *ग्यारहवीं सदी का भारत,* पृ. 168।
10. *स्मृतिचंद्रिका,* 2, पृ. 195।
11. अपरार्क द्वारा उद्धृत, याज्ञ., 1.212।
    यथाघटप्रतिच्छन्ना रत्नराज महाप्रभाः।
    अकिंचित्करतां प्राप्तास्तद्वद्विधाश्चतुर्दश ॥
12. *मनुस्मृति,* 2.142।
    निषेकादीनि कर्माणि यः करोति यथाविधिः।
    संभावपति चान्नेन सविप्रो गुरु रुच्यते ॥
13. *मनुस्मृति,* 2.140।
    उपनीय तु यः शिष्यं वेरदमध्यापयोद्विजः।
    संकल्पं सरहसयं च तमाचार्य प्रचक्षते ॥
14. वही, 2, 141।
    एकदेशं तू वेदस्य वेदागंन्यपि वा पुनः।
    योऽध्यापति वृत्यर्थमुपाध्याय स उच्यते ॥
15. *कृत्यकल्पतरु,* ब्रह्मचारी., पृ. 199-210, 210-227, 240।
16. *रघुवंश,* 3.29।
17. *दशकुमारचरित,* पृ. 21-22।
18. मेधातिथि टीका *मनु.,* 2.108, 243, 3.1।
19. *नारदीय पुराण,* 1.24.13-16।
20. आदित्यपुराण उद्धृत *स्मृतिचंद्रिका,* 1.29।
21. मेधातिथि की टीका, *मनु.,* 2.182।
22. *मनुस्मृति,* 2.185।

सर्ववाऽपि चरेद ग्रामं पूर्वोक्तानाम संभवे।
नियम्य प्रपता वाचमभिशस्तांस्तु वर्जयेत ॥

23. *स्मृतिचंद्रिका*, पृ. 111।
शाकभक्षाः पयोभक्षाः ये चान्ये यावभक्षिण।
सर्वेते भैक्षाभिक्षस्य कलां नार्हतिन्तषोड्शीम ॥
24. मेधातिथि की टीका, *मनु.*, 2.108, 191।
25. *वाराह पुराण*, 14.5।
26. उद्धृत, अपरार्क टीका याज्ञ., 2.198।
27. मेधातिथि की टीका, *मनु.*, 3.156, 2.112, 2.235।
28. *मानसोल्लास*, 84, पृ. 12।
29 *राजतरंगिणी*, 8.2395-97।
30. *एपि.इं.*, भाग 2, पृ. 227।
31. *एपि.इं.*, भाग 16, पृ. 9; आर्कियोलॉजिकल सर्वे रिपोर्ट, भाग 21, पृ. 37।
32. *स्मृतिचंद्रिका*, 1.43।
33. उद्धृत *संस्कारप्रकाश*, पृ. 513।
34. उद्धृत *स्मृतिचंद्रिका*, 1.143।
35. उद्धृत *संस्कारप्रकाश*, पृ. 515।
36. *शब्दानुशासन*, 2.1.31. 'वयं विनीतास्तन्नो गुरुवो मानयन्ति, युवां शीलवंती तद्वां गुरवो मानयन्ति' वही, 2.1.33 'एतेमेधविनो विनीता अथो एते शास्त्रस्य पात्रम्'।
37. मेधातिथि टीका, *मनु.*, 2.159।
38. इत्सिंग रेकर्ड, पृ. 170 आदि देखिए जिनदत्त सूरि कृत चरचरी।
39. मिश्रा, जे.एस., *ग्या.स.भा.*, पृ. 173।
40. वही, पृ. 172।
41. मेधातिथि, *मनु.*, 3.1; याज्ञ., 1.57; *अपरार्क*, पृ. 74-75. मेधातिथि, *मनु.*, 3.2।
वेदानधीत्य वेदौवा वेदं वाऽपि यथाक्रमश।
अविप्लुवब्रह्ममचर्यो गृहस्थाश्रममावसेते।
42. *कृत्यकल्पतरु*, गृहस्थ, पृ. 252।
43. मिश्रा, जे.एस., *ग्या.स.भा.*, पृ. 169।
44. *मानसोल्लास*, 3.1238-1304।
45. *स्मृतिचंद्रिका*, 1, पृ. 29।
46. *कृत्यकल्पतरु*, गृहस्थ., पृ. 263।
47. वही।
48. उद्धृत संस्कारप्रकाश, पृ. 506-507. उद्धृत *स्मृतिचंद्रिका*, 1, पृ. 133-35।
49. मेधातिथि, टीका *मनु.*, 3.2।
50. मिश्रा, जे.एस., *ग्या.स.भा.*, पृ. 170।
51. *कृत्यकल्पतरु*, दान, पृ. 207, 213।
52. *कृत्यकल्पतरु*, ब्रह्मचारी, पृ. 257-259।
53. स्ट्रगल फार एम्पायर, पृ. 319-20।

54. *एपि.इं.*, भाग 8, पृ. 150; भाग 19, पृ. 18-19; भाग 5, पृ. 117-18; भाग 8, पृ. 154; इं.ऐं., भाग 19, पृ. 103।
55. *एपि.इं.*, भाग 11, पृ. 192; भाग 12, पृ. 31 ब्रह्मत्रिविक्रमोर्कश्च विष्णुदेव।
56. *एपि.इं.*, भाग 16, पृ. 10; भाग 6, पृ. 87, ठाकुरश्रीयशः प्रपौत्राय द्विवेदी श्रीवील्हे।
57. वही, भाग 2, पृ. 336।
58. *एपि.इं.*, भाग, 1. पृ. 51।
59. मिश्र, जे.एस., *ग्या.स.भा.*, 174।
60. *एपि.इं.*, भाग 1, पृ. 122-135।
61. *इं.ऐं.*, भाग 16, पृ. 201।
62. *भविसयत्तकहा*, 2.1-3।
63. *नारदस्मृति*, 5.16-21।
64. मेधातिथि, मनु. 9.229-31।
65. वही, 9.76।
66. *कुट्टनीमतम्*, 212।
67. *हिंदू सुपिरियरिटी*, पृ. 256-57।
68. *मानसोल्लास*, 3.1250-60।
69. *पृथ्वीराज विजय*, 9.45-64।
70. *पृथ्वीराजरासो*, वाणवेधसमय 67, पृ. 2464-65।
71. विनयकुमार सरकार, *हिंदू एचीवमेंट्स इन एक्जैक्ट साइंसेज*, पृ. 12-25। वाइज, *हिस्ट्री ऑफ मेडिसिन*, पृ. 9-15; सारडा, हरविलास, *हिंदू सुपिरियरिटी*, पृ. 250-62। बुद्धप्रकाश, *वैज्ञानिक विकास की भारतीय परंपरा*, पृ. 110-125।
72. समराङ्गणसूत्रधार, 15-18।
73. बैजयंतीकोश, 145-47।
    अभिधानचिंतामणि, पृ. 117।
74. देखिए, कला विवेचन प्रकरण आगे।
75. मेधातिथि, टीका *मनु.*, 2.49।
76. *काव्यमीमांसा*, 10., पृ. 53।
77. *सुक्तिमुक्तावली*, पृ. 135।
78. *उपमितिभपप्रपंचकथा*, पृ. 345, 453-59, 875-92।
79. ओझा, *मध्यकालीन भारतीय संस्कृति*, पृ. 57।
80. शुक्ल, रामचंद्र, *हिंदी साहित्य का इतिहास*, पृ. 39।
81. मिश्र, केशवचंद्र, चंदेल और उनका राजत्व काल पृ. 212।
82. *इं.ऐं.*, भाग 20., पृ. 210-12।
83. *कैटलॉग ऑफ मैन्यूस्क्रिप्ट्स ऑफ पाटन भंडार*, पृ. 369।
84. *इं.ऐं.*, भाग 20, पृ. 212-13।
85. *गजेटियर फेस्टस्क्रिप्ट*, 1901, पृ. 1-15।
86. देसाई, *जैन साहित्य का इतिहास*, पृ. 412
87. *खरतगच्छगुरुवावली*, पृ. 22-25; देखिए, देसाई, वही, पृ. 415।

88. सिंह., पी.एन., *पृथ्वीराज चौहान और उनका काल*, पृ. 248।
89. परदेसाई, *जैन साहित्य का इतिहास*, पृ. 608, 412।
90. शर्मा, दशरथ, *अर्ली चौहान डायनेस्टिज*, पृ. 375-80।
91. मिश्र, केशवचंद्र, *चंदेल और उनका राजत्व काल*, पृ. 315।
92. शुक्ल, रामचंद्र, *हिंदी साहित्य का इतिहास*, पृ. 27-28।
93. बीसलदेवरासो, सर्ग 1.9।
    बारह से बहोत्तरां हां मझारि।
    जेठवदी नवमी बुधवारि ॥
    नाल्ह रसायण आरंभ इ।
94. वर्मा, सत्यजीवन, बीसलदेवरासो, पृ. 5-7।
95. प्रोसीडिंग ऑफ दि एशियाटिक सोसायटी ऑफ बंगाल, अप्रैल-मई 1893, पृ. 94।
96. *पृथ्वीराज विजय*, भूमिका, पृ. 3।
97. शर्मा, *अर्ली हिस्ट्री ऑफ चौहान डायनेस्टिज*, पृ. 378।
98. मिश्र, केशवचंद्र, *चंदेल और उनका राजत्वकाल*, पृ. 216।
99. गैरोला, वाचस्पति, *संस्कृति साहित्य का इतिहास*, पृ. 908।
100. कीथ, ए.बी, *हिस्ट्री ऑफ संस्कृत लिटरेचर*, पृ. 218।
101. वरदाचार्य, वी., *संस्कृत साहित्य का इतिहास*, पृ. 234।
102. गैरोला, वाचस्पति, *संस्कृत साहित्य का इतिहास*, पृ. 912।
103. कीथ, ए.बी., *हिस्ट्री ऑफ संस्कृत लिटरेचर*, पृ. 323।
104. प्रेमी, नाथूराम, जैन साहित्य और इतिहास, पृ. 303।
105. मिश्र, केशव, *चंदेल और उनका राजत्व काल*, पृ. 218।
106. ओझा, *मध्यकालीन भारतीय संस्कृति*, पृ. 67।
107. मिश्र, केशव, *चंदेल और उनका राजत्व काल*, पृ. 219।
108. ओझा, *मध्यकालीन भारतीय संस्कृति*, पृ. 67।
109. कीथ, ए.बी., *हिस्ट्री ऑफ संस्कृत लिटरेचर*, पृ. 193।
110. उपाध्याय, वासुदेव, *पूर्वमध्यकालीन भारत*, पृ. 282।
111. काणे, पी.वी., *हिस्ट्री ऑफ धर्मशास्त्राज*, भाग 2, पृ. 247।
112. कीथ, ए.बी., *हिस्ट्री ऑफ संस्कृत लिटरेचर*, पृ. 444।
113. ओझा, *मध्यकालीन भारतीय संस्कृति*, पृ. 107।
114. वैद्य, सी.वी., *हिस्ट्री ऑफ मेडिवल हिंदू इंडिया*, भाग 3, पृ. 474।
115. पर्सीब्राउन, *इंडियन आर्किटेक्चर*, पृ. 1।
116. हैवेल, *इंडियन स्कप्चर एंड पेंटिंग*, पृ. 169।
117. ग्रिफिथ, *दी पेंटिंग्स इन दि बुद्धिस्ट कैव टेंपल्स ऑफ अजंता*, पृ. 12
118. सारडा, हरविलास, *हिंदू सुपीरियरिटी*, पृ. 343।
119. हैवेल, *इंडियन स्क्रप्चर एण्ड पेंटिंग*, पृ. 144।
120. *पृथ्वीराज विजय*, 5.43, 45, 53; 8.63-71; *जरनल ऑफ रायल एशियाटिक सोसायटी*, 1913, पृ. 277; शारदा, अजमेर, 1981, पृ. 66।
121. *नागरी प्रचारिणी पत्रिका* (नं.सं.), भाग 4, पृ. 42।

122. ओझा, *मध्यकालीन भारतीय संस्कृति*, पृ. 145।
123. उपाध्याय, वासुदेव, *पूर्वमध्यकालीन भारत*, पृ. 143।
124. *कामसूत्र*, 3.25।
रूपभेदाः प्रमाणानि भावलावण्ययोजनम्।
सादृश्यं वणिकाभंगं इति चित्र षङ्कम् ॥
125. लिप्पे, अश्विन डी., *इंडियन मेडिकल स्क्रप्चर*, पृ. 18, मूर्ति शिवराम, *इंडियन, स्कप्लचर*, पृ. 12।
126. सरस्वती, एस.के., *ए सर्वे ऑफ इंडियन स्क्रप्चर*, पृ. 29 पर उद्धृत 'नागरीमध्यदेशः लाठीलाटअप्राकृतितः'।
127. सिंह, पी.एन., *पृथ्वीराज चौहान और उनका काल*, पृ. 270।
128. लिप्पे, आश्विन डी., *इंडियन मेडिवल स्कल्पचर*, पृ. 20।
129. उपाध्याय, वासुदेव, *पूर्व मध्यकालीन भारत*, पृ. 147।
130. ह्याशीर्षपंचारात्र, अध्याय 19, भट्टाचार्य, टी., *वास्तुविद्या*, पृ. 326 पर उद्धृत।
131. *आर्किटेक्चरल एंटीक्यूटिज ऑफ नार्दर्न गुजरात*, पृ. 27।
132. ओझा, *मध्यकालीन भारतीय संस्कृति*, पृ. 140।
133. चंदा, आर.पी., *मेडिवल इंडियन स्क्रप्चर*, पृ. 135।
134. पर्सीब्राउन, *इंडियन आर्किटेक्चर*, पृ. 77।
135. *पृथ्वीराज विजय*, 5.37।
136. वही, 5.43, 45।
137. वही, 5.53।
138. वही, 5.68।
139. वही, 6.26-28।
140. पर्सीब्राउन, इंडियन आर्किटेक्चर, पृ. 8, 62, 66।
141. कजेंस, *आर्कियोलॉजिकल सर्वे रिपोर्ट, ऑफ वेस्टर्न इंडिया*, 28 अप्रैल, 1900 ई., पृ. 25।
142. इं.ऐं., भाग 20, पृ. 201, 'श्रीविग्रहराजदेवेन कारितमयतनमिदम्'।
143. गांगुली, ओ.सी., इंडियन आर्किटेक्चर, पृ. 60-61
144. टाड, कर्नल, राजस्थान, भाग 3, पृ. 1752-53।
145. फर्गुसन, *पिक्चर्स इलस्ट्रेशंस ऑफ आर्किटेक्चर इन हिंदुस्तान*, पृ. 22।
146. स्मिथ, *हिस्ट्री ऑफ फाइन आर्ट इन इंडिया*, पृ. 42।
147. मैकडॉनल, ए.ए., *इंडियाज पास्ट*, पृ. 83।
148. टाड, *एनल्स एंड ऐंटीक्वीटिज ऑफ राजस्थान*, जि. 1, पृ. 609।
149. कनिंघम, आर्कियोलॉजिकल सर्वे रिपोर्ट, जि. 2, पृ. 263।
150. वही, पृ. 261।
151. साहनी, आर्कियोलॉजिकल रिमेन्स एंड एक्सकेवेसन, एट सांभर, पृ. 67; *कार्लाइल, आर्कियोलॉजिकल सर्वे रिपोर्ट*, जि. 6, पृ. 158-59।
152. साहनी, वही, पृ. 11।
153. शारदा, अजमेर, 1911 ई., पृ. 33।
154. *पृथ्वीराज विजय*, 5.91-92।
155. टाड, *एनल्स एंड एंटीक्वीटिज ऑफ राजस्थान*, भाग 1, पृ. 618।

156. शारदा, अजमेर, 1911, पृ. 66।
157. मिश्र रमानाथ, *भारतीय मूर्तिकला*, पृ. 216।
158. *पृथ्वीराज विजय*, 8.66.67; *जनरल ऑफ एशियाटिक सोसायटी ऑफ बंगाल*, 1913, पृ. 277।
159. साहनी, *आर्कियोलॉजिकल रिमेन्स एंड एक्सकेवेसन एट सांभर*, पृ. 21-22।
160. वही, पृ. 26।
161. मिश्र, रमानाथ, *भारतीय मूर्तिकला*, पृ. 215।
162. वशिष्ठ, नीलिमा, *स्क्रप्चर ट्रेजीशंस आंव राजस्थान*, पृ. 157-58।
163. भंडारकर, डी.आर., सम टेंपुल्स इन माउंट आबू, *रूपम पत्रिका*, 3 1920, पृ. 112।
164. *एपि.इं.*, भाग 26, पृ. 1 150-51।
165. कनिंघम, *आर्कियोलॉजिकल सर्वे रिपोर्ट*, भाग 2, पृ. 266।
166. कैटलॉग ऑफ राष्ट्रीय संग्रहालय, दिल्ली, क्रमांक 1, 6, 278।
167. कैटलॉग ऑफ गंगा गोल्डेन जुबिली संग्रहालय, बीकानेर, मूर्ति सं. 203।
168. जोशी, एन.पी., *प्राचीन भारतीय मूर्तिकला*, पृ. 237-38।
169. वही, पृ. 238।
170. श्रीवास्तव, ब्रजभूषण, *प्राचीन भारतीय प्रतिमा विज्ञान एवं मूर्तिकला*, पृ. 183।
171. वही, पृ. 184।
172. शर्मा, वी.एन., "सरस्वती प्रतिमाओं के विकास में पल्लू की जैन सरस्वती प्रतिमाएं", *मरूभारती*, अक्टूबर, 1962 पृ. 88।
173. *पृथ्वीराज विजय*, 11.24-105।
174. टानी, *प्रबंधचिंतामणि*, पृ. 191।
175. *कुट्टनीमतम्*, पृ. 61।
176. *कर्पूरमंजरी*, 1.15-18।
177. *नैषधचरित*, 18.12-26।
178. *कथासरित्सागर*, पृ. 52।
179. वही, पृ. 251।
180. *कथासरित्सागर*, पृ. 471।
181. *विष्णुधर्मोत्तर पुराण*, 3.35.5।
182. वही, 3.41.12।
183. वही, 3.41.1-5।
184. मानसोल्लास, पृ. 13-14।
185. *कैटलॉग ऑफ मैन्यूस्क्रिट्स इन दि पाटन भंडार*, पृ. 203, नं. 14।
186. जैन, मोतीचंद्र, *मेनीऐचर पेंटिंग्स फ्राम वेस्टर्न इंडिया*, पृ. 58, आकृति 14-15।
187. सिंह, पी.एन., *पृथ्वीराज चौहान और उनका काल*, पृ. 279।
188. *संगीतरत्नाकर*, अध्याय 1, पृ. 158-59।
189. *संगीतरत्नाकर*, 1.15 'विशाखिलो दातिलश्व कंबलौऽश्वतस्तथा। अन्पेचवहवःपूर्वे ये संगीत विशारदाः ॥
190. *संगीतदर्पण*, पृ. 26।
नादविद्यां परां लब्ध्वा, सरस्वततयाः प्रसादतः।

कंबलाश्वतरौ नागौ शंभैः कुंडलवा गतौ ॥

191. *संगीतरत्नाकर*, 1.18।
रूद्रटो नान्यवरपालो भोजभूवल्लभस्तथा।
परमर्दी च सोमेशो जगदेक महीपतिः ॥
192. ओझा, *मध्यकालीन भारतीय संस्कृति*, पृ. 103-4।
193. मार्कंडेय पुराण, 23.51-54।
194. स्कंद पुराण, काशी 74.70-73।
195. वही, काशी, प्रभासमाहात्मय, 11.132-185।
196. वही, नागरखंड, 254.27-45।
197. जैनहरिवंश, 19.226-232; 19.53-58।
198. अवदानकल्पलता, 66, 30-101।
199. *प्रबंधचिंतामणि*, 3.20।
200. *परिशिष्टपर्वन*, 8.210।
201. *पद्मचरित*, 1.175।
202. *अवदानकल्पलता*, 108.94।
203. *कुमारपालचरित*, 5.69-70।
204. *राजतरंगिणी*, 7.881-83. 895, 944।
205. *एपि.इं.*, भाग 11, पृ. 27।
206. *पृथ्वीराजरासो.*, समय 60.1-10।
207. *एपि.इं.*, भाग 11, पृ. 54।

उपसंहार

उत्तर प्राचीन काल के भारतीय इतिहास में अनेक राजपूत राजवंशों के साथ-साथ चाहमानों (चौहानों) का योगदान अन्यतम है। इस राजवंश का राजनीतिक, सामाजिक, आर्थिक, धार्मिक एवं सांस्कृतिक क्षेत्रों में अत्यंत महत्वपूर्ण कार्य है। चाहमानों का काल राजनीतिक विघटन का काल था। ऐसे समय में चाहमान वंश ने विदेशियों से अपनी धरती को बचाने का हर संभव प्रयास किया। इस प्रकार वे इस युग के राजनीतिक प्रतिनिधि के साथ-साथ समाज एवं धर्म के संरक्षक भी थे।

चाहमान शासक ब्राह्मण धर्मानुयायी थे, अतः वर्णाश्रम व्यवस्था की रक्षा के लिए सदा प्रयत्नशील रहते थे। मुस्लिम आक्रमणकारियों के कारण प्राचीन सामाजिक व्यवस्थाओं में अनेक परिवर्तन होने लगे थे। इन परिवर्तनों के कारण पारंपरिक वर्णव्यवस्था पर बराबर आघात हो रहा था। समाज में विभिन्न जातियों के अभ्युदय से सामाजिक मर्यादा भंग हो रही थी। मुसलमानों का आक्रमण हिंदू समाज एवं धर्म को झकझोर देने वाला एक प्रचंड भूकंप था अतः चाहमानों के सामने भारतीय समाज की सुरक्षा एवं उनके विघटन की सबसे बड़ी समस्या थी। उन्होंने मुसलमानों से समाज की रक्षा के लिए उन्हें म्लेच्छ, राक्षस, बर्बर आदि घोषित कर भारतीयों के मन में एक प्रकार की घृणा उत्पन्न कर दी। उन्हें समाज में अस्पृश्य घोषित किया गया। सभी वर्णों के लोगों को उनके जन्मानुसार वंशों की महत्ता बताकर अपने से निम्न वर्ण की वृत्ति से रोका गया। इस प्रकार समाज विघटित होने से बच गया। चाहमानों का दूसरा योगदान धार्मिक क्षेत्रों में था। चाहमान राजा ब्राह्मण धर्मानुयायी होने के कारण विशेषतः शैव मतावलंबी थे किंतु उन्होंने वैष्णव धर्म को भी उसी प्रकार प्रोत्साहित किया, जिस प्रकार शैव धर्म को। इन राजाओं द्वारा अनेक शैव तथा वैष्णव मंदिर बनवाए गए। तीर्थस्थानों के अनेक मंदिरों की मरम्मत कराई गई यद्यपि ये ब्राह्मण धर्मानुयायी थे, तथापि जैन-बौद्ध तथा अन्य मतों के अनुयायियों के प्रति सहिष्णु थे। उनके द्वारा प्रतिपादित धार्मिक कृत्यों में पर्याप्त योगदान देते थे। इस प्रकार सामाजिक तथा धार्मिक दोनों क्षेत्रों में इन शासकों का महान योगदान था।

इस युग में प्राचीन वर्णव्यवस्था का सैद्धांतिक स्वरूप तो दिखाई देता है, किंतु व्यवहारतः

वर्णों के अंतर्गत अनेक उपजातियों का विस्तार मिलता है। समाज में ब्राह्मणों को विशेष अधिकार प्राप्त थे। परंपरानुसार वे राजाओं के आमात्य, संधिविग्रहिक, दूत तथा सेनापति जैसे महत्वपूर्ण पदों पर नियुक्त होते थे। प्राचीन युग में पुरोहित का पद विशेष महत्वपूर्ण था। यद्यपि इस युग में भी राजाओं के पुरोहित ब्राह्मण ही हुआ करते थे, फिर भी उनकी प्राचीन गरिमा नहीं रह गई थी। उन्हें राज्याभिषेक था, धार्मिक कृत्यों के संपादन तक सीमित कर दिया गया था। इस युग में पहली बार ब्राह्मणों की दस शाखाएं पंचगौड़ और पंचद्रविड़ का उल्लेख मिलता है। उत्तर भारतीय पंचगौड़ों के अंतर्गत स्थान विशेष के नाम पर कन्नौज के ब्राह्मण कान्यकुब्ज, बंगाल के गौड़, मिथिला के मैथिल, सरस्वती घाटी के सारस्वत, उड़ीसा के उत्कल, सरयूपार के सरयूपारी एवं शकद्वीप के शक द्वीपी कहलाए। इनका वर्गीकरण गोत्र और वैदिक शाखा के आधार पर हुआ था। ब्राह्मण अध्यापक, आचार्य, उपाध्याय, पंडित, भ्रद आदि भी कहलाते थे। वैदिक ज्ञान के आधार पर चतुर्वेदी, त्रिवेदी, द्विवेदी, यजुर्वेदी, सामवेदी, दीक्षित, पाठक आदि उपाधियां भी उन्हें प्राप्त थीं, जो कालांतर में वर्ग बन गईं। प्राचीन षट्कर्मों के अतिरिक्त इस युग में उनके कर्मों का विस्तार भी हो गया था। ये कृषक, व्यवसायी, सैनिक कथावाचक आदि भी बन गए थे।

वर्णव्यवस्था के अंतर्गत दूसरा स्थान क्षत्रियों का था, जो शासक तथा सामान्य वर्ग के अंतर्गत थे। इस समय सामान्यतः इन्हें राजपूत कहा जाता था। शासक वर्ग होने के कारण समाज में इनका सम्मान ब्राह्मणों की तरह ही था। प्रजा का कष्ट निवारण, उसकी रक्षा एवं दुर्जनों का दमन क्षत्रिय का स्वाभाविक कर्म माना जाता था। वे भी शस्त्र एवं शास्त्र दोनों के समान अधिकार रखते थे। सामान्य वर्ग के क्षत्रिय अन्य व्यवसायों में लगे हुए थे। क्षत्रियों में सूर्य, सोम, पुरू, क्रशकैशिक, नीव, पांड्य, आदि अनेक वंश प्रचलित हो गए थे। इस काल तक उनके 30 कुल बन गए थे। वैश्य वर्ग वर्णव्यवस्था के तीसरे स्थान पर था। यह इस युग का सर्वाधिक धनी वर्ग था। समाज के भरण-पोषण का काम यही वर्ग करता था। इस युग के वैश्य अपने स्वाभाविक कर्म-कृषि एवं पशुपालन को छोड़कर केवल व्यापार एवं विविध उद्योगों पर निर्भर था। इनके वाणिज, नैगम, श्रेष्ठी, सार्थवाह, वर्ग थे, जो प्रधानतः व्यावसायिक कृत्यों से संबंधित थे। कुंभकार, चर्मकार, लौहकार, स्वर्णकार, पीतलकार, अयसकार, माली तथा तांबुलिक आदि की गणना वैश्यों में की जाती थी। कारवां लेकर विदेश जाने वाले वाणिक सार्थवाह कहे जाते थे। ये तेल के कारखाने भी चलाते थे। अपने उद्योग-धंधों के लिए उन्हें कर देना पड़ता था। वर्णव्यवस्था का चौथा वर्ग उपेक्षित शूद्र वर्ग था। सेवाकार्य में इनके जीवन की सार्थकता मानी जाती थी, किंतु इस युग में शूद्रों की स्थित उन्नत हो चुकी थी। प्रायः शिल्प संबंधी सारा कार्य शूद्र ही करते थे इसलिए समाज में उनकी अच्छी प्रतिष्ठा थी। इसमें अनेक जातियों का विकास हो गया था। चांडाल, नट, नर्तक, शैडिक, सैनिक, सूत आदि जातियां अछूत मानी जाती थीं। संक्षेप में चाहमान युग में प्राचीन वर्णव्यवस्था विद्यमान थी, किंतु अनेक जाति वर्णों के विकास के कारण उसमें अनेक परिवर्तन हो गए थे।

इस युग की पारिवारिक व्यवसाय एवं वैवाहिक जीवन की पूर्वकाल की अपेक्षा परिवर्तित

होने लगा था। संयुक्त परिवार की प्राचीन परंपरा इस समय भी विद्यमान थी किंतु छोटी-मोटी बातों को लेकर परिवार सामान्यतः टूट जाया करते थे। परिवार में माता-पिता, पुत्र-पुत्री, दादा-दादी, चाचा-चाची, भाई आदि संयुक्त रूप से रहते थे। पिता परिवार का सर्वोच्च होता था। उसकी आज्ञा का पालन पारिवारिक जनों का नैतिक कर्तव्य था। वह समाज के सारे कृत्यों का निर्वाह करता हुआ पारिवारिक उत्तरदायित्व की पूर्ति करता था। बच्चों की शिक्षा-दीक्षा, भोजन की व्यवस्था तथा उनकी देख-रेख पिता पर ही निर्भर करती थी। माता घर का सारा कार्य संचालित करती थी। उसे गृहलक्ष्मी माना जाता था।

परिवार में कुंवारी कन्याओं का विवाह पिता का सबसे बड़ा कर्तव्य था। सामान्यतः छोटी अवस्था में ही विवाह की प्रथा चल पड़ी थी। ब्राह्मविवाह की परंपरा उत्तम जानी जाती थी। किंतु राजपूत राजवंशों में स्वयंवर विवाह की प्रथा प्रचिलित थी। विवाह का संपादन धार्मिक विधि-विधानों को वैध ठहराया था, इसके एकाध उदाहरण मिलते हैं। समाज में अनुलोम तथा प्रतिलोम विवाह भी होते थे। इस प्रकार यदि संक्षेप में कहा जाए तो हिंदू परिवार एवं विवाह की सारी प्राचीन मान्ताएं प्रचलित थीं।

किंतु मुसलमानों के आक्रमणों के फलस्वरूप पारिवारिक एवं वैवाहिक जीवन में अनेक परिवर्तन हो गए थे।

इस युग में स्त्रियों की दशा सबसे अधिक दयनीय हो गई थी। उन्हें घर की परिखा में रहने के लिए प्रतिबंधित कर दिया गया था। सती प्रथा सामान्य रूप से लोकप्रिय बन गई थी। विधवाओं के विवाह के लिए मनु ने अनुमति प्रदान की है, किंतु प्रौढ़ विधवाओं के लिए विवाह का प्रचलन नहीं था। बाल-विवाह के कारण बाल-विधवाओं की संख्या समाज में बढ़ रही थी। बहु-विवाह तो हिंदुओं में एक परंपरागत प्रथा हो गई थी। स्त्री सामान्यतः पुत्री, पत्नी तथा माता के रूप में प्रतिष्ठित थी, किंतु स्त्रियों के संबंध में धर्मशास्त्रों के आदर्श बदल चुके थे, पुरुषों की ओर से स्त्रियों पर कठोर अनुशासन लदता जा रहा था। किंतु वे सामाजिक कार्यों में निर्बाध भाग लेती थी। मुसलमानों के संपर्क के पश्चात हिंदुओं की धारणा अपनी कन्याओं के प्रति उपेक्षा की होने लगी थी। इतना होते हुए भी स्त्रियों में शील, सतीत्व और पातिव्रत्य की महिमा कम नहीं हुई थी। उन्हें शिक्षा दी जाती थी, किंतु उनकी शिक्षा मुख्यतः व्यवहारिक एवं कलात्मक ही होती थी। संक्षेपतः उनकी पूर्व स्वतंत्रता प्रतिबंधित हो गई थी, किंतु सांपत्तिक अधिकारों में उसे स्थान मिल गया था। स्त्री धन इस युग का सबसे बड़ा अधिकार था, जिसे किसी भी स्थिति में ग्रहण नहीं किया जा सकता था। बाल-विधवाओं की अधिकता के कारण व्यभिचारिणी स्त्रियों की संख्या अधिक हो गई थी। धार्मिक दृष्टि से मंदिरों में देवदासियों-गणिकाओं को नियुक्त किया जाता था। किंतु ऐसी स्त्रियों के प्रति समाज का व्यवहार अच्छा नहीं था। वे राजाओं तथा सामंतों के विलासिता की सहचरी मात्र रह गई थीं।

इस समय भारतवासियों का भोजन और पेय बड़ा ही सौख्यपूर्ण था। आमिष भोजन की ओर लोगों की प्रवृत्ति बढ़ रही थी। वे मद्य को हेय दृष्टि से देखते थे। किंतु इस समाज में प्रचलन सर्वथा वर्जित नहीं था। राजपूतों में मादक द्रव्यों का सेवन प्रचलित था। वस्त्राभूषण

लोग आवश्यकतानुसार धारण करते थे। वस्त्रों और आभूषणों पर वे पर्याप्त व्यय करते थे। स्त्रियों तथा पुरुषों के वस्त्राभूषण अलग-अलग होते थे। पुरुषों की अपेक्षा स्त्रियों में अलंकार धारण करने की प्रवृत्ति अधिक थी। इस युग के लोगों का जीवन सामान्यतया सुखद था। अतः वे मनोविनोद में विशेष भाग लेते थे। मनोविनोद के अनेक साधन प्रचलित हो गए थे। इन साधनों में द्युत विहार यात्रा, शतरंज, दोलाकेलि, जलक्रीड़ा, दौड़ की प्रतियोगिता, गुलिका क्रीड़ा, मर्कटोप्लावन तथा अनेक प्रकार के खेल-कूद प्रचलित थे। इन खेल-कूदों द्वारा लोग सतत मनोरंजन करते थे।

इस युग की धार्मिक अवस्था को दो भागों में विभाजित किया जा सकता है। पूर्वार्द्ध तो साधारण रूप से सनातन ब्राह्मण धर्म की छत्रछाया में पल्लवित था। जिसमें शिव, विष्णु, आदित्य, देवी, गणेश तथा कुछ अन्य गौड़ देवी-देवता पूजित थे। इन्हें पंचायतन पूजा पद्धति के नाम से अभिहित किया जाता था। चाहमान शासक ब्राह्मण धर्मानुयायी थे, अतः सभी धर्मों का समान रूप से आदर करते थे। इनके शासककाल में शैव, वैष्णव, बौद्ध तथा जैन धर्मों का प्राबल्य था। देवताओं की स्थापना मंदिरों में की जाती थी। अनेक तीर्थस्थल प्रचलित हो गए थे। वास्तव में इस युग के उत्तरार्ध में पौराणिक धर्म की विधियों का विशेष प्रचलन हो गया था। लोग भूत-प्रेत तथा अंधविश्वासों में भी विश्वास करते थे। छोटे वर्गों में जड़ पूजाएं विशेष रूप से प्रचलित हो गई थीं। बौद्ध धर्म का तिरोहण बड़ी तीव्रता से हो रहा था, किंतु जैन धर्म अपनी सहज गति से चलता जा रहा था। जैनों ने उत्तर भारत के राजपूत राजाओं के यहां अपना प्रभाव प्रतिष्ठित करने का पूरा प्रयत्न किया था। इस समय श्वेतांबर शाखा विशेष प्रतिष्ठित थी। इसका गढ़ यद्यपि गुजरात तथा दक्षिण भारत था, फिर भी चाहमान राज्य में भी ये फल-फूल रहे थे। इस प्रकार इस युग का धार्मिक जीवन पूर्णतया स्मार्त सिद्धांतों पर आधारित था।

चाहमान युग की आर्थिक दशा पूर्णतया कृषि एवं व्यापार पर अवलंबित थी। भारत एक कृषि प्रधान देश था, इसलिए राजाओं ने इसके विकास में पर्याप्त योगदान दिया था। सिंचाई के लिए कूपों, नहरों, तालाबों तथा कुल्याओं आदि की व्यवस्था की जाती थी। इस युग में भूमि का स्वामित्व कृषक के पास था। खेत का स्वामी होता था तथा उपज पर कर देता था। कर का निर्धारण राज्य द्वारा किया जाता था। उद्योग एवं व्यवसाय के दृष्टिकोण से यह युग अत्यंत समुन्नत था। व्यवसायी अपना व्यापार दूर-देशों में करते थे। आयात-निर्यात के साधन घोड़े, बैल तथा गाड़ियां होती थी। दूरवर्ती प्रदेशों में व्यापार नावों द्वारा किया जाता था। वस्तुओं के विक्रय के लिए बाजार लगते थे, जहां विक्रीत वस्तु का शुल्क निश्चित किया जाता था। नाप के लिए अनेक परिमाण प्रचलित थे। इस युग में चांदी तथा कांसे के सिक्कों का विशेष प्रचलन था। चाहमानों के अनेक सिक्के प्राप्त होते हैं। इनके प्रचलन से अनुमान किया जाता है कि इस युग की आर्थिक स्थिति अच्छी थी।

शिक्षा साहित्य और कला के क्षेत्र में इस युग में विशेष प्रगति हुई थी। आठवीं-नवीं सदी के आते-आते प्राकृत भाषाएं बोलचाल की भाषाएं नहीं रह गई थीं। तत्सम शब्दों को

क्रमशः ग्रहण करके हिंदी का युग चल पड़ा। आरंभिक हिंदी का स्वरूप *पृथ्वीराज विजय*, पृथ्वीराजरासो, विसलदेवरासे तथा खुरासानरासो में दिखाई देता है। संस्कृत के क्षेत्र में इस युग में अगणित ग्रंथों की रचना हुई। इस युग में उत्तम श्रेणी की मौलिक रचनाएं, अलंकार, काव्यांग, दर्शन धर्मशास्त्र, न्याय, व्याकरण, ज्योतिष, संगीत आदि विषयों पर हुई। शिक्षा का माध्यम संस्कृत थी। चाहमानों ने अनेक पाठशालाओं का निर्माण कराया था। इन पाठशालाओं में विद्यार्थियों की शिक्षा निःशुल्क दी जाती थी। देश के अन्य नगरों तथा तीर्थ-स्थलों में भी उत्तम शिक्षा की व्यवस्था थी। शिक्षा-साहित्य के साथ-साथ चाहमान युग में वास्तुकला, मूर्तिकला, चित्रकला तथा ललित कलाओं के पर्याप्त विवरण प्राप्त होते हैं। यद्यपि इस युग की मूर्तिकला मुसलमानों द्वारा विनष्ट कर दी गई, तथापि उनके अवशेष आज भी उनकी समुन्नता व्यक्त करते हैं।

इस प्रकार हम देखते हैं कि चाहमानयुगीन समाज एवं धर्म भारतीय इतिहास में गरिमामय स्थान रखता है।

ग्रंथ-सूची

संस्कृत, प्राकृत एवं अपभ्रंश के मूल ग्रंथ

अर्थशास्त्र : कौटिल्य, संपादक आर. रामशास्त्री, मैसूर, 1919, कांगले, बंबई, 1960।

अपभ्रंश काव्यत्रयी : जिनदत्त सूरि, गा.ओ.सि., ग्रं. 37, 1927।

अपराजितपृच्छा : भुवनदेव, गो.ओ.सिं., 1950।

आपस्तंब गृहसूत्र : सुदर्शनाचार्य की टीका सहित, मैसूर, गवर्नमेंट संस्कृत लाइब्रेरी सीरीज।

आपस्तंब धर्मसूत्र : हरदत्त की टीका सहित, संपादक, हलस्य नाथ शास्त्री, वाराणसी, 1939।

उपमिति-भवप्रपंचकथा : सिद्धर्षि, संपादक पी. पीटरसन, कलकत्ता 1898।

ऋग्वेद : सायणभाष्य सहित, संपादक एफ. मैक्समूलर, सं. 1890-92, भाग, वैदिक संशोधन मंडल, पूना 1933-51, अनुवाद आर.टी. एच. ग्रिफिथ, लेजरस, वाराणसी, 1896-97।

कथासरित्सागर : सोमदेव, निर्णय सागर प्रेस, बंबई।

कन्हड़देप्रबंध : पद्मनाभ, सं. के.बी. व्यास, जयपुर 1953।

कर्पूरमंजरी : राजशेखर, सं. स्टेन कोनो और लेनमैन, हारवर्ड औरियंटल सीरीज सं. 4, 1901।

कृत्यकल्पतरु : लक्ष्मीधर, गा.ओ.सि. बड़ौदा, 1941-53।

कादंबरी : बाण, निर्णय सागर प्रेस, बंबई 1948. अनूवाद, सी.एम.रिडिंग, लंदन 1896।

काव्यमीमांसा : राजशेखर, संपादक, दलाल और शास्त्री, गा.ओ.सि., ग्र. 1, 1916।

कीर्तिकौमुदी : सोमेश्वर, संपादक, ए.वी., कथवटे, बंबई संस्कृत सीरिज, ग्रं. 25, 1983।

कुट्टीनीमतम् : दामोदर गुप्त, हिंदी अनुवाद, अत्रिदेव विद्यालंकार, वाराणसी 1961।

कुमारपालचरित : चरित सुंदर, ज.ए.सी.ब., कलकत्ता, 1917।

जयसिंह सूरि (सं. 1425), निर्णय सागर प्रेस, बंबई 1926।

हेमचंद्र, बंबई संस्कृत सिरोज, ग्रं. 4, 1900, द्वितीय संस्करण, पूना 1936, सि. जै.ग्र.ग्र. 21।

कुमारपाल देवचरित : सोम तिलक (सं. 1422) सि.जै.ग्र.ग्रं. 21।

कुमारपाल प्रतिबोध : सोमप्रभ, गा.ओ.सि.ग्रं., 14 बड़ौदा, 1920।

कुमारपाल प्रबंध : जिनमंडन (सं. 1492), जामनगर।

कुवलयमाला : उद्योतन सूरि, सि.जै.ग्रं, बंबई।
खरतरगच्छपट्टावलि : जिनपाल, *इं.हि.क्वा.*, 1950, सि.जै., ग्रं.ग्र. 42।
गणकारिका : गा.ओ.सि., 1921।
गधधरसार्थ-शतक वृहदवृत्ति : गा.ओ.सि., ग्रं. 36।
गणितसार : श्रीधर और इसकी गुजराती व्याख्या, ज.न्यूसो.इ., जिन. 8, पृ. 141।
गोडवट्टी : ब.सं.सि., ग्रं. 34।
गौतमस्मृति : अंग्रेजी अनुवाद, जी बुहलर, आक्सफोर्ड, 1897।
चौहान कुल कल्पद्रुम : संपादक, लल्लूभाई भीमभाई देसाई, भा. 2, बड़ौदा, 1927।
जगडूचरित : सर्वानंद सूरि, बंबई 1895 तथा ना.प्र.प., जि. 4।
जातक : संपादक, फोसबोल 1877-97।
जैन पुस्तक प्रशस्ति संग्रह : सि.जं.ग्र.गं. 18 बम्बई, 1943।
देशोपदेश : क्षेमेंद्र, काश्मीर सिरोज, ग्रं. 40, 1923।
द्वयाश्रय महाकाव्य : हेमचंद्र, 2 भाग, बंबई संस्कृत सिरोज, 1915 और 1921।
नागानंद : हर्ष, अनुवाद साधुराम, दिल्ली।
नारद स्मृति : संपादक जे. जौली, कलकत्ता, 1895, आक्सफोर्ड, 1885।
नैषधीयचरित : श्रीहर्ष, संपादक, शिवदत्त, बंबई 1919, 1933, पंजाब ओरियंटल सिरीज, ग्रं. 23, 1934।
परमाल रासो : ना.प्र.सं., बनारस।
पराशरमाधवीय : माध्वाचार्य, ब.सं.सि.।
पार्थपराक्रम व्यायोग : प्रह्लादनदेव, संपादक, सी.डी. दलाल, गा.ओ.सि. ग्रं. 4, 917।
पादशाह गुरंजी : अनुवाद, एस.के., भुइया, गौहाटी 1947।
पृथ्वीराज विजय : जयानक, संपादक गौ. ही, ओझा और चंद्रधर शर्मा गुलेरी, अजमेर 1941, जोनराज भाष्य सहित, कलकत्ता, 1914-22।
पृथ्वीराज रासो : चंद्रबरदाई, संपादक, श्याम सुंदर दास, ना.प्र.सं., बनारस, 1904।
प्रबंधकोश : राजशेखर (सं. 1405 सि.जै.ग्रे., ग्र.) 6,1935।
प्रबंधचिंतामणि : मैरूतुंग (सं. 1361) सि.जै.ग्र., ग्रं. 1, 1933, अंग्रेजी अनुवाद सी.एच. टानी, कलकत्ता, 1894-1901, हिंदी अनुवाद, हजारी प्रसाद द्विवेदी, सि.जै.ग्र., ग्र. 3।
प्रबोधचंद्रोदय : कृष्णमिश्र, निर्णय सागर प्रेस, बंबई, 1924।
प्रभावक चरित : प्रभाचंद (सं.1334) निर्णय सागर प्रेस, बंबई, 1909, सिंधी जैन सिरीज, अहमदाबाद, कलकत्ता, 1940।
प्राकृतपैंगलम : एसियाटिक सोसायटी बंगाल, कलकत्ता, 1902।
प्राचीन गुर्जर काव्य-संग्रह : संपादक, सी.डी., दलाल, भाग-1, गा.ओ.सिं.ग्रं 13, बड़ौदा, 1920।
प्राचीन जैन-लेख संग्रह : मुनि जिनविजय, विद्या प्रेस, कुंब कोनम।
पुरातन प्रबंध-संग्रह : सि.जै.ग्र., ग्रं. 2, 1936।

बीसलदेव रासो : नरपति नाल्ह, ना.प्र.सं., बनारस, 1927।

बोधायन धर्मसूत्र : आनंदाश्रम संस्कृत सिरोज, संपादक, ई. हुल्श लियजिंग, 1884।

भागवत पुराण : श्रीधर टीका सहित, दो भाग, मुद्रक गणपति कृष्ण जी प्रेस।

मनुस्मृति : कुल्लूक भट्ट की टीका सहित, निर्णसागर प्रेस, बंबई 1946; मेधातिथि की टीका सहित संपादक गंगानाथ झा, कलकत्ता, 1932।

महाभारत : नीलकंठ की टीका साहित, पूना, 1929-33।

मानसोल्लास : दो भाग, गा.ओ.सि., 1926 और 1939।

मार्कंडेय पुराण : बिब्लियोथिका, इंडिका, कलकत्ता 1862, अनुवाद, पार्जिटर, कलकत्ता, 1904।

मिताक्षरा : विज्ञानेश्वर, याज्ञवल्क्य स्मृति पर भाष्य, निर्णय सागर प्रेस, बंबई 1909, सेकेंड हिंदू बुक्स सिरीज, इलाहाबाद, 1918।

मुहणौत नैण्सी की ख्यात : अनुवाद, राम नारायण, दूगड़, भाग 1, ना.प्र.सं., बनारस, 1925।

यशस्तिलक चंपू : सोमदेव, संपादक पंडित शिवदत्त, निर्णय सागर प्रेस, बंबई।

याज्ञवल्क्य स्मृति पर भाष्य (अपरादित्य) : अपरार्क, आनंदाश्रम संस्कृत सिरीज, 2 भाग, पूना, 1903-4।

राजतरंगिणी : कल्हण, संपादक दुर्गा प्रसाद, बंबई 1892। अनुवाद और टिप्पणी, एम.ए. स्टील, वेस्ट. मिनिस्टर 1900, पुनर्मुद्रित, मोतीलाल बनारसीदास, दिल्ली, पटना, वारासणी 1961।

रंभामंजरी नाटिका : जयचंद्र सूरि, निर्णय सागर प्रेस, 1889।

ललितविग्रहराज नाटक : सोमदेव, गोटिंगर फेस्टस्क्रिप्ट, 1901, पृ. 1-15, *ई.ए.*, जि. 20, पृ. 201-12. मंजू भारती, अविनाश प्रकाशन, इलाहाबाद, 1980।

लेखपद्धति : गो.ओ.सि.ग्रं. 19, 1925।

वंशभास्कर : सूर्य मल्ल मिश्रण, संपादक, रामकर्ण आसोपा, प्रताप प्रेस, जोधपुर।

वशिष्ठ धर्मसूत्र : बंबई संस्कृत सिरोज, 1916।

वसंतविलास : गा.ओ.सि. ग्र. 7, 1917।

वायुपुराण : आनंदाश्रम प्रेस, पूना।

वास्तु सार : ठक्कर पेरू, संपादक, भगवानदास, जयपुर।

विक्रमांकदेव-चरित : विल्हण, संपादक, जी, बुहलर, बंबई संस्कृत सिरीज, ग्रं. 14, 1875।

विरुद्धविधिविच्वंश : लक्ष्मीधर, राजस्थानी, जि. 1, भा. 3 और इं. हि. क्वा., जि. 16, पृ. 557।

विविध-तीर्थकल्प : जिनप्रभ, सूरि, सि.जै.ग्र.ग्रं. 10, 1934।

विष्णु पुराण : गीताप्रेस, गोरखुर, सं. 2009।

वीर मित्रोदय : मित्र मिश्र, 4 भाग, चौखंभा संस्कृत सिरीज, बनारस, 1913।

शब्द-कल्पद्रुम कोश : कलकत्ता, 1889।

शारंगधर पद्धति : संपादक, पी. पिटर्सन, भाग 1, बंबई संस्कृत सिरीज, ग्रं. 37, 1888।

समराइच्चकहा : हरिभद्र सूरि, संपादक, एच. जैकोबी, कलकत्ता, 1926।

सर्वदर्शनसंग्रह : माधव, भंडारकर ओरियंटल रिसर्च इंस्टीट्यूट, पूना 1951।

संगीत रत्नाकर : शारंगदेव, दो भाग, आनंदाश्रम संस्कृत सिरीज, पूजना 1896।

संस्काररत्नमाला : गोपीनाथ, आनंदाश्रम प्रेस, पूना।

स्कंद पुराण : वेंकटेश्वर प्रेस, बंबई।

स्मृतिचंद्रिका : देवण्ण भट्ट, संपादक, ए. श्रीनिवासाचार्य, मैसूर, 1914।

सुकृतकीर्तिकल्लीनलिनी : उदयप्रभ सूरि, गा.ओ.सि., ग्रं. 10, बड़ौदा 1920।

सुर्जनचरित : चंद्रशेखर, अप्रकाशित सरकारी हस्तलिपि संख्या 1135, ना.प्र.प., जि. 46, संपादक जे.बी. चौधरी, कलकत्ता 1951।

सुभाषितरत्नकोष : संपादक, डी.डी. कौशांबी और बी.बी. गोखले, हावर्ड यूनिवर्सिटी प्रेस, 1957।

सुरथोत्सव काव्य : सोमेश्वर निर्णय सागर प्रेम, बंबई, 1902।

हम्मीर महाकाव्य : जयचंद्र सूरि, संपादक, एन.ज. कितेन, बंबई, 1879, संपादक, मुनि जिनविजय, जोधपुर, 1868।

हम्मीररासो : जोधराज, संपादक, श्यामसुंदर दास, ना.प्र.स., बनारस, 1939, द्वितीय संस्करण।

हम्मीर-मद-मर्दन : जयसिंह सूरि, गो.ओ.सि., ग्रं., 10, 1920।

हम्मीरदेव चौपाई : भांड, अगरचंद नाहटा द्वारा प्रकाशित मरूभारती, जिन 4।

हम्मीर रासो : जोधराज (सं. 1885) ना.प्र.सं., बनारस, 1909।

हम्मीरहठ : चंद्रशेखर (सं. 1902), ना.प्र.सं., बनारस।

हरकेलिनाटक : विग्रहराज, गोटिंगर फेस्टस्क्रिप्ट, 1901, ई. ए.जि., 20।

हर्षचरित : बाणभट्ट संपादक पी.वी. काणे, बंबई, 1918; ईश्वर चंद विद्यासागर, कलकत्ता, 1883, ए.ए., फ्यूरर, बंबई, संस्कृत और प्राकृत सिरीज, ग्रं. 66; अनुवाद, काबेल एफ.बी. और टामस, एस.डब्ल्यू, रायल एसियाटिक सोसाइटी, 1897।

अरबी-फारसी के मूल ग्रंथ

कामीतुल-तवारिख : इब्न असीर, अनुवाद, इलियट एंड डाउसन, जि. 2, हिंदी अनुवाद, मथुरा लाल शर्मा।

किताबुल-मसालिक-वल ममालिक : इब्न खुर्दाज्वा, संपादक डी.गोयजे, 1889, अनुवाद, इलियट एंड डाउसन, जि. 1,

किताबुल-हिंद : अलबीरूनी, अनुवाद इ.सी.सचाउ, लंदन, 1914, संतराम, इलाहाबाद, 1916।

जामीउल हिकायात : मुहम्मद ऊफी अनुवाद, इलियट एंड डाउसन, जि. 2।

तारीखे-यामिनो या किताबुल यामिनी : अलउत्बील, लाहौर संस्करण, हि. 300

यामनी : तेहरान संस्करण 1855, अनुवाद जे. रेनाल्ड, लंदन 1885, इलियट एंड, डाउसन, जि. 2।

नुजहतुल मुश्ताक : अल इद्रिसी, अनुवाद, इलियट एंड डाउसन, जि. 1।

मुरूजुल-जहब : अलमसुदी अनुवाद, इलियट एंड डाउसन, जि. 1।
सिलसिल-तुत-तवारिख : सुलेमान प्रेस, पेरिस, 1811, अनुवाद, इलियट एंड डाउसन, जि. 1।

चीनी यात्रियों के वृत्तांत

बील, सेमुएल : लाइफ आव ह्वेनत्सांग, लंदन, 1911।
शर्मा, ठाकुर प्रसाद : ह्वेनत्सांग का भारत भ्रमण, इंडियन प्रेस, इलाहाबाद, 1929।
वाटर्स एवं थामस : युवेन चाङ्ग्स ट्रेवल इन इंडिया, लंदन, 1904।

हिंदी ग्रंथ

अग्रवाल, ूी. के. : *भारतीय सामाजिक संस्थाएं*, आगरा, 1983।
अग्रवाल, वासुदेव शरण : *हर्षचरित एक सांस्कृतिक अध्ययन*, पटना, 1953।
अल्तेकर, अनंत सदाशिव : *प्राचीन भारतीय शिक्षण पद्धति*, वाराणसी, 1968।
________, *प्राचीन भारतीय शासन पद्धति*, इलाहाबाद, 1982।
अवस्थी, रामाश्रय : *खजुराहो की देव प्रतिमाएं*, आगरा 1967।
उपाध्याय, भागवत शरण : *गुप्तकाल का सांस्कृतिक इतिहास*, लखनऊ 1967।
उपाध्याय, राजी : *भारतीय धर्म और संस्कृति*, इलाहाबाद, 1971।
________, *प्राचीन भारतीय साहित्य को सांस्कृतिक भूमिका*, इलाहाबाद, 1966।
उपाध्याय, वासुदेव : *प्राचीन भारतीय अभिलेखों का अध्ययन भाग 1*, पटना 1970।
उपाध्याय, वासुदेव : *प्राचीन भारतीय स्तूप, गुहा एवं मंदिर*, पटना, 1972।
ओझा, गौरी शंकर, हीरा ओझा : *निबंध संग्रह*, उदयपुर, साहित्य संस्थान, 1954।
________, *उदयपुर का इतिहास*, भाग 1, अजमेर 1928।
________, *जोधपुर का इतिहास*, भाग 1, अजमेर, 1938।
________, *बीकानेर का इतिहास*, भाग 1, अजमेर, 1939।
________, *मध्यकालीन भारतीय संस्कृति*, इलाहाबाद, 1928।
________, *राजपूताने का इतिहास*, भाग 1, अजमेर, 1933, द्वितीय संस्करण, 1937।
________, *सिरोही का इतिहास*, अजमेर 1911।
इलियट एंड डाउसन : *भारत का इतिहास*, अनुवाद मथुरालाल शर्मा, खंड 1, आगरा, 1973, खंड 2 और 3, आगरा, 1974।
काणे, पी.वी. : *धर्मशास्त्र का इतिहास*, भाग 1, 1970. भाग 2, 1973, भाग 3, 1976, अनुवादक अर्जुन चौबे कश्यप, हिंदी समिति, लखनऊ।
कापाड़िया, के.एम. : *भारतवर्ष में विवाह एवं परिवार*, दिल्ली, 1977।
गहलौत, जगदीश सिंह : *राजपूताने का इतिहास*, भाग 2, जोधपुर, 1960।
गहलौत, सुखबीर सिंह : *राजस्थान का संक्षिप्त इतिहास*, हिंदी साहित्य मंदिर, जोधपुर, 1969।

गांगुली, डी.सी. : *परमार राजवंश का इतिहास*, अनुवाद, लखनऊ, 1970।
चतुर्वेदी, राजेश्वरप्रसाद : *शैव एवं वैष्णव धर्म और दर्शन*, लखनऊ, 1979।
चौधरी, राधाकृष्ण : *प्राचीन भारत का राजनीतिक एवं सांस्कृतिक इतिहास*, पटना, 1981।
जेम्स टाड : *राजस्थान का इतिहास*, अनुवाद, इलाहाबाद 1962।
जैन, गोकुल चंद्र : *यशस्तिलक का सांस्कृतिक अध्ययन*, अमृतसर, 1967।
जैन, जगदीश प्रसाद : *जैन आगम साहित्य में भारतीय समाज*, वाराणसी, 1965।
जौहरी, मनोरमा : *प्राचीन भारत में वर्णाश्रम व्यवस्था*, वाराणसी 1968।
थापर, रोमिला : *भारत का इतिहास*, नई दिल्ली, 1975।
दास, श्यामसुंदर : रासौसार, ना.प्र.सं., बनारस।
द्विवेदी, वाचस्पति : *कथासरित्सागर एक सांस्कृतिक अध्ययन*, पटना 1977।
द्विवेदी, हरिहरनिवास : दिल्ली के तोमर (736-1193 ई.), प्रथम संस्करण, कलकत्ता, 1973।
धवन, देवीप्रसाद : *पृथ्वीराज रासो और संयोगिता*, चैतन्य प्रकाशन, कानपुर, 1963।
नदवी, सैयद सुलेमान : *अरब और भारत के संबंध*, इलाहाबाद, 1930।
परमात्मा, शरण : मध्यकालीन भारत, नंद किशोर प्रकाशन, बनारस।
प्रकाश, ओम : *प्राचीन भारत का सामाजिक इतिहास*, दिल्ली, 1975।
प्रेमी, नाथूराम : *जैन साहिय और इतिहास*, बंबई, 1956।
पांडेय, अयोध्याप्रसाद : *चंदेलकालीन बुंदेलखंड का इतिहास*, प्रयाग, 1968।
पांडेय, गोविंदचंद्र : *बौद्ध धर्म के विकास का इतिहास*, लखनऊ, 1976।
पांडेय, विमल चंद्र : *भारतवर्ष का सामाजिक इतिहास*, (600 ई.पू.-100 ई.), इलाहाबाद 1960।
पांडेय, राजबली : *हिंदू संस्कार*, चौखंभा संस्कृत सिरीज, बनारस, 1966।
————, हिंदी साहित्य, भाग 1, काशी, नागरी प्रचारिणी सभा, 1928।
पांडेय, रामजन्म : *प्रतिहारकालीन समाज एवं धर्म*, का हि.वि.वि., पी-एच.डी. उपाधि हेतु प्रस्तुत शोध प्रबंध, 1988।
पाठक, चंद्रशेखर : *पृथ्वीराज*, मुद्रक श्री हृषिकेश घोष, रुद्र प्रिंटिग, वर्क्स, कलकत्ता।
पाठक विशुद्धानंद : *उत्तर भारत का राजनीतिक इतिहास*, (600-1200 ई.) प्रथम संस्करण, लखनऊ, 1973।
पांथारी, राघवेंद्र : *प्राचीन भारत में सामाजिक परिवर्तन* (600-1000 ई.) का हि.वि.वि. को पी-एच.डी. उपाधि हेतु प्रस्तुत शोध-प्रबंध, 1981।
वाजपेयी, कृष्णदत्त : *भारतीय व्यापार का इतिहास*, प्रथम संस्करण, राष्ट्रभाषा प्रकाशन, मथुरा।
बीरा, राजमल : पृथ्वीराज रासौ : *इतिहास और काव्य*, नेशनल बुक हाउस, दिल्ली।
भंडारकर, आर.जी. : *वैष्णव, शैव एवं अन्य धर्म*, अनुवाद उमा शंकर व्यास, इंडोलोजिकल बुक हाउस, दिल्ली, वाराणसी, 1978।
मजूमदार, रमेशचंद्र : *प्राचीन भारत में संघटित जीवन*, अनुवाद कृष्णदत्त बाजपेयी, सागर, 1966।

मिश्र, केशवचंद्र : *चंदेल और उनका राजत्वकाल*, नागरी प्रचारिणी सभा, बनारस, 1954।
मिश्र जयशंकर : *ग्यारहवीं सदी का भारत*, वाराणसी, 1968। *प्राचीन भारत का सामाजिक इतिहास*, बिहार हिंदी ग्रंथ अकादमी, पटना, 1974, द्वितीय, 1980, तृतीय, 1983।
मिश्र, शिवशेखर : सोमेश्वर कृत मानसोल्लास, एक सांस्कृतिक अध्ययन, वाराणसी, 1966।
मिराशी, वासदेव विष्णु : *कलचुरी नरेश और उनका काल*, भोपाल, सं. 2022।
मोतीचंद्र : सार्थवाह, पटना, 1966।
________, *प्राचीन भारतीय वेशभूषा*, इलाहाबाद सं. 2007।
यादव, झिनकू : *जैन धर्म की ऐतिहासिक रूपरेखा*, वाराणसी, 1981।
यादव झिनकू : *समराइच्चकहा एक सांस्कृतिक अध्ययन*, वाराणसी 1977।
राधाकृष्णन : *धर्म और समाज*, दिल्ली 1975. *यात्रा विवरण* (फाहियान, शुंगयंग, सुलेमान सौदागर) वाराणसी, सं. 2019।
राम नारायण : *पृथ्वीराज चरित्र*, अवतार प्रिंटिंग प्रेस, उदयपुर, 1899।
रेऊ, विश्वेश्वरनाथ : *भारत के प्राचीन राजवंश*, भाग 1, जोधपुर 1921।
________, *राष्ट्रकुटों का इतिहास*, जोधपुर, 1934।
व्यास, लक्ष्मीशंकर : चौलुक्य कुमारपाल, वाराणसी, 1962।
विद्यालंकार : *भारतीय धर्मशास्त्र में शूद्रों की स्थिति*, मेरठ, 1971।
वेदालंकार, हरिदत्त : *हिंदू विवाह का संक्षिप्त इतिहास*, लखनऊ, 1970।
________, *हिंदू परिवार मीमांसा*, दिल्ली, 1973।
________, श्यामल दास : *वीर विनोद*, 1943।
शर्मा, गोपीनाथ : *राजस्थान के इतिहास के स्रोत*, जयपुर, 1973।
________, *ऐतिहासिक निबंध-संग्रह*, राजस्थान।
शर्मा, दशरथ : *चौहान सम्राट पृथ्वीराज तृतीय और उनका युग*, जयपुर, 1972।
शर्मा, वी.पी. : *पृथ्वीराज रासो* (लघु संस्करण), चंडीगढ़ सं. 2019।
शर्मा, रामशरण : *पूर्व मध्यकालीन भारत में सामाजिक परिवर्तन* (500-1200 ई.) दिल्ली, 1975।
________, *पूर्वकालीन भारतीय समाज और अर्थव्यवस्था पर प्रकाश*, दिल्ली, 1978।
शास्त्री, कल्पनाथ : *भारत और मुस्लिम आक्रमण* (700-1200 ई.) काशी विद्यापीठ, वाराणसी, 1974।
संकालिया, एच.डी. : *प्राचीन भारत*, दिल्ली 1978।
सिंह, पारसनाथ : *पृथ्वीराज चौहान और उनका काल*, रामानंद विद्याभवन, नई दिल्ली, 1982।
सिंह, बी.एन. : *बौद्ध धर्म एवं दर्शन*, वाराणसी, 1986।
सुलेमान सौदागर : संपादक, गौरी शंकर हीराचंद्र ओझा, ना.प्र.सभा, वाराणसी, सं. 1978।

कतिपय हिंदी के शोध निबंध

आचार्य हेमचंद्र की दृष्टि में भारतीय समाज—लेखक जयशंकर मिश्र, बाबू छोटेलाल जैन स्मृति ग्रंथ, कलकत्ता, 1967।

प्राचीन भारत में क्रीड़ा एवं मनोरंजन–लेखक, नीलकंठ पुरुषोत्तम जोशी, ना.प्र.प., वर्ष 66, सं. 2018।

प्राचीन भारतीय गणिका पर राज्यानुशान–लेखक, कु. रेनु रस्तोगी, ना.प्र.प., वर्ष 87, सं. 2039, अंक 3-4, पृ. 50-61।

पूर्वमध्यकालीन भारत में सुरापान–लेखक, ओमप्रकाश सिंह, ना.प्र.प., वर्ष 98, सं. 2041, अंक 1-2, पृ. 82-84। *राजशेखरकालीन अर्थव्यवस्था*–लेखक प्रवेश भारद्वाज ना.प्र.प., वर्ष 89, सं. 2041, अंक 3-4, पृ. 42-49.

कथासरित्सागर में अन्नपान–लेखक एस.एन. प्रसाद, *मरूभारती*, जनवरी, 1978, अंक 4, पृ. 30-38।

सतीप्रथा एक अध्ययन और विवेचन लेखक, गोविंद अग्रवाल।

मरूभारत, अप्रैल, 1980, वर्ष 28, अंक 1, पृ. 28-32।

चौहानों की धर्मोनिर्पेक्षता–लेखक कुमारी अनीता सूद, *मरूभारती*, वर्ष 30, जनवरी 1983, अंक 4, पृ. 49-51।

राजस्थान के अभिलेखों में शिवोपासना–लेख एस.एल. सेन।

मरूभारती, वर्ष 30 जनवरी, 1983, अंक 4, पृ. 52-58।

राजस्थान में शैवमत के ऐतिहासिक साक्ष्य शिलालेख–लेखक, एल.एल. सेन, विश्वंभरा, वर्ष 18, 1986 ई., अंक 1, पृ. 43-48।

Modern Books in English

Agrawal, V.S.: *India as known to Panini*, Lucknow, 1953.

Altekar, A.S.: *Education in Ancient India*, Varanasi, 1934 and 1984

________: *The Position of Women in Hindi Civilisation*, Banaras, 1956.

________: *Rashtrakutas and their times*, Poons, 1934.

Anand, Shanta: *Ksatriyas in Ancient India* (A Socio Economic and Religious Study), Delhi, 1985.

Bahadur, K.P.: *Cast, Tribe and culture of Ancient India*, Vol. New Delhi, 1978.

Banerji, J.N.: Religion in Art and Archaeology (Vaishvanis and Savism,) Lucknow, 1968.

Banerji, R.D.: *The Haihayas to Tripuri and their Monument M.A.S.I.*, Vol. 23, Calcutta, 1931.

________: *The Palas of Bengal*, M.A.S.B., Vol. 3 , Calcutta, 1915.

________: *The Age of Imperial Gupta's*, Varanasi, 1933.

Barth, A.: *The Religions of India*, Varanasi, 1963.

Basham, A.L.: *The Wonder that was India*, London, 1951 (Hindi Translation by Vanktesh Chandra Pandey, Agra, 1978).

Bhandarkar, R.G.: *Vaisnavism, Savism and Minor Religious system*,

Strassburg, 1913 (Hindi Trans by Dr. Maheshwari Prasad, Banaras, 1967).

Bhandarkar, R.G.: *Early History Deccan*, Calcutta, 1928.

Bhatiya, Pratipal: *The Permaras*, New Delhi, 1970.

Bhattacharya, B.: *The Indian Buddhism Iconography*, Calcutta, 1958.

Bhattacharya, Batuknath: *The Kalivarjyas or Prohibitions in the Kali Age*, Calcutta, 1943.

Bose, Atindra Nath: *Social and Rural Economy of Northern India*, Calcutta, 1967.

Bose, N.S.: *History of the Chandellas of Jajaka Bhukti*, Calcuta, 1956.

Brown, P., *Indian Architecture* (Buddhist and Hindu), Bombay, 1956.

Buhler, G.J., *Life of Hemachandracharya*, English Trans. By M. Patel, SJS, VI, Santiniketan, 1931.

Chakladhar, H.C.: *Social Life in Ancient India*, Vatsyan Kamsutra, Calcutta, 1929.

Chakravarty, T.: *Food and drink in Ancient India*, Calcutta, 1959.

Chatterji, A.K.: *A comprehensive History of Jainsim*, Calcutta, 1978.

Chattopadhyay, K.P.: *The Ancient Indian Culture contacts and Migrations*, Calcutta, 1970.

Chaudhari, G.C.: *Political History of Northern India from Jain Sources i.e.*, 650 AD 1300 AD, Amritsar, 1963.

Das, S.K.: *Economic History of Ancient India*, Calcutta, 1925; the *Educational System of The Ancient Hindus*, Calcutta, 1923.

Das, Sukla: *Crime and Punishment in Ancient India* (c. 300AD-1100AD), New Delhi, 1977.

Dasgupta, S.N.: *History of Indian Philosophy*, 2 Vols, Calcutta, 1932.

Desai, P.B.: *Jainsim in South India*, Solapur, 1957.

Dutta, N.K.: *Origin and Growth of Cast in India*, Calcutta, 1931.

Dutta, Rameshchandra: *Later Hindu Civilisation* (AD 500-AD 1200), Calcutta, 1965.

Elliot, H.M. and Dowsons, J., *History of India as told by its own Histrains*, 8 Vols., London 1866-77.

Farquhar, J.N.: *Religious quest of India*, London, 1915; *An Outline of the Religious Literature of India*, Delhi, 1966.

Forbes, A.K.: *Ras Mala or Hindu Annals of the Province of Goozarat in Western India*, London, 1856.

Ganguli, D.C.: *History of the Farmer Dynasty*, Dacca, 1933.

Ghoshal, U.N.: *A History of Indian Political Ideas*, Oxford, 1959.

________: *Contribution to the History of the Hindu Revenue System*, Calcutta, 1929.

Ghurye, G.S.: *Caste and Class in India*, New York, 1950; Caste, Class and Occupation, Bombay, 1961; *Caste and race in India*, Bombay, 1969.
Gopal, Lallanji: *The Economic Life of Northern India* (C. AD 700-1200 AD), Varanasi, 1965.
Gupta, K.M.: *The Land Grant System in South India between C 800 AD to 1200 AD*, Lahore, 1933.
Gupta, B.A.: Hindu Holiday and Cermonials, Calcutta, 1916.
Hazra, R.C.: *Studies in Puranic Records of Hindu Rites and Customes*, Delhi, 1975.
Hodivala, S.H.: *Studies in Indo-Muslim History*, Bombay, 1938.
Hopkins, E.W.: *The Religions of India*, New Delhi, 1972.
Hutton, J.H.: *The Religions of India*, New Delhi, 1972.
Hutton, J.H.: *Cast in India*, Bombay, 1963.
Indra: *The Status of Women in Ancient India*, Lahore, 1940.
Jain, J.P.: *Life in Ancient India*, Bombay, 1947.
Jain, K.C.: *Jainism in Rajasthan*, Solapur, 1963.
Jayal, S.: *The Status of Women in the Epics*, Varanasi, 1966.
Jayasawal, K.P.: *An Imperial History of India (C 700 BC-700 AD)*, Lahore, 1934.
Jolly, J.: *Hindu Law an Castom*, Calcutta, 1928.
Kane, P.V.: *History of Dharmashastra*, Vol.S, Bhandarkar Oriental Research Institute, Poona, 1930-53 (Hindi Transalation by Arjun Chaubey Kashyap, Hindi Samiti, Lucknow.)
————: *The Marriageable Age of Girls in Ancient India*, J.C.V., Poona, 1937.
Karve, Irawati: *Hindu Society: Intepretation, Poona*, 1968.
Keith, A.B.: *History of Sanskrit Literature*, Oxford, 1928.
Kuppuswamy, B.: *Social Change in India*, Delhi, 1977.
Law, B.C.: *Some Kastriya Tribes of Ancient India*, Varanasi, 1975.
Maity, S.C.: *Economic life in Northern India (in the Gupta Period)*, Delhi, 1970.
Majumdar: *Atindra: The Charyapadas*, Calcutta, 1967.
Majumdar, A.K.: *The Chalukyas of Gujarat*, Bombay, 1956.
Majumdar, B.P.: *Socio-Economic History of Northern India* (1030-1194 AD), Calcutta, 1960.
Majumdar, D.N.: *Races and Cultures of India*, Bombay, 1958.
Majumdar, R.C.: *Corporate Life in Ancient India*, Calcutta, 1922.
————: *History of Bengal*, Vol. 1, Dacca, 1943. *Ancient India*, New Delhi, 1952.

Majumdar, R.C.: Roy, Chaudhary, H.C. and Datta, K.K., *An Advance History of India*, London, 1946. And Madhvanand: *Great Women of India*, Almora, 1953.

________: *And Pusalkar: The Age of Imperial Kanauj*, Bombay, 1964.

________: *The Struggle for Empire*, Bombay 1955.

Majumdar and Madan: *An Introduction to Social Anthropology*, Bombay, 1957.

Mishra, V.B.: *Gurajara Pratiharas and Their Times*, New Delhi, 1963.

Mookerji, R.K.: *Ancient Indian Education*, Delhi, 1974.

________: *Men and Thought in Ancient India*, Delhi, I Edition 1924, II Edition 1957, III Edition 1970.

Mukherji, S.C., *A Study of Vaisvansim in Ancient and Medieval Bengal*, Calcutta, 1966.

Munshi, K.M.: *The Glory that was Gurjardesa*, Part III, Bombay, 1951.

Nainer, S.M.H.: *Arab Geographers Knowledge of Southern India*, Madras, 1942.

Nizami, K.A., (Ed.) *Political and Society, During the Early Medieval* Period, New Delhi, 1974.

Niyogi, Puspa: *The EConomic History of Northern India Calcutta*, 1962.

________: *Brahmanic Settlements in Different Subdivision of Ancient Bengal*. Calcutta, 1967.

Niyogi, Roma: *The History of the Gahadaval Dynasty*, Calcutta, 1959.

Ojha, G.H.: *History of Jodhpur*, Vol. 1, Ajmer, 1938.

________: *History of Bikaner*, Vol. 1, Ajmer, 1938.

________: *History of Udaipur*, Vol. 1, Ajmer, 1928.

Om Prakash: *Food and Drink in Ancient India*, New Delhi, 1961.

Pannikkar, K.M.: *A, Survey of Indian History*, Bombay, 1947.

Pargiter, F.E.: *Ancient Indian Historical Tradition*, Banaras, 1962.

Pathaka, V.S.: *History of Saiva Cults in Northern India From Inscriptions* (700AD to 1200 AD), Varanasi, 1960.

Prabhu P.N.: *Hindu Social Organisation*, Bombay, 1963.

Prakash, Buddha: *Some Aspects of Indian Culture on the Eve of Muslim Invasion*, Chandigarh, 1962.

________: *Aspects of Indian History and Civilization*, Agra, 1965.

Prasad, Beni: *State in Ancient India*, Allahabad, 1928.

Pran Nath: *A Study in the Economic Condition of Ancient India*, London, 1929.

Puri, B.N.: *The History of the Gurjar Pratiharas*, Bombay, 1957.

________: *India as Described by Early Greek Writers*, Allahabad, 1939.

Rapson, E.J.: *Cambridge, History of India*, Vol. 1, Cambridge, 1922.
Ray, H.C.: *Dynastic History of Northern India* (*Early Medieval Period*), Vols. 1-11, Calcutta, 1931, 1936, Reprinted, Delhi, 1973.
Ray, J.C.: *Ancient India Life*, Calcutta, 1948.
Ray Chaudhuri, H.C.: *Political History of Ancient India*, Calcutta, 1953.
Reu, B.N.: *Glories of Marwar and the Glories of Rathors*; Pub. Jodhpur Archaelogical Department, 1943.
Sachau, E.C.: *Albirunis India*, London, 1910.
Sahu, K.P.: *Aspects of North Indian Social Life* (*1000-1526 AD*), Calcutta, 1973.
Sagar, S.L.: *Hindu Culture and Caste System in India (AD 600-1000)*, Delhi, 1975.
Saletore, R.N.: *Early Indian Economic Hostory*, Bombay, 1973.
Sarda, H.B.: *Hindu Superiority*, Ajmer, 1947; *Speeches and Writting*, Ajmer, 1935.
Senart, E: *Cast in India*, Delhi, 1977.
Sharma Brijanarayan: *Social Life in Northern India (AD 600-1000 AD)*, Delh, 1966.
Sharma, Brijendra Nath: *Social and Cultural History of Northern India (C 1000-1200 AD)*, Delhi, 1972.
Sharma, D.: *Early Chauhan Dynasties*, Delhi, 1975.
________: *Rajasthan Through the Ages*, Vol. 1, Bikaner, 1966.
Sharma, R.S.: *Aspects of Political Ideas and Institution in Ancient India*, New Delhi, 1968.
________: *Sudras in Ancient India*, Varanasi, 1958.
________: *Indian Feudalism (300AD-1200 AD)*, Calcutta, 1965.
________: *Indian Society: Historical Probings*, New Delhi, 1974.
Shastri, A.M.: *India as seen in the Kuttni-Matam of Damodargupta, Delhi*, 1975.
Shastri, H.C.: *Studies in some Aspects of Hindu Samskaras in Ancient India in the light of Samskaratatva of Raghunandan*, Calcutta, 1967.
Shasrtri, Shakuntala: *Women in Vedic Age*, Bombay, 1952.
Singh, M.P.: *Life in Ancient India* (AD 600-1200 AD), Varanasi, 1981.
Singh, R.B.: *History of the Chahamanas*, Varanasi, 1964.
Sircar, D.C.: *Studies in the Society and Administration of Ancient and Medieval India*, Vol. 1, Calcutta 1 967.
________: (Ed.) *The Sakti Cult and Tara*, Calcutta, 1967.
________: (Ed.) *Social Life in Ancient India*, Calcutta, 1971.
________: (Ed.) *Religion and Culture of Jains Calcutta*, 1973.

_______: (Ed.) *Land System and Feudalism in Ancient India*, Calcutta, 1976.

Smith, V.A.: *The Early History of India*, Oxford 1924.

Srivastava, V.C.: *Sun Worship in Ancient India Allahabad*, 1972.

Takakusu, J.A.: *A Records of the Buddhist Religion*, Oxford, 1896; Reprint, Delhi, 1966.

Thapar, Romesh (Ed.): Trobe: *Caste and Religion in India*, Macmillan, 1977.

Thapar, Romila: *Past and Prejdices*, New Delhi, 1975. *Ancient Indian Social History*, Delhi, 1978.

Tod, James: *Annals and Antiquities of Rajasthan*, Calcutta 1877; Also Edited by Willam Crooke, Oxford, 1920.

Tomson, E., *Sati*, 1928.

Tripathi, R.S., *History of Kanauj*, banaras, 1937.

_______: *India from AD. 711, to 1206*, Varanasi, 1962.

Upadhyay, Govind Prasad: *Brahmanasin Ancient India (A Study the role of Brahman Class from 200 BC-500 AD)*, New Delhi, 1979.

Upadhyay, V.: *Socio-Religious condition of North India (700-1200) AD, Varanasi*, 1964.

Vaidya, C.V.: *History of Medival Hindu India* (Being a History of India from 600-1200 AD) 3 Vols., Poona, 1921-26.

_______: *History of Sanskrit Literature*, Vol. 1, Poona, 1931.

Varma, B.S.: *Socio-Religious Economic and Literary Condition of Bihar (319 AD-1000 AD)*, Delhi, 1972.

Vokil: *The History of Education in India*, Vol. 1, Bombay, 1925.

Williams, M. Monier: *Buddhism*, Varanasi, 1964.

Yadava, B.N.S.: *Society and Culture in Northern India, Allahabad*, 1973.

Journals, Periodicals and Reports

Annals of the Bnandarkar Oriental Research Institute, Poona

Annual Reports of the Rajputana Museum

Archaeological Survey of India, Annual Reports, Calcutta and Delhi

Archaeological Survey Reports by Cunningham

Archaeological Survey Reports, Western Circle

Asiatic Researches, Calcutta

Bharati, Varanasi

Bharatiya Vidya, Bombay

Bulletin of the School of Oriental and African Studies, London

Epigraphia Indica, Calcutta, Delhi, Masore

Hindustani, Calcutta

Indian Antiquary, Bombay
The Indian Historical Review, Delhi
Indian Historical Quarterly, Calcutta
Indian Culture, Calcutta
Journal of the American Oriental Society, Baltimore
Journal of the Asiatic Society of Bengal, Calcutta
Journal of the Bombay Branch of the Royal Asiatic Society, Bombay
Journal of the Bihar-Orissa Research Society, Patna
Journal of the Oriental Insitute, Baroda
Journal of the Royal Asiatic Society of Great Britain and Ireland, London
Journal of the Department of Letters, Calcutta
Journal of Indian History, Trivandrum
Journal of the Numismatic Society of India, Bombay, Varanasi
Journal of the U.P. Historical Society, Lucknow
The Numismatic Chronicle and Journal of the Royal Numismatic Society, London
Poona Orientalist, Poona
Rajasthani, Calcutta
Viena Oriental Journal
Transactions of the Royal Asiatic Society of Great Britain and Ireland, London
Varda, Bisau, Rajasthan

Gezetters

Bombay Gazetteers, Bombay
Rajputana Gazetteers
Thornton's Gazetteer of India

पत्र-पत्रिकाएं

नागरी, प्रचारिणी पत्रिका, वाराणसी
मरूभारती, पिलपानी
विश्वंभरा, बीकानेर
राजस्थान भारती, बीकानेर
शोध पत्रिका, उदयपुर
श्रमण (पा.वि. शोध संस्थान), वाराणसी

संकेत-सूची

अपरार्क	:	याज्ञवल्क्य स्मृति पर भाष्य, आनंदाश्रम संस्कृत सीरीज, पूना, 1903-4।
अभि.चि.	:	अभिधान चिंतामणि।
अ.भा.स.	:	अरब-भारत के संबंध।
अ.चौ.डा.	:	अर्ली चौहान डायनेस्टिज।
अ.मि.क्वा	:	अर्ली मिडिवल क्वाइंस।
अ.हि.इं.	:	अर्ली हिस्ट्री ऑफ इंडिया।
अत्रि.	:	अत्रिस्मृति।
आं.स.इं.	:	आर्कियोलॉजिकल सर्वे ऑफ इंडिया, एनुअल रिपोर्ट।
आ.स.इं.	:	आर्कियोलॉजिकल सर्वे ऑफ इंडिया, वेस्टर्न सर्किल।
आ.स.रि.	:	आर्कियोलॉजिकल सर्वे रिपोर्ट, कनिंघम।
आ.गृ.सू.	:	आपस्तंब गृहसूत्र।
आ.ध.सू.	:	आपस्तंब धर्मसूत्र।
इं.ए.	:	इंडियन ऐंटीक्वेरी।
इं.हि.क्वा.	:	इंडियन हिस्टॉरिकल क्वार्टरर्ली।
इं.हि.कां.	:	इंडियन हिस्ट्री कांग्रेस।
इ.डा.	:	इलियट एंड डाउसन।
उ.भा.रा.इ.	:	उत्तर भारत का राजनीतिक इतिहास।
ए.ए.रा.	:	ऐनेल्स एंड ऐंटीक्वीटीज ऑफ राजस्थान।
एपि.इं.	:	एपिग्राफिया इंडिका।
ए.भं.ओ.रि.इ.	:	एनेस ऑफ दि भंडारकर ओरियंटल रिसर्च इंस्टीट्यूट, पूना।
कथा.	:	कथासरित्सागर।
क.मं.	:	कर्पूर मंजरी।
कृत्य.	:	कृत्यकल्पतरु।
का.मी.	:	काव्यमीमांसा।

का.इ.ई.	:	कार्पस इंस्क्रिप्शनम् इंडिकेरम्।
कै.क्वा.इं.म्यू.	:	कैटलॉग ऑफ क्वायंस इन द इंडियन म्यूजियम।
कै.प्रा.क्वा.अ.	:	कैटलॉग ऑफ द प्राविंशियल क्वायन कैबिनेट, असम, 1930, बोथम।
क्वा.मि.इं.	:	क्वायंस ऑफ मिडिवल इंडिया, कनिंघम।
क्वा.मे.सु.डे.	:	द क्वायनेज एंड मेटोलॉजी ऑफ द सुल्तान्स ऑफ, डेल्ही।
क्रो.पै.कि.डे.	:	क्रोनिकिलस ऑफ पठान किंग्स ऑफ डेल्ही, टामस।
ग्रं.	:	ग्रंथांक।
गृह.	:	गृहस्थ कांड (कृत्यकल्पतरु)।
गा.ओ.सि.	:	गायकवाड ओरियंटल सीरीज।
ग्या.स.भा.	:	ग्यारहवीं सदी का भारत।
ग्वा.पु.रि.	:	ग्वालियर पुरातात्विक रिपोर्ट।
गु.प्र.दे.टा.	:	गुर्जर प्रतीहारज एंड देयर टाइम्स।
गौतम.	:	गौतम स्मृति।
गौ.ध.सू.	:	गौतम धर्मसूत्र।
चौ.आ.गु.	:	चौलुक्याज ऑफ गुजरात।
चौ.वि.भ.	:	चौखंभा विद्या भवन, वाराणसी।
ज.अ.ओ.सो.	:	जर्नल ऑफ अमेरिकन ओरियंटल सोसायटी।
ज.आ.हि.रि.सो.	:	जर्नल ऑफ दि आंध्र हिस्टोरिकल सोसायटी।
ज.ओ.रि.	:	जर्नल ऑफ ओरियंटल रिसर्च।
ज.इ.हि.	:	जर्नल ऑफ इंडियन हिस्ट्री।
ज.ए.इ.हि.	:	जर्नल ऑफ ऐंशियंट इंडियन हिस्ट्री।
ज.ए.सो.वं.	:	जर्नल ऑफ दि एशियाटिक सोसायटी ऑफ बंगाल, कलकत्ता।
ज.बा.ब्रां.रा.ए.सो.	:	जर्नल ऑफ दि बांबे ऑफ दि रायल एशियाटिक सोसायटी, बंबई।
ज.वि.रि.सो.	:	जर्नल ऑफ द बिहार रिसर्च सोसायटी, पटना।
ज.बि.ओ.रि.सो.	:	जर्नल ऑफ द बिहार एंड ओरिसा रिसर्च सोसायटी, पटना।
ज.यू.पी.हि.सो.	:	जर्नल ऑफ दि उत्तर प्रदेश हिस्टोरिकल सोसायटी, लखनऊ।
ज.न्यू.सो.इ.	:	जर्नल ऑफ दि न्यूमिस्मैटिक सोसायटी ऑफ इंडिया।
ज.रा.ए.सो.	:	जर्नल ऑफ दि रायल एशियाटिक सोसायटी ऑफ लंदन।
जि.	:	जिल्द।
जै.शि.सं.	:	जैन शिलालेख संग्रह।
जेड.डी.एम.जी.	:	जाइत्सिफ्ट डैर डायत्सेन मोर्गेनलैंडिशेन गेसेलशाफ्ट।
डा.हि.ना.इ.	:	डायनेस्टिक हिस्ट्री ऑफ नार्दर्न इंडिया।
ता.ए.फि.	:	तारीख-ए-फिरिश्ता, जान ब्रिग्स।
द्वया.का.	:	द्वयाश्रय काव्य, अभयतिलकगणि की टीका सहित।

न्यू.क्रो.	:	न्यूमिस्मेटिक क्रोनिकिल्स।
न.सं.	:	नवीन संस्करण।
ना.प्र.प.	:	नागरी प्रचारिणी पत्रिका।
ना.प्र.स.	:	नागरी प्रचारिणी सभा, वाराणसी।
नारद.	:	नारदस्मृति।
नैषध	:	नैषधचरित।
प्र.चि.	:	प्रबंध चिंतामणि।
प्रा.भा.अ.अ.	:	प्राचीन भारतीय अभिलेखों का अध्ययन, भाग 1।
प्रा.भा.रा.सां.इ.	:	प्राचीन भारत का राजनीतिक एवं सांस्कृतिक इतिहास।
प्रा.भा.सा.इ.	:	प्राचीन भारत का सामाजिक इतिहास।
पृ.	:	पृष्ठ।
पृ.वि.	:	पृथ्वीराज विजय।
पृ.रा.	:	पृथ्वीराज रासो।
प्रो.इ.हि. कॉ.	:	प्रोसिडिंग्स ऑफ द इंडियन हिस्ट्री कांग्रेस।
प्रो.रि.आ.स.इ.	:	प्रोग्रेस रिपोर्ट ऑफ द आर्कियोलॉजिकल सर्वे ऑफ इंडिया।
व.सं.सि.	:	बंबई संस्कृत सीरीज।
वा.ग.	:	बांबे गजेटियर।
वी.रा.	:	बीसलदेवँ रासो।
बौ.गृ.सू.	:	बौधायन गृहसूत्र।
बौ.ध.सू.	:	बौधायन धर्मसूत्र।
मनु.	:	मनुस्मृति।
याज्ञ.	:	याज्ञवल्क्यस्मृति।
रा.दे.टा.	:	राष्ट्रकूटाज एंड देयर टाइम्स।
रा.म्यू.रि.	:	राजपूताना म्यूजियम रिपोर्ट।
वशिष्ठ	:	वशिष्ठ स्मृति।
वै.शै.मा.से.	:	वैष्णविज्म, शैविज्म एंड अदर माइनर सेक्टस, आर.जी. भंडारकर।
वी.मि.स.	:	वीरमित्रोदय, संस्कार प्रकाश।
वि.पु.	:	विष्णु पुराण।
वि.शा.भं.	:	विद्धशालभंजिका।
वाटर्स	:	चुवानच्वांग ट्रेवेल्स इन इंडिया, टामस वाटर्स।
व्यव.का.	:	व्यवहारकांड (कृत्यकल्पतरु)।
शा.पं.	:	शांतिपर्व।
शुक्र.	:	शुक्रनीतिसार।
सि.जै.ग्र.मां.	:	सिंधी जैन ग्रंथमाला।

सो.इ.हि.ना.इं.	:	सोशियो इकोनॉमिक हिस्ट्री ऑफ नार्दर्न इंडिया।
सो.क.ना.इं.	:	सोसायटी एंड कल्चर इन नार्दन इंडिया।
सो.क.हि.ना.इं.	:	सोशल एंड क्लचर हिस्ट्री ऑफ नार्दर्न इंडिया।
सो.ला.ना.इं.	:	सोशल लाइफ इन नार्दर्न इंडिया।
सो.रि.क.ना.इं.	:	सोशियो रिलीजियस कंडीशन ऑफ नार्थ इंडिया।
स्पी.एंड राइं.	:	स्पीचेज एंड राइटिंग्स, हरविलास शारदा।
ह.म.	:	हम्मीर महाकाव्य, नयचंद।
हा.ओ.सि.	:	हारवर्ड ओरियंटल सीरीज।
हि.आ.चा.	:	हिस्ट्री ऑफ चाहमानाज।
हि.इ.गु.	:	हिस्टोरिकल इंस्क्रिप्शंस ऑफ गुजरात।
हि.गा.डा.	:	हिस्ट्री ऑफ गाहड़वाल डायनेस्टिज।
हि.गु.प्र.	:	हिस्ट्री ऑफ गुर्जर प्रतीहारज।
हि.मि.हि.इं.	:	हिस्ट्री ऑफ मिडिवल हिंदू इंडिया।
त्रि.श.पु.च.	:	त्रिशष्टि शलाका पुरुष चरित।

अनुक्रमणिका